Die geschützte Insel

Abbildungen Umschlag

Oben: Kurt Gumpert, Jahrgang 1924, mit zwei namentlich nicht bekannten Mädchen im Auerbach'schen Waisenhaus, etwa 1939. Gumpert wurde 1942 nach Auschwitz deportiert und dort ermordet.

Unten: Die Fußballmannschaft des Auerbach'schen Waisenhauses, etwa 1937. Von links oben nach rechts unten: Gerhard Eckstein, Walter Frankenstein, Günter Jacoby, Gerd Punscher, Rolf Rothschild, Hans Meier, Wolfgang Blumenreich, Egon Strassner, Max Michelsohn, Herbert Lischinski und Günter Kilsheimer. Einige der Jungen wurden wenige Jahre später Opfer der Nazis, andere retteten sich durch eine Auswanderung oder überlebten im Versteck. Eckstein, Punscher und Strassner wurden in den Osten deportiert und ermordet. Blumenreich überlebte Auschwitz, Jacoby ein Lager in den Niederlanden. Frankenstein überstand die Verfolgung im Untergrund, Rothschild, Meier, Michelsohn und Kilsheimer gelang die rechtzeitige Auswanderung. Das Schicksal von Herbert Lischinski ist nicht bekannt. Fotos: Jüdisches Museum Berlin, Schenkung von Leonie und Walter Frankenstein

Autor und Verlag sind Walter Frankenstein und dem Jüdischen Museum Berlin für die Erlaubnis zum Abdruck dieser Bilder zu großem Dank verpflichtet. Alle Fotos: Jüdisches Museum Berlin, Schenkung von Leonie und Walter Frankenstein

Klaus Hillenbrand

Die geschützte Insel

Das jüdische Auerbach'sche Waisenhaus in Berlin

Gefördert von

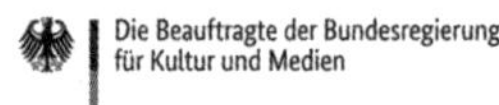

Stiftung
Gedenkstätte
Deutscher
Widerstand

Die Deutsche Nationalbibliothek verzeichnet diese Publikation in der Deutschen Nationalbibliografie; detaillierte Daten sind im Internet über https://portal.dnb.de/ abrufbar.

Inh. Dr. Nora Pester
Capa-Haus
Jahnallee 61
04177 Leipzig
info@hentrichhentrich.de
http://www.hentrichhentrich.de

Lektorat: Simon Raulf
Umschlag: Gudrun Hommers
Gestaltung: Michaela Weber

1. Auflage 2024

Printed in the E.U.
ISBN 978-3-95565-649-2

Inhalt

Vorwort

Ein Buch über ein Waisenhaus, das riecht förmlich nach Bohnerwachs und ungelüfteten Schlafsälen. Das verbreitet unangenehme Vorstellungen vom geschwungenen Rohrstock und einer Erziehung zu unbedingtem Gehorsam. Da denkt man an die von Efeu überwucherten Grabstellen der Eltern und gebrochene Kinderseelen, eingekapselt in einer Bewahranstalt mit hohen Mauern und vergitterten Fenstern. Orte des Schreckens und der Erniedrigung. Einerseits.

Andererseits können Waisenhäuser auch Orte der Liebe und der Fürsorge sein, an die sich längst erwachsen Gewordene mit Freude erinnern: an die Freunde, die man dort gefunden hat, die Erzieher, die die Kinder liebevoll umsorgt haben. Immer allerdings haftet diesen Häusern der Ruch des Ersatzes an: Ersatz für eine Familie, die nicht vorhanden ist, Ersatz für Vater oder Mutter oder gar beide Elternteile, die verstorben sind oder sich aus anderen Gründen nicht um das Kind kümmern können. Das wusste auch der Begründer der Anstalt, um die es in diesem Buch geht. Drei Worte prangten über dem Eingang des Hauses, das 1833 auf Initiative von Baruch Auerbach eröffnet worden war: „Elternhaus für Waisen". In Langfassung entsteht daraus Auerbachs Wahlspruch, dem er sein Leben lang treu geblieben ist: „Waisenkinder sind nicht arme Kinder, denen man bloß Obdach und Brot zu reichen hat, sondern Waisenkinder sind elternlose Kinder, die vor allem elterliche Liebe, ein Vater- und Mutterherz bedürfen, darum muss das Waisenhaus, wenn es seinem wahren Zweck entsprechen soll, ein Elternhaus für Waisen sein."

Ob das Auerbach'sche Waisenhaus wirklich so ein Ort war, wie es sein Initiator propagiert hat, mag dahingestellt bleiben. Gewiss gab es dort auch Ungerechtigkeiten, bösartige Erzieher und aggressive Kinder. Aber einige Voraussetzungen für eine freundliche Kindheit waren dort vorhanden, allein dadurch, dass es Dinge nicht gab, die anderswo, auch im

Elternhaus, üblich waren. Im Waisenhaus von Baruch Auerbach existierte kein Rohrstock. Die Prügelstrafe war nicht statthaft, und das zu einer Zeit, als diese noch im Strafrecht verankert und an Schulen allgegenwärtig war. Es gab unter den Knaben keine Zwangsarbeit, wie in vielen anderen Häusern im 19. Jahrhundert. Die Jungen sollten auch nicht nur ausschließlich zu einfachen Handwerkern ausgebildet werden, sondern, soweit möglich, das Gymnasium besuchen, und auch die Mädchen sollten einen Beruf erlernen.

Trotzdem herrschte im Auerbach preußischer Drill. Es hagelte Verbote. Es ging streng zu. Aber es scheint, als habe dort die Fürsorge und die Liebe den Schrecken und die Erniedrigung überwogen.

Die Baruch Auerbach'schen Waisen-Erziehungsanstalten, gegründet im preußischen Berlin im Jahre 1832, waren zwei jüdische, eng miteinander verschränkte Institutionen, und der Gründer wie seine Unterstützer legten Wert auf ihre religiöse Bindung. Die Anstalt spiegelte deshalb auch den Stand der Beziehungen zwischen christlichen und jüdischen Deutschen wider. Damit verlassen wir pädagogische Fragen und begeben uns auf das Feld dieser Beziehungen zu einer Zeit, als staatliche judenfeindliche Bestimmungen Gang und Gäbe waren. Die Geschichte des Waisenhauses des preußischen jüdischen Bürgers Baruch Auerbach ist ein eindrückliches Beispiel für das Bemühen der Juden im 19. und beginnenden 20. Jahrhundert, endlich ebenso wie die Christen zu geachteten Staatsbürgern mit gleichen Rechten erklärt zu werden. Sie kann auch als ein Gradmesser für den Stand der Dinge bei der Bekämpfung des Antisemitismus betrachtet werden. Tatsächlich hat das Auerbach alle Höhen und Tiefen des Beziehungsstreits zwischen christlichen und jüdischen Deutschen mit ausgefochten. Seine Verantwortlichen haben Könige angehimmelt, um von diesen ein wenig mehr Achtung erfahren zu dürfen. Sie haben in Kriegen für die preußische Sache gebetet in der Hoffnung, als Bürger endlich ebenso behandelt zu werden wie ihre nichtjüdischen Nachbarn. Sie mussten antisemitischen Vorwürfen begegnen. Und sie haben die Kinder zu preußischem Gehorsam und zur Ordnung erzogen –

aber auch zu gegenseitiger Hilfe und zur Toleranz. Weil sie eben nicht nur Preußen waren, sondern auch Juden.

So bildete sich im Auerbach'schen Waisenhaus ein Mikrokosmos der Entwicklung der Beziehungen zwischen Christen und Juden in Deutschland im 19. und 20. Jahrhundert ab. Wobei hier anzumerken bleibt, dass die Anstalt noch zu Zeiten der Weimarer Republik als ausgesprochen konservativ galt, mit einem Kaiser-Denkmal im Vorgarten und Regeln beim Bettenbau im Schlafsaal wie in der Kaserne. Umso größer war das Renommee des Hauses unter den Jüdinnen und Juden der deutschen Hauptstadt, die sicher sein konnten, dass die Kinder dort von neumodischem Firlefanz ferngehalten und in alter Tradition erzogen wurden. Trotzdem war der damalige Direktor des Waisenhauses ein aufrechter Demokrat und sehnte sich keineswegs nach Preußens Glorie zurück. Höchstens ein kleines bisschen.

Auch vor 1933 hatten die Bewohner und Angestellten des Waisenhauses unter Antisemitismus leiden müssen. Die Dimensionen dessen, was dem Heim wie seinen Bewohnerinnen und Bewohnern während der NS-Zeit geschehen sollte, waren freilich für die damaligen Zeitgenossen unvorstellbar. Das Haus selbst hat die Nazizeit nicht überstanden, ebenso wenig wie ein Großteil seiner Bewohner. Anfang 1943, nach der Deportation der letzten Kinder, zog dort die Hitlerjugend ein. Bald darauf fiel das Gebäude durch einen Bombenangriff der Alliierten in Schutt und Asche.

Die Nationalsozialisten brachten im Holocaust etwa anderthalb Millionen jüdische Kinder um. Sie wurden von ihnen und ihren Helfern vergast und erschossen. Man hat sie verhungern lassen, sie grimmiger Kälte ausgesetzt und sie lebendigen Leibes verbrannt. Die Kinder kamen aus fast allen Teilen Europas. Einige Hundert lebten zuvor im Auerbach'schen Waisenhaus in der Schönhauser Allee 162 im Berliner Stadtbezirk Prenzlauer Berg.

Einem Teil der Kinder, vor allem den etwas älteren, gelang die rechtzeitige Emigration ins Ausland, insbesondere dank der Kindertransporte nach Großbritannien und in andere Staaten. Aber Kinder sind von den

Entscheidungen Erwachsener abhängig. Nur sie und die älteren Jugendlichen unter den Zöglingen waren zu autonomen Entscheidungen in der Lage, soweit dies unter der antisemitischen Politik der Nazis überhaupt möglich gewesen ist. Viele der Kinder im Auerbach Ende der 1930er Jahre besaßen zumindest noch einen Elternteil, häufig lebten aber sowohl Vater als auch Mutter und die Kleinen waren ins Waisenhaus geraten, weil eine Betreuung des Nachwuchses durch die Eltern unmöglich geworden war. Wenn sich die Erwachsenen zum Bleiben in Deutschland entschieden, wenn sie zu spät auszuwandern versuchten, als die Hürden dafür immer höher geworden waren, dann hatten auch die Kinder keine Chance. Deshalb ist es vielen Babys, Kindern und Jugendlichen nicht gelungen, sich rechtzeitig dem Massenmord zu entziehen. Aber auch viele erwachsene Betreuer fielen der Mordmaschine zum Opfer. Wohl weit mehr als 200 der letzten Bewohner der Schönhauser Allee 162 wurden umgebracht. Das jüngste Kind, das von dieser Adresse nach Auschwitz deportiert wurde, hieß Tana und war gerade einmal sechs Monate alt.

Der Holocaust scheint uns heute weit entfernt zu sein. Aber viele der Kinder, die damals ermordet worden sind, könnten heute noch am Leben sein. Sicher, sie wären alt. Tana stünde in den Achtzigern. Vielleicht würde sie noch daheim leben, umsorgt von den Kindern und Enkeln, vielleicht in einem Altersheim.

Weil Tana und die vielen anderen Kinder nicht überlebt haben, ist diese Studie auch ein Gedenkbuch. Der Autor hat sich darum bemüht, Aufklärung über alle Menschen zu erlangen, die aus dem Waisenhaus in den Tod verschleppt worden sind. Alle ihre Namen werden genannt, von Egon Abramowitz, geboren 1936, bis zu der zwölf Jahre alten Hanna Zyprkowsky. Es sind sehr viele Namen. Und es ist zu vermuten, dass die Liste der Ermordeten unvollständig geblieben ist und in Wahrheit noch erweitert werden müsste.

Die Bewohner des Auerbach'schen Waisenhauses sind jedoch auch ein eindrückliches Beispiel dafür, wie viele Jüdinnen und Juden sich gegen ihre Deportation gewehrt haben. Dies betrifft nicht nur die erwachsenen

Betreuer und die schon etwas älteren Jugendlichen. Sogar Kinder konnten dank der selbstlosen Hilfe Älterer gerettet werden. Diese Verfolgten haben Widerstand in eigener Sache geleistet, sind in den Untergrund gegangen oder haben illegal bei Nacht und Nebel Staatsgrenzen überquert. Alle, die diesen Weg gegangen sind, zeichnet ein unglaublicher Mut und Überlebenswillen aus. Sie sind auch Vorbilder in der heutigen Welt, in der Rassismus und Antisemitismus wieder erstarken.

Aber nicht nur ein Gedenkbuch und ein Werk über deutsche und jüdische Geschichte liegt vor Ihnen. In Teilen verbirgt sich auf diesen Seiten auch eine Biografie. Denn es gibt da einen ehemaligen Bewohner des Auerbach'schen Waisenhauses, der meine Hand geführt hat, der anderes zu erzählen hatte als nur die dürren Fakten, Namen und Zahlen, eben weil er dabei gewesen ist – und im Widerstand überlebt hat. Der Anstoß zu diesem Buch kam von Walter Frankenstein, Jahrgang 1924. Er hat von 1936 bis 1941 fünf Jahre lang in der Schönhauser Allee 162 gewohnt. Er erzählt, wie es zuging im Auerbach, auf dem Hof unter den Kastanienbäumen und im Schlafsaal mit 14 anderen Kindern, in der hauseigenen Synagoge und beim Mittagessen, streng getrennt von den weiblichen Zöglingen. Er ist wohl der letzte lebende Auerbacher. Er berichtet, wie die erwachsenen Betreuer die Kinder geschützt haben vor der judenfeindlichen Nazi-Propaganda und dem Hass, damit sie wenigstens zum Teil in Frieden und Freiheit aufwachsen konnten. Walter Frankenstein lässt nichts auf die Erziehung im Waisenhaus kommen, so streng sie auch gewesen sein mag. Für ihn war es wirklich ein Elternhaus für Waisen.

Walter Frankenstein hat auch dafür gesorgt, dass dort, wo einst das Auerbach'sche Waisenhaus stand, dort, wo die Nazis die Kinder in den Tod deportierten, ein Gedenkzeichen darauf hinweist, was einmal gewesen ist.

Von Frankenstein stammt auch der Titel dieses Buchs: „Insel im braunen Meer" hat er das Auerbach'sche Waisenhaus genannt. Diese Bezeichnung trifft freilich nur für einen kurzen Zeitraum von etwa sechs Jahren, zwischen 1933 und 1939, zu. Sie bezeichnet das gelungene Bemühen der

Erzieher des Heims, die Kinder von Hass und Judenfeindschaft der Nazis draußen vor den Toren des Auerbach abzuschirmen und ihnen die Möglichkeit zu geben, eine gute und, soweit das in einem Waisenhaus möglich ist, schöne Kindheit zu verleben. Danach, spätestens ab 1941, entwickelte sich das „Elternhaus für Waisen" zu einem Wartesaal für den Tod. Den wenigen schriftlichen Zeugnissen und Augenzeugenberichten zufolge war in dem restlos überfüllten Haus an eine freiheitliche Erziehung nicht mehr zu denken.

Walter Frankenstein hat die Fotos zu diesem Band gemacht. Es sind Momentaufnahmen, geschossen von einem 13- oder 14-jährigen Jungen, in denen sich das Alltagsleben im Auerbach'schen Waisenhaus widerspiegelt. Da gibt es keine Hakenkreuzflaggen zu sehen und schon gar keine in braunen Uniformen gekleideten SA-Männer. Die Fotos zeigen das Heim exakt so, wie es in Frankensteins Erinnerung festgehalten ist: als einen Ort des Lernens, des Spiels, vor allem aber des Sports. Wir sehen Kinder im großen Speisesaal, sie verkleiden sich zu Chanukka und packen ihre Geschenke aus, spielen gemeinsam Schach. Praktikantinnen zeigen sich mit älteren männlichen Auerbachern. Vor allem aber spielen die Kinder und Jugendlichen Fußball, Handball und betreiben Leichtathletik im Hof des Hauses mit seinen Kastanienbäumen. Die Bilder strahlen einen tiefen Frieden aus. Tatsächlich: eine Insel im braunen Meer.

Vor der furchtbarsten Zeit, als die Kinder und das Personal des Heims ab Herbst 1941 in den Tod deportiert wurden, haben sich offenbar keine fotografischen Zeugnisse erhalten – oder diese wurden noch nicht aufgefunden. Was Frankensteins Fotoalbum auch zeigt, sind die Porträts von 16 Kindern und Erwachsenen, als sie noch im Waisenhaus zusammenlebten. Einigen von ihnen gelang kurz nach Fertigung der Aufnahme die Emigration. Wenige andere überlebten den Holocaust in der Illegalität. Viele fanden den Tod.

Auch vor der NS-Zeit hatte das Auerbach'sche Waisenhaus wie eine Insel dagestanden, auch wenn die See noch nicht braun verseucht war. Aber schon immer waren die Erzieherinnen und Erzieher des Heims darum bemüht gewesen, vermeintlich schädliche Einflüsse von außen von den Kindern fernzuhalten. Das hat im preußisch strengen Berlin bisweilen seltsame Blüten getrieben, besonders was die Vorstellungen von Anstand, Moral und Sitte, aber auch die unbedingte Treue zur Monarchie betrifft. Aber das Auerbach war eben eine jüdische *und* eine preußische Institution.

Wie jede historische Untersuchung ist auch eine Geschichte des Auerbach'schen Waisenhauses von der Qualität der Quellen abhängig. In unserem Fall ist diese, abhängig von der jeweiligen Epoche, höchst unterschiedlich. In Preußen und im deutschen Kaiserreich ist die Geschichte dank der im Landesarchiv Berlin und im Geheimen Staatsarchiv Preußischer Kulturbesitz verwahrten Dokumente der Schulaufsicht, vor allem aber durch die regelmäßig vom Waisenhaus veröffentlichten Jahresberichte schriftlich hervorragend dokumentiert. Ein Manko bildet für diese Zeit von 1832 bis 1914 allerdings die Tatsache, dass die entsprechenden Papiere der Jüdischen Gemeinde zu Berlin, die deren Position im Streit um diese erste Gründung eines jüdischen Waisenhauses in Deutschland hätten wiedergeben können, die Zeit nicht überstanden haben. Ebenso ist die Dokumentenlage für den Ersten Weltkrieg und die Zeit der Weimarer Republik ausgesprochen dürftig. Glücklicherweise liegen für diese Epoche jedoch ein unveröffentlichter Abriss der Geschichte aus der Hand des damaligen Waisenhausdirektors und erste überlieferte Zeitzeugenberichte vor. Dokumente aus der NS-Zeit mit direktem Bezug zum Auerbach'schen Waisenhaus haben sich nur sehr begrenzt erhalten – hier sind vor allen die Deportationslisten der Gestapo und die Papiere des Oberfinanzpräsidenten zu nennen, der das Vermögen der verschleppten Jüdinnen und Juden einzog. Hinzu kommen Tausende Einzelinformationen über die im Heim lebenden Kinder und die Erwachsenen, seien es Karteikarten der Reichsvereinigung der Juden in Deutschland zum Schulbesuch,

Papiere zur Auswanderung, Haftpapiere aus Konzentrationslagern oder die Informationen des Internationalen Suchdienstes aus der unmittelbaren Nachkriegszeit. Eine besonders wertvolle Quelle stellen die Briefe aus der NS-Zeit dar, die einige Zöglinge mit ihren ins Ausland emigrierten Freunden wechselten und die Walter Frankenstein gesammelt und dem Jüdischen Museum Berlin geschenkt hat. Aus der Zeit zwischen 1933 und 1945 liegt ferner eine größere Zahl persönlicher Erinnerungen der betroffenen Zeitzeugen vor, sei es in der Form von Entschädigungs- und Wiedergutmachungsanträgen an bundesdeutsche Behörden, als private schriftliche Informationen oder in Form von Interviews.

Diese persönlichen Erinnerungen, mitunter erst Jahrzehnte nach den furchtbaren Geschehnissen abgegeben, sind wertvolle Quellen, aber doch mit einer gewissen Vorsicht zu betrachten. Dem Autor ist bewusst, dass Erinnerungen falsch liegen können, besonders wenn sie lange zurückliegen (aber auch Dokumente können lügen). Viele dieser Rückblicke basieren in unserem Fall auf kindlichen Erlebnissen von Acht- oder Elfjährigen, bei denen sich leicht selbst Erfahrenes mit Berichtetem von dritter Seite vermischen kann. Informationen von kindlichen Zeitzeugen wurden daher nicht ungeprüft und mit besonderer Vorsicht berücksichtigt.

Ein Buch kann Geschichte nicht ungeschehen machen. Es kann nur versuchen, zu erklären, was geschehen ist. Es kann Zusammenhänge herstellen und Missverständnisse aufklären. Es kann versuchen, zur Aufklärung darüber beizutragen, wie es dazu kommen konnte, dass erwachsene Menschen zweijährige Kinder verschleppten, dass sie eine soziale Einrichtung zerstörten und eine Minderheit auszulöschen versuchten. Soweit man das überhaupt erklären kann.

Das Auerbach'sche Waisenhaus war einst eine große, wohlhabende und geachtete Institution. Aber es war doch nur ein Kieselstein im Mosaik deutsch-jüdischen Zusammenlebens. Dieses einstige Mosaik lässt sich nicht mehr zusammensetzen. Es wird nie wieder neu entstehen. Es bleibt nur, sich ein Bild von ihm zu machen.

Das Album Leonie und Walter Frankenstein

Die Fotos in diesem Buch entstammen der Sammlung von Walter Frankenstein. Das 81 Seiten umfassende Originalalbum mit den Bildern aus dem Auerbach'schen Waisenhaus haben Leonie und Walter Frankenstein neben vielen weiteren Alben und Bildern dem Jüdischen Museum Berlin geschenkt. Walter Frankenstein bekam seinen ersten Fotoapparat zu seinem zwölften Geburtstag geschenkt und brachte ihn nach Berlin mit, als er 1936 kurz darauf in das Auerbach'sche Waisenhaus kam. Er fotografierte Szenen aus seinem Alltag. Im Mittelpunkt stand damit das Haus in der Schönhauser Allee und seine Bewohner. Entwickelt wurden die Filme in einer nahe gelegenen Drogerie, in der auch die Abzüge hergestellt wurden. Die Bilder entstanden zwischen 1936 und 1940 oder 1941, sie sind bis auf wenige Ausnahmen nicht datiert. Sie ergeben einen einmaligen Blick in das Leben in der jüdischen Anstalt während der Zeit des Nationalsozialismus. Bei vielen der auf den Fotos abgebildeten Kindern handelt es sich um die letzten und einzigen Erinnerungen an einen Menschen. Die Bilder geben das wieder, was Walter Frankenstein als die „geschützte Insel im braunen Meer" bezeichnet hat – eine von der NS-Verfolgung scheinbar abgeschlossene Welt.

Die Fotos können nicht die Gräuel und das Entsetzen wiedergeben. So gibt es etwa keine Fotos von der Pogromnacht im November 1938. Es tauchen keine uniformierten SA- oder SS-Männer auf und auch der Krieg bleibt in den Aufnahmen abwesend. Dies erklärt sich durch die Gefahr, die mit dem Anfertigen solcher Bilder verbunden war.

Nicht alle Fotos sind von Walter Frankenstein selbst gemacht worden. Auch andere Kinder fotografierten und es bestand ein reger Tauschhandel. Einige Fotomotive befinden sich ebenfalls in Alben zweier anderer Zöglinge aus dem Auerbach, die die NS-Zeit überlebt haben – diese Abzüge aus dem Besitz von Stephan Lewy und Ralph Moratz werden im United States Holocaust Memorial Museum in Washington D. C. bzw. dem Leo Baeck Institute in New York verwahrt.

Günther Wronkow, Jahrgang 1924. Ihm gelang 1941 die Auswanderung in die USA.

Gerd Punscher, Jahrgang 1924. Er wurde als 17-Jähriger in das Warschauer Ghetto deportiert und vermutlich dort oder in Treblinka ermordet.

Eva Fleischmann wurde 1923 geboren und war Praktikantin im Waisenhaus. Sie wurde 1943 in Auschwitz ermordet.

Gerda Wolff, Jahrgang 1922, arbeitete als Praktikantin im Waisenhaus. Sie starb 1943 in Auschwitz.

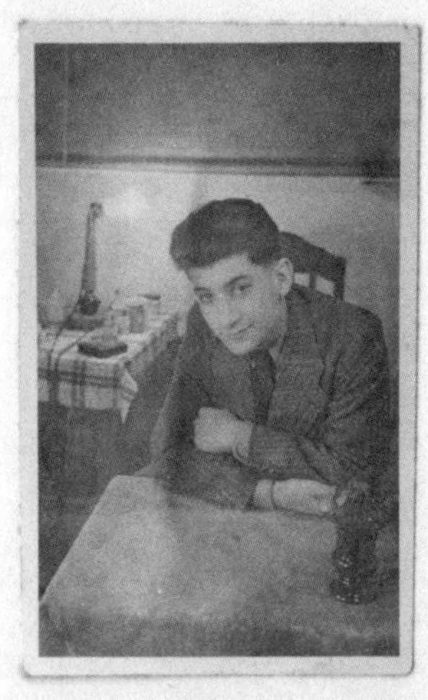

Der damals 17-jährige Peter Brockmann flüchtete 1941 in die Schweiz und lebte später in Israel.

Walter Frankenstein, Jahrgang 1924, ging 1943 mit Frau und Kind in den Untergrund und überlebte. Er lebt in Schweden.

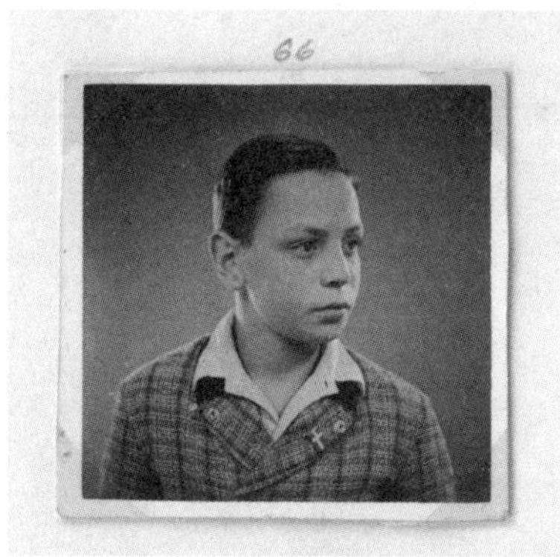

Rolf Rothschild, Jahrgang 1923, konnte 1939 nach Schweden auswandern.

Ernst Conrad, geboren 1921, gelang im April 1939 die Flucht in die USA.

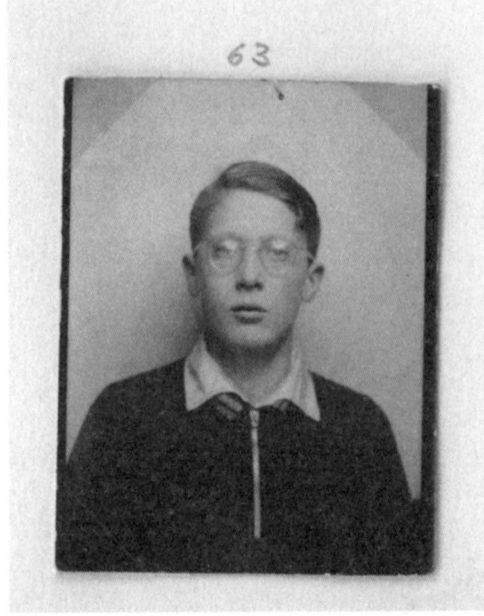

Alfred Scheidemann, Jahrgang 1924, wurde im Dezember 1942 nach Auschwitz deportiert und dort ermordet.

Günter Kilsheimer, geboren 1923, gelang im November 1938 die Flucht nach Brasilien. Er lebte später in den USA.

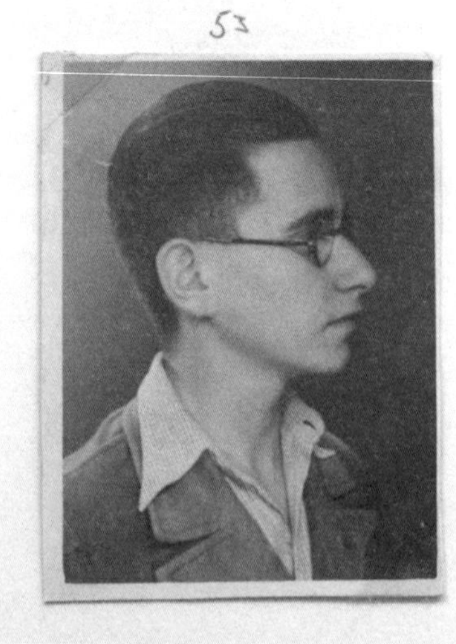

Siegfried Plaut, Jahrgang 1923, konnte 1939 nach Großbritannien auswandern.

Ilse Löwenstern, Jahrgang 1911, arbeitete im Waisenhaus als Erzieherin. Sie entkam dem Holocaust in Indien und lebte später in Israel und Deutschland.

Heinz Frank wurde etwa 1905 geboren und war Erzieher im Auerbach. Er soll 1938 oder 1939 nach Kanada ausgewandert sein.

Ernst Joachim Adamsohn, Jahrgang 1924, kam 1936 ins Waisenhaus und floh 1939 vor der NS-Verfolgung nach Großbritannien. Er lebte später in den USA.

Werner Lewy wurde 1924 geboren. Er flüchtete 1939 in die Niederlande. 1944 verschleppte ihn die SS in das KZ Bergen-Belsen. Lewy überlebte.

Egon Strassner, Jahrgang 1924, war zuerst Zögling und dann Hilfserzieher im Waisenhaus. 1942 wurde er nach Riga deportiert. Er starb 1945 im KZ Buchenwald.

Kapitel 1
Berlin 1936: Eine Kindheit im Waisenhaus

Walter Frankenstein ist zwölf Jahre alt, als er in einen Eisenbahnzug gesetzt wird. Es ist die erste große Reise seines Lebens. Die Mutter hat den Jungen am Kleinstadtbahnhof im heimischen Flatow, im Osten des Deutschen Reichs gelegen, verabschiedet. Es sind Tränen geflossen. Der Personenzug mit seinen Waggons dritter Klasse rumpelt nach Westen, auf die Reichshauptstadt Berlin zu. Er hat keine besondere Eile und hält unterwegs an vielen Stationen. „Das war eine ziemliche psychische Anstrengung, das erste Mal von zu Hause weg und gleich so weit. Die Mutter nicht in Reichweite. Um mich herum nur fremde Menschen", erzählt Walter Frankenstein.[1] Nur mit einem kleinen Koffer ausgestattet geht es ins Unbekannte.

Fast 90 Jahre später meint sich Frankenstein erinnern zu können, dass er damals, im Sommer 1936, am Bahnhof Alexanderplatz ausgestiegen ist. Eine Cousine habe ihn dort abgeholt, an ihren Namen kann er sich nicht mehr erinnern. Aber er weiß noch, dass er sie dort zum ersten Mal gesehen hat. Sie bringt ihn durch die riesige Stadt mit ihrem für den Jungen vom Land unvorstellbar dichten Verkehr, mit den Untergrund- und Straßenbahnen, der S-Bahn, den vielen Autos und Omnibussen, den gewaltigen Gebäuden, Reklametafeln, Menschenmassen. Es geht zu einer vierspurigen Ausfallstraße im nordöstlichen Bezirk Prenzlauer Berg. Schönhauser Allee 162, so lautet die Adresse. Dort steht ein mehrgeschossiges Haus mit roter Ziegelsteinfassade, ein wenig zurückgesetzt von den anderen Gebäuden und mit einem Vorgarten versehen. Nicht weit entfernt liegt eine Station der Untergrundbahn, dem Gebäude schräg gegenüber befindet sich eine hohe Mauer, hinter der sich ein jüdischer Friedhof verbirgt. Sie gehen in das Haus hinein. Es geht eine breite Treppe hinauf in den ersten Stock.

„Ich kam ins Büro des Direktors. Da saß ich auf einer Bank, wurde angemeldet und so weiter." Da sei ein Junge vorbeigekommen, habe ihn gefragt: „‚Bist Du neu hier?' ‚Ja.' ‚Kannst Du Fußball spielen?' ‚Ja.' ‚Kannst Du boxen?' ‚Ja.'" Die Cousine verschwindet. Walter Frankenstein bekommt ein Essen vorgesetzt, das er nicht kennt, Königsberger Klopse. Er ist nicht hungrig und will das meiste liegen lassen. Das gehe nicht, denn hier bestehe die Regel, dass Speisen aufgegessen werden, herrscht ihn ein Erzieher an. Walter würgt die Klopse herunter. Dann muss er sich erbrechen. Später wird der Junge in einen Schlafsaal gebracht. „Ich habe in der ersten Nacht nicht geschlafen und leise vor mich hin geweint. Ich war das erste Mal von zu Hause und meiner Mutter fort."

Doch Walter erholt sich rasch von der Trennung von seiner Mutter, fasst Vertrauen. Zu Hause, im westpreußischen Flatow, war der Junge isoliert. Die christlichen Spielkameraden wollten nichts mehr mit ihm zu tun haben, die Lehrer schnitten ihn, den „Judenjungen", wie es allenthalben hieß. Und nun, im Waisenhaus: „Wir waren fünfzehn Jungen in einem Schlafsaal. Das war so, als ob ich vierzehn Geschwister bekommen hätte. Die haben sich um mich gekümmert, sie haben mir alles gezeigt." Und es gibt da einen Erzieher, Heinz Frank, der sich rührend um den Jungen kümmert.

Das Waisenhaus, erbaut zum Ende des 19. Jahrhunderts, ist groß und weit verzweigt. Da gibt es die Schlafsäle für die Jungen, unterteilt für die Kleineren bis zum Alter von zehn Jahren, für die Mittleren von elf bis 13 und für die Großen von 14 bis 18. Das Gleiche gilt für die Mädchen, die in einem eigenen Trakt wohnen, streng separiert. Auch die Speiseräume sind nach Geschlechtern getrennt und mit der Küche durch einen Lastenfahrstuhl verbunden. Die Körperpflege geschieht in großen Waschräumen, in denen jedes Kind ein eigenes Waschbecken mit einem kleinen Schrank zugeteilt bekommt. Es gibt ein Spielzimmer mit Brettspielen und einer elektrischen Eisenbahn, die die Kinder zurück in die Pappschachteln stecken müssen, bevor sie den Raum verlassen dürfen. Dann die Arbeitszimmer mit ihren Tischen und Stühlen, in denen am Nachmittag gelernt wird, eine Bibliothek, die regelmäßig vom S. Fischer Verlag mit neuen Werken bedacht wird, die Turnhalle, Badezimmer, Wirtschaftsräume und Kleiderkammer, die Tagestoiletten und das Büro des Direktors, die Wohnräume der Erzieher, Keller, Vorratsräume und sogar eine eigene Synagoge oben im dritten Stock. Viel zu entdecken für jemanden, der elf Jahre alt ist. Auf dem Speicher, über dem aufgehängten Synagogendach aus Stuck, kann man sich gut verstecken. Das Beste aber, so erinnert sich Walter Frankenstein, sei der von Kastanienbäumen beschattete und mit Bänken ausgestattete Innenhof zwischen den beiden Seitenflügeln gewesen. Denn dort dürfen die Kinder Fußball und Handball spielen. Im Winter wird ein Teil des Platzes zur Eisbahn umfunktioniert. Auf dem Hof steht auch eine Sandkiste. Die ist eigentlich etwas für die Kleineren, außer wenn dort Weitsprung oder Kugelstoßen geübt wird. Denn Walter ist selbstverständlich auch ein begeisterter Leichtathlet.

Frankenstein, der gerade seinen zwölften Geburtstag gefeiert hat, kommt in den Schlafsaal der „Mittleren". Er freundet sich rasch mit den anderen Jungen an. „Wir haben dann zusammen Fußball gespielt und Tischtennis", erinnert er sich: „Das war wie eine Familie."

Mutter Martha hat dem jungen Walter zehn Postkarten mitgegeben, schon frankiert und mit der Heimatadresse und einem Gruß beschrieben. Es fehlt nur seine Unterschrift. Er soll sie regelmäßig zur Post geben, damit die Mutter weiß, dass es ihm gut geht, denn ein Telefon besitzt sie nicht – es wird im Sommer 1940 allen Jüdinnen und Juden verboten werden. Doch das Auerbach'sche Waisenhaus, die neuen Freunde, der Fußball und alles andere sind so aufregend, dass Walter die Karten vergisst. Beim Besuch bei der Mutter in den Herbstferien 1936 bringt er sie wieder mit: „Hier, Mutti, hast du die Karten, die du mir mitgegeben hast. Unterschrieben habe ich sie alle", sagt er fröhlich und ohne Schuldbewusstsein nach seiner Ankunft in Flatow.

Baruch Auerbach'sche Waisen-Erziehungsanstalten für jüdische Knaben und Mädchen, so lautet der vollständige Name des Hauses wie der Institution. Das klingt nicht eben heimelig, das hört sich nach preußischer Zucht und Ordnung an, nach Rohrstock und Ohrfeigen. Tatsächlich ist die Prügelstrafe bei den Auerbachern, wie sich die Bewohner selbst bezeichnen, anders als in staatlichen Schulen verpönt. Andererseits achtet Direktor Jonas Plaut, der seit den 1920er Jahren die Anstalt führt, genauestens auf Ordnung und Disziplin. Die Hausordnung bestimmt zum Beispiel, dass Beurlaubungen zu Verwandten unter der Woche nicht statthaft sind, sondern nur an Sonntagen. „In der Regel werden die Kinder sonntäglich ab 10 Uhr vormittags zu den Angehörigen beurlaubt, falls ihnen diese Erlaubnis nicht aus disziplinarischen oder anderen Gründen entzogen ist. [...] Das Mitbringen von Lebensmitteln irgend welcher Art ist nicht gestattet. Jedes Zuwiderhandeln hat die Verwirkung des Sonntagsurlaubs zur Folge", heißt es da.[2] Besuche von außerhalb werden im Waisenhaus nicht geduldet, auch nicht von nahen Verwandten. Ebenso wenig dürfen die Zöglinge das Haus ohne triftigen Grund an Wochentagen verlassen, eine Ausnahme gilt nur für die Älteren, die in die Lehre gehen. Aber selbst diese unterliegen regelmäßig strengen Kontrollen, wie der nach sauberen Fingernägeln. In der Hausordnung heißt es weiter: „Telefonische Anrufe seitens der Angehörigen der Kinder sind auf dringende Fälle zu beschränken. Mitteilungen an Anstalt und Zöglinge haben schriftlich zu erfolgen. [...] Der Verkehr zwischen Schule und Haus obliegt der Anstalt. Wird seitens der Schule eine Rücksprache mit Angehörigen gewünscht, so ist der Anstalt vorher Mitteilung zu machen und über das Ergebnis alsbald Bericht zu erstatten."

Im Waisenhaus herrscht strikte Ordnung. Dazu gehört, dass jedes Kind eine Kennnummer erhält – die der Mädchen beginnen mit einem „M", die der Knaben mit einem „K". Die Nummer muss in jedes von daheim mitgebrachte Kleidungsstück eingenäht werden. Bei Aktivitäten werden die Kinder bisweilen nicht mit ihrem Namen, sondern mit der Nummer gerufen, etwa wenn es darum geht, wer am kommenden Sonntag die Verwandtschaft besuchen möchte. „Ich besinne mich noch ganz genau, dass meine liebe selige Mutter nächtelang damit beschäftigt war, die Nummer einzunähen", erinnert sich der ehemalige Zögling David Levin, der früher den Namen Gert Lewin trug.[3]

Für den Ausgehtag sind besondere Sonntagsanzüge vorgeschrieben, die im Sommer aus kurzen Hosen und einer Jacke bestehen. Das stößt bei den Zöglingen auf wenig Begeisterung. Walter Frankenstein berichtet: „Die Hosen verabscheuten wir alle. Warum? Die waren nach innen umgenäht und das war ein Stoff, der auf der Haut furchtbar kratzte." Außerdem besitzen die Kinder je zwei Schul- und Hausanzüge. Um das Parkett zu schonen, darf man im Haus nur mit Turnschuhen herumlaufen.

Der später in die USA ausgewanderte Jorge G. Kaminski erinnert sich 1994 an den, wie er schreibt, „preußischen Drill" den er im Auerbach'schen Waisenhaus zu Beginn der 1930er Jahre, noch vor der NS-Machtübernahme, erlebte. „Jeder Junge hatte ein Amt. Ich machte z. B. 1 Jahr hindurch ca. 18 Betten des kleineren Schlafsaales. Auch erinnere ich mich an eine Art ‚Amt', was ich mit meinem Freund Roman Ginzburg exerzieren musste. Wir putzten ca. 1–1/2 Jahre lang die ca. 20 Paar Schuhe für den sogenannten Kleinen Schlafsaal, wobei wir eine besondere Technik entwickelten, um dieses ‚Amt' am Abend um 8.30 so schnell wie möglich zu absolvieren."[4]

Hans Rosenthal, der um 1941 im Auerbach lebte, ergänzt: „Im Waisenhaus ging es streng zu. Akkurater Bettenbau, eine pingelige Hausordnung, fast wie in einer Kadettenanstalt."[5] Stephan Lewy, ein Jahr älter als Walter Frankenstein, empfindet den Kasernenhofton der Erzieher beim morgendlichen Aufstehen als erniedrigend. Da sei alles geregelt gewesen, das Stehen in einer Linie im kalten Waschraum, das Waschen selbst, das Säubern der Becken, anschließendes Anziehen und Bettenmachen.[6]

Frankenstein bestätigt: „Vier Jungen mussten die Schuhe im Schuhputzraum, der sich neben dem Schlafsaal befand, für alle anderen putzen. Andere Jungen mussten einmal in der Woche die Stufen der Treppen putzen. Vier von uns deckten den Tisch und servierten uns das Essen." Er interpretiert dieses Vorgehen im Nachhinein allerdings keineswegs als schikanös, sondern als sinnvolle pädagogische Maßnahme: „Im Auerbach war man bemüht, den Kindern Verantwortung beizubringen. Alle hatten wir Aufgaben, die wir erledigen mussten. Man war sehr genau damit, dass das auch gemacht wurde. Es gab Dinge, da wunderten wir uns, warum wir das machen sollten. Aber wir haben es immer getan."

Selma Plaut, die Ehefrau des Direktors, führt für die Mädchen ein Kontrollbuch mit dem Titel „Heilige Ordnung, segensreiche Himmelstochter". Darin werden alle vermeintlichen Vergehen eingetragen, die schon beim Verlust eines Taschentuchs beginnen. Für jeden Fehltritt bekommt das Mädchen einen Strich in der Kladde. Bei drei Strichen innerhalb einer Woche wird der Ausgang zu den Verwandten am folgenden Sonntag gestrichen.[7]

Im Vorgarten steht auf einem Sandsteinsockel ein Denkmal. Es zeigt überlebensgroß Kaiser Friedrich III. (1831–1888), der im 19. Jahrhundert als Beschützer der Anstalt fungierte. Unten in der Eingangshalle hängt an einer Wand eine Ehrentafel für diejenigen ehemaligen Zöglinge, die im Ersten Weltkrieg ihr Leben fürs Vaterland gegeben haben, darauf 16 Namen: Max Cohake, Rudolph Grünberg, Manfred Haase, Georg Itzig, Harry Korn, Joseph Krisch, Alfred Lichtenstein, Lee Lichtenstein, Ernst Löventhal, Martin Lobowski, Martin Pollack, Alfred Roth, Erich Roth, Rudolph Stern, Kurt Wedel und Alfred Weiss.[8] Das Denkmal und die Tafel mit ihren Namen sind Symbole dafür, wo man stehen will: in Preußen und Deutschland, als stolze Juden und deutsche Staatsbürger, und dies auch zu einer Zeit, da dieses Deutschland seine Jüdinnen und Juden immer mehr bedrängt und aus der Gesellschaft ausschließt.

Waisenhausdirektor Jonas Plaut ist ein Kind dieser Zeit. Geboren 1880 im Dorf Willingshausen bei Kassel hat er sich aus ärmlichen Verhältnissen hochgearbeitet, zunächst eine Ausbildung zum Lehrer in Marburg absolviert, um anschließend an einer Schule im schlesischen Rybnik zu arbeiten. Um 1910 kommt Plaut nach Münster, wo er einem jüdisches Lehrerseminar vorsteht. Dort lernt er auch sein Frau Selma kennen, die aus der wohlhabenden jüdischen Familie Gumprich aus Münster stammt. Kurz vor Ausbruch des Ersten Weltkriegs nimmt Jonas Plaut die Stelle des Rektors an der jüdischen Schule an der Berliner Kaiserstraße an. 1922 wird er schließlich zum Direktor des Waisenhauses bestellt. Plaut ist schon im Kaiserreich ein überzeugter Republikaner und liest die liberale *Vossische Zeitung*. Allzu fortschrittliche pädagogische Methoden sind ihm aber suspekt; so trennt er sich in den 1920er Jahren von einer Erzieherin, die ihren Mädchen mehr individuelle Freiheiten gestattet hat, als dies der Ehefrau des Direktors behagt. Diese ist im Waisenhaus für Wirtschaft und Verwaltung zuständig.[9]

Es gelingt Jonas Plaut, die nach dem Ersten Weltkrieg darniederliegende Institution neu zu beleben und wieder auf ein festes finanzielles Fundament zu stellen. In einigen Veröffentlichungen wirbt er für das Waisenhaus. Anlässlich der geplanten Hundertjahrfeier hat er sich in die Geschichte des Hauses vertieft und einen längeren Aufsatz verfasst. Doch die Feier muss entfallen und sein Aufsatz bleibt ungedruckt. Das Jubelfest ist ausgerechnet für den 1. April 1933, den Tag des Boykotts jüdischer Geschäfte in Nazi-Deutschland, geplant, gut zwei Monate nach der Machtübernahme der Nationalsozialisten. Plaut schreibt 1937 dazu: „Der 1. April 1933 war nun kein Tag für jüdische Feiern, nichtsdestoweniger aber doch für die Anstalten ein geschichtlicher Tag erster Ordnung. Es war eine wirkliche Zeitenwende!“[10] Plaut lebt mit seiner Ehefrau Selma und den beiden Söhnen W. Günther und Walter im ersten Stock des Waisenhauses in einer Wohnung. Sein Jahresgehalt beträgt 12 000 Reichsmark, eine für die damalige Zeit recht hohe Summe.[11]

Ehemalige Auerbacher erinnerten sich an Jonas Plaut mit Hochachtung. Alexander Teitelbaum (später: Turney) berichtet, dass er im Auerbach mit Plauts jüngerem Sohn Walter befreundet gewesen sei und so Zugang zur Familie des Direktors erhielt. Er schreibt: „Sie können sich nicht vorstellen, welch große Ehre dies war!“[12] Der andere Sohn des Direktors, W. Günther Plaut, der in den USA Rabbiner wurde, sagt in einem Interview im Jahr 1995, zu Beginn der NS-Herrschaft habe der

Vater geglaubt, Hitler würde sich nicht lange halten – eine Täuschung, der damals viele Menschen unterlagen.[13] Der 1912 geborene W. Günther Plaut schreibt weiter, sein Vater habe über eine große private Bibliothek verfügt und die Schriftsteller Hans Fallada und Erich Maria Remarque verehrt. Er habe sich sehr für Politik interessiert. „Ein sehr gemütsreicher Mensch. Sehr intelligent, sehr warmherzig." So erinnert sich die frühere Erzieherin Ilse Löwenstern an Direktor Plaut, einer stattlichen Erscheinung mit grauen Haaren und einem kleinen Schmerbauch.[14]

Plauts Vorstellungen von strenger Disziplin im Auerbach'schen Waisenhaus stoßen allerdings an Grenzen, wenn die Erzieher sich dem System des Hausarrests verweigern. Ilse Löwenstern, Jahrgang 1911, kommt Anfang der 1930er Jahre als junge Erzieherin ins Auerbach und ist dort für die kleinen Jungen zuständig. Wenn sie am Sonntag Dienst hat, provoziert der junge Walter Frankenstein zuvor seine eigene Bestrafung, um den freien Stunden bei seinem in Berlin lebenden Onkel Selmar zu entgehen. Dazu reicht eine Wasserschlacht im Waschraum. Er berichtet: „Einmal kam ich zu spät zum Gottesdienst. Deshalb durfte ich am folgenden Sonntag nicht zu meinen Verwandten fahren, sondern musste im Heim bleiben. Wir haben uns alle gewünscht, dass wir etwas machen, damit wir am Sonntag bleiben konnten. Denn wir hatten Ilse Löwenstern. Die ging für ihr eigenes Geld zum Konditor nebenan und kaufte Kuchen. So bekamen wir Kaffee und Kuchen und konnten am Radio sitzen. Das war mir lieber als bei Onkel Selmar zu sein. Bei ihm hatte alles eine Ordnung und der musste man folgen." Einmal, so erinnert er sich, habe Fräulein Löwenstern ihm sogar Geld gegeben, damit er ins Kino gehen konnte – damals, als Jüdinnen und Juden ein Besuch dort noch erlaubt war.

Ilse Löwenstern konnte sich nicht daran erinnern, dass der junge Walter Frankenstein ein besonders schwieriges Kind gewesen sei. „Er hat sich um die Kleinen gekümmert. Walter war nicht sehr lebhaft, er war auch nicht sehr ungezogen. Er hat viel Sport gemacht. Ich habe sogar mit denen Fußball gespielt", sagt sie. Walter boxt gegen die älteren Söhne des Waisenhausdirektors. Er spielt Tischtennis. Die Jungs bilden eine eigene

Fußballmannschaft. Bei Turnieren geht es gegen andere Teams aus jüdischen Schulen. „Wir haben in Grunewald gespielt, da gab es einen jüdischen Sportplatz. Und im Wedding, nicht weit vom Jüdischen Krankenhaus", erinnert sich Frankenstein. Kontakte zu nichtjüdischen Vereinen sind schon lange nicht mehr möglich, eine Mitgliedschaft streng untersagt. Später ist auch der Platz in Grunewald für Juden gesperrt. Sportfeste finden vermehrt im Innenhof des Waisenhauses statt.

Der Junge ist erst ein paar Tage in Berlin, da beginnen am 1. August 1936 die Olympischen Spiele in der Reichshauptstadt. Es ist auch ein großes Propagandaspektakel der Nationalsozialisten. Aber Politik interessiert den zwölfjährigen Frankenstein nicht weiter. Der Sportbegeisterte bekommt Karten von einem Onkel geschenkt und darf ins Stadion kommen, es ist Juden noch nicht verboten. Er ist nicht der einzige Auerbacher dort. Auch sein Freund aus dem Waisenhaus Ernst Joachim Adamsohn ist dabei. Noch im Jahr 2020 erinnert der sich daran, wie er den siegreichen US-Amerikaner Jesse Owens bei seinem Hundertmeterlauf verfolgt hat.[15] Adamsohn findet das großartig. Doch die Nazis haben ein Problem: Owens ist Schwarzer und damit in ihren Augen „rassisch minderwertig". Wie verträgt sich das mit einer Goldmedaille?

Nicht alle Kinder sehen das drohende Ausgehverbot am Sonntag so locker wie Walter Frankenstein. Viele leiden unter der rigiden Strafe für geringfügige Übertretungen der Hausordnung, können sie dann doch Vater oder Mutter nicht sehen. Hans Rosenthal schreibt: „Der Erzieher [ging] durch die Zimmer und sah sich die Betten an. Die[, die] seiner Meinung nach nicht in Ordnung waren, riss er wieder ein. Alle anderen konnten dann gehen – nur die, deren Betten ihm nicht gefallen hatten, mussten ihr Bett noch einmal machen und erneut zum Appell antreten. Er ließ sich viel Zeit, wir standen. Manchmal kam er erst nach zwanzig Minuten, um sich die Betten wieder anzusehen. Zu mir sagte er meistens: ‚Du gehst noch mal rauf, Betten bauen!' Wir konnten häufig erst eine Stunde später zu unseren Verwandten gehen als die anderen. Bei der kurzen Zeit, die wir hatten, war das schmerzlich."[16]

Größere Ausflüge sind 1936 schon nicht mehr möglich. Früher, vor Beginn der NS-Herrschaft, gab es im Sommer Reisen in Ferienheime in der Berliner Umgebung, etwa nach Birkenhain in Brandenburg, oder an die Ostsee. 1930 ging es zum Beispiel nach Cannow, an der Mecklenburgischen Seenplatte gelegen.[17] Aus dieser Zeit stammt auch die Auerbach-Kinderzeitung mit dem Namen V.A.Z., was für *Verein Auerbach'scher Zeltlager* stand. Später wurde sie durch das *Auerbach-Unterhaltungsblatt* (A.U.B.) abgelöst. Als Walter Frankenstein ins Waisenhaus kommt, existiert das „Unterhaltungsblatt" noch als Wandzeitung. Die Kinder müssen sich mit Tagesausflügen in Berlin und Umgebung begnügen. Frankenstein erinnert sich an eine Fahrt an den nahen Müggelsee.

Im Sommer zu den großen Ferien wird das Waisenhaus zugesperrt. Die Kinder und Jugendlichen werden zu ihren Verwandten oder zu anderen Erziehungsberechtigten entlassen. In der Hausordnung heißt es dazu: „Es empfiehlt sich deshalb dringend, wegen Unterbringung der Kinder während dieser Zeit sich rechtzeitig mit der Direktion in Verbindung zu setzen."[18] Die Mehrheit der Kinder sind keine Voll- sondern Halbwaisen, für sie ist daher eine zeitweise Rückkehr zur Mutter oder zum Vater in der Regel möglich. Die traditionellen Sommeraufenthalte im Grünen für diejenigen Kinder, die nicht zu Verwandten gehen können, sind 1936 schon gestrichen. Walter Frankenstein denkt an seine Besuche in Flatow: „Dort wurde es immer unangenehmer. Ich versuchte gar nicht erst, die ehemaligen christlichen Freunde zu treffen. Ich war daheim und hatte dort noch ein Fahrrad stehen. Damit bin ich in den Wald und an den See gefahren. Zurückzukehren nach Berlin war wie eine Befreiung."[19]

Auerbach-Direktor Jonas Plaut legt Wert auf die Teilnahme an den Gottesdiensten, aber die jüdische Religion spielt im Alltag keine herausragende Rolle. Zu Sukkot, auch Laubhüttenfest genannt, wird im großen Innenhof eine hölzerne Laubhütte genutzt, um an den Auszug der Israeliten aus Ägypten zu erinnern, als das Volk nur in provisorischen Hütten übernachten konnte. Eine zweite, in die Mauer zum Nachbargrundstück eingelassene steinerne Laubhütte bleibt dagegen verwaist. An Pessach, dem großen Familienfest, gibt es traditionell, statt Brot nur Mazze zu essen. Das ungesäuerte Brot steht für den überstürzten Aufbruch aus Ägypten, als die Menschen keine Zeit dazu hatten, ihre Brote säuern zu lassen, und nur Mehl und Wasser verrühren konnten. Zum Versöhnungsfest Jom Kippur, dem höchsten Feiertag des Jahres, werden die Kinder nicht zum Fasten gezwungen, wie es nur für die Erwachsenen Gebot ist.

„Es ging liberal zu", meint Ilse Löwenstern. Dabei besitzen die Auerbach'schen Waisen-Erziehungsanstalten eine eigene Synagoge mit 250 Plätzen, ungewöhnlich genug im dritten Stock des Haupthauses gelegen und deshalb nur über viele Treppen zu erreichen.[20] Der Betsaal ist schlicht eingerichtet, nur die kunstvollen Glasmalereien an den Fenstern und die 7,50 Meter hohe gewölbte Decke stechen hervor. Dann gibt es noch einen Kronleuchter mit 20 Flammen.

Anhand der großen, in gotischen Formen verzierten Fenster ist schon an der Außenfassade erkennbar, dass sich hier oben ganz besondere Räume befinden. Die Gottesdienste folgen dem liberalen Ritus. Dazu zählt auch, dass das Gotteshaus über ein orgelähnliches Harmonium verfügt und dort gemeinsam im Chor gesungen wird, etwas, was bei orthodoxen Juden verpönt ist. Seit 1923 dient die Synagoge auch den Mitgliedern des Liberalen Synagogenvereins Norden, der sich für liberale Ideen einsetzt, als Gotteshaus. Der Gottesdienst ist dort kürzer als üblich, Gebete, die sich auf eine Rückkehr nach Jerusalem beziehen, gelten den Anhängern als nicht mehr zeitgemäß. Gebetssprache ist Deutsch und nicht länger Hebräisch, das von vielen Jüdinnen und Juden nicht mehr verstanden wird. Die Frauen sitzen nicht wie üblich auf einer Galerie, sondern als ein Zeichen ihrer Emanzipation gemeinsam mit den Männern beisammen. Dafür beginnt der Gottesdienst auch nicht zum Sonnenuntergang, sondern das ganze Jahr über um viertel nach sieben Uhr am Abend – so haben auch die Gewerbetreibenden im Viertel die Möglichkeit zur Teilnahme. Erster Vorsitzender des Vereins ist der 1869 geborene Hermann Falkenberg. Ihm zu Ehren wird das Gotteshaus nach seinem Tod 1936 in Hermann-Falkenberg-Synagoge umbenannt. Das Ziel der liberalen Bewegung unter den Berliner Jüdinnen und Juden besteht darin, Menschen, die sich von ihrem Glauben entfernt haben, die Religion wieder näherzubringen. Deshalb erhalten auch Laien Funktionen bei der Ausübung des Gottesdienstes.

Jeden Montag- und Mittwochmorgen, Freitagabend und am Schabbat finden im Waisenhaus Gottesdienste statt, an dem alle Zöglinge und das Personal teilzunehmen haben. Direktor Plaut duldet keine Ausnahmen. Auch er zählt sich wie Rabbiner Falkenberg zu den Anhängern des Reformjudentums. Ilse Löwenstern erinnert sich, dass die Erzieher darauf achten mussten, dass sich die Kinder bei religiösen Feiern nicht unterhielten.

Der Zögling Walter Frankenstein ist nicht sehr gläubig. Als er acht Jahre alt war, ist etwas geschehen, dass ihn an Gott zweifeln lässt. Am 1. April 1933, dem Tag des Boykotts gegen jüdische Geschäfte, geht die SA in seiner Heimatstadt Flatow auch gegen das kleine Kaufhaus vor, das seine Mutter dort betreibt. Dabei schießt ein Uniformierter mit seiner Pistole auf das Gebäude, in dessen oberen Räumen sich die Wohnräume der Familie befinden. Walter sieht das, als er aus einem der Fenster schaut. Er habe zu sich selbst gesprochen, dass, wenn dieser Mann nicht in den nächsten Minuten tot umfallen würde, er nicht mehr an Gott glauben würde. „Ein Kinderglaube", sagt er heute dazu. Der Uniformierte sei selbstverständlich nicht gestorben. Seitdem nagen an ihm die Zweifel.

Einmal steht Walter kurz vor dem Rauswurf aus dem Waisenhaus. Er hat den Gottesdienst geschwänzt und erklärt, daran nicht mehr teilnehmen zu wollen. Sein Onkel und Vormund Selmar wird herbeizitiert und versucht, die Angelegenheit mit Direktor Plaut zu regeln. Am Ende darf der Junge bleiben und besucht auch wieder die Gottesdienste. Im zweiten Jahr seines Lebens in Berlin, am 14. August 1937, hat Walter Frankenstein unter Leitung von Kantor Kurt Jakubowski seine Bar Mitzwa in der Synagoge des Waisenhauses. Die Mutter ist dazu extra aus Flatow angereist, zudem kommt der ältere Bruder Manfred mit seiner Frau. Walter, daran erinnert er sich noch genau, erhält als Geschenk seine erste Armbanduhr.

Nur einmal am Tag dürfen und müssen die Kinder das Gelände des Waisenhauses verlassen – am Morgen, wenn es in die Schule geht. Das Auerbach betreibt schon seit seiner Gründung im Jahr 1832 keine eigene Lehranstalt. Rund 80 Kinder, darunter etwas mehr Jungen als Mädchen, leben Mitte der 1930er Jahre im Auerbach'schen Waisenhaus. Hinzu kommen 17 Erwachsene: sechs Erzieherinnen und Erzieher, einschließlich des Direktors, und elf Personen, die sich um Küche, Kleidung und das Haus kümmern, nicht mitgerechnet einige Praktikantinnen.[21] Nach den Statuten der Institution sollen bevorzugt in Not geratene Kinder aus der Jüdischen Gemeinde zu Berlin dort einen Platz finden, etwa wenn der männliche Versorger verstorben war. Doch nun, in den ersten Jahren der nationalsozialistischen Herrschaft, sind solche Grundsätze passé. Es kommen immer mehr Kinder und Jugendliche aus allen Teilen des Deutschen Reichs ins Auerbach. Viele von ihnen sind Halbwaisen, aber in einigen Fällen leben auch noch beide Elternteile. Bisweilen leben die Eltern getrennt voneinander oder haben sich scheiden lassen, und niemand kann oder will sich um das Kind kümmern. In einigen Fällen entstammt das Kind einer unehelichen Beziehung und gilt nach den damaligen Moralvorstellungen deshalb als „illegitim". Manchmal wird der Vater als „unbekannt" bezeichnet, die alleinerziehende Mutter muss arbeiten gehen und findet keine Betreuung für ihr Kind. Dazu schreibt Waisenhausdirektor Jonas Plaut 1937: „Während früher Halb- und Vollwaisen die große Mehrzahl bildeten, werden jetzt nicht selten auch Scheidungswaisen aufgenommen."[22]

Manchen der Kinder im Auerbach hat man den Besuch einer öffentlichen Schule in ihrem Heimatort verboten. Walter Frankenstein ist so ein Fall. Der Rektor der Volksschule in Flatow hat ihm nach dem Ende des Schuljahrs zu Ostern 1936 erklärt, dass seine Teilnahme am Unterricht nicht mehr möglich sei, weil er ein Jude ist. Walters Vater Max Frankenstein ist schon 1929 im Alter von 55 Jahren verstorben. Walter hat, wie es das Gesetz vorsieht, einen männlichen Vormund bekommen, seinen Onkel Selmar, einen hoch angesehenen Arzt mit eigener Praxis in Berlin.

Ihm gelingt es, den jungen Walter im Auerbach'schen Waisenhaus unterzubringen.[23]

Ganz ähnlich ergeht es dem gleichaltrigen Ernst Joachim Adamsohn, der bis 1936 in Frankfurt an der Oder lebt. Als die Schulleitung ihm die Teilnahme am Unterricht untersagt, besorgt der Großvater dem Jungen einen Platz im Auerbach, wo er sich mit Walter Frankenstein anfreundet.[24] Diese Entwicklung konstatiert 1937 auch Waisenhausdirektor Jonas Plaut: „Durch die bekannten Verhältnisse sind wir nicht selten gezwungen, auch auswärtige hilfsbedürftige Kinder, die in ihren Restgemeinden häufig die einzigen Schulpflichtigen sind, bei uns aufzunehmen."[25]

Bis zum Beginn der NS-Herrschaft besuchten die Kinder meist öffentliche Schulen, doch ab 1933 wird der Unterricht für sie dort zunehmend zur Qual, drangsaliert von Mitschülern und Lehrern. Deshalb verlassen viele Kinder schon lange vor dem Verbot des Besuchs öffentlicher Schulen durch Juden im November 1938 diese Lehranstalten und besuchen stattdessen jüdische Schulen. Der Besuch höherer Schulen wird für sie immer stärker limitiert. An ein Studium ist nicht mehr zu denken, der Erwerb eines Doktorgrads ist Jüdinnen und Juden ab 1937 verboten. „Das Institut sorgt […] dafür, dass sämmtliche Zöglinge zunächst eine gründliche elementarische Schulausbildung in einer hiesigen Schule, ferner aber auch, daß die durch vorzügliche Anlagen dazu berufenen Zöglinge, welche sich zugleich durch Fleiß und Sittlichkeit fortdauernder Wohlthaten Werth bewiesen, die ihnen angemessene weitere Ausbildung auf einer höheren Bürgerschule oder einem Gymnasium erhalten, und gewährt ihnen alle zu ihren Schulstudien erforderlichen Hülfsmittel, bis sie in das bürgerliche Leben oder zur Universität übergehen." So lautet Paragraph 14 im Statut der Baruch Auerbach'schen Waisen-Erziehungs-Anstalt für jüdische Knaben aus dem Jahre 1839.[26] Knapp einhundert Jahre später ist das in weite Ferne gerückt. Die meisten älteren Kinder können sich glücklich schätzen, wenn sie eine Lehrstelle finden. In entsprechenden Berufsschulen muss die Jüdische Gemeinde zu Berlin mehr und mehr solche

Stellen einrichten, weil jugendliche Jüdinnen und Juden sonst kaum noch einen Platz finden.

Walter Frankenstein besucht die Jüdische Volksschule im Hinterhof der nahen Rykestraße 53, ein viergeschossiger roter Ziegelbau aus der Jahrhundertwende, der von der Schönhauser Allee leicht zu Fuß zu erreichen ist, gleich neben der Synagoge Rykestraße gelegen. Manche anderen Kinder haben weitere Wege, etwa bis in den westlichen Stadtteil Charlottenburg.

Zu Beginn des Jahrhunderts war die Schule in der Rykestraße als eine reine Religionsschule gegründet worden, in der junge Jüdinnen und Juden zusätzlich zum Besuch der Volksschule Unterricht erhielten und deren Besuch freiwillig war.[27] Doch 1926 erfolgt die Erweiterung in eine private Volksschule, die nach der Machtübernahme der Nazis aus allen Nähten zu platzen droht. 1936, im Jahr, in dem Walter Frankenstein nach Berlin kommt, besuchen schon 734 Kinder den Unterricht, vier Jahre zuvor waren es dagegen nur 530. Ein Teil der Kinder wird deshalb in einer leer stehenden Schule in der Nachbarschaft unterrichtet. Auch der junge Walter kommt in seinem letzten Schuljahr dorthin. Er fühlt sich wohl, bis heute schwärmt er von seiner Klassenlehrerin Erna Samuel. Die Klassen sind nicht nach Geschlechtern getrennt. Der Unterricht unterscheidet sich deutlich von dem, was Frankenstein aus seiner Volksschule in Flatow gewohnt ist. Der Tag beginnt nicht mit Rechnen oder Deutsch. Stattdessen ist die erste Stunde dem Erlernen von Iwrith, dem modernen Hebräisch, gewidmet. Dann gibt es Palästinakunde. Die Kinder sollen vorbereitet werden für ein Leben fern von dem Land, das sie nicht mehr haben will. „Das jüdische Kind muss für die Auswanderung, insbesondere nach Palästina, vorbereitet und fähig gemacht werden", legen die Richtlinien zur Aufstellung der Lehrpläne für jüdische Volksschulen im Jahr 1937 fest.[28] Drangsaliert vom NS-System fließen mehr und mehr zionistische Vorstellungen ein, nicht nur in den Schulunterricht. Auch im Waisenhaus sind erste Vorboten zu erkennen.

Frankenstein kann sich noch gut an den üblichen Tagesablauf im Auerbach erinnern. Er berichtet: „Wecken war zwischen halb sieben und sieben. Dann in den Waschraum, waschen, Zähne putzen und so weiter. Anziehen. Dann hatte man seine Aufgaben. Der eine musste den Waschraum sauber machen. Der andere musste die Betten kontrollieren." Besonders unbeliebt ist das Polieren der Badezimmerarmaturen. Aber wer da nicht sorgfältig arbeitet, bekommt Ärger mit der Wirtschafterin Margot Kanter. Frankenstein erzählt weiter: „Dann gab es gegen halb acht Frühstück. Montags und Mittwochs wurde morgens im Betsaal gebetet. Da musste man noch früher aufstehen. Um acht zur Schule. Wenn man aus der Schule kam, hatte man einen Schulanzug an. Wenn man zurück kam, zog man den Hausanzug und die Hausschuhe an. Dann gab es Mittag. Das Essen war koscher. Man mischte nicht Käse und Wurst, also Milchiges und Fleischiges. Die Frau Direktor legte großen Wert auf gesundes Essen nach den damaligen Vorstellungen. Am Freitag aß man entweder panierten Fisch mit Kartoffelsalat oder Würstchen mit Kartoffelmus. Das Essen war gut. Danach gab es Kaffee und ein trockenes Brötchen. Die Kinder, die sehr schwach aussahen und klein waren, bekamen einen Löffel Lebertran und ein Butterbrötchen, solange es noch Butter für Juden gab. Ich habe nie Lebertran gekriegt, aber auch nie ein Butterbrötchen. Dann wurden Schularbeiten im Arbeitssaal gemacht. Da saß der Erzieher vorne am Tisch, und wenn du Fragen hattest, gingst du zu ihm. Wenn die Schularbeiten fertig waren, konnte man auf den Hof hinaus gehen. Der war riesengroß. Fußball spielen. Mädchen treffen. Der Hof war ein Treffpunkt zwischen Jungs und Mädchen. Wenn schlechtes Wetter war, dann habe ich im Arbeitssaal gesessen, einen Stuhl genommen und den zur Heizung zurückgekippt und habe gelesen. Die deutschen Klassiker."[29] Abends gibt es kaltes Abendbrot und Tee. Spätestens um halb neun endet der Tag der jungen Auerbacher in ihrem Bett.

Auch die Erzieherin Ilse Löwenstern berichtet, dass die Trennung der Geschlechter auf dem gemeinsamen Hof endet. Wenn die Erwachsenen mitbekommen, dass da ein Mädchen und ein Junge zusammensitzen, machen sie einen Witz darüber. Aber niemand denkt daran einzugreifen. Zu preußischen Zeiten war das noch ganz anders gewesen.

Die Erzieherinnen und Erzieher sind dazu verpflichtet, selbst im Auerbach'schen Waisenhaus zu leben. Ihre Zimmer befinden sich in unmittelbarer Nähe zu den Schlafsälen der Kinder. Ilse Löwenstern erinnert sich, dass es in ihrem Raum zwei Türen gab, die eine führte auf den Korridor, die andere ging direkt zum Schlafsaal der kleinen Jungen. Für die Jungen im mittleren Alter wie Walter Frankenstein ist der Erzieher Heinz Frank zuständig, eigentlich ein angehender Jurist, dem die Nazis aber ein weiteres Studium untersagt haben. Am Abend, wenn die Kinder schon im Bett liegen, liest er ihnen häufig etwas aus der Welt der deutschen Klassiker vor oder lässt auf dem Grammophon eine Schallplatte mit klassischer Musik spielen. Ein anderer Erzieher, der 1939 im Heim zu arbeiten beginnt, spielt Klavier und Harmonium und beteiligt sich musikalisch am freitäglichen Gottesdienst. Ilse Löwenstern singt ihren Kindern vor dem Einschlafen Lieder vor. Fast 60 Jahre später kann sich einer der früheren Zöglinge an einen Liedtext erinnern – „Wer hat die schönsten Schäfchen ...", heißt es darin.[30]

Der junge Frankenstein beginnt zu fotografieren. Er hat eine Box aus Flatow mitgebracht. „Die war mir dann zu einfach. Ich bekam eine Agfa Gilette, Format sechs mal sechs." Er hält die Szenen aus seinem Alltag fest, vom Sport im Hof, macht Bilder von seinen Freunden. Die Filme holt er sich in einer nahe gelegenen Drogerie, wo sie auch entwickelt werden. „Ich hatte ja gutes Taschengeld von meiner Mutter, fünf Mark im Monat", erinnert er sich. Später, im Jahr 1941, wird Jüdinnen und Juden der Besitz von Fotoapparaten verboten, die Kameras werden entschädigungslos eingezogen.

Das Waisenhaus legt viel Wert auf eine Annährung der anvertrauten Kinder zur Literatur und Musik. In den ersten Jahren unter der NS-Herrschaft, als dies noch möglich ist, so erinnert sich Walter Frankenstein, gibt es sogar seltene Besuche der Zöglinge im Theater oder im Konzertsaal der Staatsoper Unter den Linden. Später, als Jüdinnen und Juden der Besuch von Theatern und Konzerten verboten wird, geht man in die Räumlichkeiten des Jüdischen Kulturbunds, einer von den Nazis noch erlaubten Vereinigung, zu der nur Juden Zutritt haben. Alexander Turney, mit früherem Namen Teitelbaum, auch er ein ehemaliger Auerbach-Zögling, meint, die Kinder seien mit den „drei Bs" aufgewachsen – Beethoven, Brahms und Bach.[31] Unregelmäßig konzertieren Pianisten im Waisenhaus, und die deutschen Klassiker stehen bei Direktor Plaut hoch im Kurs.

Einen der Höhepunkte des Jahres stellen die Feiern zum jüdischen Chanukka-Fest dar, das immer im Dezember in Erinnerung an die Wiedereinweihung des zweiten Tempels im Jahr 3597 jüdischer Zeitrechnung begangen wird. Das ist vor allem ein Fest für die Kinder. Die Kleinen führen Märchen auf. Die größeren Kinder und Jugendlichen spielen Theater, etwa Lessings „Minna von Barnhelm" oder die Komödie „Die gelehrten Frauen" von Molière. Bei der „Minna von Barnhelm" darf Walter Frankenstein Regie führen, denn zum Schauspieler fühlt sich der Junge nicht geboren. Mit dem religiösen Ritus von Chanukka haben diese Theateraufführungen nichts gemein, sie sind daher auch ein Zeichen für die weltliche Ausrichtung der Erziehung.

Vor den Aufführungen erhalten die Kinder traditionell ihre Geschenke, dazu einen Teller mit Süßigkeiten. Der 13-jährige Jorge G. Kaminski erhält Anfang der 1930er Jahre „Herz auf Taille", den ersten Gedichtband des wenig später von den Nazis verfemten Schriftstellers Erich Kästner. Walter Frankenstein freut sich ein paar Jahre später über „Knaurs Konversationslexikon". Dazu gibt es eine kleine Flagge mit dem Namen des Beschenkten. Frankenstein kann noch heute zitieren, was da eines Jahres bei ihm darauf steht: „Ruft man den Frankenstein, dann reagiert er nicht. Schau, schau, sagt man, welch ungezogener Wicht."

Ein auf Matrizen abgezogenes Programmheft zu Chanukka 1934 hat sich erhalten, mit einem gezeichneten Leuchter auf dem Titel.[32] Das Fest beginnt mit einer Ansprache des Direktors. Es folgt ein chassidischen Volksweisen nachempfundener Tanz, einstudiert von dessen Frau Selma Plaut. Daran schließt sich das Hauptereignis des Abends an, „Auerbach-

Metamorphose" genannt. Dahinter verbergen sich Couplets über das eigene Haus, etwa wenn es um den Tagesablauf im Waisenhaus geht. Ein Gedicht endet mit: „Mensch hier is' es richtig, Du hier is' es fein, Wie ihr das erzählt, muss es knorke hier sein."

1934, im zweiten Jahr der NS-Herrschaft, sind die allermeisten Jüdinnen und Juden in Deutschland längst aus dem Staatsdienst entlassen. Viele Berufe bleiben ihnen verschlossen, der „Judenboykott" vom 1. April des Vorjahres hat deutlich gemacht, dass die neuen Machthaber beabsichtigen, Jüdinnen und Juden aus der Gesellschaft und dem ganzen Land herauszudrängen. Die Zukunft ist mehr als unsicher, auch im Auerbach. Auch wenn die jüngeren Kinder das nicht immer mitbekommen, für die Älteren unter ihnen, gewiss aber für die Erwachsenen, stellt sich die drängende Frage, wie ihre Zukunft aussehen soll. In Deutschland mit all den Diskriminierungen bleiben – oder doch besser eine neue Heimat in der Fremde suchen? Am Chanukka-Abend 1934 kommt dieses Dilemma auch im Auerbach'schen Waisenhaus zur Sprache. Im „Lied der Umschichtung" heißt es:

„Als Mediziner glaubte ich,
Könnt' ich mein Ziel erreichen,
Auch so will ich nicht traurig sein
Und werde Wände streichen.

Juristerei, die edle Zunft,
Sie war mein höheres Streben,
Doch auch als Tischler werde ich,
So Gott will, glücklich leben.

Ein Kaufmann ist in manchem Fall
Ein Mensch auf krummen Wegen,
Ein Landwirt hat in Gottes Land,
So hoff' ich, Gottes Segen."

Zionistische Vorstellungen von einer Auswanderung nach Eretz Israel, dem Land Israel, waren im Auerbach'schen Waisenhaus nie gerne gesehen, schon zur Kaiserzeit nicht. Weil sich die Leitung des Hauses, der Direktor, der Vorstand, die Erzieher, ja alle Mitarbeiter, als stolze patriotische deutsche Juden verstanden, war ihnen die Idee der „Alijah", des Aufstiegs ins Land der Väter, fremd geblieben. Im Jahr 1935 fährt W. Günther Plaut, der Sohn des Direktors, nach Palästina, um dort im Tennis an der jüdischen Olympiade, der Makkabiah, teilzunehmen. Seine Mutter Selma begleitet ihn. Gemeinsam machen sie nach den Spielen eine Rundreise durch das Land. Auf die Idee, dort zu bleiben, kommen weder Mutter noch Sohn, sondern sie fahren anschließend wie selbstverständlich nach Hitler-Deutschland zurück.[33] Viele deutsche Juden glaubten noch lange, die Zionisten gefährdeten mit ihrer Forderung nach einer Auswanderung nach Eretz Israel die Position der Juden als treue deutsche Staatsbürger und ließen an ihrer Loyalität zweifeln. Doch nun, nur zwei Jahre nach Beginn der nationalsozialistischen Herrschaft, bröckeln diese alten Vorstellungen. Zehntausende Jüdinnen und Juden sind auf der Flucht aus diesem ihnen feindlich gesinnten Deutschland.

Viele Jüdinnen und Juden verlassen ab Mitte der 1930er Jahre ihre Heimat in der deutschen Provinz und ziehen in die Reichshauptstadt. Daheim, in den Dörfern und kleinen Städten, fühlen sie sich direkter von den antisemitischen Vorfällen bedroht, ihre Namen und Gesichter sind bekannt und zudem existiert dort häufig keine helfende jüdische Infrastruktur. In der Millionenstadt Berlin ist das Leben anonymer, zudem befindet sich dort die größte jüdische Gemeinde des Reichs. So kommt es, dass 1941 etwa 40 Prozent aller verbliebenen deutschen Juden – rund 75 000 – in Berlin leben.[34] Dies ist auch der Grund dafür, dass immer mehr halbwaise Kinder aus dem ganzen Land ins Auerbach'sche Waisenhaus kommen.

Auch Walter Frankensteins Mutter Martha kommt 1938 nach Berlin. Ihr Geschäft für Landhandel im heimatlichen Flatow hat sich aufgrund der Boykottaufrufe gegen jüdische Unternehmen nicht länger halten lassen. Sie zieht mit Flora Hirschfeld, der Schwester der ersten Ehefrau ihres verstorbenen Ehemanns, in eine gemeinsame Wohnung im Westen der Stadt. Der inzwischen 14-jährige Walter hat damit neben seinem Onkel Selmar eine zweite Anlaufstelle an seinen Ausgehsonntagen im Waisenhaus.

Viele deutsche Jüdinnen und Juden entschließen sich in diesen Jahren zur Flucht ins Ausland. Doch das ist nicht so einfach, denn dazu braucht es nicht nur Geld, sondern vor allem die richtigen Papiere: ein Einreisevisum für das Land der Wahl, möglicherweise Transitvisa für die Durchreise, in vielen Fällen die Bürgschaft eines bereits im Ausland Lebenden, der damit garantiert, dass der Neuankömmling dem Staat nicht zur Last fallen wird. Und all diese Papiere haben Ablaufdaten, und so kann es passieren, dass, wenn das ersehnte Visum für die neue Heimat endlich eintrifft, ein Transitvisum abgelaufen ist und neu beantragt werden muss. Die meisten Staaten haben ihre Grenze für die Flüchtlinge aus Deutschland fest verschlossen. Die Nazis verlangen eine hohe Summe in Form der „Reichsfluchtsteuer", Unbedenklichkeitsbescheinigungen des Finanzamts und bei Männern – obwohl diese als „wehrunwürdig" gelten – eine entsprechende Bescheinigung der Wehrmacht. Die Schiffspassage muss geklärt und besorgt und der Hausrat verkauft werden. Je länger die Nazis an der Macht sind, desto geringer werden die Chancen, nennenswerte Teile des eigenen Besitzes in die neue Heimat hinüberzuretten.

Die Welt ist in den 30er Jahren des vorigen Jahrhunderts weniger kosmopolitisch als heute, kaum einer der potenziellen Auswanderer spricht oder versteht ausreichend Englisch oder Französisch, geschweige denn, wie in vielen lateinamerikanischen Ländern notwendig, Spanisch. Und: Die deutschen Jüdinnen und Juden haben die falschen Berufe, viele von ihnen sind zum Beispiel Rechtsanwälte. Das deutsche Rechtssystem hat im britischen Mandatsgebiet Palästina wie in den meisten anderen Ländern aber keine Gültigkeit, und so ist das entsprechende Staatsexamen dort keinen Heller wert. Ähnliches gilt für ärztliche Approbationen. Verweise auf eine erstklassige deutsche Beamtenlaufbahn machen im Ausland keinen Sinn. Es gehört eine Menge Mut dazu, Deutschland zu verlassen und in ein unbekanntes Land zu reisen, dessen Sprache man nicht spricht und dessen Sitten man nicht kennt. Vor allem jüngere Jüdinnen und Juden bringen diesen Mut auf, auch, weil ihnen in der Heimat jegliche berufliche Perspektive genommen wird. Die kleineren Kinder sind bei Fragen der Auswanderung gänzlich von den Entscheidungen der Erwachsenen abhängig.

Zwischen 1933 und 1937 verlassen etwa 129 000 von ursprünglich gut einer halben Million Jüdinnen und Juden das Reich. Weil die Vorbereitungen zur Auswanderung so kompliziert sind und Unmengen an Zeit verschlingen, werden manche Kinder währenddessen im Auerbach'schen Waisenhaus abgegeben. „Wenn Eltern ihre Auswanderung vorbereitet haben, dann schickten sie ihre Kinder ins Waisenhaus", erinnert sich die Erzieherin Ilse Löwenstern.[35] Nicht immer kann die ganze Familie danach zusammen flüchten. Man muss sich trennen und hofft, dass die Zurückgebliebenen später eine Gelegenheit zum Nachkommen finden. Da sind die drei Geschwister Bobker; der Jüngste, Abraham, geboren 1933, Hella, die 1931 das Licht der Welt erblickt, und Malie, die Älteste und Jahrgang 1926. Dem Vater Chaim gelingt die Auswanderung nach Großbritannien, er geht später nach Australien. Die Mutter Jenny und zwei ihrer Söhne erreichen die Vereinigten Staaten. Abraham, Hella und Malie bleiben in Berlin zurück und leben im Auerbach'schen Waisenhaus.[36]

Ab Mitte der 1930er Jahre verlassen mehr und mehr Kinder das Waisenhaus und gehen mit einem oder beiden Elternteilen in die Emigration. Walter Frankenstein weiß noch, wie unauffällig diese Abschiede waren: „Es gab da keine Feste. Die verschwanden einfach. Die Schulklassen wurden kleiner. Die, die heute noch da waren, waren morgen weg."

Auch Walter Frankensteins ältere Halbbrüder Martin und Manfred wandern aus. Beide emigrieren Mitte der 1930er Jahre ins das britische Mandatsgebiet Palästina. Von dort hätte es wohl Möglichkeiten gegeben, die Mutter und den jungen Walter nachkommen zu lassen. Mutter Martha aber will in Deutschland bleiben, erinnert sich Frankenstein.

„Mutter war trotz ihrer Frömmigkeit treudeutsch", sagt er. Schon gar nicht kommt eine Auswanderung für Onkel Selmar Frankenstein und seine Frau in Frage. Der im Ersten Weltkrieg militärisch hochdekorierte Oberstabsarzt denkt deutschnational und hält die NS-Herrschaft für eine nur vorübergehende Erscheinung. Niemals würde er Deutschland freiwillig verlassen. Sein Widerstand gegen eine Emigration ist so heftig, dass er in seinem Testament alle Verwandten enterbt, die sich zum Zeitpunkt seines Todes außerhalb der Grenzen des Deutschen Reichs befinden.

Es gibt auch einige wenige Fälle, in denen eine Auswanderung scheitert und die Kinder mit ihrer Familie nach Nazi-Deutschland und ins Auerbach'sche Waisenhaus zurückkehren. Wahrscheinlich ist es den Erwachsenen nicht gelungen, im Ausland ein Auskommen zu finden, vielleicht treibt sie auch die Erkrankung eines nahen Verwandten zurück. Die 1926 geborene Margot Liemann zählt nach Lage der Dokumente zu diesen tragischen Fällen. Im Alter von zehn Jahren wandert sie vermutlich zusammen mit engen Verwandten nach Großbritannien aus, kehrt aber bald darauf nach Berlin zurück, wo sie im Mai 1939 als im Auerbach'schen Waisenhaus ansässig gemeldet wird.[37]

Die Chancen der Kinder des Auerbach'schen Waisenhauses für eine Auswanderung bemessen sich nach deren Herkunft und dem Alter. Wer noch ein oder sogar beide Elternteile hat, dessen Möglichkeiten steigen. Wessen Eltern über Erspartes, gar Verwandte oder Freunde in den Vereinigten Staaten oder Palästina verfügen, der hat noch höhere Chancen. Auch wer zu den älteren Jugendlichen zählt und sich vielleicht schon in der Berufsausbildung befindet, kann mit Glück und guten Verbindungen einen Ausweg finden. In jugendlichem Alter mag man zur Selbstüberschätzung neigen, auch zu gefährlichem Übermut. Wenn es allerdings darum geht, den Deportationen zu entgehen und dazu juristisch krumme Wege zu beschreiten, um nicht entdeckt zu werden, ist jegliches Risiko ungefährlicher, als gar kein Risiko einzugehen und sich deportieren zu lassen. Wer sich nicht gegen die Verschickung in den Osten wehrt, dessen Leben ist in höchster Gefahr. Wer dagegen aufbegehrt, hat zumindest eine Chance. Allerdings setzt diese Erkenntnis ein Wissen voraus, das damals niemand besitzt. Schließlich beginnen die offenen Morde an Jüdinnen und Juden erst Ende 1938, die Massenmorde in Ghettos und Vernichtungslagern 1941. Viele Verfolgte können sich 1936 oder 1937 nicht vorstellen, was ihnen in und nach der Pogromnacht vom November 1938 geschieht. Noch weniger denkbar ist den Menschen, dass die Nazis wenig später Millionen Menschen umbringen würden.

Für die Vollwaisen unter den jüngeren Kindern, und das dürften etwa ein knappes Fünftel aller Zöglinge gewesen sein, besteht um 1936/37 gar keine Hoffnung zur Emigration – wer sollte ihnen den rettenden Weg weisen? Die 1925 geborene Gerda Wohlgemuth hat deshalb schlechte Chancen zu entkommen, denn ihre beiden Elternteile sind offenbar verstorben.[38] Manchmal ist es auch nur Glück und der reine Zufall, der eine Auswanderung ermöglicht. Dafür steht Klaus Goldschlag. Der Vater, ein angesehener Jurist, ist 1930 verstorben, seine Mutter Charlotte verarmt. Ein christlicher Philanthrop kommt aus Kanada zu Besuch ins Waisenhaus und entschließt sich, einen der Jungen mitzunehmen und zu adoptieren. Alan Coatsworth veranstaltet dazu ein Rätselspiel unter den Zöglingen – der 1922 geborene Klaus Goldschlag gewinnt und darf 1937 nach Kanada ausreisen.[39] Viele der noch lebenden Eltern von Kindern aus dem Auerbach'schen Waisenhaus entstammen einfachen Verhältnissen. Das lässt sich daran ablesen, welche Berufe der Erziehungsberechtigten in einer Berliner Schülerkartei der Reichsvereinigung der Juden aus den 1930er Jahren angegeben sind, die sich in Teilen erhalten hat.[40] Da werden viele Arbeiterinnen und Arbeiter genannt, auch Zigarrenmacher, Mützenmacher oder Klempner. Was sich hinter der Berufsbezeichnung Kaufmann verbirgt, lässt sich nicht mit Bestimmtheit sagen. Viel seltener taucht dagegen ein Arzt oder Rechtsanwalt auf – wobei letztere einem Berufsverbot unterliegen und höchstens noch als „Konsulenten" für ausschließlich jüdische Klienten arbeiten dürfen. Und auch jüdische Ärzte dürfen schon bald nur mehr als „Krankenbehandler" ausschließlich Jüdinnen und Juden behandeln. Ein großer Teil des deutschen Judentums ist in den wenigen Jahren der NS-Herrschaft verarmt. Bessere Stellungen sind ihnen generell versperrt, viele Berufe verboten. Ihre Unternehmungen leiden unter dem staatlichen und gesellschaftlichen Boykott und sind von „Arisierungen" genannten Beschlagnahmungen und Zwangsverkäufen unter Zahlung eines Bruchteils des Werts bedroht.

Noch in der Weimarer Republik verstand sich das Auerbach'sche Waisenhaus als eine Einrichtung fast ausschließlich für deutsch-jüdische Kinder. Geriet eine aus Osteuropa eingewanderte jüdische Familie in Berlin in Not, so fand sie Hilfe im zionistisch orientierten Ahawah-Kinderheim in der Berliner Auguststraße. Ende der 1930er Jahre verschwimmen solche nationalen Gegensätze. Mehr und mehr Kinder mit polnischer oder russischer Staatsangehörigkeit, deren Eltern mutmaßlich während oder nach dem Ersten Weltkrieg nach Deutschland eingewandert sind, die deutsche Staatsbürgerschaft aufgrund deren restriktiver Vergabe aber nicht erhalten konnten, bevölkern das Auerbach.

Wer „Volljude" oder aber nur „Halbjude" ist, wie es nach den rassistischen Vorstellungen der Nazis definiert wird, die im Wesentlichen die Zahl der jüdischen Eltern- und Großelternteile zum Kriterium machen, spielt im Auerbach'schen Waisenhaus selbstverständlich nicht die geringste Rolle. Es zählt einzig die Religionszugehörigkeit. Einige Jahre später, mit Beginn der Deportationen und dem Massenmord an den deutschen Jüdinnen und Juden ab Herbst 1941, können diese perfiden Definitionen entscheidend für Leben und Tod sein.

Trotz der Auswanderungen bleibt das Auerbach'sche Waisenhaus in den 1930er Jahren voll belegt. Allerdings verringert sich die Aufenthaltsdauer der Kinder deutlich. Verbrachten diese in der Weimarer Republik acht bis zehn Jahre in der Anstalt, so hat sich diese Zeit im Jahr 1937 auf drei bis fünf Jahre verkürzt – „eine in jeder Hinsicht nachteilige Erscheinung", wie Jonas Plaut schreibt.[41] Der Direktor des Waisenhauses berichtet zudem, dass nach dem 1. April 1933 „die studierenden Auerbacher alsbald oder nach wenigen Monaten die Universität [verließen], die Schüler der höheren Lehranstalten ihre verschiedenen Schulen. Sie besuchten [...] von jetzt an jüdische Mittel- und Volksschulen." Nur sehr wenige überdurchschnittliche Begabte seien einstweilen auf dem Gymnasium verblieben. Entlassene Zöglinge wendeten sich „den wenigen, noch offen stehenden Berufen zu: Hauswirtschaft, Handwerk, seltener Kaufmann. Sehr viele seien bereits ausgewandert und fast alle tragen sich mit Auswanderungsgedanken." Insgesamt, so schreibt Plaut, seien es schon über 100, die Deutschland verlassen hätten. „Vielfach wandern die Kinder schon von der Anstalt aus allein oder mit ihren Angehörigen aus. Der Wechsel ist viel stärker als in vergangenen Zeiten."

Die Frage nach der Zukunft beherrscht die Diskussionen unter den Erwachsenen im Waisenhaus. Sie treibt selbstverständlich auch diejenigen Frauen und Männer um, die das Auerbach schon vor längerer Zeit verlassen haben. Sie, die „Ehemaligen", erhalten beim Austritt aus der Anstalt ein „Gedenkblatt", in dem Ein- und Austritt festgehalten sind. Dort wird auch die Erwartung geäußert, dass der frühere Zögling „in dankbarer Erinnerung der in seinem zweiten Elternhause empfangenen Wohltaten mit diesem stets in treuer Anhänglichkeit verbunden bleiben und bemüht sein wird, den Segen, den er selbst hier genossen und der ihm die Lebensbahn geöffnet und geebnet hat, dadurch zu vergelten, dass er ihn einem immer größeren Kreise anderer Bedürftiger zugänglich zu machen sucht".[42] Als „Mindestes" wird dabei eine Mitgliedschaft beim Waisenhaus vorausgesetzt. Viele der früheren Auerbacher haben sich in dem 1877 gegründeten Baruch-Auerbach-Verein zusammengeschlossen, dessen Ziel die „Unterstützung seiner Mitglieder, die Förderung der Geselligkeit der Mitglieder untereinander" ist. Der Vereinsvorsitzende und langjährige Vorsitzende des Kuratoriums des Waisenhauses Alfred Lipschitz konstatiert 1937 eine weitgehende Veränderung der Aufgaben seit der Machtübernahme der Nationalsozialisten: „Es handelt sich nicht mehr in erster Linie darum, junge Studenten zu unterstützen, damit sie über die Notjahre der Studentenzeit hinwegkämen; in der Hauptsache hat neben der Gewährung von laufenden Unterstützungen der Verein es als seine Aufgabe betrachtet, diejenigen Mitglieder, die den Wanderstab für das Ausland in die Hand nehmen wollten oder mussten, helfend zur Seite zu stehen."[43]

Diesen Worten, abgedruckt in der Einladung zur Generalversammlung des Vereins am 1. Dezember 1937, schließt sich eine Liste derjenigen Auerbacher an, die Deutschland bereits verlassen haben, wobei mit den „Auerbachern" sowohl ehemalige als auch aktuelle Zöglinge gemeint sind. Die Zusammenstellung umfasst die Namen von 107 Personen. Die meisten von ihnen, etwa die Hälfte, sind in das britische Mandatsgebiet Palästina emigriert, danach folgen die Vereinigten Staaten. Andere fliehen nach Südafrika, Brasilien, Persien, Argentinien oder Bolivien, aber auch in europäische Länder wie die Tschechoslowakei, England, die Niederlande oder Frankreich. Lipschitz bestätigt den allgemeinen Trend, dass in erster Linie die Jüngeren „den Wanderstab ergriffen haben". Er appelliert an alle im Ausland lebende Auerbacher, „wenigstens einmal im Jahre einen kurzen Bericht über ihr Ergehen an die ihnen bekannte Adresse der Anstalt zu senden" und nicht zu vergessen, weiterhin den Vereinsjahresbeitrag zu entrichten.

Der Rechtsanwalt Alfred Lipschitz kann sich weder vorstellen noch ausmalen, dass es das Auerbach'sche Waisenhaus unter der „ihnen bekannten Adresse" in nur anderthalb Jahren in dieser Form nicht mehr geben wird, ja, dass fünf Jahre später keine jüdischen Waisenkinder dort mehr am Leben sein werden. Er selbst wandert rechtzeitig nach New York aus.

Die kleineren Kinder bekommen vom Antisemitismus, von den Diskriminierungen und von den Ängsten der Älteren kaum etwas mit. Es gibt bis auf die Verwandtschaft kaum Kontakte nach draußen, und so leben sie im Inneren eines Kokons. Walter Frankenstein sagt: „Die Erwachsenen haben versucht, das von uns fernzuhalten. Sie haben ihre Ängste nicht auf uns übertragen. Ich glaube, das ist ihnen gelungen. Man hat natürlich von den Verwandten gehört, was geschah. Aber man hat das irgendwie wegschieben können. So hat man sich gefühlt wie auf einer Insel im braunen Meer. Es gab einem Sicherheit."

David Levin, der früher den Vornamen Gert trug, schreibt: „Wir wissen heute, dass alle unsere Erzieher darum bestrebt waren, uns Kleinen so wenig wie möglich von dem, was sich ‚politisch' abspielte, zu erzählen, und indem sie uns von allen unheilvollen Vorgängen stets schützen wollten, was ihnen zweifellos schwer genug gewesen sein muss!"[44]

Alexander Turney, der 1925 unter dem Namen Alexander Teitelbaum als Siebenjähriger in das Auerbach'sche Waisenhaus kam, schreibt: „Es waren die zehn sorglosesten Jahre meines Lebens. Wir waren beschützt von den hässlichen Aspekten des Berliner Lebens in den 20er und 30er Jahren – der Wirtschaftskrise, dem Hunger, der Obdachlosigkeit, den Streiks und Straßenkämpfen und so weiter. Stattdessen lebten wir in einer wohlgeordneten Welt aus Kameradschaft, Pflichten, Lernen, Spielen, Sport, Kultur und der Teilhabe an liberalen jüdisch-religiösen Festlichkeiten."[45]

Im Sommer 1936 scheint es so, als ob die antisemitischen Verfolgungen in Deutschland nachlassen würden. Das NS-Regime bemüht sich für die vielen ausländischen Zuschauer und Berichterstatter, die zu den Olympischen Spielen im August nach Berlin kommen, um ein positives Bild. Die Zahl der jüdischen Auswanderer aus dem Reich sinkt. Vielleicht, so denken viele, wird es doch nicht so schlimm wie befürchtet. Von den wenige Jahre später einsetzenden Deportationen in den Tod, dem millionenfachen Mord an den europäischen Jüdinnen und Juden, können die Menschen nichts wissen. Selbst die führenden Männer des NS-Regimes hegen in den 1930er Jahren noch keine solchen Pläne, ihr Ziel ist es, die deutschen Juden zur Auswanderung zu zwingen und das Reich so „judenfrei" zu machen. Doch schon bald darauf bildet die Registrierung aller Jüdinnen und Juden die Grundlage für deren Deportation und Ermordung.

Schon 1937 regnet es neue antisemitische Gesetze, Erlasse und Verordnungen herab, die das Leben der Jüdinnen und Juden weiter einschränken. Ende März kündigt die Gestapo an, dass Juden besondere Badeorte an Nord- und Ostsee zugewiesen würden. Im April folgt das Verbot jedweder jüdischer Veranstaltungen, soweit diese nicht religiösen oder kulturellen Inhalt besitzen. Im selben Monat wird Juden eine Promotion verboten. Im Oktober bestimmt der Reichsführer SS Heinrich Himmler, dass nach Deutschland zurückkehrende Emigranten zur Abschreckung zu verhaften seien, ab November dürfen keine Reisepässe mehr an Juden vergeben werden, es sei denn, diese dienten der Auswanderung.[46] Und diese genannten Einschränkungen sind nur einer kleiner Ausschnitt aus einer Unzahl weiterer Verbote.

Ein Jahr später, im Oktober 1938, erlässt das Nachbarland Polen eine Verordnung, nach der Pässe polnischer Staatsbürger, die länger als fünf Jahre im Ausland leben, ihre Gültigkeit verlieren sollen. Das betrifft Zehntausende in Deutschland lebende Jüdinnen und Juden, die meist im oder kurz nach dem Ersten Weltkrieg eingewandert sind, aber wegen der restriktiven Vergabe der deutschen Staatsbürgerschaft keine Deutschen werden konnten, ebenso wenig wie ihre Kinder. Noch bevor die Verordnung in Kraft tritt, lässt das NS-Regime Tausende im Reich lebende jüdische Polen festnehmen und in bereitgestellten Zügen an die polnische Grenze abschieben. Insgesamt werden so mehr als 17000 Menschen gegen ihren Willen und unter Hinterlassung fast aller ihre Habseligkeiten in das Nachbarland deportiert. Dort will man sie aber nicht einreisen lassen, und so irren Tausende im kühlen Herbst 1938 im Niemandsland zwischen Deutschland und Polen umher, bis sie doch von Polen eingelassen werden. Die Abschiebungen mithilfe der Deutschen Reichsbahn sind die Blaupause für die drei Jahre später beginnenden Deportationen der deutschen Juden nach Osten in die Ghettos und Vernichtungslager.

Auch einige Kinder im Auerbach'schen Waisenhaus besitzen die polnische Staatsbürgerschaft. Die Zahl derjenigen, die im Oktober 1938 das Heim und das Land verlassen müssen, ist nicht bekannt.

Den Nazis geht die Auswanderung der deutschen Jüdinnen und Juden zu langsam vor sich. Sie behaupten, dass die Juden im Reich, allen Diskriminierungen zum Trotz, noch immer zu gut leben würden. Eine große Aktion soll her, um der verhassten Minderheit deutlich zu machen, dass ihre Zeit in Deutschland abgelaufen ist.

Unter den im Oktober 1938 nach Polen Ausgewiesenen befindet sich auch die Familie eines 17-jährigen Juden, der in Paris lebt. Herschel Grynszpan ist über die Aktion empört und will ein Zeichen gegen den Terror setzen. Am 7. November dringt er, bewaffnet mit einer Pistole, in das deutsche Konsulat in der französischen Hauptstadt ein und schießt dort den Legationssekretär Ernst Eduard vom Rath nieder. Zwei Tage später verstirbt der deutsche Diplomat an seinen Verletzungen.

Jetzt ist nach Ansicht der NS-Führer ein Vorwand vorhanden, um mit bisher ungeahnter Brutalität gegen die Jüdinnen und Juden in Deutschland vorzugehen. Ihnen wird unterstellt, sie seien in ein Komplott gegen Deutschland verwickelt. Die gleichgeschaltete Presse berichtet vom ersten Tag an in großer Aufmachung von dem Attentat. Nach dem Tod vom Raths beginnt innerhalb weniger Stunden ein reichsweiter Pogrom. „Die Stimmung [...] ist die gewesen, dass nun endlich der Zeitpunkt der restlosen Lösung der Judenfrage für gekommen erachtet wurde und dass die wenigen Stunden bis zum nächsten Tag genützt werden müssten. Es hat ferner die Auffassung geherrscht, dass bei dem geringsten Widerstand zu schießen sei und dass es dabei auf eine Judenleben nicht ankomme", kommentierte das oberste Parteigericht der NSDAP die Ereignisse.[47] Die Nazis gehen zum offenen Mord über.

In der Nacht vom 9. auf den 10. November 1938 dringen SA-Männer planmäßig und reichsweit in etwa 1400 Synagogen ein und zünden die Gotteshäuser an. Die Feuerwehr darf nicht eingreifen. Wenig später verschaffen sie sich mit Gewalt Zugang zu Tausenden von Juden betriebenen Geschäften, schlagen die Schaufenster ein und verwüsten oder zerstören die Waren. Diebstähle und Plünderungen sind an der Tagesordnung. Zudem klingeln SA-Männer an zahlreichen Wohnungstüren von Jüdinnen und Juden oder verschaffen sich gewaltsam Eintritt. Auch hier kommt es zu Zerstörungen der Habe und Plünderungen. Etwa 400 Jüdinnen und Juden werden in dieser einen Nacht ermordet. Rund 30 000 männliche Juden werden auf Polizeiwachen verschleppt und anschließend in Konzentrationslager deportiert, wo man auf die große Zahl der Neuankömmlinge gut vorbereitet reagiert. Hunderte von ihnen sterben in den kommenden Wochen und Monaten an den Torturen.

Zu den Ereignissen in der Nacht vom 9. auf den 10. November im Auerbach'schen Waisenhaus haben sich keine Dokumente erhalten. Aber es existieren die Augenzeugenberichte derjenigen, die Krieg und Holocaust überlebten.

Als der Pogrom beginnt, liegen die Kinder und Jugendlichen des Auerbach'schen Waisenhauses längst in ihren Betten und schlafen. Direktor Jonas Plaut ist offenbar vor der Aktion gewarnt worden. Nach der Erinnerung eines ehemaligen Zöglings hat er über die Jahre gute Kontakte zum nächsten Polizeiposten aufgebaut und an die Beamten zu besonderen Anlässen kleine Geschenke verteilt.[48] Auch Walter Frankenstein, damals 14 Jahre alt, meint sich zu erinnern, dass ein Polizeibeamter gute Beziehungen zum Auerbach'schen Waisenhaus gepflegt hätte. Die Bekanntschaft habe sich ergeben, weil in dem Polizeirevier alle Ab- und Anmeldungen der Kinder vorgenommen werden mussten. Möglicherweise kam der Tipp also von benachbarten Polizisten. Die Erzieherin Ilse Löwenstern berichtet: „Herr Plaut ist zu nichtjüdischen Nachbarn gegangen, um sich in Sicherheit zu bringen. Die haben ja die Männer zuerst ins KZ gebracht. Wenn er bei uns gewesen wäre, wäre das ganz schlimm auch für uns geworden. Dann hat Frau Plaut die Nerven verloren. Sie wollte zu ihrem Mann gehen. Und dann hat sie mir den Schlüsselbund vom Haus gegeben und gesagt: ‚Ich weiß ja, Sie werden die Kinder nicht verlassen.' Und sie ist weggegangen zu ihrem Mann. Da war ich verantwortlich für das ganze Haus. Ich war 27 Jahre alt. Es blieb mir doch nichts anderes übrig."

Das Auerbach ist nicht das erste Berliner jüdische Waisenhaus, das in dieser Nacht von den Schlägertrupps der SA ungebetenen Besuch erhält. Löwenstern weiß bereits durch entsprechende Telefonate, dass die Nazis in einem anderen Heim verlangt haben, dass das Gebäude innerhalb von fünf Minuten geräumt sein muss. Sie berichtet weiter: „Ich habe die größeren Knaben für die Jüngeren verantwortlich gemacht, weil ich mich ja nicht um jeden kümmern konnte. Ich und meine Kollegin, die im Mädchenhaus Erzieherin war, sind in den Vorgarten gegangen. Und plötzlich kamen da Leute, die gingen gleich durch den Vorgarten. ‚Wer sind Sie?‘ ‚Erzieherin.‘ ‚Wo ist die Synagoge?‘ ‚Die ist dort. Anschließend sind gleich die Schlafsäle.‘ ‚Können die alle laufen?‘ ‚Ja, sie können alle laufen. Aber die Jüngeren sind noch ein bisschen unselbstständig.‘ Da drehte er sich herum und beide Männer gingen weg.“[49]

Diejenigen, die damals als Kinder längst in den Schlaf gefallen waren, erinnern sich, dass sie geweckt wurden. „Es wurde gesagt, wir sollen uns still verhalten“, sagt Ernst J. Conrad, damals einer der Ältesten, in einem Interview.[50] „Wir mussten die Schlafsäle verlassen“, sagt Joe Adamsohn, der 1936 die Vornamen Ernst Joachim trägt.[51] Ilse Löwenstern berichtet: „Jedes Kind hatte neben seinem Bett seine Kleidung, dass es schnell da rein konnte. Damit wir das Haus schnell verlassen konnten. Aber das erübrigte sich ja.“ Walter Frankenstein bestätigt ihre Aussagen. Zusammen mit vier oder fünf weiteren Jungs habe auch er im Vorgarten gestanden, als die SA-Männer auftauchen. „Die SA-Männer wollten das Gebäude anzünden“, meint er. Es sei diskutiert worden. Es wäre doch zu gefährlich für die Nachbarhäuser und hier seien viele kleine Kinder. Der damals 13-jährige Erwin Panthauer berichtet: „Im Haus selbst war es ruhig, da wir gewarnt waren und Direktor Plaut untergetaucht war, hatten wir doch große Angst, was passieren würde. Ich bewundere noch heute unsere Erzieherin, die ganz allein die Verhandlungen mit der SS [sic!] führte.“[52]

Tatsächlich grenzt das Gebäude des Auerbach'schen Waisenhauses direkt an Nachbarhäuser in der Schönhauser Allee an. In Fällen wie diesen verzichten die Nazis in dieser Nacht auf eine Brandschatzung, weil nicht ausgeschlossen werden kann, dass weitere „arisch“ bewohnte Häuser in Mitleidenschaft gezogen werden. Der Reichsführer SS Heinrich Himmler hat per Fernschreiben einen entsprechenden Befehl erteilt.

Die SA zieht dann doch nicht ganz ab. Walter Frankenstein erzählt: „Gegenüber vom Büro des Direktors, gab es einen Betsaal, unseren eigenen Betsaal. Und in diesen Betsaal gingen sie [die SA-Männer, K. H.] hinein. Dort brannte ja die ewige Lampe, eine Gaslampe. Die pusteten sie aus, drehten das Gas wieder auf und gingen dann. Zufällig hat das jemand bemerkt, und dann wurde der Gashahn wieder zugedreht und die Fenster aufgerissen. Dadurch ist nichts passiert. Wäre das Gas weiter ausgeströmt und wäre da etwas Brennbares in der Nähe gewesen, dann wäre das alles in die Luft geflogen." Der 1925 geborene Stephan Lewy bestätigt Frankensteins Bericht.[53] Ilse Löwenstern korrigiert: Die Nazis seien nicht in den Betsaal, sondern in die Synagoge gegangen, sie hätten sie zuvor noch nach dem Weg gefragt. Ernst J. Conrad ergänzt, dass die SA-Männer zuvor alle Fenster geschlossen hätten.

Noch in der Nacht klettert Walter Frankenstein zusammen mit ein paar anderen Jungen auf das Dach des Waisenhauses. Sie sehen den Feuerschein der Brände überall in der Stadt.

Es ist noch nicht das Ende des Waisenhauses in der Schönhauser Allee 162. Aber der Pogrom läutet das Ende ein für die Baruch Auerbach'schen Waisen-Erziehungsanstalten für jüdische Knaben und Mädchen ein, gegründet im Jahre 1832.

Die deutschen Jüdinnen und Juden sehen sich in den Tagen nach der Pogromnacht, die von der nichtjüdischen Bevölkerung wegen der vielen Scherben auf den Straßen „Reichskristallnacht" genannt wird, einer Flut von weiteren Diskriminierungen und Verboten ausgesetzt, gegen die sie nicht imstande sind, etwas zu unternehmen. Denn sie sind machtlos, und auch kaum einer der „arischen Volksgenossen" hat Mut genug, für sie Partei zu ergreifen. Die in Konzentrationslager verbrachten Männer werden erst nach und nach, teils erst nach Monaten entlassen, oft nur unter der Zusicherung, möglichst rasch und für immer aus Deutschland zu verschwinden. Direkt nach dem Pogrom ergeht das Verbot, die zerstörten oder beschädigten Synagogen wieder instand zu setzen. Die ausgebrannten Gebäude müssen später auf Kosten der jüdischen Gemeinden abgerissen werden. Für die Millionenschäden an Geschäften, Büros, Wohnungen und Gotteshäusern soll nicht etwa der Staat eine Entschädigung zahlen, im Gegenteil: Vielmehr müssen die deutschen Juden eine als „Sühneleistung" bezeichnete Strafe von einer Milliarde Reichsmark aufbringen. Ihnen wird der Besitz von Kraftfahrzeugen verboten, bald darauf werden ihre Führerscheine eingezogen. Jüdinnen und Juden dürfen nicht länger als Apotheker arbeiten, ihnen wird die Zulassung als Hebamme entzogen. Sie dürfen nicht mehr Waren auf Märkten verkaufen. Ihre Zeitungen und Bücher werden verboten, ihre Buchhandlungen geschlossen. Die „Verordnung über die Ausschaltung der Juden aus dem deutschen Wirtschaftsleben" bestimmt schließlich, dass Angehörigen der Minderheit jegliche Geschäftstätigkeit untersagt ist, sei es das Betreiben eines Zeitungskioskes, eines Einzelhandelsgeschäfts oder einer Fabrikanlage.

Die Verbote greifen auch tief in den Alltag von Kindern und Jugendlichen ein. Schon drei Tage nach dem Pogrom wird allen Jüdinnen und Juden der Besuch von Theatern, Kinos, Konzerten und anderen kulturellen Veranstaltungen verboten. Es bedeutet das Ende der geliebten Zerstreuungen und der kulturellen Angebote, die das Waisenhaus seinen Zöglingen bisher noch machen konnte. Es ist auch das vorläufige Ende der Kinobesuche von Walter Frankenstein und seinen Freunden. Nur Besuche der Aufführungen des Jüdischen Kulturbunds, bei denen nur Juden zugelassen sind, bleiben bis 1941 erlaubt, dann wird auch der Kulturbund verboten. Jüdinnen und Juden dürfen keine Badeanstalten mehr besuchen und keine Lotterielose mehr kaufen. Sie dürfen sich nur noch auf solche Parkbänke setzen, die gelb gestrichen und entsprechend gekennzeichnet sind. Die letzten jüdischen Kinder, die noch öffentliche Schulen besuchen, werden vom Unterricht ausgeschlossen. Es kann „keinem deutschen Lehrer mehr zugemutet werden, an jüdische Schulkinder Unterricht zu erteilen. Auch versteht es sich von selbst, dass es für deutsche Schüler unerträglich ist, mit Juden in einem Klassenraum zu sitzen", heißt es zur Begründung.[54]

Die neuen Bestimmungen haben zum Ziel, Jüdinnen und Juden noch stärker von der restlichen Gesellschaft zu separieren und zu isolieren. Noch gibt es keinen „Judenstern", den die Betroffenen an der Brust tragen müssen, aber die Vorboten sind deutlich: Juden werden verpflichtet, zusätzlich den Vornamen „Sara" bzw. „Israel" zu tragen. Schon zuvor ist ein Zwang zum Erhalt von jüdischen Kennkarten ergangen. Juden müssen ihre Vermögensverhältnisse offenlegen, und sie werden zwangsweise Mitglieder in der Reichsvereinigung der Juden in Deutschland, die verpflichtet ist, an erster Stelle für eine Auswanderung ihrer Mitglieder zu sorgen.

Die Verfolgten reagieren auf die Drangsale mit einer großen Fluchtwelle. Doch es wird immer schwieriger, noch einen Platz in einem anderen Teil der Welt zu ergattern. Im britisch verwalteten Palästina und in den USA gelten Quotenregelungen, die die Zahl der jährlich Einreisenden limitieren. Wer Anfang 1939 beim amerikanischen Generalkonsulat seine Auswanderung beantragt, erhält vielleicht einen Platz für das Jahr 1941 oder 1942, wenn überhaupt. Viele Staaten haben ihre Grenzen für jüdische Flüchtlinge aus Deutschland ganz geschlossen. Selbst abgelegenste Regionen geraten deshalb in den Fokus der Verzweifelten.

Das letzte Buch von einem jüdischen Verlag, das im Dezember 1938 in Nazi-Deutschland erscheinen darf, bevor jüdische Druckwerke ganz verboten werden, trägt den Namen „Philo-Atlas. Handbuch für die jüdische Auswanderung". Es informiert über Auswanderungsländer von Afghanistan („Nur einzelne, bes. qualifizierte Fachkräfte aus Handwerk und Industrie können unterkommen") bis Zypern („Visum- und Sondereinreisegenehmigung auf Grund eines Vorzeigegeldes"), es informiert über so lebenswichtige Begriff wie „Affidavit" (eine Erklärung, dass der Einwanderer nicht zur Last des aufnehmenden Staates fällt) bis „Zwischendeck" („Primitive Schiffsklasse, schlechter als 3. Klasse").[55] Darin werden auch Regionen vorgestellt, in denen eine Einreise noch möglich erscheint. Schanghai in China ist so ein Ziel, seit 1938 von Japan besetzt – aber ohne Visum erreichbar. Und so kommt es, dass bis zum Verbot 1941 Tausende deutsche Jüdinnen und Juden versuchen, mit der transsibirischen Eisenbahn oder auf Schiffen die Millionenmetropole am anderen Ende der Welt zu erreichen.

Die Welt reagiert empört auf die Pogrome in Deutschland. Doch dieses Mal bleibt es nicht bei verbalen Protesten – mehrere Länder beschließen, den Verfolgten zu Hilfe zu kommen. Wenigstens die Kinder sollen gerettet werden. Großbritannien erteilt eine Genehmigung zur „vorübergehenden" Einreise unbegleiteter jüdischer Kinder aus Deutschland und Österreich, später auch aus der Tschechoslowakei. Weitere Staaten schließen sich an. Das NS-Regime duldet die Ausreise der Kinder. Die meisten von ihnen kommen bei christlichen Gastfamilien unter. Dadurch erreichen in den wenigen Monaten bis zum Kriegsbeginn am 1. September 1939 etwa 20 000 jüdische Kinder bis zum Alter von 17 Jahren Großbritannien, die Niederlande, Belgien, Frankreich, Schweden und die Schweiz. Parallel dazu organisieren Recha Freier in Berlin und Henrietta Szold in Jerusalem schon seit 1933 die „Jugend-Alija", mit der junge Jüdinnen und Juden meist nach einer landwirtschaftlichen Ausbildung in Deutschland ohne ihre Eltern nach Palästina einreisen dürfen. Etwa 21 000 Kinder können so gerettet werden.

Auf den großen Berliner Bahnhöfen spielen sich herzzerreißende Szenen ab. Die Eltern bringen ihre Kinder zu dem Zug, der sie nach Amsterdam, London oder in Richtung Stockholm bringen wird. Was die Menschen nicht wissen: Für die meisten ist es ein Abschied für immer. „Ich habe die Transporte von den Kindern auf dem Bahnhof erlebt", erinnert sich Walter Frankenstein. „Ich habe ja auch einige von meinen Bekannten mit auf dem Bahnhof verabschiedet. Dieses Abschiednehmen war grauenhaft."

Auch einige von Walters Freunden aus dem Waisenhaus kommen dank der Kindertransporte in Sicherheit. Da ist Rolf Rothschild, der so 1939 als 15-Jähriger nach Schweden entkommt. Alfredo Rosenkranz erreicht im selben Jahr Großbritannien. Ernst Joachim Adamsohn, mit dem Walter immer Fußball gespielt hat, verlässt Deutschland und kommt im Januar 1939 nach England. Die Mutter habe ihn zum Bahnhof gebracht, erinnerte er sich. Es ging nach Southampton.[56] Schon Anfang Dezember 1938 besteigt der 16-jährige Peter Fleischmann am Anhalter Bahnhof in einen Zug in Richtung England.[57] Mehr als ein Dutzend Kinder verlässt innerhalb weniger Monate das Auerbach und wandert aus, manche mit ihren

Eltern oder einem verbliebenen Elternteil, andere mit einem der Kindertransporte. Die Baruch Auerbach'schen Waisen-Erziehungs-Anstalten für jüdische Knaben und Mädchen beginnen, sich zu leeren.

Walter Frankenstein bleibt in Berlin und im Waisenhaus. Er hat inzwischen mit dem Absolvieren der achten Klasse die Volksschule abgeschlossen. Eigentlich möchte er gerne Architekt werden, aber der Besuch eines Gymnasiums, gar ein Studium ist für einen jüdischen Jungen unmöglich. Er entschließt sich deshalb mit Einverständnis seines Onkels zu einer Maurerlehre und darf in der Jüdischen Bauschule, einer Einrichtung der Berliner Jüdischen Gemeinde, mit der Ausbildung anfangen.

Zugleich nehmen die antisemitischen Ausschreitungen gegen die Auerbach-Kinder offenbar drastisch zu. Andere Kinder lauern ihnen auf, wenn sie das Waisenhaus verlassen. Kinder der Hitlerjugend hätten sie auf dem Weg zur Schule mit Steinen beworfen und mit Stöcken geschlagen, berichtet der ehemalige Zögling Ralph Moratz.[58] „Wir wurden mit Steinen, Glas, Flaschen und Holz beworfen, sobald wir die Türe öffneten. Es wurden auch viele Gegenstände über die Mauern und gegen unsere Fenster geworfen und landeten in unseren Schlafräumen und in unserem Essraum und auf dem Spielplatz", schreibt Moratz. Möglicherweise täuscht sich Moratz mit diesen Erinnerungen. Walter Frankenstein kann sich an keine solchen oder ähnlichen Vorfälle erinnern. Im Gegenteil hätten sich die Kinder wie die Erwachsenen in der Umgebung des Waisenhauses immer sehr korrekt gegenüber den Waisenkindern verhalten. Frankenstein berichtet: „Die Nachbarn in der Schönhauser Allee haben sich alle, soweit wir es bemerken konnten, vorbildlich benommen. Man hat uns nie etwas getan auf dem Weg zur Schule." Die unterschiedlichen Wahrnehmungen können aber auch damit zusammenhängen, dass Frankenstein zu dieser Zeit bereits als Lehrling arbeitet, während Ralph Moratz erst sieben Jahre alt ist.

Auch viele Bedienstete gehen in die Emigration. Direktor Jonas Plaut und seiner Frau Selma gelingt Anfang 1939 die Flucht nach Großbritannien, ihre beiden Söhne sind da schon in den USA in Sicherheit. Vor ihrer

Ausreise muss Selma Plaut, wie von den Nazis verlangt, die Schmuckstücke der Familie entschädigungslos dem Staat übergeben. Auf dem Weg zur Abgabestelle in der Rosenthaler Straße trifft sie Anneliese Herrmann, seit 1932 erste Erzieherin für die Mädchen im Waisenhaus, die ebenfalls vor ihrer Auswanderung dazu gezwungen ist, ihre Wertsachen abzugeben.[59] Die 38-Jährige erreicht am 1. März 1939 mit drei Reichsmark in der Tasche Schweden.[60] Frankensteins Erzieher Heinz Frank ist schon zuvor nach Kanada emigriert, die Wirtschafterin Margot Kanter erreicht New York. Ilse Löwenstern, die während der Pogromnacht den Kindern beigestanden hat, erhält von Direktor Plaut den rettenden Tipp, dass in Indien Erzieher gesucht würden. Es ging dabei, so erinnert sie sich, um einen Berliner jüdischen Arzt, der Verwandte in Indien hatte. „Dadurch konnte er arrangieren, dass zwei Mädchen nach Indien gingen. Wir sind dann auf einem Frachtschiff von Bremen aus ausgewandert." Zuletzt lernt die 28-jährige Löwenstern noch ihre Nachfolgerin im Waisenhaus an. In Berlin lässt sie ihre Mutter und einen Bruder zurück. „Ich wollte sie nachkommen lassen. Das ging dann nicht mehr. Inzwischen war der Krieg ausgebrochen", sagte sie.

Mit der Emigration von Jonas und Selma Plaut benötigt das Waisenhaus eine neue Leitung. Am 1. März 1939 wird Margarete Timendorfer, geborene Menchau, zur Direktorin des Instituts bestellt.[61] Die 41-jährige studierte Pädagogin hat bis 1928, nach anderen Angaben bis 1933 als Volksschullehrerin in Berlin gearbeitet.[62] Vor ihrer Anstellung beim Auerbach war sie Leiterin des jüdischen Internats am Berliner Kindergärtnerinnenseminar. Sie beginnt ihre Arbeit unter schwierigsten Bedingungen: Ein Teil der Erzieher ist wegen ihrer Emigrationen ausgeschieden und die Fluktuation unter den Kindern wird immer stärker. Als „sehr gerecht" hat sie ein ehemaliger Zögling in Erinnerung behalten.[63]

Die jüdische Gemeinschaft will auch denjenigen Kindern eine Chance zur Auswanderung geben, die als Waisen oder Halbwaisen keine Unterstützung ihrer Eltern erhalten können. Erwin Panthauer, Jahrgang 1925, verlässt Deutschland Anfang 1939. Er berichtet: „Nach dem Weggang von

Direktor Plaut und seiner Frau verstärkte man die Bemühungen, Kinder ins sichere Ausland zu bringen, jedenfalls glaubte man damals noch, dass Holland, Belgien und Frankreich sicher seien. Ich wurde in einen Kindertransport eingeteilt, der am 12. Januar 1939 Berlin verließ. Warum meine Schwester nicht mitfahren konnte, weiß ich nicht. Ich habe mich noch von meinen Verwandten verabschiedet, auch von meiner Mutter und meinem Bruder, habe aber niemanden davon je wiedergesehen. [...] Ich glaube, es gab so ein Abkommen zwischen der holländischen Regierung und den jüdischen Gemeinden, dass die Kindertransporte unter Kontrolle der Regierung standen. Zuerst kamen wir nach Weik am See in Holland, von dort ging es nach Grotefend und Gouda. Schließlich kamen wir nach Amsterdam. Das waren solche Auffanglager für jüdische Kinder aus allen Teilen Deutschlands und Österreichs. Am 10. Mai 1940 begann auch für Holland der Krieg, der nach vier Tagen am 14.5.40 mit der Kapitulation endete. Am 15. Mai wurde ich abgeholt und ins KZ Westerbork gebracht, da war ich 15 Jahre alt.“[64]

Der 15-jährige Günter Kilsheimer lebt schon seit fünf Jahren im Auerbach'schen Waisenhaus und fühlt sich dort wohl. Er ist mit dem ein Jahr jüngeren Walter Frankenstein befreundet. Ausgerechnet am Morgen des 9. November 1938 wird Kilsheimer von Jonas Plaut dazu aufgefordert, seine Sachen zu packen. Dann begleitet der Waisenhausdirektor den ahnungslosen Jungen zum Bahnhof und setzt ihn in einen Zug nach Hamburg. Nach einer Woche im dortigen jüdischen Waisenhaus kommt der Junge an Bord eines Schiffs, das ihn ins brasilianische São Paulo bringt. Dort trifft er seine vom Vater geschiedene Mutter wieder und betätigt sich als Maler von Reklameschildern. Später macht sich Kilsheimer in Rio de Janeiro als Grafiker selbstständig. 1946 emigriert er in die Vereinigten Staaten. Seine Witwe Martyna schreibt, er sei sich sicher gewesen, dass das Waisenhaus seine Auswanderung arrangiert habe.[65]

Auf Initiative der Jüdischen Gemeinde wird im Frühjahr 1939 der Transport von etwa 40 Kindern aus Berlin nach Frankreich vorbereitet. Nach der Erinnerung eines der damaligen Betroffenen soll die Offerte zur

Ausreise direkt vom Auerbach'schen Waisenhaus ausgegangen sein.[66] Recherchen in Datenbanken und Archiven ergeben: Mindestens zehn der Reisenden leben im Waisenhaus in der Schönhauser Allee: der damals 15-jährige Stephan Lewy, der siebenjährige Ralph Moratz, der 14-jährige Bernd Warschauer, der 13-jährige Gerhard Glass, Erwin Cosmann, der kurz vor seinem neunten Geburtstag steht, und der 14-jährige Günther Blatt. Schließlich dürfen der 14-jährige Wolfgang Blumenreich, der achtjährige Wolfgang Grajonca und seine zehnjährige Schwester Tanja sowie der elfjährige Hans Stern mitfahren.[67] Vermutlich zählen auch die Auerbach-Zöglinge Gert Alexander (12) und Walter Herzig (14) zu der Gruppe. Viele der nach Frankreich Reisenden kämen aus der Gruppe der mittelalten Jungs zwischen 11 und 13 Jahren, schreibt der Auerbach-Zögling Kurt Gumpert am 20. Juni 1936 in einem Brief an einen nach Schweden ausgewanderten Freund.[68] Tatsächlich sollte die Reise schon Ende Juni beginnen, verzögert sich jedoch aus unbekannten Gründen. Endlich erreicht das Waisenhaus ein Schreiben der Jüdischen Wohlfahrts- und Jugendpflegestelle, die für die Organisation der Kindertransporte Verantwortung trägt. Darin ist als Abfahrtsdatum der 3. Juli 1939 festgelegt. Die Fahrt beginnt am Potsdamer Bahnhof in Berlin. Bis um viertel nach acht Uhr am Abend haben sich die Kinder dort einzufinden.[69] Eine Begleitung durch die Eltern oder einen Elternteil ist offenbar nicht erwünscht, vermutlich um Aufsehen zu vermeiden. Die Fahrt geht in der dritten Klasse in normalen Eisenbahnzügen bis in die Nähe von Paris. Dort kommen die Kinder mithilfe der französischen jüdischen Hilfsorganisation „Oeuvre de Secours aux Enfants" (OSE) in einem Waisenhaus in Quincy unter.[70] Das schlossähnliche Bauwerk wird von den adeligen Besitzern zur Verfügung gestellt, die auch schon Flüchtlinge aus Spanien und der Sowjetunion aufgenommen haben. John Stern, früher Hans Stern, erinnert sich Jahrzehnte später an zwei Türme des Schlosses, die große Terrasse und die Marmorfußböden im Innern.[71] Die Kinder werden 1940 vom ausgebrochenen Zweiten Weltkrieg eingeholt, als deutsche Soldaten Frankreich besetzen.

Im Sommer 1939 sind die Baruch Auerbach'schen Waisen-Erziehungsanstalten Geschichte, auch wenn die Kinder davon wohl kaum etwas bemerkt haben dürften. Der NS-Staat verlangt die Zentralisierung aller jüdischen Einrichtungen in einer Dachorganisation. Diese wiederum soll vor allem die Auswanderung organisieren und die Befehle der Gestapo ausführen. „Assimilatorische" Gruppierungen, die einen Verbleib der Jüdinnen und Juden in Deutschland nicht ausschließen, so wie etwa der Centralverein deutscher Staatsbürger jüdischen Glaubens (CV), werden verboten. Aus der 1933 gebildeten Reichsvertretung der Juden in Deutschland entsteht unter Zwang die Reichsvereinigung der Juden in Deutschland, die der SS-Terrorzentrale Reichssicherheitshauptamt und damit der Gestapo direkt unterstellt wird. Bei einer Tagung des Reichsministeriums des Innern am 16. Dezember 1938 wird unter anderem festgehalten:

„Die Juden werden in einer einheitlichen Organisation zusammengefasst. In sie sollen auch alle jüdischen Einrichtungen, wie Stiftungen, Anstalten, Schulen, die jüdische Wohlfahrtspflege, usw. eingegliedert werden. [...] Der einzige Zwecke der Organisation und der ihr eingegliederten Einrichtungen soll die Vorbereitung der Auswanderung der Juden sein. Es soll also der Grundsatz nicht aufgegeben werden, dass die Auswanderung der Juden in erheblichem Umfang den Juden selbst überlassen wird. Die Organisation wird einer straffen staatlichen Aufsicht unterstellt sein."[72]

In der Folge müssen sich zahlreiche jüdische Organisationen auflösen oder werden der Reichsvereinigung unterstellt. In der Sozialfürsorge verpflichtet das NS-Regime die Reichsvereinigung der Juden, dafür Sorge zu tragen, dass die jüdischen Wohlfahrtseinrichtungen wo notwendig eingreifen, damit nicht etwa die staatliche Fürsorge belastet wird. Die jüdischen Gemeinden verbleiben lediglich als Ortstellen der Reichsvereinigung bestehen. Jede Jüdin und jeder Jude, selbst Menschen, deren Vorfahren zum Christentum übergetreten sind, mit Ausnahme von Partnern in sogenannten Mischehen mit einem christlichen Partner, wird

Zwangsmitglied in der am 4. Juli 1939 gegründeten Reichsvereinigung der Juden in Deutschland.

Noch Ende 1937, also anderthalb Jahre zuvor, hatte Waisenhausdirektor Jonas Plaut erklärt: „In finanzieller Hinsicht leidet die Anstalt bisher keinerlei Not.“[73] 1939 beträgt das Vermögen der Stiftung etwa eine Million Reichsmark, angelegt in Hypotheken und Wertpapieren, darunter mehrere Mietshäuser in Berlin. Hinzu kommt das schuldenfreie Haus in der Schönhauser Allee 162.[74]

Im Frühjahr 1939 erfolgt die Auflösung der Stiftung des Waisenhauses. Der damalige Vorsitzende des Kuratoriums der Anstalten Alfred Lipschitz schreibt dazu wenige Jahre später, nun im US-amerikanischen Exil: „Der Unterzeichnete [...] hielt es – um das Anstaltsvermögen und das Waisenhaus als solches vor dem Angriff der Hitlerbehörden so weit wie möglich zu sichern, – mit Zustimmung des Kuratoriums für richtig, den 105 Jahren in größten Ehren aufrecht erhaltenden Zustand der Unabhängigkeit der Anstalten aufzugeben. So betrug (sic!) er im Frühling 1939 alle Rechte der Stiftung mit allen ihren bedeutenden Mitteln der jüdischen Gemeinde in Berlin. Heinrich Stahl, der damalige Präsident der Gemeinde, versprach in einer großen öffentlichen Veranstaltung des Waisenhauses, die Tradition der Anstalten aufrecht zu erhalten. Damit beendigte das Auerbachsche Waisenhaus seine Existenz als selbstständige Stiftung.“[75] Offiziell übernimmt die Gemeinde als Untergliederung der Reichsvereinigung der Juden das Haus zum 14. August 1940.[76] Doch schon am 12. Januar 1940 heißt es in einem Schreiben der Jüdischen Gemeinde zu Berlin an die „National“-Versicherung, dass „wir den Betrieb und die Verwaltung der Baruch Auerbach'schen Erziehungsanstalten übernommen haben“.[77] Zum 15. Januar 1941 werden Haus und Grundstück Schönhauser Allee 162 schließlich im Grundbuch auf den neuen Besitzer Reichsvereinigung der Juden in Deutschland eingetragen.[78]

Lipschitz' Hoffnung erfüllt sich nicht. Das Vermögen des Waisenhauses wird zwar wie bei allen anderen aufgelösten Einrichtungen tatsächlich bei der Jüdischen Gemeinde und damit bei der übergeordneten

Reichsvereinigung verbucht. Aber damit haben die NS-Behörden später die Möglichkeit, auf diese zentral verwalteten Gelder zuzugreifen. Mit Auflösung der Reichsvereinigung 1943 wird das Vermögen durch den Oberfinanzpräsidenten verwaltet. Nach Kriegsende entdecken jüdische Nachfolgeorganisationen eine entsprechende Bilanz der Reichsvereinigung. Sie weist 67 Millionen Reichsmark aus dem eingezogenen Vermögen von Stiftungen, Einzelpersonen und Gemeinden aus.[79]

Für den praktischen Betrieb des Waisenhauses hat die Übertragung im Frühjahr 1939 zunächst nur geringe Konsequenzen. Margarete Timendorfer bleibt vorläufig Direktorin des Hauses. Die Auswanderung von Kindern und Personal aber erreicht kurz vor Beginn des Zweiten Weltkriegs neue Höhepunkte. Jeder, der kann, verlässt Deutschland. Die Menschen versuchen nicht mehr, in langen Bemühungen die Erlaubnis zur Ausreise in ihr Wunschland zu erhalten – sie ergreifen die erstbeste Chance zur Flucht, egal wohin. Sie stehen in langen Schlangen vor den amerikanischen Konsulaten in Berlin oder Stuttgart. Sie suchen um Aufnahme in Australien, Südafrika oder Neuseeland. Exotische Zielgebiete wie Kuba, Schanghai oder Bolivien sind gefragt, Hauptsache, das Land vergibt eine Einreisegenehmigung. Bis zum Jahresende werden innerhalb von nur zwölf Monaten 80 000 deutsche Jüdinnen und Juden das Land verlassen haben.

Mit Datum vom 17. Mai 1939 hat das NS-Regime eine Volkszählung angesetzt. Jüdinnen und Juden oder Menschen mit jüdischen Vorfahren werden in einer gesonderten Kartei erfasst. Sie müssen ihre familiäre Abstammung offenlegen – also die Religionsangehörigkeit von Mutter und Vater, von Großvätern und Großmüttern. Damit besitzen die Behörden eine umfangreiche Datei über den Namen und Wohnsitz aller im Reich lebenden Menschen, die sie nach ihren rassistischen Kriterien als Juden einstufen. Ein großer Teil dieser Kartei hat sich erhalten. Soweit die Eltern oder Elternteile dort nicht ihre Heimatadresse als Wohnsitz ihrer im Auerbach'schen Waisenhaus lebenden Kinder angegeben haben, kennen wir daher die Namen derjenigen Zöglinge, die am 17. Mai 1939 im Auerbach'schen Waisenhaus leben. Damit lässt sich in vielen Fällen mithilfe weiterer Recherchen nachvollziehen, was aus diesen Kindern in Krieg und Holocaust geworden ist. Eine Kartei des Waisenhauses über die betreuten Zöglinge hat sich dagegen nicht erhalten.

Vielen der Kinder gelingt im letzten Moment die Auswanderung. Die meisten von ihnen kommen mit einem der Kindertransporte mutterseelenallein im Ausland an. Gert Alexander, geboren 1927, geht zunächst nach Frankreich und erreicht von dort die neutrale Schweiz. Die zehnjährige Ruth Appel, deren Mutter Anfang 1930 verstorben ist, kommt mit einem Kindertransport nach England. Denselben Weg nimmt Naomi Blumenfeld, geboren 1927. Auch Eva Blumenthal, die 1928 geboren wurde, gelingt es, noch einen Monat vor Kriegsausbruch nach England zu entkommen. Die 1928 geborene Inge Gerson, deren Vater als unbekannt gilt, beendet am 28. Juni 1938 ihren Schulbesuch. Auf der entsprechenden Schulkarteikarte ist handschriftlich „neuer Wohnort: England" notiert. Der zwei Jahre ältere Hans Heilbrunn wandert offenbar nach Südafrika aus, der vaterlose Walter Herzig, geboren 1925, nach Frankreich. Die elfjährige Käthe Holländer schafft es am 4. Juli 1939 nach London. Auch Frieda Jacob, Jahrgang 1929, kommt im Sommer 1939 in Großbritannien unter. Das Vereinigte Königreich ist das Ziel besonders vieler Kindertransporte, und es ist daher nicht verwunderlich, dass ein großer Teil der Kinder aus dem Auerbach sich zwischen Mitte Mai und Ende August durch ihre Auswanderung nach England retten können. Zu ihnen zählt auch der 1930 geborene und vaterlose Gert Lewin, der am 13. Juli 1939 Deutschland verlässt, und Ingeborg Littmann, deren Mutter offenbar verstorben ist und die am 28. Juni nach England auswandert. Gina Scharff, geboren 1928, emigriert nach Großbritannien oder Polen. Das Scheidungskind Eva Schneider ist 14 Jahre alt, als es am 4. Juli 1939 in Richtung London abreist. Hannelore Spagat ist neun Jahre alt, als sie im Juni England erreicht. Die 14-jährige Beate Strauß, deren Mutter verstorben ist, gelangt im August nach Großbritannien und erreicht von dort zwei Monate später die Vereinigten Staaten.[80]

Diese Zusammenstellung weist zwangsläufig Lücken auf. Nicht in allen Fällen ist zweifelsfrei zu klären, ob und wann eine Auswanderung erfolgt ist. Und keineswegs bedeutet die Auswanderung unbedingt eine Rettung vor der NS-Verfolgung. Nach Beginn des Zweiten Weltkriegs und der Besetzung vieler europäischer Staaten durch die Wehrmacht rückt auch die Gestapo mit ihren „Judenreferaten" in diese Staaten ein. Wer nach Belgien, in die Niederlande, nach Frankreich, in die Tschechoslowakei oder gar nach Polen geflohen ist und entdeckt wird, kommt in Deportationszüge, die die Vernichtungslager im Osten des Kontinents als Zielbahnhof haben.

Mindestens 20 Kindern aus dem Waisenhaus gelingt zwischen Mitte Mai und Ende August 1939 die Emigration. Hinzu kommen die Zöglinge, die gemeinsam nach Frankreich reisen. Viele weitere sind schon zuvor ins Ausland ausgewandert. Doch viele bleiben auch. Sie finden keine Möglichkeit, Deutschland zu verlassen. Ihre Eltern oder der noch lebende Elternteil fürchten sich aus begreiflichen Gründen davor, das Kind ganz alleine mit einem Kindertransport ins Unbekannte zu schicken. Andere hoffen darauf, doch noch zusammen mit dem Nachwuchs eine gemeinsame Ausreise antreten zu können. Manche Kinder sind krank und können nicht reisen. Einige sind zu alt für einen Kindertransport. Bisweilen fehlt das Geld zur Reise. Es mag auch Fälle gegeben haben, in denen die Eltern den Ernst der Lage in Nazi-Deutschland nicht verstanden haben und darauf hofften, weiter mit der Familie in der Heimat leben zu können. Es gibt viele Gründe, die eine Auswanderung unmöglich machen. Zu viele.

Ins Auerbach'sche Waisenhaus kommen im Frühjahr 1939 Dutzende neue Kinder, aber auch neues Personal. Sie haben vorher im Reichenheim'schen Waisenhaus der Jüdischen Gemeinde am Weinbergsweg 13 gelebt, das nun geschlossen werden muss. In dem großen Haus, ein paar Hundert Meter westlich des Auerbach'schen Waisenhauses, war Platz für 42 schulpflichtige Jungen und 28 Mädchen.[81] In dem Gebäude wird vorläufig ein jüdisches Altersheim eingerichtet, später nistet sich dort die NSDAP ein. Die Mädchen und Jungen werden auf die noch existierenden jüdischen Waisenhäuser in Berlin verteilt. In einem Brief von Margarete Timendorfer an die nach Indien entronnene Erzieherin Ilse Löwenstern vom 20. Juli 1939 heißt es: „Aber es macht doch viel Freude, wenn sich auch Erfolge abzeichnen. Besonders hat sich Herr Direktor Friedmann für alle Reichenheimer Kinder eingesetzt, so dass nach und nach alle wegkonnten. Leider muss ich für die abgehenden Kinder größtenteils Ersatz aufnehmen, den mir die Gemeinde schickt. Im Moment ist das Haus mit 104 Kindern besetzt."[82] 104 Kinder, das übersteigt eigentlich die maximale Kapazität des Waisenhauses.

Walter Frankenstein ist einer dieser 104. Seine geplante Auswanderung nach Schweden kommt nicht zustande, offenbar weil Papiere auf dem Postweg verloren gegangen sind. Im Juni 1939 ist der Junge 15 Jahre alt geworden. Er besucht die jüdische Bauschule. Er wird Maurer, weil man als Jude nicht mehr Architekt werden darf. Und er lebt weiter im Auerbach'schen Waisenhaus, auch wenn das nicht mehr so heißt.

Die in Berlin verbliebenen Lehrlinge aus dem Auerbach und die Ausgewanderten bleiben in brieflichem Kontakt. Einige wenige dieser Schreiben haben sich erhalten und geben einen Einblick in den Alltag der Jugendlichen. Kurt Gumpert, Jahrgang 1924, schreibt am 20. Juni 1939 an seinen Freund Rolf Rothschild in Schweden: „Hier im Heim hat sich viel, viel verändert. Zuviel, wie mir scheint. Alles neue Erzieher, auch sämtliches Personal ist neu. Schließlich sind auch Plauts weg. Es gibt keinen hier, der an all den Schränken Bescheid weiß. Gerade jetzt bei dem Wechsel. Ich meinte zu unserer neuen Wirtschafterin und zu Frau Dir. Timendorfer: ‚Wann gibt es denn endlich die Sommersonntagspullover, und die Hausturnsachen?' Meinst Du einer hat gewusst was das für Sachen sind!"[83]

Von der Lage der Juden in Deutschland findet sich in dem langen Brief an den Freund kein Wort – es geht nur ums Auerbach. Kurt Gumpert äußert sich euphorisch über den aus dem Reichenheim'schen Waisenhaus kommenden neuen Erzieher Günter Plaut, der für die Jungen im mittleren Alter zuständig ist: „Dieser Erzieher ist aber nicht nur sportlich, sondern auch sonst fabelhaft. Du kannst ihm völliges Vertrauen schenken. Er erzieht seine Gruppe sehr gut und streng, aber er ist doch zu jedem ein Freund." Kein gutes Haar lässt Kurt dagegen an einem anderen Pädagogen, der aus dem Pankower Waisenhaus ins Auerbach gestoßen ist. Der verlässt denn auch bald darauf das Heim.

Die regelmäßigen Gottesdienste für die Kinder und Jugendlichen finden nun meistens im großen Speisesaal der Jungen statt. Walter Frankenstein meint sich zu erinnern, dass dies mit Beschädigungen im Gotteshaus aus der Pogromnacht im November 1938 zu tun gehabt hätte. Es könnte aber auch damit zusammenhängen, dass die Synagoge ab Februar 1940 als Ersatz für die in der Pogromnacht vom November 1938 im Innern schwer beschädigte Synagoge Rykestraße dient und dort regelmäßig Gottesdienste nach orthodoxem Ritus abgehalten werden.[84] Möglicherweise müssen die Kinder in den Speisesaal ausweichen, weil „ihre" Synagoge zum gleichen Zeitpunkt durch erwachsene Gläubige in Anspruch genommen wird.

Ende 1939 oder Anfang 1940 ändert sich der Briefkopf des Waisenhauses. Statt in vom in eleganter geschwungener Schrift geschriebenen „Baruch Auerbachschen Waisen-Erziehungsanstalten" ist dort nun, kenntlich gemacht durch einen einfachen Stempel, von „Jüdische Gemeinde zu Berlin e.V. Jüdisches Kinderheim Auerbachsche Anstalten" die Rede.[85] Eine 105 Jahre währende große Tradition ist beendet.

Anmerkungen

1 Interview mit Walter Frankenstein am 27. und 28.10.2022 in Stockholm.
2 Hausordnung, undatiert, in: Leo Baeck Institute (LBI) New York, AR 25384 Joshua Eli Plaut Family Collection.
3 Brief von David Levin an Mathias Frühauf vom 5.4.1995; in: Archiv Jüdisches Museum Berlin: Schenkung Walter Frankenstein 2010/265.
4 Schreiben vom 5.3.1994; in: LBI New York, AR 25384 Joshua Eli Plaut Family Collection.
5 Rosenthal, Hans: Zwei Leben in Deutschland, Bergisch Gladbach 1987, S. 50.
6 Herzberg, Lillian Belinfante: The Past Is Always Present, Bloomington 2015, S. 35 f.
7 Frühauf, Matthias: Ein Elternhaus für Waisen. Die Geschichte der Baruch Auerbach'schen Waisenerziehungsanstalten von 1832 bis 1952, Schönhauser Allee 162; in: Leben mit der Erinnerung. Jüdische Geschichte in Prenzlauer Berg, hg. vom Kulturamt Prenzlauer Berg u. a. Berlin 1997, S. 244.
8 Plaut, Jonas: Geschichte der Baruch Auerbach'schen Waisen Erziehungs Anstalten (Manuskript); in: LBI New York, ME 503.
9 Frühauf, a. a. O., S. 244; Plaut, W. Gunther: Unfinished Business. An Autobiography. Toronto 1981, S. 1 ff.
10 Baruch-Auerbach-Verein: Einladung zur 60. Generalversammlung am 1.12.1937; in: LBI New York, AR 25384 Joshua Eli Plaut Family Collection, S. 7.
11 Landesarchiv Berlin B Rep. 025-08, Nr. 3316/55 (Plaut, Selma); Museum of Jewish Heritage, New York: https://mjhnyc.org/blog/jonas-and-selma-plaut-a-family-portrait/.
12 Brief von Aleander Turney, undatiert (ca. 1993), in: Leo Baeck Instutute New York, AR 25384 Joshua Eli Plaut Family Collection.
13 Shoah Foundation Institute for Visual History and Education: Interview mit W. Gunther Plaut (1995).
14 Interview mit Ilse Löwenstern am 8.2.2007 in Darmstadt.
15 Shoah Foundation Institute for Visual History and Education: Interview mit Joe Adamson in Los Angeles, 2020.
16 Rosenthal, a. a. O., S. 50.
17 Einige Bilder dieser Fahrten finden sich in einem Fotoalbum, das von Jonas Plaut zusammengestellt wurde. LBI New York AR 25384.

18 Hausordnung, undatiert, in: LBI New York, MF 1036 Joshua Eli Plaut Family Collection.

19 Klaus Hillenbrand: „Am 1. April 1933 verlor ich meinen Glauben."; in: taz-online, 1.4.2023, https://taz.de/Zeitzeuge-erinnert-sich/!5921535&s=frankenstein/.

20 Zur Synagoge Nord vgl. Dämmig, Larissa: Die Liberale Synagoge Norden; in: Von der Heidereutergasse zum Roseneck. Jüdische Schulen in Berlin 1712–1942, hg. von Jörg H. Fehrs, Berlin 1993, S. 277–285.

21 Zentralwohlfahrtsstelle der deutschen Juden (Hg.): Führer durch die jüdische Gemeindeverwaltung und Wohlfahrtspflege in Deutschland (1932–33). Berlin 1933, S. 472 f.

22 Baruch-Auerbach-Verein: Einladung zur 60. Generalversammlung am 1.12.1937; in: LBI New York, MF 1036 Joshua Eli Plaut Family Collection, S. 7 f.

23 Hillenbrand, Klaus: Nicht mit uns. Das Leben von Leonie und Walter Frankenstein. Berlin 2008, S. 50 ff.

24 Shoah Foundation Institute for Visual History and Education: Interview mit Joe Adamson in Los Angeles, 2020.

25 Baruch-Auerbach-Verein: Einladung zur 60. Generalversammlung am 1.12.1937; in: LBI New York, MF 1036 Joshua Eli Plaut Family Collection, S. 7 f.

26 Statuten des von Baruch Auerbach gegründeten jüdischen Waisen-Erziehungs-Instituts zu Berlin. Berlin 1839, S. 14.

27 Kirchhöfer, Birgit: „Ein Gefühl der Geborgenheit". Die jüdische Schule in der Rykestraße 54; in: Fehrs, a. a. O., S. 296–316.

28 Ebenda, S. 308.

29 Interview mit Leonie und Walter Frankenstein in Stockholm, 29.11.–2.12.2006.

30 Brief von David Levin an Mathias Frühauf vom 5.4.1995; in: Archiv Jüdisches Museum Berlin: Schenkung Walter Frankenstein 2010/265.

31 Brief von Alexander Turney, undatiert (ca. 1993), in: LBI New York, MF 1036 Joshua Eli Plaut Family Collection.

32 Chanukka 1934. Privatbesitz Walter Frankenstein, Stockholm.

33 Plaut, W. Gunther, a. a. O., S. 44 f.

34 Ginzel, Günther B.: Jüdischer Alltag in Deutschland 1933–1945, Düsseldorf 1984, S. 219.

35 Interview mit Ilse Löwenstern, a. a. O.

36 Arolsen Archives: https://collections.arolsen-archives.org/de/document/12649240, https://collections.arolsen-archives.org/de/docu-

ment/127207515, https://collections.arolsen-archives.org/de/document/12649243.

37 Arolsen Archives: https://collections.arolsen-archives.org/de/document/12664777, https://collections.arolsen-archives.org/de/document/68053634, https://collections.arolsen-archives.org/de/document/106806522. Margot Liemann überlebte die NS-Verfolgung und war 1947 im westfälischen Rheine gemeldet. Weitere Details sind nicht bekannt.

38 Arolsen Archives: https://collections.arolsen-archives.org/de/document/12678879; https://collections.arolsen-archives.org/de/document/127213210.

39 Wikipedia: Klaus Goldschlag, https://en.wikipedia.org/wiki/Klaus_Goldschlag.

40 Der Internationale Suchdienst in Arolsen (ITS) erhielt zu einem unbekannten Zeitpunkt von unbekannter Seite drei Teilbestände mit Karteikarten von jüdischen Berliner Schülerinnen und Schülern. Sie tragen die ITS-Signaturen 8802590 (2694 Namen), 8802580 (3279 Namen) und 8804760 (4897 Namen). Die Karteien wurden offenbar von der Reichsvereinigung der Juden bzw. der Jüdischen Gemeinde zu Berlin angelegt. Diese Karteien sind inzwischen im Arolsen-Archiv online einsehbar. Vgl. Jah, Akim: Letzte Spuren. Die „Reichsvereinigungs-Kartei“ im Archiv des ITS; in: Freilegungen. Überlebende, Erinnerungen, Transformationen, hg. von Rebecca Boeckling. Göttingen 2013, S. 22 ff.

41 Baruch-Auerbach-Verein: Einladung zur 60. Generalversammlung am 1.12.1937; in: LBI New York, MF 1036 Joshua Eli Plaut Family Collection, S. 7 f.

42 Gedenkblatt für den Zögling [...] Margot Jacob vom 16.3.1934; in: LBI New York, MF 1036 Joshua Eli Plaut Family Collection.

43 Baruch-Auerbach-Verein: Einladung zur 60. Generalversammlung am 1.12.1937; in: LBI New York, MF 1036 Joshua Eli Plaut Family Collection, S. 3.

44 Brief von David Levin an Mathias Frühauf vom 5.4.1995; in: Archiv Jüdisches Museum Berlin: Schenkung Walter Frankenstein 2010/265.

45 Brief von Alexander Turney, a. a. O.

46 Walk, Joseph (Hg.): Das Sonderrecht für die Juden im NS-Staat, Heidelberg 1996, S. 185 ff.

47 Zitiert nach Raphael Gross; in: Barkow, Ben u. a. (Hg.): Novemberpogrom 1938. Die Augenzeugenberichte der Wiener Library, London/Frankfurt a. M 2008, S. 21.

48 Shoah Foundation Institute for Visual History and Education: Interview mit dem 1921 geborenen Ernst J. Conrad, 1996.

49 Interview mit Ilse Löwenstern, 2007.

50 Shoah Foundation Institute for Visual History and Education: Interview mit dem 1921 geborenen Ernst J. Conrad, 1996.

51 Shoah Foundation Institute for Visual History and Education: Interview mit Joe Adamsohn, 2020.

52 Frühauf, a. a. O., S. 252.

53 Shoah Foundation Institute for Visual History and Education: Interview mit Stephan Lewy, 1997.

54 Walk, a. a. O., S. 256.

55 Philo-Atlas. Handbuch für die jüdische Auswanderung. Reprint der Ausgabe von 1938, Bodenheim bei Mainz o. J.

56 Shoah Foundation Institute for Visual History and Education: Interview mit Joe Adamsohn, 2020.

57 Parkin, Simon: Die Insel der außergewöhnlichen Gefangenen. Deutsche Künstler in Churchills Lagern. Berlin 2023, S. 65 f.

58 Landesamt für Bürger- und Ordnungsangelegenheiten Berlin (LABO), Entschädigungsbehörde Berlin: Reg. Nr. 359.983 Entschädigungsakte Ralph Moratz.

59 Eidesstattliche Erklärung von Anneliese Herrmann, in: Landesarchiv Berlin B Rep. 025-08, Nr. 892/57.

60 Landesamt für Bürger- und Ordnungsangelegenheiten Berlin (LABO), Entschädigungsbehörde Berlin: Reg. Nr. 303.235 Entschädigungsakte Anneliese Herrmann.

61 Bundesarchiv (BArch Berlin), R 8150/63.

62 GUT LEHRER 2620 + GUT 220; Landesarchiv Berlin B Rep. 025-08 Nr. 3172/50; Landesamt für Bürger- und Ordnungsangelegenheiten Berlin (LABO), Entschädigungsbehörde Berlin: Reg. Nr. 71.273 (Margarete Timendorfer).

63 Shoah Foundation Institute for Visual History and Education: Interview mit Gunther Perry (früher Günther Przywoznik), 1995.

64 Frühauf, a. a. O., S. 252.

65 Email von Martyna Kilsheimer an den Autor vom 21.6.2023.

66 Herzberg, a. a. O., S. 88.

67 Zeitgenössische Karteikarten im Arolsen-Archiv verweisen auf die Auswanderung von Wolfgang und Tanja Grajonza bereits im April 1939 nach Frankreich. Der inzwischen verstorbene Ralph Moratz schrieb jedoch in seinem Blog, er und Wolfgang Grajonza seinen gemeinsam am 3.7.1939 ausgereist. Vgl. https://ralphm1935.wordpress.com.

68 Archiv Jüdisches Museum Berlin: Schenkung Walter Frankenstein 2010/265.

69 LBI New York: AR 25827 (Ralph Moratz Collection).

70 Landesamt für Bürger- und Ordnungsangelegenheiten Berlin (LABO), Entschädigungsbehörde Berlin: Reg. Nr. 259.519 (Entschädigungsakte Erwin Cosmann), 258.753 (Entschädigungsakte Gunter Blatt), 359.983 (Entschädigungsakte Ralph Moratz).

71 LBI New York: AR 25827 (Ralph Moratz Collection): John (Hans) Stern: Children Under the Nazi Invasion Boots, unveröffentlichtes Manuskript.

72 BArch R 58, zitiert nach Meyer, Beate: Tödliche Gratwanderung. Die Reichsvereinigung der Juden in Deutschland zwischen Hoffnung, Zwang, Selbstbehauptung und Verstrickung (1939–1945), Göttingen 2011, S. 38.

73 Baruch-Auerbach-Verein: Einladung zur 60. Generalversammlung am 1.12.1937; in: LBI New York, MF 1036 Joshua Eli Plaut Family Collection, S. 7.

74 Alfred Lipschitz in einem Nachtrag zu der von Jonas Plaut verfassten Geschichte des Waisenhauses. LBI New York, ME 503, S. 42.

75 Ebenda, S. 42 f.

76 Landesarchiv Berlin B Rep 025-04 Nr. 2223 JRSO.

77 CJA 1 A Be 2, Nr. 92, #322.

78 Grundbucharchiv Berlin: Grundbuch Schönhauser Allee 162.

79 Meyer, a. a. O., S. 45.

80 Erwähnt werden hier nur Kinder und Jugendliche, die nach dem 17.5.1939 und vor dem 1.9.1939 ausgewandert sind und zuvor im Auerbach'schen Waisenhaus gelebt haben – ohne diejenigen Kinder, die am 3. Juli 1939 mit einem Sammeltransport Quincy bei Paris erreichen. Als Quellen dienten die im Literaturverzeichnis angegebenen Datenbanken, Wiedergutmachungsanträge, Entschädigungsverfahren sowie weitere Archivalien.

81 Führer durch...Wohlfahrtspflege, a. a. O., S. 474 f.

82 Zit. nach Frühauf, a. a. O., S. 246 f. Zum Reichenheim'schen Waisenhaus vgl.: Galliner, Nicola: Wegweiser durch das jüdische Berlin, Berlin 1987, S. 275 ff.

83 Archiv Jüdisches Museum Berlin: Schenkung Walter Frankenstein 2010/265.

84 Dämmig, a. a. O., S. 284.

85 Brief von Margarete Timendorfer an den Vorstand der Jüdischen Gemeinde zu Berlin vom 13.8.1940; in CJA 1 A Be 2, Nr. 92, #322.

Kapitel 2
Der Begründer Baruch Auerbach

Schräg gegenüber der Nummer 162 der Schönhauser Allee, fast schon am Eingang zum U-Bahnhof Senefelderplatz, befindet sich hinter einer starken Mauer ein jüdischer Friedhof. Das Gräberfeld war nicht der erste Begräbnisplatz für Juden in der preußischen Hauptstadt, dies war der 1672 gegründete Friedhof an der Großen Hamburger Straße. Mehr als 100 Jahre später trat in Preußen ein neues Gesetz in Kraft. Paragraf 184 des preußischen Landrechts bestimmte, „dass in den Kirchen und bewohnten Gegenden der Städte keine Leichen mehr beerdigt werden sollen".[1] Dem hatte auch die Jüdische Gemeinde zu Berlin zu folgen, doch erst mit reichlicher Verspätung und nach einer Mahnung der Behörden wurde im Jahre 1827 der neue, nun viel größere Friedhof an der Schönhauser Allee eröffnet. Mit fast fünf Hektar bot das Gelände der wachsenden Gemeinde genügend Raum und lag damals vor der Stadt; einzig die Tatsache, dass es sich an dem Weg befand, den König Friedrich Wilhelm III. zu seinem Lustschloss Schönhausen zurückzulegen pflegte, sorgte für gewisse Irritationen. Tatsächlich befahl der König, dass Trauerzüge das Gelände über den Hintereingang zu betreten hätten.

Schon seit 1880 gilt der Friedhof als geschlossen, obwohl an der Schönhauser Allee auch danach noch vereinzelt Begräbnisse stattfanden. In aller Regel aber begraben die Berliner Jüdinnen und Juden seit bald 150 Jahren ihre Toten auf dem Friedhof Weißensee, mit 42 Hektar einer der größten jüdischen Begräbnisplätze Europas. An der Schönhauser Allee befinden sich mehr als 22 800 Einzel- und mehr als 750 Familiengräber. Das jüdische Gesetz bestimmt, dass die Toten für immer ruhen müssen, es ist daher nicht statthaft, Gräber nach einigen Jahrzehnten aufzuheben und neu zu belegen.

Vom Eingang aus geht der Weg nach rechts und von dort nach wenigen Metern nach links. Manche der Inschriften der Grabsteine hier sind nur noch mit Mühe zu entziffern, viele von ihnen tragen hebräische Lettern. Efeu breitet sich auf den dicht an dicht stehenden, nummerierten Grabstellen aus. Unter der Nummer 17/A stehen zwei rechteckige, sich nach oben leicht verjüngende Steine nahe beieinander. Es sind die Ruhestätten von Baruch Auerbach und seiner Frau Emma, geborene Heller. Er starb im Jahr 1864, sie folgte ihm 1878. Die Inschriften der Steine sind in Hebräisch verfasst. Es gibt in Berlin heute nur wenige Menschen, die in der Lage sind, diese Schrift zu lesen. Freilich wurde es unter den deutschen Juden in der zweiten Hälfte des 19. Jahrhunderts immer beliebter, die Grabsteine ihrer Verstorbenen auch in deutscher Sprache zu beschriften, dies häufig aber nur auf der dem Weg abgewandten Rückseite. So ist es auch bei Baruch Auerbach und seiner Frau der Fall. Man muss allerdings über die trockenen Efeublätter stapfen, um zu lesen, was der Posener Rabbiner Salomon Plessner dort verfasst hat:

„Mit Dir, o Mutter, Edelste der Frauen,
Entschwand des Hauses Glanz, erlosch sein Licht,
Dich trug der Waisen kindliches Vertrauen,
Wenn sie geschaut Dein freundlich Angesicht,
Drum dauernder, als in dem todten Stein,
Wird in den Herzen Dir Dein Denkmal sein!
Sie ruhe sanft“,

steht auf dem Grabstein von Emma Auerbach geschrieben. Die Aufschrift auf dem Stein von Baruch Auerbach lautet:

„Dich werden Deine Brüder ewig preisen,
Auch lebt Dein Ruf in unsrer Erdenwelt,
In den Asylen, die Du schufst den Waisen.
Dein Name glänzt im Himmel und auf Erden,
Mit Herz und Mund muss Israels Lob Dir werden.
Er ruhe sanft“.

Darüber steht: „Ruhestätte des verdienstvollen Gründers zweier von ihm mit väterlicher Liebe und Zärtlichkeit geleiteter Waisen-Erziehungsanstalten für jüdische Knaben und Mädchen."

Wer war dieser Mann, dessen Name „glänzt im Himmel und auf Erden"? Was bewog ihn, das erste jüdische Waisenhaus auf deutschem Boden zu begründen, eine über Jahrzehnte hinweg auch von Christen hoch angesehene Institution, die zu einem Vorbild für viele ähnliche Häuser wurde?

Baruch Levin Auerbach wurde am 14. August 1793 in Inowrocław in der damaligen Provinz Westpreußen geboren. Die für ihre Sole bekannte Kleinstadt war erst 1772, also gut 20 Jahre zuvor, nach der polnischen Teilung an Preußen gefallen. 1799 lebten dort 1433 Menschen, darunter 604 Jüdinnen und Juden, also fast die Hälfte aller Einwohner.[2] Die meisten Menschen sprachen wohl Polnisch. Im deutschen Sprachraum ist Inowrocław unter dem Namen Hohensalza bekannt, diese Bezeichnung erhielt die Stadt aber erst im Jahr 1904 im Zuge der Germanisierung polnischer Ortsnamen. Schon ab 1920, seitdem die Stadt zur neu entstandenen Republik Polen gehört, heißt sie wieder Inowrocław – mit einer kurzen Unterbrechung während der deutschen Besatzungszeit zwischen 1939 und 1945.

Baruchs Vater Levin Isaak Auerbach arbeitete als Rabbiner, seine Mutter trug den Namen Gitel. Viel ist über die frühen Jahre Auerbachs nicht bekannt. Den Berichten zufolge wuchs der Junge in ärmlichen Verhältnissen auf, doch herrschte in seinem Elternhaus eine tiefe Frömmigkeit, die Auerbach sein Leben lang in sich trug. Der Vater unterwies seinen Nachwuchs in Talmud-Studien, eine weltliche Ausbildung im heutigen Sinne dürfte Baruch Auerbach hingegen nicht erhalten haben. Schon als 13-Jähriger verließ er sein Elternhaus, um in Lissa, dem heute polnischen Lezlo, seine talmudischen Studien fortzusetzen. Dorthin bestanden offenbar familiäre Bindungen, wurde in Lissa doch sein älterer Bruder und späterer Rabbiner Isaak Lewin Auerbach (21.3.1785–5.7.1853) geboren. Baruch Auerbach folgte bald darauf seinem Bruder und verzog ins preußische Berlin. Seinen Unterhalt verdiente er dort mit dem Erteilen von Privatunterricht, einen Teil seiner spärlichen Einkünfte überließ er seinen Eltern.

Im Lauf der Jahre muss Auerbach einen bescheidenen Wohlstand erlangt haben. 1817 begann er ein Studium der Philologie und Theologie an der Berliner Universität. In seinem Universitätsabgangszeugnis heißt es, Auerbach habe die Vorlesungen „mit rühmlicher Beharrlichkeit, großem Fleiß und ausgezeichnetem Erfolge“ besucht.[3] Sein Theologieprofessor bescheinigte Auerbach 1822, dieser habe „meinen Theologie-Vorlesungen über verschiedene Disziplinen mit so großem Fleiß [...] beigewohnt, dass ich ihn mit Grund der Wahrheit jeder israelitischen Gemeinde empfehlen kann“.[4] Zur Erlangung der Einstellungsfähigkeit im öffentlichen Schuldienst legte Auerbach danach eine allgemeine Lehrerprüfung am von dem Reformpädagogen Adolph Diesterweg geleiteten Seminar für Stadtschulen in Berlin ab. Damit bewegte er sich auf den Spuren seines damals in jüdischen Kreisen schon bekannteren Bruders Isaak Lewin. Dieser war nach einem Studium mit Promotionsabschluss zum Prediger an der Reformsynagoge Beer-Jacobsohn'scher Tempel berufen worden und arbeitete zudem als Lehrer und Direktor der Israelitischen Mädchenschule. Auch Baruch strebte offenbar eine ähnliche Karriere an. Er knüpfte Beziehungen zur Jüdischen Gemeinde an.

1824 war Baruch Auerbach die preußische Staatsbürgerschaft verliehen worden. Anlässlich dieser Ehrerbietung wurde er, so heißt es, vom damaligen Innenminister Friedrich von Schuckmann empfangen. Dieser habe ihm geraten, doch seinen jüdischen Vornamen in einen solchen umzutauschen, der sein religiöses Bekenntnis weniger deutlich offenbare. Die kolportierte Antwort ist bezeichnend für Auerbach: „Abgesehen davon, dass der Name ein biblischer ist, abgesehen ferner, dass ihn einer der größten Philosophen geführt hat, will ich den Namen behalten, weil ich gegenwärtig noch gar nichts bin und noch gar nichts geleistet habe. Sollte ich in der Folge etwas leisten, so werde ich einen echt jüdischen Namen zu Ehren gebracht haben. Leiste ich aber nichts, wozu noch einen schönklingenden verderben?"[5] Der Minister soll auf diese Erklärung mit Verständnis reagiert haben.

1812 lebten etwa 3300 Jüdinnen und Juden in Berlin. 1847 waren es schon 8300.[6] Ähnlich stark expandierte die Gesamtbevölkerung von 171 000 (1812) auf etwa 398 000 Menschen im Jahr 1846.[7] Die Juden bildeten also eine kleine religiöse Minderheit von rund fünf Prozent. Diese Minderheit war keineswegs gegenüber den christlichen Bewohnern gleichgestellt. Das preußische Judenedikt von 1812 bestimmte zwar, dass alle zu diesem Zeitpunkt im Land lebenden Juden zu „Inländern und Preußischen Staatsbürgern" ernannt würden, wenn diese bestimmte Bedingungen wie das Führen eines festen Familiennamens erfüllten. Es gab aber gewichtige Einschränkungen: König Friedrich Wilhelm III. befahl, dass Juden nicht ohne Weiteres staatliche Ämter übernehmen dürften und nicht ohne Einschränkungen im Militär dienen konnten.[8] Zudem galt die Regelung nur in den Provinzen Brandenburg, Pommern, Ostpreußen und Schlesien, nicht aber in den neu hinzugewonnenen westlichen Provinzen, deren Bewohner im Zuge der französischen Okkupation größere Freiheitsrechte hatten schnuppern dürfen. Immerhin handelte es sich um die fortschrittlichste Bestimmung in dieser Angelegenheit auf deutschem Boden, ermöglichte sie den Juden doch wenigstens eine teilweise bürgerliche Gleichberechtigung.

Gesellschaftlich blieb es bei vielen Diskriminierungen: An den von Vertretern der deutschen Romantik gegründeten „Christlich-deutschen Tischgesellschaften" durfte nur teilnehmen, wer „in christlicher Religion geboren" worden war.[9] Selbst getaufte Juden waren also ausgeschlossen. Ernst Moritz Arndt formulierte, was viel dachten: Der Jude betreibe „bloß die künstlichen und mechanischen Übungen" der „Krämer, Wechsler und Geldmäkler" und stelle eine Gefahr für das „Teutschtum" dar, solange er die jüdische Religion nicht vollkommen aufgegeben habe.[10] Das Christentum wurde zur Bedingung dieses Deutschtums erklärt, den Juden wurde dagegen unterstellt, einen „Staat im Staate" zu bilden. Nicht nur ihr religiöses Bekenntnis galt also als Hindernis einer

Gleichstellung, sondern auch ihr angeblich mangelnder Patriotismus für König und Vaterland.

Vom preußischen Judenedikt blieb in den Folgejahren nicht viel mehr als eine Hülle übrig. Jüdischen Freiwilligen in den „Befreiungskriegen" gegen Frankreich blieb anders als christlichen Kämpfern eine anschließende Einstellung in den Staatsdienst versagt, ebenso wie größerer Grundbesitz. Alle Berufe, die einer staatlichen Approbation bedurften, wurden Juden verboten. Sie besaßen nicht länger das Recht zur Ausübung von Lehr- und Schulämtern. In Berlin gab es ab 1822 für viele Jahre keine jüdischen Stadtverordneten mehr.[11] Ab 1831 waren sie von der Bekleidung eines Amts als Bürgermeister und Oberbürgermeister ausgeschlossen. Juden – von Jüdinnen ganz abgesehen – besaßen noch wesentlich weniger Rechte an der Mitwirkung und der Gestaltung ihres Landes als Christen im ohnehin obrigkeitshörigen Ständestaat und preußischen Königreich von Gottes Gnaden.

Dabei bemühten sich die in Preußen lebenden Juden darum, keinerlei Zweifel an ihrem Patriotismus zu wecken – allein, sie wurden dafür nicht belohnt. Der Rabbiner, Literatur- und Kunsthistoriker Ludwig Geiger schreibt in seiner „Geschichte der Juden in Berlin" von 1871 über die „Befreiungskriege" gegen Frankreich (1813–1815):

„Die Juden standen hinter den übrigen Gliedern des Volkes nicht zurück. Sie waren noch weniger als diese in Waffenhandlungen geübt, aber doppelter Muth beseelte sie: nicht nur dem Vaterlande, auch sich selbst hatten sie die Anerkennung der Freiheit zu erkämpfen. Als unter den Augen des Feindes Schaaren von Jünglingen von Berlin nach Breslau zogen, um sich in das Heer einreihen zu lassen, da bangten auch jüdische Mütter um ihre Söhne. Unter den ersten, die mit reichen Gaben den Verwundeten Labung zu spenden suchten, befanden sich die Ältesten der Berliner Judenschaft; jüdische Frauen Berlins haben mit ihren christlichen Mitbürgerinnen ihre Kräfte zu Werken der Wohltätigkeit und Barmherzigkeit verwendet und sich den königlichen Dank verdient.

Als der schwere Krieg glorreich beendet war, kehrten auch jüdische Jünglinge, zu Offizieren ernannt, mit dem Zeichen des eisernen Kreuzes als Lohn ihrer Tapferkeit geschmückt, nach der Heimath zurück. Aber das Vaterland richtete den Unterschied wieder auf, den die feindlichen Kugeln nicht gekannt hatten; Kämpfer, die durch erhaltene Verwundungen sich den Anspruch auf Staatsanstellungen erworben hatten, erhielten sie nicht, weil sie jüdischen Glaubens waren."[12]

So verwundert es nicht, dass sich sowohl Baruch Auerbach als auch sein Bruder der Erziehung innerhalb des Berliner Judentums zuwandten und sich gar nicht erst um die Erlangung staatlicher Ämter bemühten. Doch selbst jüdische Riten blieben um 1820 von Einschränkungen nicht ausgespart. Zu Beginn des 19. Jahrhunderts begannen sich beim Gottesdienst Reformbestrebungen durchzusetzen, die als eine Folge der Aufklärungsbemühungen von Moses Mendelssohn (1729–1786) betrachtet werden können. Choralgesänge und Harmonium-Töne zogen in die Synagogen ein und erste Predigten wurden auf Deutsch und nicht länger auf Hebräisch abgehalten. Dem König waren diese Bestrebungen zuwider. Der Beer-Jacobsohn'sche Tempel, an dem Isaak Lewin Auerbach predigte, musste auf seine Anordnung hin geschlossen werden. Am 9. Dezember 1824 erließ Friedrich Wilhelm eine Kabinettsorder:

„Veranlasst durch die anliegenden Vorstellungen eines Teiles der hiesigen Jüdischen Gemeinde, bestimme Ich hierdurch wiederholentlich, dass der Gottesdienst der Juden nur in der hiesigen Synagoge und nur nach dem hergebrachten Ritus ohne die geringste Neuerung in der Sprache und in der Ceremonie, Gebeten und Gesängen, ganz nach dem alten Herkommen, gehalten werden soll."[13]

Das ausgesandte Signal war deutlich und spiegelte den Stand der Debatte in Preußen und Deutschland wider. Juden sollten entweder zum Christentum konvertieren und damit eine gewisse, eventuell eingeschränkte Möglichkeit zur Partizipation am Staat erhalten oder sie sollten an ihren alten Gebräuchen festhalten. Keineswegs aber war erwünscht, dass diese deutsche, gar christliche Sitten adaptierten und dennoch ihrer Religion treu blieben.

Die Berliner Jüdische Gemeinde war nach 1671 neu entstanden, als Kurfürst Friedrich Wilhelm von Brandenburg knapp 100 Jahre nach der Vertreibung aller Juden eine Ansiedlung von 50 begüterten Familien aus Wien genehmigte. 1714 entstand eine erste Synagoge, und das religiöse Zentrum entwickelte sich innerhalb des traditionellen jüdischen Wohnbezirks rund um die Heidereutergasse, heute nicht weit vom Fernsehturm im Bezirk Mitte gelegen. In der nahen Rosenstraße befand sich die jüdische Knabenschule.

Baruch Levin Auerbach war spätestens seit 1819 für die Jüdische Gemeinde zu Berlin tätig. In diesem Jahr wurde er als Direktor des Aronschen Instituts bezeichnet, einer Erziehungsanstalt für in Not geratene Knaben.[14] Zu diesem Zeitpunkt wurde noch sein Mittelname „Levin" genannt, den er bald darauf nicht mehr verwendete. Die Anstalt firmierte offenbar bald darauf als Nauen'sche Stiftung, als solche wurde sie in späteren Veröffentlichungen genannt. Dabei handelte es sich um eine jüdische Erziehungsanstalt für bedürftige Jungen und Waisenknaben, die allerdings nur elementaren Schulunterricht anbot, also eine Art Armenschule.[15] Später avancierte Auerbach zum Mitglied einer Kommission zur Aufsicht über das eigene Schulwesen, dann als Verantwortlicher für die „Ergreifung und Durchführung all der notwendigen Maßregeln, die sich aus der Auflassung der jüdischen Freischule und Neueinrichtung einer Gemeindeknabenschule" ergaben.[16] Im Oktober 1829 übernahm Baruch Auerbach schließlich das Rektorat der anstelle der Freischule Thalmud Thora getretenen jüdischen Knabenschule, die auch bürgerlichen Kreisen offenstehen sollte. Schon im folgenden Jahr stellte er einen neuen Lehrplan auf. Auerbach sollte die Schule für mehr als 20 Jahre bis 1852 leiten.

Unumstritten war er als Lehrer keineswegs: Während Auerbach selbst die Fortschritte seiner Arbeit an der Knabenschule, in der jüdische Kinder gegen die Zahlung eines Schulgelds von mindestens vier Talern im

Vierteljahr unterrichtet wurden, in jährlichen Rechenschaftsberichten in leuchtenden Farben schilderte, fehlte es tatsächlich nicht an Kritik an seinen Unterrichtsmethoden. Die mangelnde Wissensvermittlung habe die Qualität des Unterrichts so weit beeinträchtig, dass Kreise in der Bevölkerung von einer „Armenschule" sprächen, wenn sie die Gemeindeschule meinten, heißt es anklagend in einer Schrift von 1857.[17] Auerbachs wohlwollender Biograf, der spätere Waisenhausdirektor Jonas Plaut, gesteht „gewisse Lücken in seiner wissenschaftlichen Bildung" ein und begründet dies mit „der Eigenart seines Selbststudiums".[18] Plaut bezieht sich dabei offenbar auf eine Einschätzung des Schulaufsehers Ribbeck, der 1836 urteilte: „Ich räume ein, dass Herr Auerbach nicht in jeder Hinsicht so qualifiziert sein mag, als es bei dem Vorsteher einer solchen Anstalt zu wünschen wäre. Aber die Mängel der Bildung werden, wie es scheint, durch andere löbliche Eigenschaften kompensiert."[19] Andere Kritiker an Auerbachs Wirken an der allgemeinbildenden Anstalt formulierten drastischer, die Knabenschule sei in einen „beklagenswerten Verfall" geraten. 1834 hatte das Kuratorium den Wunsch Auerbachs nach einer endgültigen Anstellung abschlägig beschieden. Sechs Jahre später bemängelte ein Revisionsbericht, es fehle an einer ausreichenden Durchsicht der Aufsatzhefte und die Auswahl der Themen sei mangelhaft: „Der Schüler ist um die Frucht der Schule betrogen, wenn sie ihm nicht einmal eine anständige Sicherheit des deutschen Ausdrucks als Aussteuer für das Leben mitgibt", heißt es in der Beurteilung.[20] Zudem wurde bemängelt, dass der Unterricht nicht den Lehrplänen entsprechend gestaltet werde. Geiger kam in seinem 1871 erschienen Buch über die Jüdische Gemeinde zu Berlin zu einem vernichtenden Urteil über Baruch Auerbach: Dieser sei „trotz des redlichen Willens unfähig" gewesen, „die Anstalt zu einer gedeihlichen Wirksamkeit zu erheben".[21]

Auf Kritik stieß weiterhin der Pietismus Auerbachs, der in jeder positiven Wendung oder Entscheidung eine Fügung Gottes sah. Seine Jahresberichte über die Knabenschule seien in einem „wortreichen, etwas salbungsvollem Stil" abgefasst gewesen, heißt es treffend in einer Festschrift zum 100-jährigen Bestehen der Anstalt von 1926.[22] Ähnlich pietistische Ansichten vertraten auch evangelische Pädagogen, die sich in der Armenfürsorge engagierten, so Auerbachs großes Vorbild August Hermann Francke (1663–1727), Begründer eines Waisenhauses in Halle an der Saale. Der spätere Direktor Plaut verteidigte Auerbachs religiöse Inbrunst. Dieser sei zwar sein Leben lang Pietist geblieben, „aber trotzdem war er nie ein Frömmler, sondern ein Frommer, im Sinne Franckes", schreibt er zum 100. Geburtstag des Waisenhauses, das Auerbachs Namen trug.[23]

Die Beziehungen zwischen der Jüdischen Gemeinde und Baruch Auerbach erwiesen sich als zunehmend belastet – dies auch, weil Auerbach nicht an der Kritik gegenüber den Gemeindevorstehern sparte und sein 1832 gegründetes Waisenhaus für zusätzliche Spannungen sorgte. Die dauerhafte Unzufriedenheit mit Auerbachs Wirken an der Schule führte schließlich 1852 zu seiner Entlassung durch die Jüdische Gemeinde.

Über Auerbachs Privatleben ist nur wenig bekannt. Fest steht, dass er 1838 Emma Heller (1816–1878) heiratete und am 22. Januar 1839 der gemeinsame Sohn Leonhard geboren wurde. Für das Jahr 1833 verzeichnet das Berliner Adressbuch den „Lehrer der jüdischen Gemeindeschule B. Auerbach" als in der Neuen Schönhauser Straße 12 lebend.[24] Diese Wohnung hatte zuvor sein Bruder innegehabt. Später finden wir Baruch Auerbachs Namen nur noch unter den Adressen der von ihm gegründeten Waisenhäuser. Es ist wahrscheinlich, aber nicht sicher, dass er dort auch mit Frau und Kind gewohnt hat.

Aus den beginnenden 1830er Jahren stammen die ersten von Baruch Auerbach verfassten Druckschriften, die einen Einblick in sein Denken und seine Vorstellungen ergeben. Die früheste ausgewertete Broschüre erschien 1832. Es handelt sich um „Psalmen zum Dankesfeste für die Befreiung Berlins von der Cholera, gefeiert in der Jüdischen Gemeindeschule von den Zöglingen derselben". Diese Epidemie hatte von September 1831 bis zum Februar 1832 in der preußischen Metropole etwa 1400 Todesopfer gefordert und war eine Folge der katastrophalen hygienischen Zustände zur damaligen Zeit. In der Broschüre Auerbachs geht es aber weniger um die Trauer um die Toten als vielmehr um den Dank an den preußischen König für das Überwinden der Krise. Darin spiegelt sich eine ausgesprochen unterwürfige Haltung des „Untertanen" Auerbach gegenüber seinem Regenten wider:

> „Gebet für den König
> Gott! König der Könige!
> O, segne den König!
> Beschirme deinen frommen Diener!
> Unsern Vater, der König,
> Friedrich Wilhelm!
> Hilf Deinen Gesalbten,
> Mit der Hilfe Deiner Rechten
> (Chor) Gott, höre unser Flehen,
> Für das Heil unsers Königs,
> Der unsers Landes Ruhm ist [...]."[25]

Diese und weitere Dankesverse Auerbachs in ähnlichem Duktus, die in den folgenden Jahrzehnten immer wieder und zum Teil in mehreren Auflagen herausgegeben wurden, weisen auf einen den staatlichen Autoritäten unbedingt gehorchenden und diese achtenden Mann hin. Man sollte sich aber nicht täuschen lassen und Auerbachs Worte unbesehen als gleichbedeutend mit seinen politischen Auffassungen identifizieren. Die Verse sind vor allem Ausdruck des Strebens eines jüdischen preußischen Bürgers nach Anerkennung durch diese staatlichen Autoritäten. Dass er diese nicht infrage stellte, sondern im Gegenteil in einer für heutige Augen peinlichen Weise lobpreiste, weist auch auf den geringen Handlungsspielraum der jüdischen Minderheit im preußischen Staat hin. Denn Auerbach war bei seiner geplanten Gründung eines jüdischen Waisenhauses auf Gedeih und Verderb auf die Genehmigung durch das königlich-preußische Ministerium angewiesen, jede Ehrerbietung an den König konnte da nur von Nutzen sein. Selbstverständlich gab es auch vehemente Kritiker der Monarchie unter den deutschen Juden – 21 der 230 im Revolutionsjahr 1848 auf dem Gendarmenmarkt aufgebahrten März-Gefallenen waren jüdischen Glaubens. Doch die Mehrheit glaubte, durch ein regierungskonformes Verhalten eher einer Gleichberechtigung näher zu rücken als durch revolutionäre Reden. Ob Baruch Auerbach den preußischen Monarchen also tatsächlich so sehr anhimmelte, wie es in den Versen geschieht, muss offen bleiben. In jedem Fall aber trat er nicht als ein Kritiker der staatlichen Ordnung hervor.

Die grundsätzliche Bejahung des preußischen Staates übertrug Auerbach auch auf die Erziehung der Kinder, zunächst in der jüdischen Knabenschule, später in seinem Waisenhaus. Die Jugend sollte zu treuen Preußen jüdischen Glaubens erzogen werden. So schreibt Auerbach 1840: „Unter den mannigfachen heilsamen Zwecken, welche die von mir geleiteten Bildungsanstalten verfolgen, ist es einer der ersten und vorzüglichsten: heilige Ehrfurcht, unverbrüchliche Liebe und Treue gegenüber König und Vaterland unseren Zöglingen der Art einzuflößen, dass sich diese Gesinnung mit ihrem ganzen Wesen innig verwebe und ihnen gleichsam zur Natur werde. Bei dem ersten Streben, die allgemein höchsten Zwecke der Erziehung in unseren Anstalten zu verwirklichen, durchweht dieselben auch eine echt vaterländische Gesinnung. Wir erziehen unsere Kinder für König und Vaterland. [...] Unsere Kinder werden angehalten, in tiefster Ehrfurcht für König und Vaterland zu beten, und es ist ein wahrhaft erhebender Anblick, so viele unschuldige Kinder für König und Vaterland beten zu sehen."[26]

In der jüdischen Knabenschule sah sich Auerbach seit Beginn seiner Tätigkeit 1829 aber weniger mit Preußens Glorie konfrontiert als mit der bitteren Armut und der Vernachlässigung vieler Kinder. Diese Not kommt auch in den ab 1837 jährlich herausgegebenen Jahresberichten „über die Bekleidung der dürftigen Zöglinge der hiesigen jüdischen Gemeinde-Knabenschule" zum Ausdruck, in denen sich Auerbach überschwänglich für die gewonnenen Spenden bedankte: „[...] abermals ist es uns durch Ihre unermüdliche Unterstützung, durch Ihr treues und liebevolles Ausharren im Wohlthun gelungen, eine namhafte Anzahl armer hoffnungsvoller Kinder vollständig zu bekleiden, und sie so einer der drückendsten Sorgen zu entheben, sie vor Krankheiten aller Art, – so weit solchen durch die gehörige Bekleidung vorgebeugt werden kann, – in der herannahenden rauhen Jahreszeit zu bewahren, zunächst und vorzüglich aber, sie in den Stand zu setzen, die Schule regelmäßig besuchen zu können, um des Segens einer sorgfältigen Erziehung und eines zweckmäßigen Schul-Unterrichts theilhaftig zu werden, damit sie in der Folge sowohl sich selbst, als allen den Ihrigen, dem Vaterlande und der Menschheit überhaupt, zum Nutzen und Heil erblühen mögen."[27]

Genau diese Fürsorge für die Ärmsten seiner Schulkinder wurde ihm in der Gemeinde zum Vorwurf gemacht. Auerbach vernachlässige darüber die Bildungsziele seiner Anstalt. Aus Sicht der Gemeinde heißt es im Nachhinein 1887: „Der Neigung des Leiters [Auerbach, K. H.] entsprach es aber mehr, den ursprünglichen Charakter der Armenschule beizubehalten, ja noch mehr auszuprägen; er schenkte seine Aufmerksamkeit vorzugsweise der Abhilfe materieller Bedürfnisse: er sammelte mildthätige Gaben zur Bekleidung, zu Lebensmitteln und zu sonstiger Unterstützung armer Schüler, derer er sich wohlwollend annahm."[28]

Auerbach kannte aus eigener Anschauung die Situation armer Kinder und Jugendlicher und auch der Waisen unter ihnen. Zu jener Zeit tobte in den deutschen Einzelstaaten ein Kulturkampf darum, wie mit diesen Waisenkindern zu verfahren sei, wobei unter Waisen auch Kinder verstanden wurden, die noch einen Elternteil besaßen. Dieser Konflikt entzündete sich am inneren Zustand vieler, aber nicht aller dieser Einrichtungen, von denen eine große Zahl im 18. Jahrhundert im Rahmen der Aufklärung gegründet worden waren. Die in diesen Anstalten untergebrachten Kinder sollten nicht nur arbeiten, eine weit verbreitete Vorstellung war zudem, dass sie durch ihre Arbeit Almosenspenden oder Zuschüsse aus der Armenfürsorge weitgehend überflüssig machen sollten. So entwickelten sich Waisenhäuser zu Orten der Zwangsarbeit – des Wolle- oder Baumwollzupfens und Spinnens, der Sockenstrickerei, des Rollens von

Tabak oder des Pflückens von Maulbeerblättern. Der Schulunterricht trat dabei in den Hintergrund.[29] Dieser bestand oft primär aus dem Studium religiöser Erbauungsliteratur, da die Anstalten häufig christlich-pietistisch geprägt waren. Die Ernährung war nicht immer ausreichend und beschränkte sich bisweilen morgens auf ein Stück trockenes Brot, eine Suppe oder Brei am Mittag und ein dürftiges Abendessen. Die Arbeitszeit umfasste selbst bei kleineren Kindern nicht selten acht Stunden am Tag, während sich der Schulunterricht auf maximal vier Stunden beschränkte. Spielstunden oder Sport waren nicht vorgesehen. Der religiös geprägte Unterricht hatte zum Ziel, die Kinder höchstens zur späteren Ausbildung in einem Handwerk zu befähigen, eine höhere Schulbildung war nicht beabsichtigt. Betten wurden mehrfach belegt, und die Kleidung der Kinder ließ zu wünschen übrig. Hinzu kamen die schlechten hygienischen Zustände in den engen, überbelegten und bisweilen feuchten Häusern, wodurch es bei den Kindern vermehrt zu Krankheiten kam. Namentlich die Krätze galt in den Anstalten als eine kaum überwindbare Plage, aber auch gefährliche Atemwegserkrankungen und Tuberkulose waren an der Tagesordnung, die Kindersterblichkeit hoch.

Geleitet wurden die Waisenhäuser häufig von Personen ohne jede pädagogische Ausbildung – aber mit dem Auftrag, die Anstalt möglichst profitabel zu führen. Bisweilen waren die Zustände vollkommen unerträglich, wie aus einer Strafanzeige in Göttingen im Jahr 1808 hervorgeht. Das dortige Waisenhaus sei eine „mörder grube", die Kinder würden „alle Tage gepeitschet", der Verwalter sei „des tages 6 mahl besoffen und ein mahl nüchtern".[30]

Es gab jedoch rühmliche Ausnahmen, wobei an erster Stelle das Waisenhaus in Halle an der Saale zu nennen ist, gegründet unter der Leitung von August Hermann Francke (1663–1727).[31] Dort existierte ein qualitativ hochwertiger Unterricht bei guten Lebensverhältnissen für die Zöglinge. Neugründungen im Geiste Franckes blieben eine Ausnahme.

Zur Bekämpfung dieser unhaltbaren Zustände in vielen Anstalten empfahlen Pädagogen ab der zweiten Hälfte des 18. Jahrhunderts, Kinder nicht länger in Waisenhäuser zu stecken, sondern diese in Pflegefamilien unterzubringen, bevorzugt auf dem Land. Es sollten also nicht die Missstände behoben werden, vielmehr gelte es, das ganze System der Waisenerziehung zu überwinden. Tatsächlich wurden in der Folge eine Reihe Waisenhäuser geschlossen und die Kinder auf Pflegefamilien verteilt. Allerdings zeigte sich schon bald, dass dieses System erst recht zur gnadenlosen Ausbeutung der Kinder führte, die bei ihren in der Regel minder bemittelten Pflegeeltern vor allem eines zu tun hatten: zu arbeiten bis zum Umfallen. Entsprechend scheiterte die Idee der dezentralen Betreuung von Waisenkindern schon bald. Infolgedessen gründeten sich in der zweiten Hälfte des 19. Jahrhunderts neue Waisenhäuser.

Auerbach lehnte die Vorstellung einer dezentralen Unterbringung von Waisen auf dem Land strikt ab. Die Erfahrungen lehrten, dass „die so hoch gepriesene Land-Familien-Erziehung noch schlimmere Resultate lieferte", schreibt er.[32] Einziges Mittel „zur Errettung der Waisen" sei daher, „die Waisenhäuser zu wohleingerichteten Erziehungs-Anstalten umzubilden."[33]

Baruch Auerbach begann sich Ende der 1820er Jahre mit dem Gedanken zu beschäftigen, für eine bessere Betreuung und Unterrichtung der jüdischen Waisen in Berlin zu sorgen. Auch dort wurden die Kinder von der Gemeinde bei Pflegeeltern untergebracht. Auerbach schildert die Zustände in drastischen Worten:

„Die Waisenpflege beschränkte sich in jener Zeit in der Gemeinde blos darauf, daß aus der Gemeinde-Kasse die Waisenkinder für 3 Thaler monatlich bei Familien untergebracht wurden. Dafür hatten diese den Kindern Wohnung, Beköstigung, Wäsche und sonstige kleine Nothwendigkeiten zu reichen. Es lässt sich leicht erachten, daß zur Aufnahme von Waisenkindern zu diesem Preise nur die dürftigsten Familien sich bereit finden ließen, die zugleich die armen Kinder zu mancherlei Dienstleistungen, ja oft zu Betteleien benutzten. Man kann leicht denken, welche Kost ihnen gereicht, welche Wohnung und welches Nachtlager ihnen gewährt wurde und für den genannten Preis gewährt werden konnte.

War die Lage der Waisen von Hause aus armer Eltern schon trostlos, so war sie für Waisen aus solchen Familien, die früher wohlhabend gewesen und bessere Tage gesehen hatten, wahrhaft unerträglich. Die Waisenkinder klagten mir ihr bitteres Leid und fleheten um Abhülfe. Vorzüglich bestürmten mich die Mütter, und manche verschämte zartfühlende Frau ergoß sich in Thränen und flehte mich an, ihr einziges Gut, ihr verwaistes Kind, zu retten. [...] Eines der Waisenkinder, ein wohlgearteter Knabe [...] klage mir mit thränenden Augen, daß er des Nachts in Wind und Wetter fortgeschickt werde von den Leuten, bei denen er wohnte, um Bier für die dortige Spielgesellschaft zu holen, und die ihn angehalten habe, ihr Kartenspiel zu erlernen, um im Falle der Noth den vierten Mann abgeben zu können."[34]

Baruch Auerbach war fest entschlossen, diese Zustände zu ändern, er wusste nur nicht wie – bis ihm nach eigener Aussage Gott zu Hilfe kam. „Da betete ich in einer einsamen Stunde, daß mir Gott den Weg zeigen möchte, den ich hier einzuschlagen hätte. Und da durchzuckte mich plötzlich der Gedanke: Du mußt die Last der Abhülfe im Glauben und Vertrauen auf Gott allein auf Dich nehmen, und zwar sofort zur Ausführung schreiten", schrieb er in seiner typischen Art.[35] Zweimal suchte Auerbach daraufhin im November 1831 beim Gemeindevorstand um Gründung eines Waisenhauses. Er beantragte, dass ihm im Schulgebäude in der Rosenstraße zwei kleine Zimmer zur Aufnahme von Waisen zugeteilt werden. Die drei Taler, die bisher an Pflegefamilien gegangen waren, sollten nun zur Verpflegung der Kinder in der Anstalt verwendet werden. Betten, Bekleidung und alles andere wollte Auerbach selbst stellen, um die Gemeinde nicht übermäßig zu belasten. Doch zunächst blieb der Erfolg seiner Bemühungen aus. Die beantragten Räume waren vermietet. Die Mitglieder des Gemeindevorstands hätten erklärt, dass die Gemeinde bereits so viele Aufgaben zu schultern hätte, dass eine solche Gründung nicht möglich sei, schrieb Auerbach. Daher solle es vorläufig bei der dezentralen Betreuung durch Pflegefamilien bleiben. Die Initiative Auerbachs dürfte auch deswegen auf Bedenken gestoßen sein, weil die

Gemeinde selbst die Einrichtung eines eigenen Waisenhauses plante, das den Namen des jüdischen Aufklärers Moses Mendelssohn erhalten sollte.

Erst am 8. Juli 1832 erfolgte der Beschluss, dass man mit der Vorstellung Auerbachs einverstanden sei, vorausgesetzt, die Mieter würden die Räumlichkeiten freiwillig aufgeben. Diese Klippe umschiffte Auerbach durch ein „namhaftes Geldgeschenk" an die bisherigen Wohnungsmieter. Doch nun konnte er die bereits laufenden Renovierungskosten nicht mehr aus eigener Tasche bezahlen. Ein „Beweis wunderbarer Hülfe Gottes" kam ihm zu Hilfe: Eine Frau aus der Gemeinde sendete ihm fünf Taler zu. Es war die erste Spende für das geplante Waisenhaus. Das Jahr 1832 gilt so als das Gründungsjahr der Baruch Auerbach'schen Waisen-Erziehungsanstalten, auch wenn die ersten Kinder erst ab dem Folgejahr betreut wurden.

Die weiteren Vorarbeiten waren noch nicht beendet, da beschwor ihn ein Gemeindemitglied, sein Vorhaben wieder abzublasen, da es nicht zu finanzieren sei. Zugleich teilte er Auerbach mit, dass es sich in jedem Fall um eine Privatunternehmen handele, die Gemeinde also etwaige Schulden nicht übernehmen werde. Auerbach wankte nicht. Er bestellte drei angesehene Gemeindemitglieder zu späteren Vorständen der noch gar nicht existierenden Anstalt. Anschließend ernannte Auerbach „eine Anzahl der ehrwürdigsten, hochgeachtesten, reichsten und schönsten Frauen zu Ehrenmüttern für die verwaisten Kinder".[36] Die Frauen sollen sich im Ehrenamt um die Waisen kümmern und ihnen statt einer Mutter zur Seite stehen.

Ob sich alles wirklich so zugetragen hat wie hier geschildert, ist nicht gesichert. Denn wir können uns bei der der Vorgeschichte des Waisenhauses fast nur auf die Ausführungen Baruch Auerbachs selbst stützen, da die entsprechenden Papiere der Jüdischen Gemeinde zu Berlin nicht mehr existieren.[37] Auerbach aber, so viel steht fest, neigte zu Dramatisierungen und war ferner nicht frei von Selbstlob. Wenn er etwa schrieb, dass die Vorstandsmitglieder von „meiner umsichtsvollen Leitung der jüdischen Gemeinde-Kabenschule, die erfreulichen Resultate derselben seit der kurzen Zeit meiner Amtsführung, meinem ganzen würdigen Verhalten zur Gemeinde überhaupt, wie das allgemeine Vertrauen, das ich von derselben genieße, und meiner ganzen Persönlichkeit" überzeugt gewesen seien, so ist hier angesichts der Querelen um die Knabenschule mindestens ein Fragezeichen angebracht.[38]

Kritiker von Auerbachs Vorstellungen wurden von ihm zu „Gegnern" gebrandmarkt, die „die von mir ergriffenen Maßregeln [...] ins Lächerliche" zogen. Er selbst aber ließ sich im hellsten Licht erstrahlen, etwa wenn er schrieb, dass er „eine tief ergreifende, Alles zu Thränen rührende Rede über den Gedanken, dass die Waisen es seien, die besonders unsere erbarmende Liebe in Anspruch nehmen" gehalten habe.[39] Auerbach litt ganz offensichtlich nicht an mangelnden Fähigkeiten zur Selbstdarstellung.

Missbilligend schreibt der Leiter des konkurrierenden Reichenheim'schen Waisenhauses der Jüdischen Gemeinde 1887 über Auerbachs Charakter: „Diese wohlwollende Fürsorge für arme Kinder war den Personen, die sein [Auerbachs, K. H.] Werk förderten, und unter denen sich unzweifelhaft auch gebildete, scharfsichtige Männer und Frauen befanden, welche für Schwächen ein offenes Auge hatten, zunächst die Hauptsache, um deretwillen sie mancherlei Eigenarten übersahen oder milder beurteilten."[40] Auf Details der von ihm monierten „Eigenarten" mochte sich der Kritiker allerdings nicht festlegen.

So viel aber steht fest: Am 30. April 1833 wurde das Waisenhaus vom 39-jährigen Baruch Auerbach mit einem feierlichen Gottesdienst und unter Anwesenheit eines Rabbiners und vieler Gäste aus der Gemeinde in der jüdischen Knabenschule von Berlin in der Rosenstraße Nummer 12 eröffnet. Die Anstalt verfügte über genau zwei Räume. Sie hatte an diesem Tag, wie Kritiker monierten, zwar schon elf Ehrenmütter, aber nur vier zu betreuende Kinder: Louis Hellmann, Isidor Pajarge, Louis Ehrenbaum und Isidor Wohl. Ein sehr kleiner Anfang.

Es sprach einiges dafür, dass es nicht bei diesen vier Kindern bleiben würde.

Anmerkungen

1 Köhler, Rosemarie und Ulich Kratz-Whan: Der Jüdische Friedhof Schönhauser Allee, Berlin 1992, S.11.
2 Wikipedia: Inowrocław, https://de.wikipedia.org/wiki/Inowroc%C5%82aw.
3 Plaut, Jonas: Geschichte der Baruch Auerbach'schen Waisen Erziehungs Anstalten (Manuskript); in: LBI New York, ME 503, S. 3.
4 Stadtbibliothek Berlin: Nachlass Baruch Auerbach, M15.
5 Plaut, a. a. O.
6 Jüdische Gemeinden: Berlin, https://www.jüdische-gemeinden.de/index.php/gemeinden/a-b/374-berlin.
7 Wikipedia: Einwohnerentwicklung von Berlin, https://de.wikipedia.org/wiki/Einwohnerentwicklung_von_Berlin.
8 Brenner, Michael, Stefi Jersch-Wenzel und Michael A. Meyer: Deutsch-Jüdische Geschichte der Neuzeit, Bd. 2, 1780–1871, München 1996, S. 34 f.
9 Ebenda, S. 38.
10 Ebenda, S. 39.
11 Wolbe, Eugen: Geschichte der Juden in Berlin und in der Mark Brandenburg, Berlin 1937, S. 241.
12 Geiger, Ludwig: Geschichte der Juden in Berlin, Berlin 1871, S. 149 f.
13 Wolbe, a. a. O., S. 247.
14 Nachlass Auerbach, a. a. O., M16: Stiftungs-Feier des Aronschen Instituts von Baruch Levin Auerbach, Director, Berlin, am 3. Januar 1819.
15 Fehrs, Jörg H.: Von der Heidereutergasse zum Roseneck. Jüdische Schulen in Berlin 1712–1942, Berlin 1993, S. 143 ff.
16 Auerbach, Baruch: Geschichte des Baruch Auerbach'schen Waisenhauses für jüdische Knaben vom Tage der Stiftung an bis zu seinem fünf und zwanzigsten Jubiläum, Berlin 1858, S. 8 f.
17 Horwitz, A.: Bericht über die Jüdische Gemeinde-Knabenschule, Berlin 1857, S. 20.
18 Plaut, LBI, a. a. O., S. 3.
19 Festschrift zur Feier des hundertjährigen Bestehens der Knabenschule der Jüdischen Gemeinde in Berlin, Berlin 1926, S. 52.
20 Ebenda, S. 53.
21 Geiger, a. a. O., S. 170.

22 Festschrift..., a. a. O., S. 51.
23 Plaut, LBI New York, a. a. O., S. 2.
24 Digitale Landesbibliothek Berlin: Berliner Adressbücher 1799–1970, https://digital.zlb.de/viewer/berliner-adressbuecher/.
25 Auerbach, Baruch: Psalmen zum Dankfeste, für die Befreiung Berlins von der Cholera, gefeiert in der Jüdischen Gemeindeschule von den Zöglingen derselben, Berlin 1832, ohne Paginierung.
26 Auerbach, Baruch: Gebet und Festgesang für seine Majestät den König Friedrich Wilhelm IV. und für Ihre Majestät die Königin Elisabeth Luise. Zum Gebrauch für die Zöglinge der jüdischen Knabenschule und des jüdischen Waisen-Erziehungs-Instituts zu Berlin, Berlin 1840, S. 3.
27 Auerbach, Baruch und Jean Benda: Vierter Jahresbericht über die Bekleidung der dürftigen Zöglinge der hiesigen jüdischen Gemeinde-Knabenschule, Berlin 1840, S. 3.
28 Introsinski, M.: Die Waisenpflege in der Berliner Jüdischen Gemeinde. Berlin 1887, S. 11.
29 Vanja, Christina: Waisenhäuser der Aufklärung und der Waisenhausstreit; in: Kinder, Krätze, Karitas. Waisenhäuser in der frühen Neuzeit, hg. von Claus Veltmann und Jochen Birgenmeier, Halle 2009, S. 119.
30 Zit. nach Meumann, Markus: Findelkinder, Waisenhäuser, Kindsmord. Unversorgte Kinder in der frühneuzeitlichen Gesellschaft, München 1995, S. 299.
31 Vgl. Sträter, Udo: Das Waisenhaus zu Glaucha vor Halle, in: Kinder, Krätze ..., a. a. O., S. 77 ff.
32 Auerbach, Baruch: Siebzehnter Jahresbericht über das jüdische Waisen-Erziehungs-Institut zu Berlin, Berlin 1850, S. 21 ff.
33 Ebenda, S. 24.
34 Auerbach: Geschichte ..., a. a. O., S. 21..
35 Ebenda, S. 14.
36 Ebenda, S. 21.
37 Aus Sicht der Jüdischen Gemeinde zu Berlin schildert M. Introsinski 1887 in einer Broschüre die Entwicklung jüdischer Waisenhäuser in Berlin. Vgl.: Die Waisenpflege in der Berliner Jüdischen Gemeinde, Berlin 1887.
38 Ebenda.
39 Ebenda, S. 25.
40 Introsinski, a. a. O., S. 12.

Kapitel 3
Preußisch, jüdisch, bürgerlich: Die ersten Jahrzehnte

Baruch Auerbach ging mit der Gründung seines Waisenhauses ein großes finanzielles Risiko ein. Schließlich hatte er gegenüber der Berliner Jüdischen Gemeinde versichert, dass er – abgesehen von der Bereitstellung der Räumlichkeiten in der Knabenschule – nicht beabsichtige, finanzielle Mittel in Anspruch zu nehmen. Dementsprechend war sein Waisenhaus vom ersten Tag an fast ausschließlich auf mildtätige Spenden angewiesen, zumal eine Unterstützung durch staatliche Institutionen nicht im Bereich des Möglichen lag. Diese Art der Finanzierung behielt das Auerbach'sche Waisenhaus bis zu seinem erzwungenen Ende mehr als 100 Jahre später bei – und war damit ausgesprochen erfolgreich, sieht man von einigen Krisenperioden ab. Es scheint daher angebracht, einen näheren Blick darauf zu werfen.

Unter dem Begriff Zedaka wird die jüdische Wohltätigkeit verstanden, und in jeder Synagoge befindet sich bis heute eine Zedaka-Büchse. Zedaka lässt sich mit „Wohltätigkeit" im Sinne ausgleichender Gerechtigkeit übersetzen.[1] Sie bezieht sich auf die Tora, in der es im 5. Buch Moses 15, 7–8 heißt: „Wenn unter dir ein Bedürftiger sein wird, irgendeiner deiner Brüder, in einem deiner Tore, in deinem Land, das Er, dein G'tt, dir gibt, verfestige nicht dein Herz. Verschließe nicht deine Hand vor deinem bedürftigen Bruder. Nein, öffnen sollst du – öffne du ihm deine Hand! Leihen sollst du – leihe du ihm genug, woran es ihm mangelt."[2] Das Prinzip der sozialen Fürsorge gilt als eine der Klammern für die Existenz der jüdischen Gemeinschaft. Mindestens ein Zehntel seines Einkommens sollte ein Jude für die Zedaka spenden. Zwar hat jeder Bedürftige Anspruch auf diese Unterstützung, auch Nichtjuden, bevorzugt aber möge man an mittellose Verwandte, dann an die benachbarten Armen der eigenen Stadt geben. Zedaka wird nicht als eine freiwillige Handlung betrachtet, sondern gilt als eine religiöse Pflicht.

Besondere Berücksichtigung verdienen dabei Familien, die unverschuldet in Not geraten sind. Die Unterstützung bedürftiger Waisenkinder zählt also unbedingt dazu. Als frommer Jude wusste Baruch Auerbach selbstverständlich um das Prinzip der Zedaka. Schon vor Gründung seines Waisenhauses plante er, dass die Institution durch mildtätige Spenden finanziert werden sollte. Nach Auerbachs eigenen Worten erinnerte er sich dabei des Brauchs, „die Jahrzeit und die Todtenfeier zum Andenken an Eltern, Geschwister und andere Angehörige zu feiern". Für den Fall der eigenen Verhinderung offerierte er, eine Feier im Waisenhaus durch die Waisenkinder durchzuführen und pries dies als „das beste und würdigste Mittel".[3] Der Waisenhausgründer bot also an, dass in seiner Einrichtung gegen eine mildtätige Gabe der entsprechende Todestag begangen werde, sei es durch das Anzünden von Kerzen oder auch durch den Besuch von Waisenkindern am Grab eines Verstorbenen. Auerbach bestimmte, dass sich das Waisenhaus bei einer Spende von mindestens 100 Talern – nominal umgerechnet 150 Euro, aber mit erheblich höherer Kaufkraft – dazu verpflichtete, den Todestag des Verstorbenen zu begehen. Diese Regelung galt zudem für alle „namhaften Wohltäter", sämtliche Ehrenmütter und die Mitglieder des Vorstands nach deren Tod. Auerbach verfasste auch eine entsprechende Predigt für den Verstorbenen, die er vom Rabbinat bestätigen ließ. Nach Gründung des Waisenhauses perfektionierte er die Art und Weise der Spendensammlungen, indem er sämtliche Spender mit Namen und der zur Verfügung gestellten Geldsumme in den Jahresberichten erwähnte und damit die Gönner seines Hauses zu öffentlichen Personen erklärte. Da konnte es schon auffallen, wenn eine höher gestellte Persönlichkeit in dieser Liste fehlte. Doch dieser Makel ließ sich bei nächster Gelegenheit durch eine Zuwendung wieder ausgleichen. Schon wenige Jahre nach der Gründung des Waisenhauses zählten auch wohlhabende preußische Christen zu den Gönnern. Es waren aber auch anonyme Spenden möglich.

Die Idee des Begehens von Todestagen von Verwandten der Spender fand nach Angaben Auerbachs bei den Mitgliedern der Jüdischen Gemeinde von Beginn an großen Anklang. Schon vor der Eröffnung des Waisenhauses seien „Schreiben und Gaben bei mir ein[gegangen] mit der Aufforderung, für Väter, Mütter, Geschwister oder sonstige liebe Anverwandte […] feiern zu lassen".[4] Als der Sohn einer Ehrenmutter noch vor Eröffnung des Waisenhauses starb, bestimmte diese, dass sie bis zu ihrem Tod der Einrichtung jährlich 300 Taler übereignet, damit für den Sohn jährlich eine Totenfeier durch die Waisenkinder abgehalten wird, was auch geschah. Das Prinzip ließ sich also verstetigen und sorgte damit für geregelte feste Einnahmen: Bis zum Jahr 1840 waren es bereits 31 namentlich bekannte sowie eine kleinere Zahl unbekannte Verstorbene, deren Angehörige dem Waisenhaus Geldbeträge gegen Abhaltung einer Totenfeier übereigneten.[5] Neun Jahre später existierten bereits 126 solcher „Familien-Stiftungen", die jährlich eine unterschiedlich hohe Summe an das Waisenhaus überwiesen.[6] Eine Liste „aller Wohlthäter, welche bestimmte jährliche Beträge" zahlten, umfasste 1850 vier eng bedruckte Seiten. Mit den Jahren differenzierten sich diese Stiftungen nach ihren jeweiligen Zwecken immer weiter aus. Es gab Stiftungen nur für Jungen und solche ausschließlich für Mädchen, Stiftungen für alle Waisenkinder, Aussteuerfonds zur Verheiratung der Mädchen und Unterstützungsfonds für männliche ausgeschiedene Zöglinge, einen Laubhütten- und einen Ferienkoloniefonds.[7]

Diese Methode der Finanzierung stieß nicht nur auf Zustimmung, sondern innerhalb der Jüdischen Gemeinde auch auf Befremden. Noch mehr als 50 Jahre nach der Gründung von Auerbachs Waisenhaus kritisierte M. Introsinski, damals der Direktor des konkurrierenden jüdischen Reichenheim'schen Waisenhauses: „Gewisse Maßnahmen und Einrichtungen, die B. A. getroffen, um seiner Anstalt Zuwendungen zu verschaffen, entsprachen den Gemütsbedürfnissen vieler Menschen;

von anderen Mitteln aber, die rein äußerlicher Natur waren, muss man bei einem unbefangenen geschichtlichen Rückblick doch sagen, dass sie auf die Schwächen der Menschen abzielten: sie geben ein Zeugnis davon, ein wie kühler Beobachter menschlicher Denk- und Empfindungsweise dieser eigenartige Mann war."[8]

Weiterhin setzte Auerbach auf einmalige Spenden wohlhabender Gemeindemitglieder und anderer Personen, auch von Christen. Tatsächlich lassen sich in den erhalten gebliebenen Akten der preußischen Schulaufsicht eine große Zahl von testamentarischen Schenkungen nachweisen, die damals jeweils von der Behörde einzeln genehmigt werden mussten.[9] Kam bei den Legaten eine besonders große Summe zusammen, dann sah Baruch Auerbach dies als eine Fügung Gottes an. Es handelte sich dabei häufig um stattliche Summen, die nicht dazu verwendet wurden, den Betrieb des Hauses zu sichern, sondern von Auerbach zu einem Zinsen abwerfenden Grundvermögen angelegt wurden. Die aus den Reihen der Gemeinde geäußerten Befürchtungen, das Waisenhaus könnte ihrer Kasse zur Last fallen, erwiesen sich als gegenstandslos. Schon die erste im April 1834 veröffentlichte Jahresbilanz der Einrichtung wies bei Ausgaben von 548 Talern und 20 Silbergroschen einen stattlichen Vermögenswert von 2400 Talern in Staatsschuldscheinen und von 82 Talern, einem Silbergroschen und sechs Pfennigen in bar auf.[10] Zwei Jahre später betrug das Vermögen schon mehr als 6725 Taler.

Allerdings blieb Waisenhausdirektor Baruch Auerbach auf das Wohlwollen der Jüdischen Gemeinde angewiesen, weil die Räumlichkeiten seines Hauses im Gebäude der von ihm geleiteten jüdischen Knabenschule lagen, das sich wiederum im Eigentum der Gemeinde befand. Eine Miete wurde dabei nicht entrichtet. Die Querelen gingen also weiter. Schon bei der Präsentation des ersten (gedruckten) Jahresberichts des Waisenhauses monierte der Gemeindevorstand, dass dieser ohne vorherige Genehmigung erschienen sei und die Feierlichkeit zum einjährigen Jubiläum ohne eine Rücksprache in den Räumen der Knabenschule abgehalten werden sollte. Man wolle über die Nachlässigkeit, dies nicht den Gremien vorab mitgeteilt zu haben, nur dieses eine Mal hinwegsehen. Zudem stieß der Titel des Jahresberichts auf Widerspruch, in dem es hieß, es handle sich um ein „Institut der jüdischen Gemeinde zu Berlin". Diese Etikettierung kollidierte ganz offensichtlich mit den Plänen der Gemeinde, ein eigenes Waisenhaus unter dem Namen von Moses Mendelssohn zu fördern, dessen Gründung 1836 erfolgte. Auerbach reagierte auf die Kritik und ließ den nächsten Jahresbericht seiner Einrichtung mit dem Titel „Zweiter Jahresbericht über das jüdische Waisen-Erziehungs-Institut zu Berlin" drucken.[11] Bei dieser Bezeichnung blieb es für die nächsten Jahrzehnte. Der Konflikt war damit aber keineswegs aus der Welt geschafft.

Als Auerbach und seine „Ehrenmütter" am 21. Mai 1834 zu einem Treffen mit den Ältesten der Gemeinde eingeladen wurden, befürchtete er, die Gemeinde wolle seinem Hause den Garaus machen und schwor die ihm vertrauten „Ehrenmütter" darauf ein, einen solchen Plan zu vereiteln. Tatsächlich bot der Gemeindevorstand eine Fusion von Auerbachs existierendem Waisenhaus mit der noch zu gründenden Moses Mendelssohn'schen Stiftung zu einer Anstalt mit dem Namen „Moses Mendelssohn'sche Waisenanstalt" an. Dieses Vorhaben wurde von Auerbach und den „Ehrenmüttern" zurückgewiesen: „Es ist [...] unser inniger Wunsch, unsere Kräfte vorläufig unserer Anstalt zu widmen und unsere Wirksamkeit einstweilen nur auf dieselbe zu beschränken", heißt es im Antwortschreiben Auerbachs und der „Ehrenmütter" vom 2. Juni 1834. Zugleich bestand man aber auch darauf, dass die Gemeinde weiterhin ihre Räumlichkeiten für das Waisenhaus zur Verfügung stellte: „Auch halten wir uns überzeugt, daß Ew. Wohlgeboren die Vergünstigung eines freien Lokals, wie bisher, auch ferner unserer Anstalt angedeihen lassen werden."[12]

Drei Jahre später – nach Gründung des Mendelssohn-Waisenhauses – drehten Auerbauch und seine drei Vorstandsmitglieder den Spieß um und schlugen ihrerseits der Gemeinde vor, die Anstalten unter dem Namen „Waisen-Erziehungs-Anstalt der jüdischen Gemeinde zu Berlin, gestiftet von B. Auerbach" zu fusionieren.[13] Allerdings sollte das Haus unabhängig bleiben, also in „keiner Beziehung zum Vorstande der hiesigen Gemeinde subordinirt sein"; zudem erwartete man, dass die Gemeinde größere Räumlichkeiten für bis zu 30 Waisenkinder und die Mittel zur Renovierung dieser Räumlichkeiten zur Verfügung stelle. Auf dieser Grundlage war wiederum die Gemeinde zu keiner Vereinbarung bereit.

Tatsächlich blieb das geplante jüdische Waisenhaus unter der Ägide der Gemeinde vorerst in seinen Anfängen stecken. Die Einrichtung verfügte zwar seit 1835 über ein vom preußischen König genehmigtes Statut und sammelte ebenso wie Auerbachs Haus beträchtliche Spenden ein, doch verzeichnete man bis April 1837 keine einzige Anmeldung von Waisen. Erst da erfolgte die Betreuung des ersten Kindes, eines Mädchens. Ziel war es, die Jungen und Mädchen zu Handwerkern bzw. haushälterischen Diensten auszubilden. Zudem verfolgte die Gemeinde das aus dem Waisenhausstreit bekannte Konzept, die Kinder nicht in einer gemeinsamen Einrichtung zu betreuen, sondern diese bei einzelnen Pflegefamilien unterzubringen.[14] Erst 1872, wir greifen der Geschichte voraus, eröffnete die Gemeinde nach einer großzügigen Spende durch den Industriellen Moritz Reichenheim und seiner Frau in Berlin-Mitte ihr erstes eigenes Waisenhaus unter dem Namen „Waisenhaus der jüdischen Gemeinde, gestiftet von Moritz und Sara Reichenheim", auch Reichenheim'sches Waisenhaus genannt.[15] Noch 1887 heißt es über das Mendelssohn-Waisenhaus, „jetzt werden 17–20 Mädchen und Knaben [...] erzogen. Die Pfleglinge verbleiben gegen angemessene Verpflegungs- und Ernährungskosten zum Theil bei ihren Müttern oder sind in Pensionen, die unter der Inspektion eines Pädagogen stehen."[16] Ein eigentliches Waisenhaus mit einem Gebäude unter dem Namen Mendelssohn existierte also nicht.

Mit der Zurückweisung des Fusionswunschs blieb der Konflikt zwischen Auerbach und der Jüdischen Gemeinde virulent. Im März 1836 erhielt Auerbach die Kündigung der Räumlichkeiten in der Rosenstraße, die als Waisenhaus dienten. Nach einem Protestbrief erhielt er einen unbestimmt langen Aufschub, doch es war nun deutlich, dass die Unterkunft auf Dauer keine Lösung sein konnte. 1839 stellte die Gemeinde ihre

Hilfszahlungen in Höhe von monatlich drei Talern für jeden Waisen in der Auerbach'schen Anstalt vollständig ein. Die Räume in der Rosenstraßen erwiesen sich zudem als zu klein für die wachsende Zahl an Kindern. Der „Erste Jahresbericht" von 1834 nannte immerhin schon sieben dort lebende Kinder. Der dritte Bericht verzeichnete nunmehr zehn Waisen und wies zugleich darauf hin, „mehr aufzunehmen, gestattet der Raum nicht".[17] Das Haus bestand aus Wohnzimmer, Schlafsaal mit neun Betten, einer Küche, einem Dachboden und einem Keller. Durch Zu- und Umbauten konnten die Räumlichkeiten so weit vergrößert werden, dass Ende 1839 immerhin 16 Jungen dort lebten.[18]

Ein Umzug aber wäre zu diesem Zeitpunkt trotz gestiegener finanzieller Möglichkeiten unmöglich gewesen, denn Auerbachs Institution fehlte es an einer königlichen Genehmigung seines Statuts, ohne die wiederum unter anderem keine Grundstücksgeschäfte getätigt werden konnten. Der Waisenhausdirektor hatte dieses Statut schon früh beim zuständigen Ministerium der Geistlichen, Unterrichts- und Medicinal-Angelegenheiten eingereicht. Eine Genehmigung erfolgte jedoch zunächst nicht, was mit den Bestrebungen der Jüdischen Gemeinde zur Gründung eines eigenen Waisenhauses zusammenhängen könnte. Es blieb bei freundlichen Dankesschreiben auf die eingesandten Jahresberichte des Waisenhauses wie diesem aus dem Jahr 1835: „Ew. Wohlgeborenen danke ich für die gütige Übersendung des zweiten Jahresberichts Ihrer Waisen-Erziehungs-Anstalt um so herzlicher, je erfreulicher es ist, ein so wohlthätiges Werk näher kennen zu lernen und seinen gesegneten Fortgang hoffen zu dürfen."[19]

Im August 1837 hieß es von Seiten des Ministeriums, man wolle mit der Verleihung des Korporationsrechts noch warten, „bis das Institut eine festere Begründung erhalten" habe.[20] Auerbach machte erfolglos Druck. Im folgenden Jahr wies er auf seine bevorstehende Hochzeit hin, wurde jedoch auf die Zeit nach seiner Hochzeitsreise vertröstet. Öffentlich ließ sich Auerbach allerdings bereits als Direktor des Waisenhauses feiern, so zu seiner Vermählung. Davon zeugt eine bedruckte seidene Schärpe, auf der die „Zöglinge des von ihm gegründeten Waisen-Erziehungs-Instituts“ einen „Gruß zum Empfange des Herrn Director B. Auerbach und seiner Gattin bei der Ankunft nach ihrer Vermählung“ erboten.[21] Endlich, am 22. April 1838, erfolgte die ersehnte königliche Genehmigung. Sie wurde unter dem Titel „Frohe Botschaft“ im nächsten Jahresbericht des Waisenhauses abgedruckt:

„Es ist uns [...] von einem Hohen Ministerium der Geistlichen, Unterrichts- und Medicinal-Angelegenheiten die höchst erfreuliche Mittheilung zugegangen: ‚Daß Se. Majestät der König geruhet haben, der Waisen-Erziehungs-Anstalt, mittels Allerhöchster Ordre vom 22. d. M. die Rechte einer moralischen Person zu dem Zwecke zu verleihen, daß sie als solche, befähigt sei, Grundstücke und Capitalien auf ihren Namen zu erwerben.‘“[22]

Erst jetzt war die Existenz des Waisenhauses wirklich gesichert, sieht man einmal davon ab, dass Auerbach wegen des Standorts weiter von der Jüdischen Gemeinde abhängig blieb, mit der er über Kreuz lag. Im selben Jahr stieg die Zahl der Kinder bereits auf 14. Baruch Auerbach war zu einem geachteten Mitglied der Gemeinde und Wohltäter avanciert. 1844 wurde er Mitglied des wohltätigen „Brüder-Vereins zur gegenseitigen Unterstützung“. Im Folgejahr trat er auch Magine-Réim, einem jüdischen Verein zur gegenseitigen Hilfe und Unterstützung, bei.[23]

Das Statut des Waisenhauses erlaubt, zusammen mit weiteren Anmerkungen aus den ersten Jahresberichten der Anstalt, einen Einblick in die von Auerbach verfolgten pädagogischen Grundsätze. Dass er nicht gewillt war, nur eine weitere Kinderbewahranstalt zu leiten, in der die Kleinen zur Arbeit ausgepresst wurden, wie es in vielen solchen Anstalten üblich war, hatte Auerbach bereits vor Gründung seines Hauses deutlich gemacht. Dass er es damit durchaus ernst meinte, unterstrich er mit einer 1835 von ihm selbst finanzierten Rundreise zu verschiedenen deutschen Waisenhäusern, bei der er Näheres über die pädagogische und praktische Arbeit der Anstalten kennenlernen wollte. Die Fahrt muss eine mühselige Angelegenheit mit der Postkutsche gewesen sein, denn die erste deutsche Eisenbahn führte gerade einmal von Nürnberg nach Fürth und wurde im selben Jahr eröffnet. Die Reise führte Auerbach nach Dresden, Leipzig, Weißenfels, Langendorf, Merseburg, Halle, Magdeburg, Burg, Hamburg und Altona, die damals noch getrennt verwaltet wurden, sowie nach Hamm.[24] Ein ministerielles Empfehlungsschreiben erleichterte Auerbach die Recherche.

Als Auerbachs pädagogische Vorbilder werden August Hermann Francke sowie Wilhelm von Türk (1774–1846) genannt, der als Beschützer der Waisen und Armen galt und Stifter des Potsdamer Waisenhauses war, sowie Adolph Diesterweg (1790–1866), ein sozialpolitisch engagierter Reformpädagoge.[25] Deutlich ablehnend äußerte sich Auerbach über manche Waisenhäuser, in denen die Kinder zur Zwangsarbeit angehalten wurden:

„Weil nun das Verhältnis zu den Waisen durchaus ein elterliches sein muss, dürfen Waisenkinder keine Werk- oder Zuchthäuser sein, in welchen die Waisenkinder ihren Unterhalt abarbeiten, sich selbst verdienen, ja selbst einen Überschuss zur Erhaltung der Waisenanstalt liefern müssen, und wo jeder Fehler durch harte Züchtigungen bestraft wird."[26] An anderer Stelle schrieb er: „Der unglückliche Wahn, Waisen als hilflose Arme, die blos ernährt werden müssen, zu betrachten, und die Waisenhäuser zu Werk- und Zuchthäusern herab zu würdigen, hat einst die traurigsten Folgen für Deutschland gehabt und unaussprechbares Elend über Tausende von Waisen gebracht."[27]

Auch lehnte es Auerbach ab, die männlichen Kinder und Jugendlichen nur auf handwerkliche Berufe oder einfache Tätigkeiten festzulegen, wie es in vielen deutschen Waisenhäusern, darunter dem Mendelssohn-Waisenhaus in Berlin, der Fall war. Im Gegenteil sollten diese nach ihren Fähigkeiten beurteilt und entsprechend gefördert werden: „Auch erziehen wir die Kinder nicht auf einen willkürlich bestimmten Beruf; wir sagen nicht: weil die Waisen arme Kinder sind, müssen sie alle ohne Ausnahme Handwerker oder zu einem sonstigen Gewerbe sich bestimmen. [...] Wir erziehen sie, wie jede bürgerliche Familie ihre eigen Kinder erziehen würde, nach den eigenthümlichen Anlagen und Fähigkeiten, die ihm gegeben, was Gott aus ihnen machen wollte, wozu sie besonderes Geschick, Anlagen, Lust und Willen haben."[28] Zum Zeitpunkt dieser Äußerung besuchte einer der Zöglinge bereits ein Berliner Gymnasium. Die Haltung spiegelte sich auch im Statut des Waisenhauses wider, in dem es heißt: „Das Maaß der den Zöglingen mitzutheilenden geistigen Bildung soll kein allgemein vorgeschriebenes sein, auch wird hinsichts des zu erwählenden Berufs ihnen keinen Zwang auferlegt, vielmehr in Bezug auf Beides Anlage und Neigung jedes Einzelnen möglichst zur Richtschnur genommen werden."[29] Arbeiten mussten die männlichen Kinder bei Baruch Auerbach zu keinem Zeitpunkt. Anders sah es bei den Mädchen aus, für die Auerbach zu einem späteren Zeitpunkt eine eigene Anstalt etablierte und auf die wir zurückkommen werden.

Leitbild von Auerbachs Erziehungsvorstellungen war sein Glaube an Gott und an dessen Fügung – auch wenn sein Glaube bisweilen fast kindliche Formen annahm, wenn er alltägliche Ereignisse auf Gottes Weisheit zurückführte. Zur Feier des ersten Jahrestags der Gründung des Waisenhauses 1834 fand in den Räumen der Knabenschule ein großes Fest statt. Auerbach ließ dabei die ihm unterstellten sieben Kinder im Chor singen. Es ging bei dieser Gelegenheit nicht um Lobpreisungen für den König. Für Auerbach gab es Wichtigeres:

„Hallelujah! Preiset den Herrn,
Denn Großes hat er uns gethan!
Er half den dürftigen Kindern,
Er rettete sie von allem Bösen und aller Triebsaal.
Aus dem Staube erhob er die Waisen,
Erquickte das verschmachtende Gemüth,
Wie ein Vater sich seiner Kinder erbarmt
Erbarme sie der Herr über seine Waisen."[30]

Das Statut des Waisenhauses bestimmte, dass das Judentum für die Zöglinge „ein klar erkanntes Besitzthum, [...] eine Herzenssache, und ein Segen für das Leben werde". Und weiter: „Die religiöse Verfassung der Anstalt soll die einer wahrhaft frommen und erleuchteten jüdischen Familie sein." Dieser Teil der Erziehung habe in hebräischer Sprache zu erfolgen und werde durch die Erzieher erteilt.[31] In der Praxis wurden die Kinder allerdings in deutscher Sprache unterrichtet. Von einer theologischen Ausbildung war die religiöse Erziehung weit entfernt, ebenso wie vom stupiden Auswendiglernen von Thoraabschnitten, wie es in den traditionellen jüdisch-orthodoxen Betstuben üblich war. Praktisch sah es so aus, dass die Kinder im Waisenhaus morgens und abends vor der Mahlzeit zu beten und zu bestimmten Zeiten Teile der Bibel, die ins Deutsche übersetzt waren, und sonstige „erbauliche Schriften" zu lesen hatten. Ferner besuchten sie den Religionsunterricht der von Auerbach geleiteten jüdischen Knabenschule im gleichen Gebäude. Als nach den ersten 20 Jahren der Existenz des Waisenhauses der Besuch bei der jüdischen Schule deutlich abnahm, übernahm Auerbach weiterhin den Religionsunterricht für seine Zöglinge, zudem besuchten die Kinder nun zweimal in der Woche die Religionsschule der Jüdischen Gemeinde.[32]

An anderer Stelle erklärte Auerbach: „Das Waisenhaus soll aber ein heiliger Altar Gottes sein, auf welchem in reinster Liebe Gott geopfert wird. [...] In den ärmsten, verlassensten Waisenkindern müssen wir die Menschenwürde in ihrem ganzen Umfange und in allen ihren Rechten anerkennen, beschirmen, beschützen und aufrecht zu erhalten suchen."[33] Tugend, Wahrheit und Religion seien als die einzigen Dinge zu betrachten, die dem menschlichen Dasein einen Wert verliehen.[34] Mit seiner pietistischen Vorstellung, das Leben auf göttliche Fügungen zurückzuführen, bemäntelte Auerbach bisweilen die wahren Zustände: „Auch lehrt uns die Erfahrung aller Zeiten, daß die göttliche Vorsehung ganz besonders über Waisen-Instituten wacht; aus den drohenden Gefahren sind sie stets siegreich und mit verherrlichtem Glanze hervorgegangen. [...] Alle Gründer und Beförderer solcher Anstalten, von den ältesten bis zu den neuesten Zeiten, erzählen uns von der göttlichen Hilfe, die ihnen geworden, Beweise, welche uns mit Staunen und Verwunderung erfüllen."[35] Er machte aber auch deutlich, dass dazu für ihn eine patriotische Grundhaltung zählte: „Die Waisenkinder geistig, sittlich und religiös zu fördern, in ihnen jede unwürdige Neigung im Keime zu ersticken, den Sinn für Sittlichkeit und Gottesfurcht anzuregen und andauernd zu festigen, mit einem Worte, sie zu würdigen Menschen und zu guten Bürgern des Vaterlandes auszubilden, das ist unser vorzüglichstes Streben."[36]

Nach dem Glauben an Gott kam für Auerbach die Verehrung für die preußische Monarchie. Der Waisenhausvorsteher begründete die daraus resultierende „vaterländische Erziehung" mit religiösen Geboten: „Nach der Lehre unserer heiligen geoffenbarten Religion ist jeder König, ohne Unterschied des Volkes und des Glaubens, von Gott eingesetzt, der Stellvertreter Gottes auf Erden, ein Gesalbter Gottes, heilig, unverletzlich, vor welchem wir die tiefste Ehrfurcht hegen, dem wir mit unbegrenzter Liebe und Treue anhängen, dessen Befehlen und Anordnungen wir, selbst wenn es uns noch so schwer wird, unbedingten Gehorsam leisten, für dessen langes Leben und Wohlergehen, für dessen ganzes Haus wir beten müssen."[37] Sich gegen den König zu stellen, sei daher auch eine Sünde gegenüber Gott, erklärte Auerbach.

Entsprechend leitete er daraus ab, dass die Erziehung der Waisenkinder nicht nur eine gott- sondern auch eine königsgefällige sein müsse. In einer Eloge auf die Monarchie erklärte Auerbach: „Die Persönlichkeit unserer Könige hat aus dem Staat im eigentlichen Sinne des Wortes einen preußischen Staat gemacht, ihm seinen eigenthümlichen Charakter aufgedrückt, einen Charakter, der sich unwillkührlich jedem Denkenden beim Eintritt in das preußische Gebiet aufdrängt und zur Bewunderung hinreißt, daß er sich vom Regenten im untersten Unterthan abspiegelt. Diese edle Persönlichkeit unserer Könige giebt dem vaterländischen Erzieher die beste Gelegenheit an die Hand, Ehrfurcht und Liebe für den König in die Brust der Jugend zu pflanzen."[38]

So fortschrittlich die Vorstellungen Auerbachs bei der Erziehung und Berufswahl schienen, der Waisenhausdirektor blieb andererseits den Vorstellungen preußischer Zucht und Ordnung nahe, wenn es um vermeintliche Verfehlungen der Kinder ging. Diese durften unter seiner Ägide keine allzu große Nachsicht erwarten. Auerbach mahnte bei vielen Gelegenheiten zur Disziplin. Man dürfe nicht „Unrechtes ungerügt und ungeahndet hingehen zu lassen", sondern müsse, „dort wo es Noth thut, sich durch ernste Strenge offenbaren, um das Verkehrte in der Gesinnung und in den Sitten der Kinder umso beharrlicher, wenn auch mit hart scheinenden Mitteln, bekämpfen", schrieb er 1834.[39]

Eine Regelung zur Anwendung der Prügelstrafe, die damals an preußischen Schulen üblich war, findet sich im Statut nicht. Einige Jahre darauf legte das Institut aber „Instruktionen für die Erzieher des jüdischen Waisen-Erziehungs-Instituts" vor. Darin ist geregelt, dass den Erziehern der Anstalt das Recht zur Bestrafung der Zöglinge zusteht. Jedoch: „Von körperlichen Züchtigungen darf nur selten und mit wohlerwogenem Maaße Gebrauch gemacht, keinesfalls aber eine bedeutendere Strafe der Art ohne Genehmigung des ersten Vorstehers vollzogen werden."[40] Die Prügelstrafe blieb im Waisenhaus also eine seltene Ausnahmeerscheinung, womit die Anstalt Auerbachs anderen pädagogischen Instituten in Deutschland gegenüber weit voraus war – Züchtigungen waren noch bis 1848 sogar im preußischen Strafrecht verankert; in schulischen Einrichtungen prügelten Lehrer bis weit ins 20. Jahrhundert legal mit dem Rohrstock. Im Auerbach'schen Waisenhaus dekretierten die Instruktionen hingegen, dass der Erzieher „den Kindern mehr väterlicher Freund und Rathgeber als Aufseher sein" soll. Die Erzieher – anfangs nur der Lehrer P. Stadthagen, ab 1839 zudem der Student der jüdischen Theologie J. Popper – waren verpflichtet, bei den Kindern im Schlafsaal zu übernachten, und durften außerhalb des Waisenhauses keine zusätzliche Wohnung halten. Als Wirtschafterin des Hauses fungierte ab 1833 die Witwe Lore Hohenstein.

Eine Vorstellung von der Art der Disziplinierung der ihm unterstellten Kinder lässt sich aus den monatlichen Waisenhauszeugnissen ableiten, die ab 1839 zusätzlich zu den vierteljährlichen Schulzeugnissen auf Basis von Tagebüchern der Erzieher von diesen erstellt werden mussten. Benotet wurde darin Betragen, Fleiß, Reinlichkeit des Körpers, Reinheit der Gesinnung, Gehorsam, Ordnung in den Sachen und Pünktlichkeit beim Aufstehen. Zudem gab es besondere Rubriken für Lob, Tadel und besondere Bemerkungen.[41] Dies alles ergebe ein Bild des „sittlichen Lebens in der Anstalt", schrieb Auerbach. Tatsächlich offenbart die Einführung dieser Zeugnisse den Willen zur Kontrolle über sämtliche Aspekte des Lebens eines Kindes.

Das Statut der Anstalt legte fest, dass nur Söhne aus ehelichen Verhältnisse aufgenommen wurden, die bevorzugt aus der Berliner Jüdischen Gemeinde stammten. Die Aufnahme erfolgte bei Bedürftigen unentgeltlich, nur in Ausnahmefällen war es möglich, auch Kinder aus wohlhabenderen Verhältnissen oder aus anderen jüdischen Gemeinden gegen Zahlung einer Gebühr zuzulassen. Die Kinder mussten in einem Alter von drei bis 13 Jahren, „körperlich und geistig gesund" sowie gegen Infektionskrankheiten geimpft sein. Ein Aufenthalt über das 13. Lebensjahr hinaus war möglich und sogar erwünscht, insbesondere bei Aufnahme des Zöglings in eine höhere Bildungsanstalt. Die „sittliche Verwahrlosung" eines Jungen war Grund für dessen Ausschluss bei der Kandidatenauswahl; wer sich während seines Aufenthalts als „lasterhaft" erwies, musste das Waisenhaus verlassen und eine Anstalt für sittlich verwahrloste Kinder besuchen.[42] Die Einrichtung beschränkte sich also auf die Aufnahme gesunder, in ihrer Entwicklung nicht zurückgebliebener Kinder aus ehelichen Verhältnissen, wenn einer der Ehepartner – insbesondere der Vater als Ernährer der Familie – verstorben oder aus anderen Gründen nicht dazu in der Lage war, sich um das Kind zu kümmern. Tatsächlich gerieten auch wohlhabendere Familien bei Ausfall des männlichen Ernährers in Not, weil bis zum Jahr 1910 in Preußen keine Witwenrente gezahlt wurde. Sozialfälle, wie schwer erziehbare Kinder, blieben vom Besuch des

Waisenhauses ausgeschlossen. Auerbach schrieb dazu: „[...] es ist nicht die Aufgabe unserer Anstalt, verderbte Kinder zu bessern, sondern wohlerzogene Kinder ordentlicher Familien zu brauchbaren Mitgliedern der menschlichen Gesellschaft in elterlicher Liebe heranzubilden; wir suchen mit ebenso vieler Milde als Strenge, jede Neigung zum Bösen im Keine zu tilgen."[43] Andererseits war man durchaus gewillt, „verwahrloste Kinder" nach einer Besserung außerhalb der Anstalt wieder in das Waisenhaus aufzunehmen.

Eingedenk der unhaltbaren Zustände in manchen anderen Waisenhäusern legte das Statut fest, dass die Kinder über gute hygienische Einrichtungen verfügen sollten und ausreichende Bewegungsmöglichkeiten haben müssten, wozu „gymnastische Übungen" zählten. In der Praxis wurden 1846/47 zusätzlich zum Turnunterricht „Exercier-Übungen" eingeführt, bei denen die männlichen Kinder unter Anleitung eines preußischen Unteroffiziers die Wahrung einer „ordentlichen Haltung" erlernen sollten. Auerbach betonte ausdrücklich, dass es sich dabei nicht um eine militärische Vorbildung handeln würde.[44] Zudem wurde zur selben Zeit, aber auch nur für die Jungen, erstmals ein regelmäßiger Schwimmunterricht in einer privaten Badeanstalt organisiert.

„Die Beköstigung der Kinder soll nahrhaft, schmackhaft bereitet und reichlich zugemessen, kurz so wie in einer anständigen bürgerlichen Familie beschaffen sein", heißt es im Paragraph 16 des Statuts.[45] Einige Jahre später gaben die „Ehrenmütter" einen Einblick in die verabreichten Speisen:

„a) zum ersten Frühstück: zwei Tassen Milch und eine Schrippe
b) zum zweiten Frühstück: Butterbrodt
c) zu Mittag:
Sonntag: Gemüse mit Fleisch
Montag: Suppe, Pell-Kartoffeln und Fleisch
Dienstag: Gemüse und Fleisch
Mittwoch: Suppe, Pell-Kartoffeln und Fleisch

Donnerstag: Gemüse und Fleisch
Freitag: Milch-Reis
Sonnabend: Suppe, Gemüse und Fleisch.

d) zum Vesperbrodte: Butterbrodt, auch zuweilen mit Obst
e) Abends:

Sonntag: Kartoffeln und Butterbrodt
Montag: Butterbrodt
Dienstag: Biersuppe und Butterbrodt
Mittwoch: Butterbrodt und Obst
Donnerstag: Mehlsuppe und Butterbrodt
Freitag: Fische oder Fleisch und Kartoffeln
Sonnabend: Butterbrodt."[46]

Diese Essensauswahl mag nicht unbedingt den heutigen ernährungswissenschaftlichen Vorstellungen genügen, aber die verabreichten Speisen – Fleisch an sechs Tagen in der Woche! – überstiegen das Übliche selbst am bürgerlichen Mittagstisch.

Der Tagesablauf der Kinder war peinlich genau geregelt. Dem Jahresbericht des Waisenhauses aus dem Jahr 1867 ist zu entnehmen, dass die Zöglinge im Sommer um 5.30, im Winter um 6.30 Uhr aufstehen mussten. Zwischen 6 und 7 Uhr folgten Morgengebet und Frühstück, danach ging es bis 11 Uhr (Sommer) bzw. 12 Uhr (Winter) in die Schule. Es folgte das Mittagessen und an zwei Tagen in der Woche der Nachmittagsunterricht in der Lehranstalt. Um 16.00 Uhr begann die Beschäftigung mit den Hausarbeiten unter Aufsicht eines Erziehers. Danach hatten die Kinder bis zum Abend frei, bevor gegen 19.30 Uhr das Abendbrot serviert wurde. Um 21 bzw. 22 Uhr begann nach dem Abendgebet die Bettruhe.[47]

Die Kleidung, die die Kinder in der Anstalt trugen, war uniform. Die Waisenknaben würden, so wurde bestimmt, „einfach, aber anständig bürgerlich" bekleidet, sie erhielten zwei Anzüge, einen für die Wochen- und einen für die Feiertage, weiterhin „so viel Leibwäsche, daß er wöchentlich damit wechseln kann". Diese Vorkehrungen gegen in anderen Häusern grassierende Krankheiten wie die Krätze erwiesen sich offensichtlich als erfolgreich. In nahezu jedem seiner Jahresberichte konnte Auerbach zwei wichtige Sätze wiederholen: „Der Gesundheitszustand der Waisenkinder war in dem abgelaufenen Jahr, wie überhaupt seit Bestehen des Instituts, überaus günstig. Während der ganzen […] Jahre des Bestehens desselben ist uns kein einziges Kind, dem Himmel sei Dank, erkrankt."[48] Im Falle einer schweren Erkrankung wurden die Kinder in der Regel im Waisenhaus gepflegt, ein Sanitätsrat stand als Arzt zur Verfügung. Tatsächlich musste das Waisenhaus erst 1866 zum ersten Mal den Tod eines Zöglings infolge einer schweren Krankheit vermelden.

In Paragraph 15 des Statuts wurde etwas festgelegt, was Walter Frankenstein 100 Jahre später im Auerbach'schen Waisenhaus immer noch kennenlernen durfte: „Die Knaben werden gewöhnt, sich möglichst selbst zu bedienen, zugleich aber leichtere ökonomische Geschäfte für das Ganze in der Reihenfolge tageweis zu übernehmen."[49] Da taucht es schon auf: das wechselnde Schuhputzen, Tischdecken und Armaturensäubern im Waisenhaus von 1936. Und schon im Jahre 1841 wird eine Speise erwähnt, die es auch 1937 noch regelmäßig im Auerbach'schen Waisenhaus zum Mittagessen gab: den von Walter Frankenstein verabscheuten Milchreis. Drei Jahre zuvor, 1838, war im Waisenhaus die Einrichtung angelegt worden, die Walter Frankenstein 1938 an regnerischen Tagen häufig ansteuerte: die Bibliothek. Schon damals wurden dort bevorzugt die deutschen Klassiker gesammelt. Schon bald umfasste der Bestand mehr als 300 Bände. Die Auswahl der gestifteten Titel erlaubt einen Einblick in die geistigen Vorstellungen des Hauses. Da finden sich Heldengeschichten in drei Bänden, Bücher über den preußischen König und die Prinzen, aber auch das „Illustrierte israelitische Jahrbuch". Unter der schöngeistigen Literatur stechen Berthold Auerbachs sämtliche Werke in 22 Bänden hervor, wobei der damals sehr bekannte jüdische Autor nicht mit dem Waisenhausdirektor gleichen Namens zu verwechseln ist. Eine Lehrerbibliothek verfügte über Lessings Werke und das „Magazin für die Literatur des Auslandes" in 32 Bänden.[50]

Die Bestimmungen aus dem 19. Jahrhundert erwiesen sich auch in anderer Hinsicht als erstaunlich dauerhaft – auch wenn das Statut später reformiert worden ist. So legte dieses fest, dass die Betreuung der Zöglinge über ihr Ausscheiden aus der Anstalt hinaus erfolgen solle. Das Institut stehe dem Entlassenen auch danach mit Rat und Tat zur Seite. Umgekehrt erwarte man regelmäßige Mitteilungen des früheren Zöglings über sein Fortkommen. Später wurden diese Aktivitäten in einem Verein ehemaliger Auerbacher zusammengefasst. Der weitgehende Verzicht auf die Prügelstrafe ist ein weiteres Beispiel der Kontinuität. Auch dabei blieb es bis zum erzwungenen Ende der Einrichtung in der NS-Zeit.

Eine besondere Rolle nahmen die im Statut verankerten „Ehrenmütter“ ein, zu denen auch Auerbachs Ehefrau Emma, geborene Heller, gehörte. In der zutiefst männlich geprägten Gesellschaft Preußens in der ersten Hälfte des 19. Jahrhunderts blieben Frauen von wirtschaftlich-unternehmerischen und politischen Handlungen ausgegrenzt, so war es ausgeschlossen, dass eine jüdische Frau etwa in den Vorstand des Auerbach'schen Waisenhauses eintreten konnte. Ihnen blieben sozialfürsorgliche Tätigkeiten. Genau diese Rolle sollten die „Ehrenmütter“ einnehmen. Diesen „achtbaren Frauen“ aus der Berliner Jüdischen Gemeinde – offenbar in der Regel wohlhabenderen Ständen angehörig – oblag es, „sich mit mütterlicher Liebe der verwaisten Kinder anzunehmen“. Praktisch bedeutete das die Verantwortung bei den Ankäufen von „Wirthschaftsvorräten, Betten, Wäsche, Leinenzeug“, bei weiblichen Waisen auch, dass die „Beaufsichtigung und Leitung des Waisenmädchens [...] nur mit Zuratheziehung oder durch Vermittlung der Ehrenmütter geschehen“ sollte.[51]

Die „Ehrenmütter“ nahmen jeweils eine bestimmte Anzahl von Kindern unter ihre Fittiche. In den ersten Jahren, als die Zahl der Kinder gering und die der freiwilligen Helferinnen hoch war, konnte eine Frau für ein Kind Sorge tragen – anfangs überstieg die Zahl der „Ehrenmütter“ gar die der Kinder. Die Frauen waren verpflichtet, an mehreren Tagen in der Woche zum Mittagessen in der Anstalt anwesend zu sein. Bei Schwierigkeiten jedweder Art hatten sich die „Ehrenmütter" direkt an den ersten Vorsteher des Waisenhauses zu wenden, also an Auerbach selbst. Für die Erziehung war angestelltes Personal zuständig.

Was Frauen seiner Meinung nach besonders für das Ehrenamt befähigte, machte Auerbach in einem der ersten Jahresberichte deutlich, nämlich „ihre Mutterliebe, Muttertreue und Fürsorge". In einer Eloge auf die „Ehrenmütter" schreibt er, diese hätten „jeden dem weiblichen Geschlecht eigenthümlichen frommen lebendigen Sinn für alles Schöne, Gute und Heilige" an den Tag gelegt. Verantwortlich dafür sei ein „eigenthümliches, gleichsam angeborenes mütterliches Gefühl". Deshalb erklärte Auerbach die Teilnahme von Frauen an seiner Unternehmung für unverzichtbar: „Wo wir wahre Erziehung gedeihen, ächte Frömmigkeit wohnen, reine Menschenliebe üben, wohlthätige Anstalten blühen, und allgemeine Theilnahme für gute Zwecke sich kund thun sehen, da können wir mit Zuversicht annehmen, daß es der hohe, edle, weibliche Sinn ist, der hier waltet, der die heilige Flamme für das Gute entzündet, und die ungeschwächte Kraft erhält."[52]

Zehn Jahre nach der Gründung seines Waisenhauses für Knaben eröffnete Auerbach, wie bereits angedeutet, 1842 auch ein solches Heim für Mädchen, das in der unmittelbaren Nachbarschaft der Knabenanstalt in der Rosenstraße 11 seinen Sitz erhielt und im Folgejahr in Betrieb gehen konnte. Die ersten Zöglinge trugen die Namen Friederike Ephraim und Johanna Selcher.[53] Es handelte sich um eine formal unabhängige Einrichtung, weshalb ab 1844 getrennte Jahresberichte der Waisenhäuser veröffentlicht wurden. Entsprechend bestand für das Mädchenwaisenhaus auch ein eigenes Statut, das allerdings in wesentlichen Punkten mit dem der Anstalt für die Jungen übereinstimmte. Auch die Zahl und Namen der „Ehrenmütter" waren identisch. Allerdings gab es gewichtige Unterschiede, was die Erziehung und die Bildungsziele der Mädchen angeht. Hier wird deutlich, welch rigiden Moralvorstellungen Baruch Auerbach folgte und dass sein Frauenbild Vorstellungen entsprach, die dem heutigen Leser – oder der Leserin – mehr als nur gewöhnungsbedürftig erscheinen müssen.

In Fragen von Bildung und schulischer Ausbildung orientierte sich das Statut an der „natürlichen" Bestimmung des weiblichen Geschlechts, als Erwachsene eine treu sorgende Ehefrau und Mutter zu werden. „Die ganze Aufgabe der weiblichen Erziehung ist ja im Allgemeinen keine andere, als gute Mütter für die zukünftige Generation zu erziehen", schrieb Auerbach.[54] Eine wissenschaftliche Ausbildung hielt er deshalb für überflüssig. In Paragraph 14 des Statuts heißt es dazu:

„Bei der Berücksichtigung und Pflege des rein Menschlichen und der weiblichen Würde wird das Institut [...] darüber wachen, daß den Mädchen in der Regel nur die für jeden Stand nothwendigen wissenschaftlichen Elementarkenntnisse in einer hiesigen Schule mitgetheilt werden; dagegen sollen sie eine sorgfältige Anleitung zur Besorgung häuslicher Geschäfte erhalten, so daß sie nach ihrer Entlassung aus der Anstalt zur Führung eines Hausstandes vollständig befähigt sind.

Ein über die unentbehrlichsten Elementarkenntnisse hinausgehender Unterricht oder eine Unterweisung in feinen weiblichen Handarbeiten soll nur ausnahmsweise für vorzüglich begabte Mädchen auf einer höheren weiblichen Bildungsanstalt statt finden, und auch nur, wenn solche Mädchen sich zugleich durch wirthschaftliche Tüchtigkeit empfehlen."[55] Tatsächlich dauerte es 16 Jahre, bis im Mädchenwaisenhaus zum ersten Mal ein Kind eine höhere Töchterschule besuchen durfte. Zur Begründung gab der Waisenhausdirektor damals an, das Mädchen verfüge über eine besondere musische Begabung.[56] Vom Besuch eines Gymnasiums waren Mädchen bis zum Beginn des 20. Jahrhunderts in Preußen ohnehin ausgeschlossen.

Bestimmung der Frau sei es laut Auerbach nun einmal, „in der ehelichen Verbindung [...] Theilnehmerin am Wohl und Weh eines Mannes zu werden, der ihr zum Theil ward; seine Freuden zu vervielfältigen und zu erhöhen, ihm in seiner Wohnung Ersatz zu geben für die Mühseligkeit seiner Sorgen und Arbeiten, seinen Ungestüm zu mildern, seinen sinkenden

Muth zu erheben. Die Bestimmung des Weibes ist, einst als Mutter das Meiste und Wesentlichste zur Bildung des Verstandes und des Herzens der Kinder beizutragen; als Hausfrau dem Gatten mit Liebe, den Kindern mit Zärtlichkeit und Vorsicht, dem Hausgesinde mit würdevoller Leutseligkeit, und allen Andern, welche mit ihrem Hause in Verbindung stehen, mit einnehmender Güte zu begegnen und sie zu gewinnen."[57] Zusammenfassend schrieb Auerbach:

„Das Waisenhausmädchen verdanke nur dem Waisenhause:

1. einen gesunden Verstand und ein richtiges Urtheil über Dinge des bürgerlichen Lebens,
2. eine recht praktische, auf das Leben übertragende Erkenntniß der Religion und ihrer Pflichten in allen Verhältnissen,
3. so viel Kenntniß der Natur und ihrer Produkte, als diese ein gewisses ökonomisches Interesse haben, und ihrer Gesetze, als nöthig ist, um vor Aberglauben zu bewahren,
4. Fertigkeit im Rechnen, dergleichen
5. im orthographischen und kalligraphischen Schreiben, und
6. Geschicklichkeit, sich in den gewöhnlichen Aufsätzen, einigen Briefen, Quittungen und dergl. richtig auszudrücken, so weit Beides das äußere Leben erfordert."[58]

Zunächst kamen nur zwei Waisenmädchen in den Genuss der Auerbach'schen Erziehung, ihre Zahl wuchs in den Folgejahren nur sehr langsam an.[59] Entsprechend genügte für die Anstalt auch nur eine Erzieherin, wobei wir über deren Identität nichts wissen.

Auerbachs Frauenbild orientierte sich an seiner Frömmigkeit, aus der sich die Ansichten über die Würde – oder Unwürde – einer Frau ergäben. Er schrieb: „Eine weibliche Erziehung ohne Religion vollbringen wollen, heißt einem Baume seine Wurzeln nehmen, und dennoch sich abmühen, daß er grüne, blühe und Früchte trage. Wenn es nichts Erhebenderes als ein wahrhaft frommes weibliches Gemüth giebt, so giebt es nichts Widrigeres, als ein Weib ohne Religion, und strahlte es auch in aller Fülle körperliche Schönheit. [...] Mit einem Worte: was Hohes, was Schönes, was Beglückendes das weibliche Geschlecht für uns hat, es empfängt seine Weihe von der Religion. Religion ist das Höchste!"[60]

Die weiblichen Waisen erhielten in der jüdischen Mädchenschule Religionsunterricht und beteten ansonsten wie die Kinder der Knabenanstalt morgens und abends. Sie würden mit „allen heiligen Gebräuchen unserer Religion, so weit solche das weibliche Geschlecht betreffen, bekannt gemacht", schrieb Auerbach. Ziel sei dabei, die Mädchen so zu erziehen, dass sie später als Ehefrauen und Mütter für ein religiöses Familienleben sorgen könnten, denn, so Auerbach, „jedes Hauses religiöse Stimmung und Richtung geht in der Regel von der Gattin aus, und wenn man mit Recht sagt, daß eine gute Frau einen guten Mann macht, so ist es eben so wahr, daß eine religiöse Frau ihren Mann religiös macht".[61]

Als zweite Grundlage der weiblichen Erziehung nannte Auerbach die Sittlichkeit, worunter er vor allem das Schamgefühl verstand, das „besonders geschärft, angeregt und überwacht werden" müsse. Der Waisenhausdirektor begründete dies mit den allgegenwärtigen Gefahren für Familie, Gesellschaft und Staat: „Durch Verletzung der Sittlichkeit gefährdet das weibliche Geschlecht nicht nur sein persönliches Wohl, sondern das ganzer Familien, des Staates und der menschlichen Gesellschaft überhaupt, und durch sie sinkt das Weib zum niedrigsten menschlichsten Wesen herab."[62] Hier sei deshalb bei der Erziehung eine wesentlich größere Sorgfalt als bei Jungen erforderlich.

In der Praxis trieb dieses zeittypische Verlangen nach Schamhaftigkeit seltsame Blüten. Auerbach schrieb über die Ausstattung des Mädchenschlafzimmers: „Jede Bettstelle hat, wie auch im Knaben-Waisenhause, an der vorderen Kopfseite einen kleinen an derselben befestigten aufzuklappenden Schirm, hinter welchem die Kinder sich aus- und ankleiden, ihre Wäsche wechseln und sich des Nachtgeschirrs bedienen müssen. Keines der Mädchen darf sich dem andern nackt oder sonst entblößt zeigen. Der Zweck dieser Einrichtung ist, das Schamgefühl der Kinder möglichst zu bewahren, weil nichts auf die sittliche Führung und Haltung der

Jugend, und vorzüglich des weiblichen Geschlechts, nachtheiliger wirkt, als der Mangel sorgsamer Pflege des Schamgefühls der Kinder, schon in dem zartesten Alter."[63] Als Auerbach dies schrieb, betreute die Einrichtung für Mädchen wohlgemerkt nur zwei Kinder. Von Sexualität ist in den Schriften Auerbachs selbstverständlich an keiner Stelle die Rede. Andererseits sollte bei einer Wertung in Rechnung gestellt werden, dass sich Vorstellungen von Schamhaftigkeit in der preußischen Gesellschaft nicht wesentlich von der Auerbachs unterschieden. Was heute als extreme, ja dem Kindeswohl widersprechende Tabuisierung des menschlichen Körpers erscheint, war damals fest im Sittenkodex verankert.

Als dritte Grundlage weiblicher Erziehung nannte Auerbauch Strebsamkeit, Hingabe und Fleiß. Die Mädchen müssten schon früh „zur Arbeitsamkeit, Wirthschaftlichkeit, zu unverdrossenem, gefälligem Wesen, zur willigen Entsagung, Selbstverläugnung, aufopfernden Hingeben zum Wohle Anderer" angeleitet werden, schrieb Auerbach.[64] Das Ziel blieb auch in diesem Fall die spätere Befähigung zur Hausfrau in einem bürgerlichen Haushalt. Fertigkeiten beim Kochen und Nähen, beim Waschen und der Reparatur der Kleidung wie deren Pflege seien wichtiger als „künstliche Arbeiten", schrieb Auerbach, wobei unklar bleibt, was er unter letzterem verstand. Frauen hätten diese Tätigkeiten „mit der äußersten Reinlichkeit, der strengsten Regelmäßigkeit, dem feinsten Geschmack, der genauesten Vollendung" zu erledigen. Auerbachs Ziel war es, diese Arbeiten der Frau als sinnstiftend näherzubringen: „Wenn jedes gesäumte Schnupftuch, jedes genähte Hemd, jede bereitete Speise, auch die einfachste, jedes Stück frisch gewaschener Wäsche als ein kleines Kunstwerk bei der Anfertigung behandelt wurde, hat es den inneren Werth seiner Vollkommenheit gewonnen, die Seele der Freude daran, der Liebe dazu welche diese, welche solcher Fleiß einhaucht. Es gewährt eine sich stets erneuernde Befriedigung; es zieht auch den baaren und rohen Sinn an; und verwehrt auch ihm allmählig die Möglichkeit seiner baaren oder rohen Benutzung."[65] Fleiß und Wirtschaftlichkeit nannte Auerbach als Haupttugenden der Frauen.

Entsprechend lief die Erziehung der Mädchen im Auerbach'schen Waisenhaus ab. Allerdings sollten sie klassische Frauenarbeiten vom Kochen über das Waschen bis zum Nähen nicht nur erlernen, sondern diese Fähigkeiten auch zum Nutzen der Einrichtung einsetzen – sprich arbeiten. Die weiblichen Kinder sollten ebenso wie die Jungen daran gewöhnt werden, „leichte ökonomische Geschäfte für das Ganze" zu übernehmen, heißt es 1844. Ein Jahr später wurde Auerbach deutlicher: Die weiblichen Kinder sollten künftig nicht nur im Mädchenhaus, sondern auch in der Anstalt für die Jungen alle wesentlichen Hausarbeiten unentgeltlich übernehmen, „was bis jetzt durch besondere weibliche Personen geschieht". Es ging also auch darum, Personalkosten einzusparen. „Ein Theil von ihnen [den Mädchen, K. H.] soll die Küche, ein Theil die Wäsche, ein Theil die Reinhaltung der Localitäten u. s. w. besorgen. Da wird es für sie so viel zu thun geben, daß sie keine Zeit haben sollen auf unnütze Beschäftigung zu verfallen", schrieb Auerbach.[66]

Zehn Jahre später war genau dies eingetreten – zum „ersprießlichen Nutzen" des Waisenhauses. 1854 konnte Auerbach vermelden: „Jegliche Bedienung der Waisenmädchen wie die Besorgung des Hauswesens durch fremde Personen [...] hat völlig aufgehört, und wird jetzt ausschließlich durch die Waisenmädchen selbst verrichtet. Sie kehren und scheuern die Lokale, die sie inne haben, machen die Betten, polieren die Fenster, waschen, plätten, besorgen überhaupt alle häuslichen Angelegenheiten nicht nur ihres sondern auch viele des Knaben-Waisenhauses. Das Nähen, Ausbessern und Zeichnen der Wäsche für die zahlreichen Waisenknaben wird zum Theil von ihnen besorgt und dadurch auch dem Knaben-Waisenhause eine namhafte Ausgabe erspart; in der Küche werden sie nach Maaßgabe ihrer Kräfte beschäftigt, und nach und nach angeleitet, derselben mit Erfolg selbstständig vorstehen zu können; dann und wann gehen sie mit auf den Markt, um das Einkaufen für die Wirthschaft kennen zu lernen... [...] – dieselben Waisenmädchen erscheinen nach vollendetem Werke sauber und nett, und Niemand möchte ihnen die eben verrichtete Arbeit anmerken können. Die Erwachsenen fertigen auch selbst ihre sämmtlichen Anzüge sich an, und zwar mit einer Geschicklichkeit, daß selbst die strengste weibliche Kritik schwerlich etwas auszusetzen haben dürfte."[67]

Auerbach kam nicht auf den Gedanken, dass er die weiblichen Kinder mit dieser Arbeit ausbeuten würde, geschweige denn problematisierte er, dass die ihm unterstellten Jungen ganz im Gegensatz zu den Mädchen von diesem Zwang verschont blieben. Im Gegenteil äußerte er, ganz Kind seiner Zeit, die Überzeugung, damit ein gutes Werk im Sinne der Mädchen zu tun: „Durch diese immerwährende Beschäftigung der Waisenmädchen [...] sichern wir nicht nur ihr Fortkommen im bürgerlichen Leben, wenn sie die Anstalt verlassen, sondern wahren auch ihr Gemüth, daß sie sich nicht überspannten Empfindungen der Eitelkeit und Einbildungen der Phantasie hingeben", schrieb er.[68]

Der Tradition der weiblichen Hausarbeit war im Auerbach'schen Waisenhaus ein langes Leben beschieden. Noch 1929 beklagten sich die Mädchen darüber, dass sie den Jungen die Strümpfe stopfen mussten.[69]

Es war nur konsequent, dass Auerbach, zweifellos Autor der Statuten sowohl der Knaben- als auch der Mädchenanstalt, darauf bedacht war, seinen ihm anvertrauten Jugendlichen auch nach ihrem Ausscheiden aus dem Waisenhaus zur Seite zu stehen, um ihre Startchancen in ein mehr oder weniger selbstbestimmtes Leben zu erhöhen. Da sich sein Haus an den Werten der bürgerlichen Familie orientierte, sollten Geschenke die Waisen in die Lage versetzen, ohne allzu große Geldsorgen eine Stellung zu finden bzw. eine anständige „Partie" auf dem Heiratsmarkt zu erwischen. Bei der Bemessung dieser Gaben fielen die Hilfen für die Mädchen entsprechend den typischen Lebenswegen von Frauen zur Mitte des 19. Jahrhunderts deutlich umfangreicher aus als die für die Jungen. Schließlich galt es für Frauen als selbstverständlich, Aussteuer und Mitgift mit in die Ehe zu bringen, was üblicherweise durch das Elternhaus geschah, im Falle einer Waisen aber durch die erziehende Institution übernommen werden musste, sollten die Chancen der jungen Frauen nicht von vorneherein deutlich limitiert werden.

Das Statut für die Knabenwaisenanstalt bestimmte, dass jeder junge Mann bei Ausscheiden aus der Einrichtung „eine angemessene Ausstattung an Kleidung, Büchern und Gelde" erhält.[70] Letzteres solle jedoch nicht in bar übergeben werden, offenbar um den jungen Mann nicht zu unbedachten Ausgaben zu verleiten, sondern in der Form eines Sparkassenbuchs. Die Höhe der finanziellen Zuwendung blieb im Statut unbestimmt.

Beim Mädchenwaisenhaus sind die Bestimmungen ähnlich formuliert. Zusätzlich ist dort aber von „Näh- und Strickmaterialien" die Rede, das den jungen Frauen bei ihrem Ausscheiden zugeeignet werde.[71] Zudem heißt es im sich anschließenden Paragraph: „Jedes Waisenmädchen, das sich tugendhaft und makellos beträgt, erhält zu seiner Verheirathung – wenn es eine ihm zusagende, und nach dem Urtheile des Vorstandes und der Ehrenmütter, angemessene Verbindung eingehen kann, – eine Mitgift von sechshundert Thalern, und zwar 400 Thaler als Brautschatz und 200 Taler zur Aussteuer, ohne beschränkende Berücksichtigung dessen, was ihm als Waise von anderen wohlthätigen Anstalten etwa zufallen oder was es sich durch seine Hände Arbeit bereits erworben haben möchte. Die Auszahlung der Aussteuer erfolgt nach der Verlobung, die des Brautschatzes nach geschehener Verehelichung."[72] Gegen die Entscheidung des Vorstands war kein Einspruch möglich.

Der Waisenhausdirektor behielt sich also vor, bei einer ihm aus welchen Gründen auch immer nicht zusagenden Eheschließung der weiblichen Waisen die Zahlung der durchaus großzügig bemessenen Mitgift zu verweigern. Er konnte eine Auszahlung ferner ablehnen, wenn das Leben der jungen Frau nicht seinen Moralvorstellungen entsprach. Immerhin heißt es in den Bestimmungen weiter, dass kein Waisenmädchen zu einer Eheschließung gezwungen werden könne, „es genügt in dieser Beziehung nur ihre Weigerung". Dennoch dürfte der Druck, eine dem Waisenhaus genehme Ehe zu schließen, durch diese Regelung immens gewesen sein. Andererseits liegt die Vermutung nahe, dass dies auch dann der Fall war, wenn eine junge Frau im Preußen des 19. Jahrhunderts auf die unerhörte Idee kam, einen Mann entgegen dem Willen ihrer lebenden Eltern zu ehelichen. In der Praxis handelt es sich darum um eine Regelung, die den zeitgenössischen Verhältnissen in einer bürgerlichen Familie entsprach.

Auch der Fall, wenn die Frau dauerhaft ledig bleiben sollte, war im Statut geregelt. Blieb diese bis zum 40. Lebensjahr unverheiratet – eine noch spätere Eheschließung war offenbar kaum vorstellbar –, so solle sie, eine tadellose Führung vorausgesetzt, „von da ab der Nießbrauch der ihr zugedachten Summen verliehen werden, und lebenslänglich bleiben, nach ihrem Tode aber fällt die ganze Summe dem Waisenhause zu".[73] Die Frau durfte die ihr zugedachte Summe also durch Auszahlungen in Anspruch nehmen. Ein solcher Fall wurde von Auerbach aber zur seltenen, nicht erstrebenswerten Ausnahme erklärt. Dies sei „im Allgemeinen nicht die Bestimmung Eures Geschlechts", schreibt er. „Nach der Stimme der Natur und Religion ist [...] die Bestimmung des Weibes, Gattin und Mutter zu werden, und die ältesten und gebildetsten Völker kannten für Euer Geschlecht keinen schönern Wunsch, als den Ausspruch Gottes in der Schrift: ‚Sie sollen ein Wesen werden'."[74]

1853/54 kam es zur ersten Heirat eines der ausscheidenden Waisenmädchen. Auerbach schrieb, sie habe „einen wackeren Mann bekommen, es geht ihr recht gut, sie leben in einer sehr glücklichen Ehe". Allerdings sei das Waisenhaus finanziell noch nicht ausreichend ausgestattet, um ihr die versprochene Mitgift komplett auszuzahlen, immerhin habe sie „von uns eine namhafte Summe als Beihülfe zu ihrer Verheirathung ausgezahlt erhalten" bekommen.[75] Eine andere junge Frau trat eine Stelle als Haushälterin bei einer Familie an und war anschließend als „Gesellschafterin" bei einer alten Dame tätig. Das Ziel Auerbachs, die weiblichen Kinder einer entsprechenden Arbeit zuzuführen oder diese in einer Ehe unterzubringen, war also aufgegangen. Allerdings konnte der Waisenhausdirektor nicht immer vermelden, dass die „sittliche Haltung" der in seiner Erziehungsanstalt lebenden Mädchen „nichts zu wünschen übrig" lasse. Bisweilen musste er in den Jahresberichten seiner Mädchenanstalt zu der Formulierung greifen, die „sittliche Haltung [...] läßt wenig zu wünschen übrig, sie zeichnet sich mehr oder minder durch Fleiß, Bescheidenheit und frommes Wesen aus".[76] Was sich hinter diesen unterschiedlichen Bewertungen verbirgt, bleibt ein Geheimnis. Überhaupt gilt es quellenkritisch anzumerken, dass die Jahresberichte der beiden Auerbach'schen Waisenhäuser auch als Werbebroschüren der damaligen Zeit für weitere Spendeneinnahmen verstanden werden müssen. Daher ist generell davon auszugehen, dass diese Veröffentlichungen unangenehme Entwicklungen und Tatsachen tunlichst verborgen oder doch zumindest verbrämt haben. Ein ungeschminktes Bild von Erziehung und Leben im Auerbach'schen Waisenhaus lässt sich daraus nicht ableiten – dies gilt selbstverständlich auch für die Jahresberichte der Knabenanstalt.

Die Erziehungsgrundsätze von Baruch Auerbach für die weiblichen Waisenkinder mögen den heutigen Zeitgenossen befremdlich erscheinen und wären es auch, fänden sie im 21. Jahrhundert Anwendung. Gemessen an der Zeit des 19. Jahrhunderts aber entsprachen sie genau dem Wunschbild weiter Teile der Gesellschaft, unabhängig davon, ob es sich nun um Christen oder Juden handelte: bei den Jungen eine Erziehung hin zum geachteten Handwerker, Kaufmann oder – noch besser – zum Akademiker und Beamten. Die angesehenste Berufskaste, nämlich die der Offiziere im preußischen Heer, blieb Juden noch bis zum Ersten Weltkrieg verschlossen. Bei den Mädchen orientierten sich Auerbachs Erziehungsvorstellungen ebenso am Ideal der Zeit – sie sollten entweder zu Haushälterinnen, Gesellschafterinnen oder Näherinnen heranwachsen oder – besser – durch eine Heirat mit einem achtbaren Mann ihre vorgebliche Erfüllung als Ehegattin, Hausfrau und Mutter finden.

Bei der Erziehung der Jungen zeigte sich Auerbach hingegen als ein ausgesprochen fortschrittlicher Mann: Er lehnte es ab, ihnen mit geringstmöglicher Bildung die Möglichkeit zum Erreichen einer handwerklichen Tätigkeit zu bieten, wie es bei vielen Waisenhäusern der Fall war, sondern verfolgte das Ziel, ihnen nach Möglichkeit eine Ausbildung an einem Gymnasium und ein späteres Studium zu ermöglichen. In späteren Jahren wurde in den Jahresberichten des Auerbach'schen Waisenhauses – wir werden darauf zurückkommen – mit Stolz auf die Karrieren der Ausgeschiedenen verwiesen. Tatsächlich erreichten die Baruch Auerbach'schen Waisen-Erziehungsanstalten in Berlin schon bald einen ausgezeichneten Ruf weit über die jüdische Minderheit hinaus, was der Anstalt wiederum zu hohen Spendeneinnahmen verhalf. Für viele später gegründete Waisenhäuser wurde Auerbachs Einrichtung zu einem Vorbild.[77]

Zum Renommee der Anstalt trug sicherlich auch die Treue Auerbachs zum preußischen Königshaus bei, an der er zu keinem Zeitpunkt einen Zweifel zuließ. Das lässt sich schon am Titelblatt der Jahresberichte der Einrichtung für die Mädchen ablesen. Diese Anstalt war nicht zufällig am 13. November 1843 offiziell gegründet worden, fiel auf diesen Tag doch der Geburtstag der preußischen Königin Elisabeth. Auerbach ließ es sich nicht nehmen, das Antwortschreiben der Königin auf die Zusendung der Statuten im „Ersten Jahresbericht" des Mädchenwaisenhauses abzudrucken, obwohl dieses über Höflichkeitsfloskeln nicht hinausging: „Ich habe von den Mir übersandten Statuten des von Ihnen gegründeten jüdischen Waisenhauses für Mädchen gern und mit Dank Kenntnis genommen, und wünsche dem menschenfreundlichen Unternehmen gedeihlichen Fortgang. Elisabeth".[78] Ähnliche formal gehaltene Schriftstücke ließ der Waisenhausdirektor immer wieder drucken, darunter auch die von anderen christlichen Zeitgenossen wie dem Potsdamer Bischof oder dem Berliner Oberbürgermeister über seine Waisenhäuser. Offenbar glaubte Auerbach so, seine Stellung in der Gesellschaft dokumentieren zu müssen.

Die Verehrung für die preußische Monarchie spiegelte sich auch in der Einrichtung der beiden Waisenhäuser wider: Neben Tafeln mit Sprüchen aus der Bibel waren dort Büsten „Ihrer Majestäten des Königs und der Königin" aufgestellt, um „schon früh unseren Kindern Ehrfurcht gegen diese geheiligten Personen einzuflößen".[79] Die Geburtstage der Monarchen wurden – wie damals allgemein üblich – auch in Auerbachs Waisenhäusern groß begangen. Über die entsprechenden Feierlichkeiten im Jahr 1847 – ein Jahr vor der gescheiterten Revolution – schrieb Auerbach euphorisch:

„Der 13. November 1847, der für jeden Preußen so festliche Geburtstag Ihrer Majestät unserer allverehrten und geliebten Königin, an welchem das Waisen-Erziehungs-Institut vor vier Jahren eröffnet worden war, wurde auf das Feierlichste in dem festlich geschmückten Hörsaale begangen. Nachdem von mir eine angemessene Rede gehalten und das von mir verfaßte Gebet für Ihre Majestäten den König und die Königin von den Waisenkindern gesungen worden, wurden die Waisenmädchen nach einer erbaulichen Ansprache an dieselben der theilnahmvollen Versammmlung vorgestellt. – Nach der Feierlichkeit wurden die Zöglinge beider Anstalten, Knaben und Mädchen, in dem mit bekränzten Büsten beider Majestäten geschmückten Speisesaale durch die Frau Hofagentin Arnoldt, Ehrenmutter der Waisen, mit gewohnter Herzlichkeit und mütterlicher Gesinnung wie alljährlich bewirtet.“[80]

Der diesen Festakt vermeldende Jahresbericht des Waisenhauses erschien nicht zufällig mit einer gewissen Verspätung. Wegen der Ereignisse rund um die Revolution von 1848 hatte sich Auerbach gezwungen gesehen, die Chroniken für beide Anstalten für die Jahre 1848 und 1849 in jeweils einem Heft zusammenzufassen – kurz: Die Revolution ließ die Herausgabe der ordnungsgemäßen Berichte im Jahr 1848 nicht zu. Zu dem unter anderem durch Preußen niedergeschlagenen Versuch einer Demokratisierung der deutschen Gesellschaft und seiner Einzelstaaten äußerte sich Auerbach äußerst knapp und abfällig: Es seien „verhängnisvolle Ereignisse“ gewesen, schrieb er an einer Stelle, drei Jahre später schrieb er von den „trüben Ereignissen des Jahres 1848“, die den Geschäftsgang vieler Unternehmen gestört hätten.[81] Auerbach hielt seinen preußischen Monarchen die Treue, so wie sich viele Angehörige der jüdischen Minderheit an ihrem Bekenntnis zum Preußentum nicht von Christen übertreffen ließen.

Nicht minder feierlich ging es beim Dahinscheiden eines preußischen Monarchen zu. Auerbach schrieb zum Tode von König Friedrich Wilhelm IV.:

„Am Montag, den 7. Januar 1861 Vormittags um 11 Uhr, gerade zu derselben Stunde, wo die sterbliche Hülle des hochseligen Königs Friedrich Wilhelm IV. Majestät in der Friedenskirche bei Potsdam feierlich beigesetzt wurde, fand im Betsaale der Waisen-Erziehungs-Anstalten eine tief ergreifende Todtenfeier für den zu seinen Vätern heimgegangenen Landesherren statt. Zu diesem Zweck war der Altar und die Kanzel des Betsaales schwarz behängt und der ganze Raum feierlich erleuchtet. Nachdem der Direktor an die versammelten Waisenkinder in tiefer Bewegung eine angemessene Rede gehalten, in welcher er die großen Verdienste des hohen Entschlafenen um das Vaterland überhaupt, und um das Waisenhaus ins Besondere hervorhob, [...] wurde die von dem Gründer verfaßte Todtenfeier [...] mit Gesang und Gebet abgehalten.“[82]

Immerhin bedachten die hohen Herrschaften zu ihren Lebzeiten das jüdische Haus durchaus mit milden Gaben. Regelmäßig tauchen die Namen von Monarchen in Fettschrift hervorgehoben und die Liste anführend in den Spendenverzeichnissen des Auerbach'schen Waisenhauses auf. So überließ dem Waisenhaus 1849/50 „Ihre königliche Hoheit die Frau Prinzessin von Preußen“ drei und „Ihre Königliche Hoheiten der Prinz und die Frau Prinzessin Carl von Preußen“ sogar fünf Dukaten.[83]

Die niedergeschlagene Revolution führte allerdings auch zum Rücktritt des alten Vorstands der Jüdischen Gemeinde zu Berlin. Das neu zusammengestellte Gremium war Auerbach nicht gewogener als das frühere. Im Gegenteil: Der Vorstand kündigte 1852 den Vertrag mit Auerbach über seine Stelle als Rektor der jüdischen Knabenschule. Damit war auch die Nutzung eines Teils der Räumlichkeiten der Lehranstalt für das Waisenhaus hinfällig, der Vertrag endete zum 1. April 1853. Schon seit einigen Jahren hatte Auerbach eine solche Situation vorausgeahnt und damit begonnen, nach einem geeigneten Haus zu suchen und dabei auch die Mitglieder des Waisenhauses um Unterstützung gebeten. 1850 war eine „Baucasse“ zur Finanzierung von Umzug und Neu- oder Umbau eines noch zu findenden Hauses gegründet worden.[84] Mit der Kündigung erhielt die Angelegenheit eine ganz andere Dringlichkeit. Noch

1852 gelang es Auerbach, einen neuen Standort für die beiden Waisenhäuser unter einem Dach zu finden. Die Oranienburger Straße 38 lag ein ganzes Stück westlich des Stadtzentrums in der Spandauer Vorstadt, aber Auerbach sah darin vor allem Vorteile: Das Haus entstünde nun „in einem der schönsten und gesündesten Stadtteile". Der Kaufpreis betrug 36 000 Taler, wovon 10 000 Taler sofort zur Verfügung standen. Die letzte Hypothek konnte bereits drei Jahre später getilgt werden. Die beiden Waisenhäuser bezogen allerdings keinen Neubau, sondern kamen in einem viergeschossigen Wohngebäude mit klassizistischer Fassade und einem weit nach hinten reichenden Seitenflügel unter, das ausweislich der Bauakten im Jahr 1829 errichtet worden war.[85] Zum Grundstück gehörte ein Garten, den der berühmte Botaniker und Direktor der königlichen Gärten Peter Joseph Lenné aus Sanssouci unentgeltlich mit Obstbäumen und Sträuchern sowie sechs Akazien und 42 Weinstöcken bepflanzte. Nach dem Kauf waren umfangreiche Umbauten im Gebäude notwendig, die sich über mehrere Jahre hinzogen, 1868 wurde ein zusätzlicher Seitenflügel fertiggestellt. Zudem musste zunächst ein größerer Teil des Gebäudes zur Erzielung dringend notwendiger Einnahmen vermietet werden, und diese Mieter verließen erst mit den Jahren ihre Wohnungen, nachdem sich die finanzielle Situation der Waisenhäuser gebessert hatte. So ist zu erklären, dass erst der 25. Jahresbericht des Knaben-Waisenhauses im Jahre 1858 ausführlich auf Einzelheiten der Gestaltung der Innenräume einging.[86]

Durch Entkernungen entstanden im Seitengebäude drei große Säle. Einer davon diente als Wohnzimmer für die Jungen, in dem sie sich außerhalb der Schlafenszeit aufhielten. Daran grenzte das Wohnzimmer für die Erzieher, die sich in räumlicher Nähe zu den Kindern aufhalten sollten. Darüber, also im ersten Stockwerk, lag der Knabenschlafsaal und hinter einem Verschlag das Bett des Erziehers. Zudem befand sich auf der Etage eine hochmoderne, erst in den allerwenigsten Häusern Deutschlands befindliche Anlage: ein Wasserklosett, das der Anstalt von seinem Hersteller geschenkt worden war. Ein zweiter Schlafsaal im zweiten

Stock war ebenfalls mit einem WC ausgestattet. Dort befand sich auch ein Krankenzimmer. Die Räume des Mädchenwaisenhauses befanden sich im obersten Stockwerk. Mit „Rücksicht auf Anstand und Sittlichkeit" wurden die Toilettenanlagen später nach Geschlechtern, Erziehern und dem Dienstpersonal unterschieden und entsprechend gekennzeichnet. Die Einrichtung von Waschzimmern mit fließendem Wasser für die männlichen und weiblichen Kinder unmittelbar neben den Schlafsälen sowie der Bau von Wasseranschlüssen in der Küche unterstreichen die Aufgeschlossenheit der Verantwortlichen für moderne Entwicklungen und deren Sorge um erstklassige hygienische Verhältnisse. Selbst in den modernsten Häusern waren damals noch Zuber zum Waschen üblich, und als Toiletten dienten einfache Abtritte. Erst 1856 entstanden die Berliner Wasserwerke und der Bau einer allgemeinen Kanalisation begann 1873. Auerbach dagegen konnte die dauerhafte Umgestaltung des Waisenhauses vermelden: „Es ist am Ende eines jeden Schlafsaales ein Waschgemach in der Art eingerichtet worden, daß ein jedes Kind ein eigenes eisernes lackiertes Waschbecken erhielt, um mit Benutzung der Zu- und Abflußröhren unter Aufsicht der Erzieher und der Pflegemutter eben so schnell als gründlich die Reinigung bewirken zu können."[87]

Ganz ähnlich, nämlich am eigenen Waschbecken im Waschraum neben dem Schlafsaal, wenn auch in einem anderen Gebäude, säuberte sich 1936, also etwa 80 Jahre später, auch der Zögling Walter Frankenstein – ein weiteres Beispiel für die Langlebigkeit einmal getroffener und für gut befundener Entscheidungen im Auerbach'schen Waisenhaus.

An der strikten Trennung der Geschlechter wurde auch nach dem Umzug in die Oranienburger Straße 38 festgehalten. Schon die Treppenaufgänge zum Knaben- und Mädchenhaus waren getrennt und auch das Essen wurde in zwei verschiedenen Speisezimmern eingenommen. Der liebevoll gestaltete Garten diente ausschließlich den Mädchen zur Erholung in freien Stunden. Den Jungen blieb dafür exklusiv ein Turnplatz mit Reck, Barren, Bock und Schaukel.

Die gesamte Einrichtung verriet, noch deutlicher als in den gemieteten Räumen der Rosenstraße, die Treue seiner Begründer zur preußischen Monarchie. Das Wohnzimmer der Knaben war mit einer Büste des 1840 verstorbenen Königs Friedrich Wilhelm III. geschmückt, der 1838 das Statut des Waisenhauses genehmigt hatte. Eine zweite Büste stellte den damals herrschenden König Friedrich Wilhelm IV. (1795–1861) dar. Über der Hauptwand des Saals war eine große Tafel mit einem Abbild des preußischen Adlers angebracht, darauf eine Inschrift in Deutsch und Hebräisch: „Ich halte das Gebot des Königs wie einen Gotteseid."[88] Weitere Büsten und Bilder, Könige, Prinzen, Kronprinzen und Prinzessinnen darstellend, vervollständigten das vaterländische Inventar. Über allem wachte der Hauswart, dessen Person das Waisenhaus mit Hilfe des Generalleutnants und Kommandanten des Invalidenhauses in einem ehemaligen preußischen Unteroffizier suchte und fand. Derselbe, ein Herr von Maliczewski, hatte auch noch die Muße, mit den Knaben zu festgesetzten Zeiten Exerzierübungen abzuhalten.[89]

Schließlich konnte endlich die gesetzlich vorgeschriebene Inschrift an der Gebäudefassade angebracht werden. Sie lautete „Baruch Auerbach'sche Waisen-Erziehungs-Anstalten für jüdische Knaben und Mädchen" und entsprach damit noch zu Lebzeiten des Gründers der schon gängigen Bezeichnung.[90] Im Gebäude entstanden später ein Betsaal und eine „Ehren- und Gedächtnishalle" mit den Bildern sämtlicher „Wohlthäter". Als in drei Worte gefasste Grundsatzerklärung wurde nun auch die Inschrift „Elternhaus für Waisen" über dem Hauseingang angebracht. Den Eintretenden empfingen darauf an beiden Seiten der Wände Bibelsprüche wie „Überlaß nur mir deine Waisen, Ich Gott will sie erhalten" oder „Unsre Hülfe stehet im Namen des Herrn, der Himmel und Erde gemacht hat". Schilder wiesen den Weg in das Haus für Jungen bzw. Mädchen und machten deutlich, dass Koedukation damals nicht zu den Stärken der Einrichtung gehörte.

Mit dem Umbau der neuen Waisenhäuser in der Oranienburger Straße 38 war es endlich möglich, die Zahl der betreuten Kinder deutlich zu erhöhen. Schon in den beengten Verhältnissen der Rosenstraße war sie deutlich gestiegen. Waren es 1834 gerade einmal vier Jungen, die dort untergebracht waren, so lebten 1850 dort knapp 20. Mehr aufzunehmen erwies sich aber als unmöglich. Das Mädchenwaisenhaus hatte 1844 mit zwei Kindern begonnen und diese Zahl ausdrücklich mit Verweis auf die beengten Platzverhältnisse in der Rosenstraße 11 bis 1850 auf lediglich sechs erhöht. Zehn Jahre später hatte sich diese Zahl im neuen Gebäude verdoppelt, die der Jungen stieg ebenfalls steil an. 1861 wurden im Auerbach'schen Waisenhaus 26 männliche und zwölf weibliche Kinder betreut. Danach erhöhten sich die Zahlen weiter.

Die schulische Erziehung der Jungen änderte sich im gleichen Zeitraum deutlich. In den ersten Jahren hatten alle bis auf einen Gymnasiasten die von Auerbach geleitete jüdische Knabenschule besucht. 1854, 20 Jahre nach der Gründung des Waisenhauses, ging dort nur noch ein Drittel der 21 Knaben zur Schule, ein Drittel besuchte die Dorotheenstädtische Realschule, ein weiteres Drittel die Friedrich-Wilhelmstädtische Höhere Lehranstalt.[91] Von den 26 männlichen Kindern, die 1862 im Auerbach'schen Waisenhaus lebten, besuchten nur noch sieben, also weniger als ein Drittel, die jüdische Knabenschule.[92] Alle anderen gingen in öffentliche Schulen – ein deutlicher Schritt hin zur Säkularisierung. Die bedeutete auch, dass sich die Kinder nicht vollständig an die Schabbat-Ruhe halten konnten, denn der Unterricht an öffentlichen Schulen fand selbstverständlich auch an Samstagen statt. Fünf Jahre später, 1867, ging kein einziger Zögling aus dem Auerbach mehr in die Gemeindeschule – und dabei blieb es mit einigen Ausnahmen auch zukünftig.

Diese Entwicklung korrespondierte mit der wachsenden Integration der preußischen Jüdinnen und Juden in die Gesellschaft. Der Staat beendete 1845 die Vorrechte von Innungen und Zünften, in denen Juden in der Regel nicht vertreten waren. Juden durften sich endlich überall im Land ansiedeln, sie durften nun auch – allerdings bei einigen Ausnahmen – staatliche Positionen einnehmen. 1851 schließlich gab der König Preußen eine neue Verfassung: „Alle Preußen sind vor dem Gesetze gleich", hieß es dort, unabhängig von ihrem religiösen Bekenntnis.[93] Auch dies blieb eine Chimäre, so etwa im Justizwesen oder beim Militär. Die erstrebte bürgerliche Gleichberechtigung war immer noch nicht erreicht. Aber es ging voran, wenn auch sehr langsam.

Wohl aber kam es in den 1840er und 1850er Jahren zu einem anderen radikalen Wandel. Die Industrialisierung hatte ein rasantes Wachstum der Städte zur Folge, immer mehr Menschen drängten sich bei teils furchtbaren Arbeitsbedingungen und fehlendem Arbeitsschutz in Fabriken und Manufakturen. Das Eisenbahnnetz wuchs und machte die Menschen mobiler, schon ab Oktober 1838 fuhr regelmäßig ein Zug zwischen Berlin und Potsdam. Mechanisierung und Dampfmaschine bewegten auch viele Jüdinnen und Juden aus den Dörfern und Kleinstädten in die großen urbanen Zentren und namentlich nach Berlin. Die Zahl der jüdischen Einwohner in Preußens größter Metropole lag 1852 noch bei unter 10 000, bis 1871 hatte sie sich auf 36 000 mehr als verdreifacht.[94] Andere, keineswegs nur Juden, sahen ihre Chance in einer Auswanderung nach Amerika. Und einige wenige, Christen wie Juden, konnten als Unternehmer, Ingenieure oder Bankiers von den neuen Verhältnissen profitieren und wurden wohlhabend.

Mit der Industrialisierung ging nicht nur unter vielen Jüdinnen und Juden eine Säkularisierung einher. Das religiöse Bekenntnis spielte im bürgerlichen Alltagsleben eine immer geringere Rolle. Die abnehmende Teilnahme der Jungen aus dem Auerbach'schen Waisenhaus am Unterricht in der jüdischen Gemeindeschule war eine Folge dieser Distanzierung von der Religion, die Hinwendung zu staatlichen Schulen und namentlich höheren Lehranstalten markierte auch die schwindende Distanz zum Leben der Mehrheit und eine Bedeutungssteigerung nationaler Werte. Die allgemein gelobte hohe Qualität der Waisenhäuser unter Baruch Auerbach sorgte dafür, dass auch Menschen, die sich von der Religion entfernt hatten, ihre verwaisten Kinder weiterhin dem jüdischen Heim überantworteten – wobei die Einrichtung Auerbachs bis zu Beginn der 1870er Jahre in Berlin dominant blieb.

Quasi als Nachweis seiner erfolgreichen Erziehung veröffentlichte das Knabenwaisenhaus jährlich eine Übersicht über die Lebenswege der abgegangenen Zöglinge. Für das Jahr 1862 konnte Direktor Baruch Auerbach vermelden, dass von den bisher 87 ausgeschiedenen Knaben die Mehrheit einem Handwerk nachging, darunter waren fünf Tischler, zwei Schlosser und zwei Uhrmacher. Andere ehemalige Zöglinge hatten es zu Fabrikanten, Juwelieren oder Kaufleuten gebracht, einer war Chirurg und Geburtshelfer, ein anderer Zahnarzt geworden.[95] Alle hatten sie sich offenbar in die Gesellschaft eingefügt und galten damit als wohlgeraten. Bei den Mädchen bestand die Karriere üblicherweise in Berufen wie Näherin oder Haushälterin, denen sich in der Regel eine Heirat anschloss. Eine Übersicht wie bei den abgegangenen Knaben wurde nicht veröffentlicht.

Das von Baruch Auerbach geführte Waisenhaus genoss einen ausgezeichneten Ruf, und dies nicht nur in der jüdischen Gemeinschaft. Die in den Jahresberichten dokumentierten wohltätigen Spender wie auch die wohlwollenden Dankesschreiben diverser prominenter christlicher Preußen zeugen davon. Zum 25. Jubiläum im Jahre 1858 wurde Baruch Auerbach für seine Verdienste vom preußischen König Friedrich Wilhelm III. mit dem roten Adlerorden IV. Klasse dekoriert. Aber auch seine längst erwachsen gewordenen Waisenkinder hielten ihm die Treue: Ihrem „innig geliebten Wohltäter, dem hochverehrten Director Baruch Auerbach zur Feier des fünf und zwanzigsten Bestehens“ widmeten „die ehemaligen Zöglinge der Anstalt“ 1858 „in aufrichtiger Dankbarkeit und tiefer Verehrung“ einen geschmückten Dankesbrief.[96] Für die neunte Auflage seiner Broschüre „Gebet und Festgesang“ erhielt Auerbach 1862 Dankesschreiben des Königs, der Königin und des Kronprinzen.

1864 hinterließ ein jüdischer Kaufmann ein Testament, in dem er das Waisenhaus mit insgesamt 150 000 Talern bedachte, eine damals sehr hohe Summe. Anlässlich des Todes des königlich-preußischen Majors der Artillerie und Lehrers an der Königlich-Vereinigten-Artillerie-Ingenieur-Schule Meno Burg erhielt das Waisenhaus zwei silberne Schabbatleuchter, die noch heute in der Jüdischen Gemeinde zu Berlin vorhanden sind. Bei den jährlichen von beiden Häusern begangenen Geburtstagsfeiern für König und Königin gaben sich Adelige und hochgestellte Persönlichkeiten die Klinke in die Hand.

Baruch Auerbach, der Gründer des ersten jüdischen Waisenhauses in Deutschland, starb am 22. Januar 1864. Er hatte in einem zwei Jahre zuvor verfassten Schreiben den Wunsch geäußert, dass im Falle seines Todes sein damals noch studierender Sohn Leonhard die Leitung des Instituts übernehmen solle. Dieser besitze „die Fähigkeiten zur Führung meines Amtes", habe „alle dazu gehörenden Studien durchgemacht" und sei „in Alles eingeweiht, was nur zum Wohle der Anstalten dient".[97] So geschah es: Vertreterversammlungen der Mitglieder des Knaben- und des Mädchenwaisenhauses wählten den erst 25-jährigen Leonhard Auerbach am 14. Juni 1864 einstimmig und für drei Jahre zum neuen Ersten Vorsteher und Direktor des Waisenhauses. 1867 erfolgte seine Berufung auf Lebenszeit.

Baruch Auerbach zählte gewiss nicht zu den bekanntesten Persönlichkeiten Preußens oder Berlins. Aber sein erfolgreiches erzieherisches Engagement hatte doch Aufsehen erregt. Die *Königlich privilegierte Berlinische Zeitung* widmete Auerbach einen ausführlichen Nachruf, in dem es hieß, der Verstorbene habe „nicht nur unter seinen Glaubensgenossen, den Juden, sondern auch in allen Kreisen eine achtbare Stellung eingenommen".[98] Das von Rabbiner Ludwig Philippson herausgegebene *Jüdische Volksblatt* veröffentlichte einen wohlwollenden Abriss von Auerbachs Leben.[99]

Die Hinterbliebenen schalteten in der berühmten *Vossischen Zeitung* eine Nachricht, die vom Tod des Waisenhausgründers kündete: „Heute früh 7 ¼ Uhr, entschlief nach längerem Leiden unser geliebter Gatte, Vater und Schwiegervater, der Direktor Baruch Auerbach, Gründer der hiesigen jüdischen Waisenanstalten für Knaben und Mädchen, Ritter des Rothen Adler-Ordens, im Alter von 71 Jahren. Um stilles Beileid bitten die tiefbetrübten Hinterbliebenen."[100]

Anmerkungen

1 Zu Zedaka vgl. Jüdisches Lexikon, Bd. IV/2, Berlin 1930, S. 1475 f.
2 Sajatz, Shlomo: „Das Zedaka-Prinzip", in: Jüdische Allgemeine, 10.8.2015, https://www.juedische-allgemeine.de/religion/das-zedaka-prinzip/.
3 Auerbach: Geschichte..., a. a. O., S. 23.
4 Ebenda, S. 24.
5 Auerbach: Baruch: Siebenter Jahresbericht über das jüdische Waisen-Erziehungs-Institut zu Berlin, Berlin 1840, S. 80 ff.
6 Ebenda, S. 80 ff.
7 Strelitz, A.: Sieben und sechzigster Jahresbericht über die Baruch Auerbach'schen Waisen-Erziehungs-Anstalten für jüdische Knaben und Mädchen, Berlin 1900, S. 22 ff.
8 Introsinski, a. a. O., S. 8.
9 Z. B. in Landesarchiv Berlin A Rep. 020-01, Nr. 2126. Dort genehmigen die Behörden die testamentarische Verfügung von Hermann Cohen im Jahr 1897, dem Auerbach'schen Waisenhaus insgesamt 11 000 Mark zu übereignen.
10 Auerbach, Baruch: Erster Jahresbericht über das Waisen-Erziehungs-Institut, der jüdischen Gemeinde zu Berlin, Berlin 1834, S. 12 ff.
11 Auerbach, Baruch: Dritter Jahresbericht über das jüdische Waisen-Erziehungs-Institut zu Berlin, Berlin 1836.
12 Auerbach: Geschichte ..., a. a. O., S. 38.
13 Auerbach: Geschichte ..., a. a. O., S. 55.
14 Die Moses Mendelssohn'sche Waisen-Erziehungs-Anstalt der hiesigen jüdischen Gemeine [sic!]: erste Nachricht, Berlin 1841.
15 Fehrs, a. a. O., S. 159 ff.
16 Introsinski, a. a. O., S. 8.
17 Auerbach, Baruch: Dritter Jahresbericht, a. a. O., S. 8.
18 Fehrs, a. a. O., S. 151.
19 Auerbach: Geschichte, a. a. O., S. 42.
20 Ebenda, S. 58.
21 Nachlass Auerbach, a. a. O., S. 1.
22 Auerbach, Baruch: Fünfter Jahresbericht über das jüdische Waisen-Erziehungs-Institut zu Berlin, Berlin 1838, S. 1.
23 Auerbach-Nachlass, a. a. O., M17y, M14.

24 Auerbach, Baruch: Dritter Jahresbericht, a. a. O., S. 19.
25 Ottenheimer, a. a. O., S. 487.
26 Auerbach, Baruch: Zweiter Jahresbericht über das jüdische Waisen-Erziehungs-Institut zu Berlin, Berlin, 1835, S. 11.
27 Ebenda, S. 13.
28 Ebenda, S. 16.
29 Statuten des von Baruch Auerbach gegründeten jüdischen Waisen-Erziehungs-Instituts zu Berlin, Berlin 1839, S. 16.
30 Auerbach, Baruch: Gesänge zur Jahresfeier der Eröffnung des Waisen-Erziehungs-Instituts; Berlin 1834, S. 3.
31 Statuten, a. a. O., S. 15.
32 Auerbach, Baruch: Fünf und zwanzigster Jahresbericht über die Waisen-Erziehungs-Anstalt für jüdische Knaben, Berlin 1858, S. 8 f.
33 Auerbach: Dritter Jahresbericht, a. a. O., S. 31 f.
34 Auerbach, Baruch: Fünfter Jahresbericht über das jüdische Waisen-Erziehungs-Institut zu Berlin, Berlin 1838, S. 29.
35 Auerbach: Zweiter Jahresbericht, a. a. O., S. 7.
36 Auerbach: Erster Jahresbericht, a. a. O., S. 4.
37 Auerbach, Baruch: Achter Jahresbericht über das jüdische Waisen-Erziehungs-Institut zu Berlin, Berlin 1841, S. 31 f.
38 Ebenda, S. 34 f.
39 Auerbach, Erster Jahresbericht, a. a. O., S. 7.
40 Ebenda, S. 42 f.
41 Auerbach, Baruch: Neunter Jahresbericht über das jüdische Waisen-Erziehungs-Institut zu Berlin, Berlin 1842, S. 20 f.
42 Statuten, a. a. O., S. 12 f.
43 Auerbach, Baruch: Dreißigster Jahresbericht über die Baruch Auerbach'sche Waisen-Erziehungs-Anstalt für jüdische Knaben, Berlin 1863, S. 11.
44 Auerbach, Baruch: Vierzehnter Jahresbericht über das jüdische Waisen-Erziehungs-Institut zu Berlin, Berlin 1847, S. 15.
45 Statuten, a. a. O., S. 12 f.
46 Achter Jahresbericht...Knaben, a. a. O., S. 52 f.
47 Auerbach, Leonhard: Vier und Dreißigster Jahresbericht über die Baruch Auerbach'sche Waisen-Erziehungs-Anstalt für jüdische Knaben, Berlin 1867, S. 9 f.
48 Auerbach, Baruch: Dritter Jahresbericht, a. a. O., S. 9.

49 Statuten, a. a. O., S. 17.

50 Auerbach, Leonhard: Zwei und Dreißigster Jahresbericht über die Baruch Auerbach'sche Waisen-Erziehungs-Anstalt für jüdische Knaben, Berlin 1865, S. 22 ff.

51 Statuten des von Baruch Auerbach gegründeten jüdischen Waisen-Erziehungs-Instituts für Mädchen zu Berlin, Berlin 1843, S. 16.

52 Auerbach, Baruch: Dritter Jahresbericht, a. a. O., S. 36 f.

53 Plaut, a, a. O., S. 34.

54 Auerbach, Baruch: Elfter Jahresbericht über das jüdische Waisen-Erziehungs-Institut für Mädchen zu Berlin, Berlin 1854, S. 13.

55 Statuten...Mädchen, a. a. O., S. 28 f.

56 Auerbach, Baruch: Siebzehnter Jahresbericht über die jüdische Waisen-Erziehungs-Anstalt für Mädchen zu Berlin, Berlin 1860, S. 4.

57 Auerbach, Baruch: Dreizehnter Jahresbericht über die jüdische Waisen-Erziehungs-Anstalt für Mädchen zu Berlin, Berlin 1856, S. 10.

58 Auerbach, Baruch: Dritter Jahresbericht über die jüdische Waisen-Erziehungs-Anstalt für Mädchen zu Berlin, Berlin 1846, S. 13 f.

59 1845 wurden drei, 1846 vier weibliche Waisenkinder erzogen. 1854 waren es sieben Mädchen. Vgl. die entsprechenden Jahresberichte.

60 Auerbach, Baruch: Erster Jahresbericht über das jüdische Waisen-Erziehungs-Institut für Mädchen zu Berlin, Berlin 1844, S. 13 f.

61 Ebenda, S. 14 f.

62 Ebenda, S. 17.

63 Ebenda, S. 10.

64 Ebenda, S. 19 f.

65 Ebenda, S. 20 f.

66 Auerbach, Baruch: Zweiter Jahresbericht über das jüdische Waisen-Erziehungs-Institut für Mädchen zu Berlin, Berlin 1845, S. 19.

67 Auerbach, Baruch: Elfter Jahresbericht...Mädchen, a. a. O., S. 9 f.

68 Ebenda, S. 10 f.

69 Frühauf, a. a. O., S. 239.

70 Statut Knaben, a. a. O., S. 18.

71 Statut Mädchen, a. a. O., S.18. Der Neunte Jahresbericht des Mädchen-Waisenhauses (Berlin, 1852, S.11) spezifiziert die Kleidung, die dem ersten abgehenden Mädchen zur Verfügung gestellt wurde. Die junge Frau erhielt demnach u. a. sechs Kleider (darunter zwei Küchenkleider), zwei Nachtjacken, vier Unterröcke,

zwölf Paar Strümpfe, neun Hemden, vier Küchenschürzen, zwei Hüte, zwei Mäntel, vier Paar Stiefel und sechs weiße Taschentücher sowie eine Kommode zur Aufbewahrung sämtlicher Sachen.

72 Ebenda, S. 18 f.

73 Ebenda.

74 Auerbach, Baruch: Erster Jahresbericht ... Mädchen, a. a. O., S. 28.

75 Auerbach, Baruch: Zehnter Jahresbericht ... Mädchen, Berlin 1853, S. 8 f.

76 Auerbach, Baruch: Elfter Jahresbericht ... Mädchen, a. a. O., S. 6; Ders.: Dreizehnter Jahresbericht ... Mädchen, Berlin 1856, S. 6.

77 So wurde Auerbach vom christlichen Hamburger Waisenhaus um ein Gutachten für dessen Ausbau gebeten. Vgl. Siebzehnter Jahresbericht über das jüdische Waisen-Erziehungs-Institut zu Berlin, Berlin 1850, S. 21 ff. Vgl. auch Ottenheimer, Hilde: Baruch Auerbach und sein Werk; in: Monatsschrift für Geschichte und Wissenschaft des Judentums, Jg. 78, Heft 5 (September/Oktober 1934), S. 481 f.

78 Auerbach, Baruch: Erster Jahresbericht ... Mädchen, a. a. O., S. 5.

79 Ebenda, S. 9.

80 Auerbach, Baruch: Fünfter und sechster Jahresbericht über das jüdische Waisen-Erziehungs-Institut für Mädchen zu Berlin, Berlin 1849, S. 5.

81 Auerbach, Baruch: Achtzehnter Jahresbericht über jüdische Waisen-Erziehungs-Institut für Knaben zu Berlin, Berlin 1851, S. 15.

82 Auerbach, Baruch: Siebzehnter Jahresbericht ... Mädchen, a. a. O., S. 25.

83 Auerbach, Baruch: Siebzehnter Jahresbericht ... Knaben, a. a. O., S. 60.

84 Ebenda, S. 15.

85 Landesarchiv Berlin: A Rep. 010-02 – 4846.

86 Auerbach, Baruch: Fünf und Zwanzigster Jahresbericht über jüdische Waisen-Erziehungs-Institut für Knaben zu Berlin, Berlin 1858, S. 15 ff.

87 Auerbach, Baruch: Acht und Zwanzigster Jahresbericht über jüdische Waisen-Erziehungs-Institut für Knaben zu Berlin, Berlin 1861, S. 23.

88 Auerbach: Fünf und Zwanzigster Jahresbericht ... Knaben, a. a. O., S. 17.

89 Auerbach: Acht und Zwanzigster Jahresbericht ... Knaben, a. a. O., S. 25 ff.

90 Auerbach, Baruch: Sieben und Zwanzigster Jahresbericht über jüdische Waisen-Erziehungs-Institut für Knaben zu Berlin, Berlin 1860, S. 17.

91 Auerbach, Baruch: Ein und Zwanzigster Jahresbericht über das jüdische Waisen-Erziehungs-Institut für Knaben zu Berlin, Berlin 1854. S. 11. Angaben über die Waisenmädchen sind wegen fehlender Informationen nicht möglich.

92 Auerbach, Baruch: Neun und Zwanzigster Jahresbericht über das jüdische Waisen-Erziehungs-Institut für Knaben zu Berlin. Berlin 1862, S. 10.

93 Wolbe, a. a. O., S. 277 ff.

94 Brenner/Jersch-Wenzel/Meyer, a. a. O., S. 306. Die Gesamtbevölkerung Berlins wuchs von 438 958 (1852) auf 826 341 (1871). 1877 überstieg sie erstmals die Millionengrenze.

95 Auerbach: Neun und Zwanzigster Jahresbericht über jüdische Waisen-Erziehungs-Institut für Knaben zu Berlin, Berlin 1852, S. 13.

96 Nachlass Auerbach, a. a. O., G12.

97 Auerbach, Leonhard: Ein und Dreißigster Jahresbericht über jüdische Waisen-Erziehungs-Institut für Knaben zu Berlin, Berlin 1864, S. 24 f.

98 Erste Beilage zur Königl. Privilegierten Berlinischen Zeitung, 27.1.1864; in: Nachlass Baruch Auerbach, a. a. O., M19.

99 Jüdisches Volksblatt, Nr. 36 (1864), in: Ebenda, M21.

100 Vossische Zeitung, 23.1.1864; in Landesarchiv Berlin A Rep 001-02 Nr. 1825.

Kapitel 4
Aufstieg, Fall und erneute Blüte des Hauses

Leonhard Auerbach führte das Waisenhaus ab 1864 ganz im Sinne seines verstorbenen Vaters. Auch der neue Direktor ließ keinerlei Zweifel an seiner preußisch-deutschen Gesinnung erkennen, wenn er auch zu etwas weniger ausgeprägten Jubelarien gegenüber den Majestäten neigte. Auch hielt Auerbach junior an einem aufgeklärten Judentum fest – aber, soweit sich das an den Jahresberichten des Waisenhauses erkennen lässt, mit schlichteren Worten als sein Vater. Wenige Jahre später sollte im Berliner Antisemitismusstreit von prominenter Seite behauptet werden, dass Deutschtum und Judentum einander widersprechen würden – so der christliche Gelehrte Heinrich von Treitschke. Für Leonhard Auerbach stand das Gegenteil dieser Behauptung außer Frage – er wollte Jude, Preuße und Deutscher sein und die ihm anvertrauten Kinder in diesem Sinne erziehen.

Anfangs half dem jungen Leonhard Auerbach seine Mutter Emma. Fünf Jahre nach der Übernahme der Leitung der Baruch Auerbach'schen Waisen-Erziehungsanstalten, die nun ganz offiziell den Namen seines Gründers trugen, heiratete Leonhard 1869 Ida Dalheim aus Salzwedel. Die Mutter trat fortan wohl etwas in den Hintergrund.

Emma Auerbach, geborene Heller, bewältigte über viele Jahre hinweg als „Ehrenmutter“ die alltäglichen Probleme des Waisenhauses, das immer noch in zwei selbstständige Institute – eines für Jungen, eines für Mädchen – unterteilt war. Waschen, kochen, bügeln, Kinder versorgen – diese und weitere vorgeblich typisch weibliche Tätigkeiten waren in den ersten Jahren des Hauses häufig zur Aufgabe dieser Frauen geworden, ihre Zahl war deshalb anfangs höher als die der ihnen unterstellten Waisenkinder. Jetzt, im Zuge der Erweiterung und Professionalisierung der

Einrichtung, die mit der Einsetzung von Hauswirtschaftskräften, Putzhilfen, Köchen bis hin zum Portier einherging, sank die Bedeutung der „Ehrenmütter", was sich wiederum an deren Zahl ablesen lässt. Waren es anfangs etwa zehn Frauen, die diese Tätigkeit ehrenamtlich ausführten und verpflichtet waren, wenigstens einmal täglich in den Räumlichkeiten des Waisenhauses anwesend zu sein, verringerte sich diese Zahl bis 1874 auf sechs, darunter des neuen Direktors Mutter Emma Auerbach und seine Gattin Ida. Zu Beginn des 20. Jahrhunderts waren es gar nur noch zwei bis drei Frauen, die diesen Titel tragen durften. Die Beschreibung ihrer ehrenamtlichen Tätigkeit fiel zudem im revidierten Statut der Anstalt von 1887 wesentlich unverbindlicher als zuvor aus. Den „Ehrenmüttern" wurde ein „wesentlicher Anteil an der Aufsicht über die Anstalten, namentlich über alle Wirtschafts-Angelegenheiten, wie Beköstigung, Wäsche, Reinhaltung der Anstaltsräume, Bekleidung der Zöglinge u. s. w." übertragen. Sie „übernehmen es, durch Sorgfalt und liebevolle Hingabe den Verwaisten die Mutter zu ersetzen", heißt es im Paragraf 17 des Statuts.[1]

Diese Tendenz bedeutete aber im Umkehrschluss nicht, dass Frauen nun verstärkt in den Vorstandsgremien der Einrichtung tätig gewesen wären. Diese blieben eine reine Männerdomäne, wie auch die Funktion der „Wahlmänner" für ihre Auswahl ausschließlich von männlichen Mitgliedern ausgeübt wurde – weil es gar keine weiblichen Mitglieder des Auerbach'schen Waisenhauses gab. Mit dieser Praxis bildete das Heim in Preußen keine Ausnahme, es entsprach der Regel.

Dagegen zeigte das bisherige Erziehungsideal für junge Frauen in Preußen Mitte des 19. Jahrhunderts erste Risse, die sich in veränderten Ausbildungszielen des Waisenhauses widerspiegelten. Es ging nicht länger ausschließlich um die Vorstellung, aus den Waisenmädchen künftig treu sorgende Ehefrauen, Mütter und Hausfrauen zu machen – auch eine weitergehende Ausbildung geriet zumindest zu einer möglichen Option. Dazu standen in Preußen, und dort vor allem in den größeren Städten, höhere Töchterschulen zur Verfügung, die in fünf bis zehn Jahreskursen – die Ausbildung war sehr uneinheitlich geregelt – junge Frauen unterrichteten. Danach war eine außerakademische sechssemestrige Weiterbildung zur Lehrerin möglich. Ein Abitur für Frauen war dagegen bis zum Jahr 1896 nicht vorgesehen, und ein Studium an einer Universität durften sie überhaupt erst ab 1908 aufnehmen.

Die Verantwortlichen des Auerbach'schen Mädchenwaisenhauses veränderten nun nicht etwa die pädagogischen Leitlinien. Die im bisherigen Statut von 1843 verankerten Einschränkungen bei der Bildung für weibliche Waisen fielen stattdessen stillschweigend fort. Das neue Statut von 1887, das gleichermaßen für die Mädchen- und Jungenabteilung galt, machte zur Ausbildung beider Geschlechter keinerlei Aussage mehr. Praktisch sah es so aus, dass die Mädchen etwa ab 1865 abhängig von ihrer Befähigung und dem eigenen Wunsch eine weiterführende Schule besuchen konnten. Während dieses Privileg zu Baruch Auerbachs Zeiten nur sehr selten vergeben worden war, wurde dies nun in manchen Jahren sogar zur Regel. So heißt es im Jahresbericht von 1889: „Aus der Mädchen-Anstalt sind im Laufe des Jahres sieben Zöglinge ausgeschieden, und zwar hat eine das Lehrerinnen-Examen für höhere Töchterschulen bestanden, eine ist theoretisch und praktisch als Kindergärtnerin, zwei in der Salomon'schen Handelsakademie als Buchhalterinnen und eine in dem Heimathause für Töchter höherer Stände in verschiedenen Zweigen der Wirtschaftsführung ausgebildet worden."[2] Zugleich hielt das Haus an der Tradition der Finanzierung einer großzügigen Aussteuer fest. 1861 wurde dazu ein „Ausstattungsfonds zur Verheiratung der Waisenmädchen" aufgelegt, der 28 Jahre später den Betrag von 30 278 Mark umfasste.[3]

Auch bei den Knaben passte sich die erwünschte schulische Ausbildung den veränderten gesellschaftlichen Leitvorstellungen an. Schon seit den „Befreiungskriegen" gegen Frankreich von 1813 bis 1815 erschien das Militär in Preußen als Gipfel staatlichen Glanzes, ihre Offiziere mit ihren prächtigen Uniformen galten als Halbgötter, denen sich auch in ihrem späteren nicht-militärischen Berufsleben alle Türen leichter öffneten. 1814 war eine allgemeine fünfjährige Wehrpflicht eingeführt worden, bei der die letzten zwei Jahre in der heimatlichen Reserve abgeleistet werden konnten, wobei nicht alle Wehrpflichtigen auch eingezogen wurden. Für die besseren Stände bot sich die Möglichkeit, diesen Dienst wesentlich zu verkürzen und zugleich den ersten Schritt zum Offizier machen zu dürfen: Wer mindestens die Untersekunda (10. Klasse) einer höheren Lehranstalt abgeschlossen hatte, konnte einen nur einjährigen freiwilligen Wehrdienst ableisten, der zugleich üblicherweise mit der Verleihung der Offizierswürde endete. Dazu musste der „Einjährige" allerdings die Kosten für seine Uniform und die Waffen selbst tragen, was den Kreis der möglichen Bewerber auf wohlhabende Familien einschränkte. Preußische Juden wurden in aller Regel als nicht würdig zum Einschlagen der Offizierslaufbahn betrachtet und mussten mit dem Rang eines Unteroffiziers vorliebnehmen. Dies galt selbst für zum Christentum konvertierte Männer. Diese antisemitische Regelung entsprang der Vorstellung, dass es Christen nicht zumutbar sei, auf den Befehl eines Juden hin zu gehorchen.

Dennoch erstrebten die wohlhabenderen Männer aus der jüdischen Minderheit eine militärische Karriere als „Einjährige", versprach dies doch in jedem Fall ein höheres Renommee und die Befreiung von der langjährigen Wehrpflicht. Diesem gesellschaftlichen Trend folgten auch die Verantwortlichen des Auerbach'schen Waisenhauses. 1875 heißt es: „Die Wahl der Schule, wie der Gang der Ausbildung wird für jedes Kind nach sorgfältiger Prüfung festgesetzt. Als Ziel unserer Anstalt halten wir fest die Erlangung des Berechtigungs-Zeugnisses zum einjährigen freiwilligen Militairdienst, also den Besuch der höheren Lehranstalten bis Ober-Secunda. Begabte und würdige Zöglinge, welche zum Studium oder zur Kunst Befähigung und Neigung haben, verbleiben in unserer Anstalt bis nach bestandenem Abiturienten-Examen und werden auch während ihrer Studienzeit von uns unterstützt."[4]

Dass sich die Jugendlichen aus dem Auerbach'schen Waisenhaus entsprechend den in sie gesetzten Erwartungen verhielten, zeigen die alljährlichen Berichte über die abgegangenen Zöglinge. So heißt es im selben

Jahr 1875: „Von unseren Waisenknaben haben vier im abgelaufenen Jahr die Anstalt verlassen. Ein Zögling hat das Abiturienten-Examen bestanden und ist zur Universität übergegangen, um Jura zu studieren, ein Zögling ist mit dem Abgangs-Zeugnis von Prima zu seinen Angehörigen zurückgekehrt; zwei Zöglinge, welche das Zeugnis der Berechtigung zum einjährigen freiwilligen Militärdienst sich erworben haben, widmeten sich dem Kaufmannsstande und sind unter recht günstigen Bedingungen in achtbare Geschäfte eingetreten."[5] Vier Jahre später lobt sich das Waisenhaus: „Das Ziel der Anstalt – die Erlangung des Berechtigungs-Zeugnisses zum einjährigen freiwilligen Militairdienst – wird ungeachtet der sehr gesteigerten wissenschaftlichen Anforderungen von fast allen Zöglingen erreicht; die besonders begabten gelangen bis Prima."[6] Für die Ausbildung musste das Waisenhaus erhebliche Geldsummen aufbringen, war für den Unterricht doch ein Schulgeld zu entrichten.[7]

Bei der schulischen Bildung setzte sich der Trend hin zum Besuch von städtischen, staatlichen und privaten Anstalten und weg von Einrichtungen der jüdischen Gemeinde fort. Die religiösen Bindungskräfte im Alltag schwanden weiter, und wenn die Berliner Jüdische Gemeinde ab 1866 mit der Neuen Synagoge auch ein repräsentatives Gotteshaus mit über 3000 Sitzplätzen im großen Saal bot, wenn auch die Gemeinde bis 1860 auf 28 000 Mitglieder angewachsen war: Gesellschaftlich wurde die Religion mehr und mehr zur Privatsache. Dem folgte bei der schulischen Ausbildung auch das jüdische Auerbach'sche Waisenhaus. Für das Jahr 1870 vermeldete das Knabenwaisenhaus den Besuch von 17 Kindern am Sophien-Gymnasium, während 28 die Dorotheenstädtische Realschule besuchten. Ein Besuch der jüdischen Knabenschule ist nicht verzeichnet.[8] Von den 20 Mädchen im Waisenhaus besuchte 1874 eines die Königliche Augusta-Schule mit dem Ziel, Lehrerin zu werden, 16 gingen auf eine private höhere Töchterschule, während drei zum „praktischen Leben" herangebildet wurden.[9] Die jüdische Mädchenschule kommt nicht mehr vor. 1881 lebten 20 Mädchen im Waisenhaus, von ihnen besuchte eines die Königliche Augusta-Schule, drei die Lehrerinnenbildungsanstalt des

Schulvorstehers Richard Vogeler, eines das Kindergärtnerinnenseminar, 13 die Louisen-Schule und vier eine private höhere Töchterschule.[10] Für das Vorjahr berichtete die Knabenanstalt von 52 Jungen, die sich auf die folgenden Schulen verteilten: 17 Kinder im Friedrichs-Gymnasium, zehn in der Friedrichs-Realschule und 24 in der Dorotheenstädtischen Realschule.[11] Diese Entwicklung setzte sich bis zum Beginn des Ersten Weltkriegs fort. Nur die wenigsten Kinder aus dem Auerbach besuchten noch die Jüdische Knaben- oder Mädchenschule.

Die Zahl der betreuten Kinder wuchs in den Jahren bis 1914 stetig an. Offenbar überstieg das Interesse jüdischer Erziehungsberechtigter, Waisen bzw. Halbwaisen in dem renommierten Hause unterzubringen, durchgängig die Kapazitäten der Anstalt. Bewirkte vor dem Umzug in die Oranienburger Straße das unzureichende Raumangebot in der Rosenstraße eine Limitierung der aufnehmbaren Zöglinge, so waren es nach dem erfolgten Umzug 1854 zunächst die fehlenden finanziellen Mittel, die die gewünschte Erhöhung der Kinderzahl unmöglich machten. Ein Teil der Räumlichkeiten des neuen Gebäudes musste an Privatpersonen vermietet werden, weil das Geld knapp war. Nach einer Konsolidierung der finanziellen Lage mussten die Mieter das Gebäude verlassen, was den für die Waisen zur Verfügung stehenden Raum vergrößerte. Die Zahl der Kinder stieß jedoch nach einigen Jahren erneut an Grenzen, da nun das Platzangebot erneut nicht mehr ausreichte, wie mehrfach beklagt wurde. 1867 konnte ein neu erbauter Seitenflügel eingeweiht werden, der die Kapazität des Hauses weiter erhöhte. Damit schienen die Möglichkeiten auf dem Grundstück an der Oranienburger Straße aber ausgeschöpft, sodass man sich zu Beginn der 1890er Jahre dazu entschloss, einen Umzug und den Bau eines neuen Hauses an anderer Stelle in Berlin ins Auge zu fassen. Mit diesem erneuten Umzug, nun in die Schönhauser Allee 162, erhöhte sich 1897 der zur Verfügung stehende Raum von bisher 1263 auf 4724 Quadratmeter Grundstücksgröße. So konnten statt zuletzt maximal 51 Jungen und 26 Mädchen im alten Gebäude nun bis zu 70 männliche und 35 weibliche Kinder im neuen Haus aufgenommen werden.[12] Diese Zahl wurde freilich bis 1914 nie ganz erreicht, wenn sich auch die Zahl der Kinder bedeutend erhöhte.

1864/65, kurz nach dem Umzug des Waisenhauses in die Oranienburger Straße, lebten dort 34 Jungen und 14 Mädchen. 1876 waren es schon 50 Knaben und 21 Mädchen. Die Zahl der Jungen erhöhte sich in den folgenden 20 Jahren nur noch minimal auf 52, die der Mädchen stieg geringfügig bis auf 26 im Jahr 1889 an. Nach dem Umzug in die Schönhauser Allee im Jahr 1897 wuchs die Zahl der betreuten Kinder kontinuierlich weiter. 1914 lebten im Auerbach'schen Waisenhaus 59 Jungen und 31 Mädchen, zusammen also 90 Kinder. Die maximal mögliche Zahl von 105 Kindern war also bis zum Beginn des Ersten Weltkriegs nicht ganz erreicht worden, wobei in späteren Berichten die höchste Belegungszahl mit nur noch 100 angegeben wird.[13]

Als Erzieher fungierten neben dem Waisenhausdirektor Leonhard Auerbach zunächst drei Männer im Knabenwaisenhaus, von denen einer für den Hebräisch- und Religionsunterricht zuständig war. Bei den Mädchen arbeitete eine Erzieherin. 1869 fand eine Reorganisation statt. Im Ergebnis waren danach bei den Jungen zwei Erzieher beschäftigt. Jeder von ihnen führte eine Abteilung und hatte unter anderem die Aufgabe, die Schularbeiten seiner Zöglinge zu beaufsichtigen. Bei der Aufsicht über den gesamten Tag und die Nacht – die Erzieher schliefen ja nahe bei den Kindern – wechselten sich die beiden Männer ab. Den eingesparten Erzieher ersetzte ein eigener Hebräisch- und Religionslehrer. Dies sei eine Reaktion darauf, dass nun sämtliche Jungen städtische höhere Lehranstalten besuchten, was eine intensivere Beschäftigung mit dem Judentum im Waisenhaus notwendig mache, hieß es zur Begründung. Leonhard Auerbach engagierte deshalb zum 30. Dezember 1869 den damals in jüdischen Kreisen bekannten Prediger und Rabbiner Dr. Samuel Apolant, der daraufhin viele Jahre im Auerbach'schen Haus als Religionslehrer tätig war.[14] Er unterrichtete die Knaben in drei Klassen an jeweils drei Wochenstunden und übernahm an den Festtagen auch die Predigten in der Haussynagoge. In der ersten Klasse gab es einen „systematischen Religions-Unterricht“ sowie Erläuterungen zum Pentateuch (den ersten fünf Büchern Mose) und den Festgebeten. In der zweiten Klasse vermittelte der Lehrer vor allem biblische Geschichte. In der dritten schließlich ging es für die jüngsten Kinder um das Verständnis der jüdischen Religion.[15] Täglich wurde für alle Kinder ein Frühgottesdienst begangen. Die Festtage würden „nach den üblichen Gebräuchen unserer heiligen Religion streng gehalten“, hieß es. Allerdings gestand man wenige Sätze zuvor ein, dass die Zöglinge nun, da sie nicht länger eine jüdische Schule besuchten, auch am Samstag, also dem arbeitsfreien Schabbat, zum Unterricht erscheinen mussten.[16] Für die Festtage war im Waisenhaus ein Vorbeter engagiert. Wie weit sich die äußeren Formen des Religionsunterrichts christlichen Formen angenähert hatten, zeigt die Tatsache, dass bei der Vorbereitung zur Bar Mitzwa, also der religiösen Mündigkeit, in Anlehnung an evangelisch-christliche Sitten von einem „besonderen Confirmations-Unterricht“ im Waisenhaus die Rede war.[17]

Die Aufsicht der Erzieher über die Hausaufgaben war streng: „In den von uns geführten Arbeitslisten wird an jedem Tag über die Anfertigung der Schularbeiten durch jeden Zögling eine besondere Beurtheilung durch Nummern festgestellt. Durch den dankenswerten Eifer unserer Erzieher haben wir sehr günstige Resultate erzielt. Auch der Director der Anstalt, welcher überdies eine Revision sämmtlicher Bücher und Hefte in jeder Woche anstellt, hat eine Anzahl Knaben unter seine besondere Beaufsichtigung während des abgelaufenen Jahres genommen“, heißt es im Jahresbericht von 1870.[18]

Zudem unterrichtete an zwei Stunden in der Woche ein Gesangslehrer die Kinder, wozu auch gottesdienstliche Gesänge gezählt wurden. Später kamen Turnstunden sowie für besonders Begabte – auch für Mädchen – Klavierunterricht hinzu. Und schließlich vermittelte in späteren Jahren ein Gemeindeschullehrer den männlichen Kindern Werkunterricht mit Hobeln und Schnitzarbeiten, genannt Handfertigungsunterricht.[19]

Spätestens in den 1880er Jahren führte das Waisenhaus die Ausgehzeiten für die Kinder zu Verwandten an Sonntagen ein, die dort bis

Anfang der 1940er Jahre üblich blieben. „An jedem Sonntag und allen Festtagen ist es den Zöglingen Nachmittags gestattet, ihre Angehörigen zu besuchen. Ein nachteiliger Einfluss auf die Ordnung und Pünktlichkeit innerhalb der Anstalt hat sich dadurch nicht herausgestellt", heißt es im Jahr 1884.[20] Vom Entzug dieser Erlaubnis als Strafandrohung war nicht die Rede. Wohl aber sollten sich die Kinder gegenseitig kontrollieren und helfen: „Jeder ältere Zögling hat einen jüngeren zu beaufsichtigen, jeder in der Schule fortgeschrittenere einen oder mehrere Zöglinge unter steter Kontrolle der Erzieher bei Anfertigung der häuslichen Arbeiten Nachhilfe zu leisten."

Bei den Mädchen wurde um 1870 die Zahl der Erzieherinnen auf nunmehr zwei verdoppelt. Dabei blieb es über Jahrzehnte, wobei die Fluktuation äußerst gering war und manche Frauen dem Hause sehr lange verbunden blieben. Eine erste Erzieherin war für die „wissenschaftliche Ausbildung" zuständig, die zweite unterrichtete an jedem Nachmittag außer an den Feiertagen Handarbeiten. Sie führte auch die Aufsicht über den Zustand von Wäsche und Kleidung, wobei die Mädchen weiterhin auch für die Reparatur der Knabenhosen und -hemden im Jungenwaisenhaus zuständig blieben. Wer „in das praktische Leben" einzutreten gedachte, also nicht als Lehrerin oder Kindergärtnerin zu arbeiten beabsichtigte, erhielt zusätzlich eine Ausbildung an der Nähmaschine. Der Gesangsunterricht beschränkte sich bei den Mädchen auf nur eine Stunde. Gehobelt und geschnitzt wurde beim weiblichen Geschlecht nicht.[21]

Es würde hier zu weit führen, alle Erzieherinnen und Erzieher aufzuführen, die im Lauf von mehr als 100 Jahren im Auerbach'schen Waisenhaus tätig gewesen sind. Für das 19. Jahrhundert soll es bei einem einzigen Namen bleiben, der in den Jahresberichten zwischen 1867 und 1871 Erwähnung findet: dem über viereinhalb Jahre dort arbeitenden „Dr. Phil. Breßlau", der zusammen mit einem Kollegen dort „mit bestem Erfolge" tätig war, wie es heißt.[22]

Hinter diesem Namen verbirgt sich ein 1848 geborener junger Mann, der parallel zu seiner Tätigkeit im Waisenhaus ein Studium in Berlin mit

Promotion an der Universität Göttingen absolvierte. Harry Breßlau sollte einmal einer der berühmtesten Mittelalterhistoriker Deutschlands werden und noch dazu ein Kämpfer für die jüdische Gleichberechtigung. Breßlau unterrichtete im Rahmen des Hebräisch- und Geschichtsunterrichts im Waisenhaus Jüdische Geschichte. Wie sehr er dem Auerbach verbunden war, geht auch daraus hervor, dass er der Waisenhausbibliothek mehrfach Bücher spendete, so die 1853 erschienene „Illustrierte Geschichte des Kaisers Napoleon I." oder die „Skizzen und Bilder aus der Krim". Zu seinem Abschied am 1. April 1871 heißt es im 38. Jahresbericht des Auerbach'schen Waisenhauses, Breßlau sei „mit ausgezeichnetem Erfolg tätig" gewesen. „Durch seine streng sittliche Haltung, sein gediegenes Wissen, wie sein ganzes wissenschaftliches Streben war er den Zöglingen ein schönes Vorbild", wurde er belobigt.[23] Breßlau wechselte 1871 als Lehrer zur Frankfurter jüdischen Schule Philanthropin, bevor ihn ein Ruf an die Berliner Universität erreichte. Hier konnte sich Breßlau nach seiner Habilitation als außerordentlicher Professor für Geschichte etablieren. Eine ordentliche Professur blieb ihm, dem Juden, zunächst versperrt. Erst einige Jahre später durfte er dann doch zum ordentlichen Professor aufsteigen, unterstützt von fast allen seinen Kollegen – aber angefeindet von Heinrich von Treitschke, der behauptete, es sei „nicht richtig, den einzigen ordentlichen Lehrstuhl für mittelalterliche Geschichte, die mit der Geschichte der christlichen Kirche unzertrennlich zusammenhängt, einem Nicht-Christen anzuvertrauen".[24]

Es war dieser Treitschke, der Ende 1879 den Berliner Antisemitismusstreit vom Zaun brach: Der Historiker hatte in den „Preußischen Jahrbüchern" einen „inneren Feind" ausgemacht, den es zu bekämpfen gelte: „den" Juden. „Die Juden sind unser Unglück", so lautete ein Kernsatz in Treitschkes antisemitischem Sermon. Dies geschah wohlbemerkt nur wenige Jahre nach der rechtlichen Gleichstellung der religiösen Minderheit im 1871 gegründeten Kaiserreich – und kurz nach einem schweren Börsenkrach, für den Antisemiten die Schuld bei den Juden suchten. Die meisten Fachkollegen Treitschkes nahmen gegen ihn Stellung. Auch

Breßlau ergriff das Wort: Treitschke habe mit seinen irrigen Schlüssen eine große Zahl Menschen „tief gekränkt", schrieb er.[25] Dass die Vorurteile gegen Jüdinnen und Juden dennoch blieben, davon konnte sich Harry Breßlau selbst überzeugen: Bei einer neuerlichen Besetzung einer ordentlichen Professur in Berlin zog er den Kürzeren – und es mangelte dabei nicht an antisemitischen Vorurteilen gegen den „Nicht-Christen". So kam es, dass der deutschnational denkende, an eine vollständige Assimilation der Juden glaubende, aber seine Religion niemals verleugnende jüdische Preuße Harry Breßlau schließlich einem Ruf nach Straßburg folgte, damals im äußersten Westen Deutschlands gelegen. Als die Stadt nach dem Ersten Weltkrieg an Frankreich fiel, wurde Breßlau als „militanter Pan-Germane" aus seiner Wahlheimat ausgewiesen und lebte fortan in Heidelberg.[26]

Zuvor aber hatte Harry Breßlau sein Lebenswerk verfasst: Sein „Handbuch der Urkundenlehre für Deutschland und Italien", erstmals im Jahre 1912 erschienen, gilt bis heute als Standardwerk für Mittelalterhistoriker. Über Jahrzehnte arbeitete er bei den „Monumenta Germaniae Historica", einer wissenschaftlichen Editionsreihe von Dokumenten zur Geschichte des Mittelalters. Aber auch seine Verdienste um die Erforschung jüdischer Geschichte sind groß. Unter seinem Vorsitz gründete sich 1885 die Historische Kommission für die Geschichte der Juden in Deutschland. Harry Breßlau starb 1926.

Es ist augenfällig, dass Harry Breßlaus Vorstellungen von einem starken, einigen Deutschland unter Leitung eines Monarchen den Idealen entsprachen, die auch für das Auerbach'sche Waisenhaus galten. Hinzu kam in beiden Fällen die Bejahung eines aufgeklärten Judentums, gepaart mit der Ablehnung einer Konversion zum Christentum – diese „Judentaufen" wurden im letzten Drittel des 19. Jahrhunderts immer populärer.

„Alle noch bestehenden, aus der Verschiedenheit des religiösen Bekenntnisses hergeleiteten Beschränkungen der bürgerlichen und staatsbürgerlichen Rechte werden hierdurch aufgehoben."[27] Diese Bestimmung, verabschiedet am 3. Juli 1869 durch den Reichstag des Norddeutschen

Bundes, markierte endlich die rechtliche Gleichstellung der Juden, die mit der Gründung des Deutschen Reichs 1871 auf ganz Deutschland ausgedehnt wurde. Allerdings folgte die Praxis nicht immer dem Paragraphen: In Preußen etwa garantierte Artikel 14 weiterhin der christlichen Religion einen privilegierten Status. Und immer noch blieb Juden etwa der Rang eines preußischen Offiziers verwehrt. Offene und verdeckte Diskriminierungen sorgten zusammen mit einer Tendenz zur Säkularisierung unter den Jüdinnen und Juden dafür, dass viele Menschen ihre Religionszugehörigkeit als Belastung für ihr individuelles Fortkommen empfanden oder als nicht mehr so wichtig erachteten. Deshalb ergriffen Angehörige der jüdischen Minderheit von rund 500 000 Menschen unter den etwa 41 Millionen Einwohnern Deutschlands (1871) zunehmend die Möglichkeit, ihre Gleichstellung ganz individuell zu beschleunigen – durch eine Taufe, oder, möglich ab 1873, durch den Austritt aus der jüdischen Gemeinschaft, ohne sich danach dem Christentum anzuschließen. Zudem kam es im Kaiserreich vermehrt zu gemischten Ehen zwischen Juden und Christen, auch dies eine Folge der Säkularisierung, die religiöse Grenzen durchlässiger machte. Die Kinderzahl bei Ehen zwischen jüdischen Partnern war stark rückläufig, was sich damit erklären lässt, dass Juden stärker noch als der Durchschnitt der deutschen Bevölkerung Berufen mit höherem Einkommen nachgingen. All dies ließ eine Schrumpfung und Krise der jüdischen Gemeinschaft befürchten. Tatsächlich sorgte nur der Zuzug osteuropäischer Jüdinnen und Juden nach Deutschland dafür, dass sich die Stärke der jüdischen Bevölkerung in den folgenden Jahrzehnten nur marginal veränderte.

Noch 70 Jahre zuvor hatten deutsche Jüdinnen und Juden vor allem in Kleinstädten und Dörfern gelebt. Nun, mit der sich beschleunigenden Industrialisierung und der daraus folgenden Urbanisierung, zog es noch mehr Menschen in die großen Städte. 1871 lebten bereits 36 325 Juden in Berlin. 1910 waren es schon 144 943.[28] Dabei blieb ihr geringer Anteil an der Gesamtbevölkerung mit 4,3 Prozent gleich – eine Folge der Entwicklung Berlins zu einer Metropole mit mehr als einer Million Einwohnern in den 1870ern. 1910 lebten bereits über 3,7 Millionen Menschen in der deutschen Reichshauptstadt.

Das Auerbach'sche Waisenhaus passte sich dieser Entwicklung an – etwa durch den Eintritt der Kinder in öffentliche statt religiös geprägte Schulen, an denen auch am Samstag unterrichtet wurde. Die Verantwortlichen waren aber keineswegs bereit, ihre religiöse Identität zur Disposition zu stellen. „Die Anstalten sollen im Geiste einer wahrhaft frommen und erleuchteten jüdischen Familie geführt werden und dahin wirken, dass den Waisen die jüdische Religion ein klar erkanntes geistiges Besitztum und zur Herzenssache werde. Die rituellen Vorschriften müssen sowohl in der häuslichen Feier des Sabbathe und der Festtage als in der Führung der Wirtschaft streng beobachtet werden", heißt es im revidierten Statut des Waisenhauses von 1887.[29] Säkularisierten Juden standen schließlich im Falle der Not auch die öffentlichen Häuser zur Verfügung. Die Tatsache, dass das Auerbach'sche Waisenhaus zu keinem Zeitpunkt in der Lage war, die große Zahl der Wünsche nach einer Aufnahme von Jungen und Mädchen zu erfüllen, spricht für sich. Die Kombination zwischen einer religiösen und zugleich bürgerlichen und staatsbejahenden Erziehung verlor trotz der Entfernung vieler deutscher Juden von ihrem Glauben nicht an Attraktivität.

Zu dieser Erziehung zählte weiterhin und unbedingt die Zustimmung zur preußischen – und mit der Reichseinigung von 1871 – deutschen Monarchie. Seit dem Jahr 1867 stand die Knabenanstalt unter dem „Hohen Protektorat Seiner Kaiserlichen und Königlichen Hoheit des Kronprinzen" Friedrich Wilhelm, während das Mädchenhaus den Schutz „Ihrer Königlichen Hoheit der Frau Kronprinzessin" Victoria genoss, wie voller Stolz auf den Titelblättern der Jahresberichte der Waisenhäuser vermerkt wurde. Beide waren aus Anlass der Einweihung der Erweiterungsbauten im selben Jahr Gäste des Waisenhauses in der Oranienburger Straße. Friedrich Wilhelm (1831–1888) galt als ein den Juden eher zugeneigter Thronfolger, der 1880 demonstrativ und in Uniform die Neue Synagoge in Berlin zu einem Gottesdienst besuchte und bei anderer Gelegenheit den Antisemitismus als eine „Schmach für Deutschland" bezeichnete. Seine von vielen Jüdinnen und Juden mit großen Hoffnungen verbundene Regentschaft als preußischer König und deutscher Kaiser währte allerdings nur 99 Tage. Im „Dreikaiserjahr" folgte Friedrich III., wie er sich als Kaiser nennen ließ, seinem Vater Wilhelm I. Doch schon am 15. Juni 1888 starb auch Friedrich III., worauf sein Sohn Wilhelm II. die Regentschaft bis zum Ende der preußischen Monarchie übernahm.

Das Prinzenpaar hatte wohl Hunderte solche Protektorate wie das des Auerbach bei sozial wirkenden Einrichtungen in Deutschland inne. Gleichwohl versäumte es das jüdische Waisenhaus nicht, die „hohen Herrschaften" bei jeder sich bietenden Gelegenheit in Ehren zu halten. So wurden regelmäßig nicht nur die Todestage des Gründers Baruch Auerbach, seiner Ehefrau Emma und von bedeutenden Freunden und Gönnern der Anstalt begangen. Feste Programmpunkte des Jahres bildeten auch die Feiern der höfischen Geburtstage. Hinzu kamen nach dem von Deutschland siegreich beendeten Krieg gegen Frankreich die jährlichen Feiern am „Sedantag" am 2. September, in Erinnerung an die Kapitulation der französischen Armee. Im Kriegsjahr 1871 hatte sich Leonhard Auerbach im Vorwort des entsprechenden Jahresberichts zu einem wahren Heldenepos hinreißen lassen: „Ernst und drohend begann es. Schwere Besorgnis ob der kommenden Stürme durchwogte auch unser Herz, aber der Gott, der uns durch so viele Hindernisse wunderbar geleitet, nahm auch den Herzen sein Bangen, gab uns Kraft und Zuversicht. Er spendete unserem erhabenen Helden-Kaiser, den erlauchten Heerführern und dem tapferen Heere unvergänglichen Ruhm und glorreichen Sieg und mit den ruhmgekrönten Scharen zog des Friedens Glück und Wonne in die heimatlichen Fluren wieder ein."[30] In den folgenden Jahrzehnten wurde der Sedantag in ganz Preußen an allen Schulen und vielen weiteren Einrichtungen begangen, die Teilnahme einer jüdischen Institution wie des Auerbach'schen Waisenhauses symbolisiert also auch die Teilhabe der Minderheit am deutschen Sieg über den vorgeblichen „Erbfeind" Frankreich und der eigenen Nationswerdung. Zusammenfassend heißt es zu den Jubelfeiern im Auerbach'schen Waisenhaus:

„Am 22. März und am 30. September haben wir, dem patriotischen Geiste unseres Hauses getreu, die Allerhöchsten Geburtstage Ihrer Majestäten des Kaisers und der Kaiserin, sowie am 18. October und am 21. November die Höchsten Geburtstage unserer Erlauchten Protectoren, Ihrer Kaiserlichen und Königlichen Hoheiten des Kronprinzen und der Frau Kronprinzessin, auf das Festlichste begangen. Des Vormittags fand ein feierlicher Festgottesdienst statt, bei welchem die Zöglinge durch den Director der Anstalt in einer patriotischen Ansprache auf die hohe Bedeutung dieser Tage hingewiesen wurden. Gebet und Gesang beschloss die Feier. Mittags fand eine festliche Speisung der Zöglinge statt, Abends war die ganze Fronte des mit Fahnen geschmückten Hauses jedesmal erleuchtet. Am 2. September, dem Tage der Entscheidungsschlacht bei Sedan, machten unsere Zöglinge einen gemeinsamen Ausflug und kehrten nach froh verlebten Stunden, welche durch Spiele und Gesänge patriotischer Lieder verschönert wurden, Abends spät heim."[31]

Im „Verzeichnis der eingegangenen Gaben" taucht das Prinzenpaar selbstverständlich außerhalb des Alphabets und an erster Stelle auf. Für das Jahr 1875 ist von den „Erlauchten Protectoren" eine Spende in Höhe von 50 Talern verzeichnet.[32] Als Kaiser Friedrich 1888 verstarb, war das für das Auerbach'sche Waisenhaus ein Trauertag: „In weihevoller Feier ward den trauererfüllten Zöglingen ein Bild von dem Leben und Wirken und den gottergebenen Leiden des Verklärten dargestellt, welcher ihnen eine Leuchte war und immer bleiben wird zu allen Edlen und Guten. Bis in die fernsten Zeiten wird unser Haus Sein Andenken segnen mit unauslöschlichem Dank."[33] Fortan blieb nur das Protektorat durch die „Kaiserin Friedrich" genannte Witwe Victoria, bis auch diese am 5. August 1901 verstarb.

Doch wir greifen der Geschichte voraus.

Im Jahr 1882 stand das 50-jährige Jubiläum des Auerbach'schen Waisenhauses an. Die Feierlichkeiten glichen einem Triumphzug. An einem Abend im April waren sämtliche ehemaligen Zöglinge und Erzieher eingeladen, dazu ihre Ehepartner. Etwa 270 Personen erschienen und machten damit deutlich, dass die Rede Auerbachs von einem „Elternhaus für Waisen" viel mehr war als nur hohles Gerede. Die ehemaligen Auerbacher waren es auch, die eine Marmorbüste des Gründers Baruch Auerbach stifteten, die am Jubeltag enthüllt wurde.[34] Aber nicht nur Ehemalige, Freunde und Gönner, sondern auch wichtige Vertreter der Stadt und des Staates wie der Polizeipräsident und der kommandierende General von Berlin fanden sich am 10. April gegen Mittag in den festlich geschmückten Räumlichkeiten in der Oranienburger Straße 38 ein. Auch der Kronprinz und seine Gattin beehrten die Versammlung mit ihrer Anwesenheit, und sie überreichten dem Waisenhausdirektor Leonhard Auerbach und einem Vorstandsmitglied auch noch eine Auszeichnung – nur die 4. Klasse des preußischen Kronenordens, aber immerhin! Anschließend ertönte der Jubelgesang:

„Hoch Jubelhymnen klinget voll Dank und Innigkeit!
Dem Vater aller Waisen sei unser Sang geweiht!
Denn heut vor fünfzig Jahren aus Nichts dies Haus erstand,
Was klein in Gott begonnen, ward groß durch seine Hand.

Sein Geist war Licht und Führer dem Gründer alle Zeit,
Dem Edlen, der sein Leben den Waisen ganz geweiht;
Der nur voll Gottvertrauen sein Werk so groß gemacht,
Sein sei in dieser Stunde mit inn'gem Dank gedacht!

Heut wächst sein Haus gesegnet und Segen spendend fort!
Wie glänzt's nach fünfzig Jahren als aller Waisen Hort!
Der Protectoren Gnade ward uns ein hohes Gut;
Der edlen Menschen Liebe gab uns stets Kraft und Muth!

So mög' die Stiftung wachsen, mit ihr der Kinder Schaar!
Mag Gott uns Segen spenden, und schützen vor Gefahr,
Ja! Wahrheit, Liebe, Treue sei unser festes Band,
Mit Gott für unsern Kaiser und für das Vaterland."[35]

Die Reime mögen keine große Literatur darstellen, aber sie geben doch etwas wieder vom Stolz der Verantwortlichen des Waisenhauses auf das Erreichte, auf ihre geistige Verankerung im preußischen Staat. Bei allem uns heute befremdlich erscheinenden Pomp und Prunk bei der „Jubelfeier" am 10. April 1882 gilt es festzuhalten: Eine höhere Auszeichnung für eine jüdische Einrichtung war damals kaum vorstellbar. Das dürfte den Verantwortlichen durchaus bewusst gewesen sein – der im Folgejahr erschienene Bericht über die Feierlichkeiten lässt kein Detail aus und umfasst immerhin 60 eng bedruckte Seiten.[36]

Die 50-Jahresfeier von 1882 mag vielen Menschen im Umfeld des Auerbach'schen Waisenhauses den Eindruck vermittelt haben, dass die jüdische Minderheit nun endlich fest verankert in der Mitte der Gesellschaft stünde, nicht länger antisemitischen Ressentiments ausgesetzt, sondern anerkannt als deutsche Patrioten. Dass dem nicht so war, mussten sie schon im Folgejahr erfahren. Da war in der Presse im Zusammenhang mit dem Auerbach'schen Waisenhaus von „delikaten Verhältnissen" die Rede, von einem „leichtfertigen, zu Depensen besonders geneigten Charakter" von Ida Auerbach, der Gattin des Waisenhausdirektors.[37] Da wurde von einer überstürzten Reise Leonhard Auerbachs nach Brüssel berichtet, vom gefährdeten guten Ruf der Anstalt. Ein antisemitisch eingestelltes Berliner Blatt schrieb, die „Judenpresse" schweige hier einen Skandal tot und erging sich in dunklen Andeutungen über sexuelle Anzüglichkeiten, vergaß dabei auch nicht, die Ordensverleihung im Vorjahr zu erwähnen. Man gedenke, „die Details nur gelegentlich als Repressalien gegen jüdische Unverschämtheit zu verwenden", schrieb eine Zeitung über den angeblichen Skandal, selbstverständlich ohne ein näheres Wort über diese angeblichen Details zu verlieren, nach dem unter Antisemiten bewährten Motto: Es wird schon irgendetwas hängen bleiben. Juden waren in ihren Augen in Deutschland eben doch keine ganz normalen Untertanen des Königs und Kaisers, so wie die Christen.

Tatsächlich hatte sich Leonhard Auerbach offenbar an der Börse finanziell übernommen und war nach Brüssel abgereist. Seinen Posten als Direktor und Erster Vorsteher des Waisenhauses musste er zum 1. Juli 1883 aufgeben, Freunde beglichen seine Schulden. Die Familie kehrte Berlin den Rücken zu und blieb dauerhaft in der belgischen Hauptstadt. Angeregt durch die antisemitischen Presseattacken leiteten die Behörden eine Untersuchung ein. Sogar die belgische Staatsanwaltschaft wurde eingeschaltet, kam aber lediglich zu dem Ergebnis, dass Herr Auerbach mit seiner Familie legal in Brüssel lebe.[38]

Damit war die peinliche Angelegenheit offenbar überstanden. Als neuer Direktor fungierte kurzfristig und interimistisch der bisherige Erzieher der Knabenanstalt und Jurist Hermann Oberneck. Schon im März 1884 wurde er von Markus Brann (1849–1920) abgelöst, der bei einer Versammlung der 50 wahlberechtigten „Wohltäter" der Knaben- und Mädchenanstalten gewählt wurde. Doch der aus Breslau stammende Prediger und Religionslehrer blieb dann nur bis zum Jahresende und ging danach als Rabbiner in die schlesische Kleinstadt Pleß, dem heute polnischen Pszczyna.[39] Ein Dr. Engelmann, bis dahin Erzieher bei den Jungen, übernahm die interimistische Leitung, bevor am 17. Januar 1885 ein neuer Direktor bestimmt werden konnte.[40] Die Wahl fiel auf den in Gnesen, dem heutigen Gniezno, gebürtigen Abraham Strelitz, der seit 1875 als Lehrer für klassische Philosophie an der großen Stadtschule in Rostock gearbeitet hatte.[41] Er sollte die Anstalt 31 Jahre lang leiten.

In der Geschichte des Auerbach'schen Waisenhauses gilt Strelitz als ein besonders strenger Erzieher. Wie sich dies konkret ausdrückte, wird jedoch nicht ganz deutlich, und ob der 1884 berufene Gymnasiallehrer tatsächlich unnachgiebiger agierte als seine Vorgänger, bleibt Spekulation. Direktor Jonas Plaut schrieb in seiner unveröffentlichten Geschichte des Waisenhauses etwa 1932/33 über Strelitz:

„Über die Strelitz'sche Periode haben wir die meisten lebenden urteilsreichen Zeugen. Dass Kritik an den geübten Erziehungsmethoden nicht fehlt, ist selbstverständlich. Wie könnte es auch anders sein? Aber bei Beurteilung vergangener Epochen ist stets zu bedenken, dass das jeweilige Erziehungsideal immer abhängig und beeinflusst ist von dem jeweilig herrschenden politischen Ideal. In ‚Preußisch Berlin' war deshalb eine strenge Erziehung naturgegeben. Eine strenge Erziehung braucht aber noch lange keine schlechte zu sein. Nach dem wiederholten Wechsel in der Leitung war zudem eine energische Hand sehr am Platze. Es mag sein, dass auf schulmäßiges Lernen und einseitige Ausbildung des Intellektes zeitweise zu viel Gewicht gelegt wurde. Auch die oft beklagte und unterschiedliche Behandlung und Bewertung der Zöglinge nach den Erfolgen in der Schule mag hierauf zurückzuführen sein."[42]

Von den „urteilsreichen Zeugen" ist 90 Jahre später niemand mehr da, den man fragen könnte. Deshalb muss es bei den Andeutungen bleiben, die Plaut über seinen Vorgänger geschrieben hat.

Aber auch wenn Strelitz die traditionellen Erziehungsziele und -methoden fortsetzte und die Mädchen weiterhin für gewisse frauenspezifische Arbeiten wie das Ausbessern der Kleidung aller – also auch der männlichen – Zöglinge zuständig blieben: Zunehmend wurde mehr Wert auf die berufliche Ausbildung der Frauen gelegt. Das Waisenhaus finanzierte dazu nach ihrem Schulabschluss eine Berufsausbildung. Erst danach, „wenn sie erwerbsfähig sind", verließen sie die Anstalt.[43] Besonders viele Mädchen erhielten ihre Ausbildung im Kindergärtnerinnenseminar des Fröbel-Vereins und im Lette-Verein, wo sie anfangs die Haushaltsschule besuchten, später aber auch zu Fotografinnen ausgebildet wurden. Wieder andere besuchten eine Handelsschule. Angesichts der realen Verhältnisse um die Jahrhundertwende, als Frauen der Mittel- und Oberschichten nur selten einem eigenständigen Beruf nachgingen, waren die Erziehungsziele im Auerbach'schen Waisenhaus also vergleichsweise modern. Es blieb andererseits das erklärte Ziel der Anstalt, die jüdischen Mädchen möglichst gut zu verheiraten. Zu diesem Zweck bestanden etwa zehn Stiftungen, deren Zinseinnahmen aus dem gebildeten Kapitalstock für die Aussteuer der jungen Frauen verwendet wurden. Im Jahr 1900 betrug dieses Stiftungsvermögen allein 57 172,15 Mark.[44] Bei den Jungen blieb es der Wunsch der Anstalt, dass diese möglichst das „Einjährige", also den Abschluss der Untersekunda (10. Klasse) erreichten, bei entsprechender Befähigung aber auch gerne das Abitur machen und anschließend studieren sollten. Die Befähigung zum „Einjährigen" wurde „fast durchweg erreicht", wie Strelitz 1900 stolz vermelden konnte.[45] Mehrere spezielle Stiftungen kümmerten sich um das Fortkommen ehemaliger Zöglinge; mit deren Zinseinnahmen konnte zum Beispiel ein Studium unterstützt werden. Und schließlich gab es für jeden Zögling – also auch die Mädchen – ein durch das Waisenhaus angelegtes Sparkassenbuch, „dessen Inhalt durch die hierfür eingehenden Gaben nebst den auflaufenden Zinsen nach und nach wächst. Der Betrag des Sparkassenbuchs wird den Zöglingen nach ihrer Entlassung aus unserem Hause bei eintretendem Bedürfnis ausgehändigt." 1900 summierten sich die Gelder bei den Jungen auf 3294,87 Mark und bei den Mädchen auf 2670,73 Mark.[46]

In den ersten Jahren des beginnenden 20. Jahrhunderts war das Auerbach'sche Waisenhaus von Feiern und Ereignissen geprägt. Feststehende Termine waren die Geburtstage von Kaiser Wilhelm II. und von Kaiserin Friedrich, zu denen eine Ansprache des Direktors an die Zöglinge und die „festliche Speisung derselben" stattfanden. An den Sedantagen nahmen die Kinder an den von den Schulen veranstalteten Festakten oder Ausflügen teil. Gedenkfeiern gab es über das Jahr verteilt anlässlich der Todestage von Baruch Auerbach und seiner Frau Emma sowie für besonders verdiente Wohltäter der Anstalt. Am 10. April fand eine Gedächtnisfeier für die immerwährenden Mitglieder des Waisenhauses statt, bei der der Anstaltsprediger eine Gedächtnisrede hielt. Im Dezember ging es bei der Chanukka-Feier weniger getragen zu, es gab eine Bescherung, Direktor Strelitz hielt eine Rede und von den Kindern wurden kleine Theaterstücke aufgeführt. Im Mai machten die Kinder traditionell ihre eintägige Landpartie in die Umgebung Berlins – im Jahr 1900 waren die Pichelsberge nahe der Havel das Ziel.[47] Schon seit Mitte der 1880er Jahre durften diejenigen Kinder, die während der Sommerferien nicht zu Verwandten reisen konnten, an einem Erholungsurlaub außerhalb Berlins teilnehmen. Das Waisenhaus selbst blieb in dieser Zeit geschlossen. Die Reise ging häufig in eine „Ferienkolonie" nach Neustrelitz, aber auch in die Nähe von Oranienburg oder nach Kolberg an die Ostsee. Jungen und Mädchen machten getrennt Ferien, bisweilen auch in unterschiedlichen Orten. So ging es für die Knaben 1890 nach Fürstenwalde an der Spree, während die Mädchen in Kolberg an der Ostsee (heute Kołobrzeg in Polen) urlaubten. Dort konnten kränkliche Kinder auch im jüdischen Kurhospital gesund gepflegt werden. Zur Finanzierung bestand ein eigener Ferienkoloniefonds.

Die Erziehungsziele des Waisenhauses korrespondierten mit den Vorstellungen der Mittel- und Oberschicht im wilhelminischen Preußen. Aus ebendiesen Kreisen entstammten offenbar mehrheitlich die Zöglinge der Anstalt, „deren Eltern meist den gebildeteren Ständen angehört und einst in besseren Verhältnissen gelebt haben", wie Strelitz schrieb.[48] Die Kinder kamen weiterhin fast ausschließlich aus Berlin, so wie es im Statut der Anstalt festgelegt war. Der allergrößte Teil von ihnen besuchte weiterbildende staatliche oder städtische Schulen. 1903 gingen zum Beispiel 20 Jungen auf ein Gymnasium, 19 besuchten eine Realschule und nur zwölf wurden in der Jüdischen Gemeindeschule unterrichtet, davon wiederum die allermeisten in den unteren Klassen. Bei den Mädchen besuchten im gleichen Zeitraum 14 eine höhere Bildungsanstalt, acht eine private höhere Mädchenschule und nur vier die Jüdische Gemeindeschule.[49] Die Achtung vor der jüdischen Religion wurde im Waisenhaus auf ähnliche Weise gefördert wie schon zuvor, aber sie spielte für die Ausgestaltung des bürgerlichen Lebens keine so entscheidende Rolle mehr – obwohl Jüdinnen und Juden in Deutschland weiterhin Diskriminierungen unterlagen und der Antisemitismus keineswegs abnahm.

Strelitz' Regiment stieß auf die Zustimmung des Waisenhausvorstandes, der Wohltäter der Anstalt wie ihrer „Ehrenmütter", aber auch des Staates. 1910 feierte das Waisenhaus das 25-jährige Dienstjubiläum des Direktors. Die Behörden ehrten Abraham Strelitz aus diesem Anlass mit der Verleihung des Professorentitels.[50]

1897 waren in Basel mehr als 200 Abgesandte jüdischer Gemeinschaften zum Ersten Zionistenkongress zusammengetreten. Die Tagung, einberufen von dem Wiener Publizisten Theodor Herzl (1860–1904), markierte den Beginn des politischen Zionismus, dessen Ziel die Begründung einer jüdischen Heimstätte auf dem historischen Boden von Eretz Israel war, wobei das Gebiet damals zum Osmanischen Reich gehörte. Auch wenn die Begeisterung unter den Frühzionisten groß war, so bildeten diese besonders im westeuropäischen Raum doch nur eine kleine Minderheit unter den Jüdinnen und Juden. Die meisten der in Deutschland lebenden Juden sahen sich als loyale deutsche Bürger des Kaiserreichs, die keine Veranlassung zu einer Emigration in eine dünn besiedelte und wenig erschlossene Wüstenregion im arabischen Raum erkennen konnten. Dies dürfte auch und gerade für die Vertreter des monarchisch und deutschnational gesinnten Auerbach'schen Waisenhauses in Berlin gegolten haben. Informationen dazu lassen sich allerdings nicht auffinden. Die Berichte über Neuanschaffungen in der Bibliothek ergeben allerdings, dass dort keine zionistisch angehauchten Werke vertreten waren – ebenso wenig wie solche aus der Arbeiterbewegung um die Sozialdemokratische Partei und die Gewerkschaften. Schließlich empfanden die Verantwortlichen des Waisenhauses die bestehende Gesellschaftsordnung als positiv und bewahrenswert, ihre Gönner entstammten der Mittel- und Oberschicht und die Kinder sollten zu nützlichen Mitgliedern innerhalb des bestehenden Systems herangebildet werden. Dazu passten weder die revolutionären jüdisch-nationalen Vorstellungen der Zionisten noch die klassenkämpferischen Ideen der politischen Linken.

Ganz besonders geprägt war die „Strelitz-Epoche" im Auerbach'schen Waisenhaus von der Expansion der Anstalten, also dem Umzug in ein weit größeres Haus. Bereits Ende der 1870er Jahre waren erste Ideen über einen Umzug der Einrichtung in ein größeres Haus diskutiert worden, entfacht durch die Schwierigkeiten weitere Kinder aufzunehmen, obwohl der Wunsch danach offenkundig war. 1889 mündeten die Überlegungen schließlich in die Bildung eines Baufonds für den Kauf eines größeren Grundstücks und den Bau eines neuen Waisenhauses in Berlin.[51] Bestärkt durch eine hohe Einzelspende beschloss man im Juni 1895, das Haus in der Oranienburger Straße zu veräußern und ein größeres Grundstück zu erwerben, auf dem ein Neubau errichtet werden sollte. Dieses Grundstück an der Schönhauser Allee 162 im Stadtbezirk Prenzlauer Berg mit einer Größe von 4724 Quadratmetern konnte im selben Jahr zum Preis von 300 000 Mark gekauft werden, und die öffentliche Sammlung von Geldern in den „Kaiser-Friedrich-Baufonds" begann. Strelitz schrieb stolz davon, dass das älteste jüdische Waisenhaus Deutschlands mit dem Neubau auch die größte Einrichtung ihrer Art werde.[52] Zur Prüfung der Architektenentwürfe zog der Vorstand des Waisenhauses die Expertise eines Regierungsbaurats hinzu und entschied sich für den Entwurf der Architekten Hoeniger und Sedelmeier. Israel Johannes Hoeniger war seit 1881 auch Baumeister der Jüdischen Gemeinde zu Berlin und besaß seit 1887 eine gemeinsame Firma mit Jakob Sedelmeier. Von Hoeniger stammt der Entwurf der 1904 geweihten und noch heute bestehenden Synagoge in der Berliner Rykestraße.[53] Schon im März 1896 begann der neogotische Bau in der Schönhauser Allee, im September des gleichen Jahres stand der Rohbau, im April 1897 war das Gebäude fertiggestellt und konnte bezogen werden – ein Tempo, vom Grundstückskauf über die Baugenehmigung bis zur Fertigstellung, das gut 120 Jahre später in Berlin Verwunderung auslösen würde.[54] Und, noch erstaunlicher: Der Bau blieb im vereinbarten Kostenrahmen von 400 000 Mark! Wie schon beim Umbau des Hauses in der Oranienburger Straße wurde moderne Technik wie eine Warmwasserheizung und eine Ventilationsanlage eingerichtet.

Auch wenn das Gebäude im Zweiten Weltkrieg zerstört wurde und die Ruinen danach abgetragen worden sind, so ergeben die in Berlin-Pankow archivierten Bauakten zusammen mit den Informationen und Fotos aus dem 65. Jahresbericht des Auerbach'schen Waisenhauses, den Erinnerungen ehemaliger Zöglinge und den Bildern aus drei erhalten gebliebenen Fotoalben doch einen guten Eindruck von dem viergeschossigen, mit rotem Klinker verblendeten Gebäudekomplex.[55] Von einem solchen kann man wohl sprechen, denn das Haus gliederte sich auf immerhin 1639 Quadratmetern in ein Hauptgebäude und zwei Nebenflügel, die einen großen Innenhof einschlossen. Anders als der heutige Nachfolgebau war das Waisenhaus von der Straßenfront deutlich zurückgesetzt. Es ergab sich damit Raum für einen von schmiedeeisernen Gittern umgrenzten Vorgarten mit einer Rasenfläche. Dort stand auf einem Sandsteinpodest ein Kaiser-Friedrich-Denkmal in doppelter Lebensgröße. Es folgte einem Modell von Reinhold Begas (1831–1911), einem damals vielbeschäftigten Bildhauer, der unter anderem den Neptunbrunnen im Park am Berliner Fernsehturm (ursprünglich auf dem Schlossplatz) schuf.[56] Das Denkmal war selbstverständlich ein Statement für die Treue der jüdischen Anstalt gegenüber Preußen und den Hohenzollern. Sein Stifter Eugen Landau (1852–1935) zählte zu den langjährigen Vorstandsmitgliedern des Waisenhauses und war als Bankier und Industrieller für die Kassenprüfung der Anstalt zuständig. Er gehörte auch dem Vorstand der Jüdischen Gemeinde zu Berlin an und galt als Philanthrop vieler Einrichtungen.[57] Weitere Verbeugungen gegenüber der Monarchie in Form eines lebensgroßen Bildnisses von Kaiser Wilhelm II. sowie des verstorbenen Kaisers Friedrich und seiner Gemahlin Victoria – nebst Bildern wichtiger Gönner der Anstalt – befanden sich im großen Versammlungsraum im ersten Stockwerk, der normalerweise als Speisesaal für die Jungen diente. Im kleineren Speisesaal der Mädchen waren Büsten des Kaisers Wilhelm II. und der Gattin Kaiser Friedrich II., Victoria, genannt Kaiserin Friedrich, aufgestellt, zudem hingen dort Bilder von Frauen, die sich um das Waisenhaus verdient gemacht hatten.

Wie schon bei den Vorgängerbauten legten die Verantwortlichen großen Wert auf eine räumliche Trennung zwischen Jungen- und Mädchenhaus. Deshalb befand sich letzteres mit allen seinen Einrichtungen in einem der Seitenflügel, während die Jungen tagsüber vor allem im ersten Stock des Haupthauses untergebracht waren. Im zweiten und dritten Stockwerk lagen deren Schlafräume mit einem Schlafzimmer für den Erzieher in der Mitte, den Waschräumen – sowie davon abgetrennt – die hauseigene Synagoge. Von der mit der Büste Baruch Auerbachs geschmückten Eingangshalle im Erdgeschoss führte eine marmorne Haupttreppe zur Synagoge, dem Mädchenhaus und den Verwaltungsräumen, während ein besonderer Eingang nebst eigener Treppe den Zugang zum Knabenhaus bot. Im Erdgeschoss des Haupthauses befanden sich die Wirtschafts- und Werkräume. Im zweiten Seitenflügel waren die Turnhalle und – streng vom Rest der Einrichtungen getrennt – ein Krankenpavillon untergebracht, der auch eine Hausapotheke und ein ärztliches Sprechzimmer umfasste. In den Krankenzimmern mit zusammen zwölf Betten erfolgte endlich keine Trennung nach Geschlechtern, sondern nach der Ansteckungsgefahr. Getrennt sollten jedoch die gesunden Kinder spielen: Der von zwei Reihen Kastanienbäumen beschattete Innenhof blieb größtenteils den Knaben vorbehalten. Die Mädchen erhielten einen abgetrennten Spielplatz und eine eigene Gartenanlage. Direktor Abraham Strelitz wies darauf hin, dass im Hause „jeder Prunk vermieden worden [sei]; nur in den der Erbauung oder festlichen Gelegenheiten und Versammlungen dienenden Räumen ist von der sonstigen Einfachheit abgewichen worden“.[58]

Die 250 Plätze umfassende Synagoge befand sich im dritten Stock des Haupthauses. Als religiöse Einrichtung existierte zudem eine steinerne, 1882 von einem Wohltäter gestiftete Laubhütte, die am neuen Ort des Waisenhauses im Innenhof wiederaufgebaut wurde. Zur Ausschmückung der Hütte und der Speisung der Kinder am Laubhüttenfest bestand ein eigener Laubhüttenfonds mit einem Grundkapital von 4500 Mark.

Das Haus wurde am 22. April 1897 bezogen, die feierliche Einweihung erfolgte am 3. Oktober desselben Jahres gegen Mittag. Kaiserin Friedrich – also die Witwe des 1888 verstorbenen Kaisers mit dem eigenen

Namen Victoria – hatte sich entschuldigen lassen. Waisenhausdirektor Abraham Strelitz hielt im Betsaal der Synagoge eine ausgesprochen ausführliche Rede, in der er die Geschichte der Anstalt Revue passieren ließ. Sie endete mit den besten Segenswünschen an die Monarchen – an erster Stelle – an die Stadt Berlin und seine Bewohner – an zweiter Stelle – und an Israel, das Waisenhaus, die Kinder und den Vorsteher selbst – an dritter Stelle:

„Segne unsern erhabenen Kaiser und König, Wilhelm II., segne die Kaiserin und Königin Augusta Victoria, seine Gemahlin, segne unsere erhabene Protektorin, die Kaiserin-Mutter Friedrich, segne den Kronprinzen und das gesamte Herrscherhaus. Segne die hohen staatlichen, städtischen und geistlichen Behörden, die Vorsteher und Vertreter dieser Gemeinde sowie alle, die durch ihre Gegenwart und ihre freundliche Teilnahme diese Feier verschönt haben. Segne diese Stadt und ihre Bewohner, segne Israel in allen Orten und in allen Landen, segne unsere Anstalten, ihre Vorsteher, ihre Zöglinge, sowie alle, die in Treue an ihnen wirksam sind. Segne das gesamte Vaterland, dass Eintracht und beglückender Frieden in ihm weilen, dass Gottesfurcht, Bildung und Sitte die Gemüter seiner Bewohner durchdringen, dass Fleiß und Wohlstand die Volkskraft erhöhen und der Segen eines wohlgeleiteten Staatswesens empfunden werde in allen Kreisen und Ständen unseres Volkes. Darauf sprechen wir alle: Amen!“[59]

17 Jahre später, am Vorabend des Ersten Weltkriegs, erschien der 81. Jahresbericht des Auerbach'schen Waisenhauses.[60] Es sollte der letzte einer damals blühenden Anstalt sein. Und er konnte durchaus mit bemerkenswerten Leistungen aufwarten.

Finanziell stand die Institution hervorragend da. Das Grundstück wurde 1914 mit einem Wert von 743 900 Mark bilanziert. Das Vermögen der Knabenanstalt betrug 886 717,35 Mark, das des Mädchenhauses 443 258,90 Mark. Dieses „unantastbare“ Kapitalvermögen war zum größten Teil in Hypotheken auf Berliner Gebäude sowie in Pfandbriefen und Anleihen angelegt. Hinzu kam das Stiftungsvermögen zugunsten der Zöglinge, dessen Wert mit 684 187,67 Mark bilanziert wurde. Der Jahresetat im Jahr 1913 betrug 62 108,22 Mark für die das Jungen- und 31 552,26 Mark für das Mädchenhaus. Über Ein- und Ausgaben entschied der Vorstand des Waisenhauses, der nach mehrfacher Vergrößerung über neun Mitglieder verfügte und alle sechs Jahre neu gewählt wurde. Der spätere Direktor Jonas Plaut schreibt in seiner kurzen Geschichte des Waisenhauses über die Jahre vor dem Ersten Weltkrieg: „Die Baruch-Auerbachschen Waisen-Erziehungsanstalten gehörten zu den größten, angesehensten und reichsten ihrer Art in ganz Deutschland."[61]

31 Mädchen und 59 Jungen, zusammen also 90 Kinder, besuchten 1913/14 die Anstalt. Von ihnen waren 78 Halb- und sieben Vollwaisen; fünf Kinder entstammten geschiedenen Eltern oder von eheverlassenen Müttern. Das Durchschnittsalter betrug bei den Mädchen 13 ¾, bei den Jungen 12 ¾ Jahre. Weiterhin ging es dem Waisenhaus darum, primär jüdische Kinder aus Berlin zu unterstützen. Nur vier der Zöglinge kamen nicht aus der Reichshauptstadt.

Ein großer Teil der Kinder, auch der Mädchen, besuchte weiterführende Schulen. 17 Jungen gingen im Winterhalbjahr auf das Sophien-Gymnasium oder das Humboldt-Gymnasium, 23 besuchten das Sophien-Realgymnasium, die Königstädtische Oberrealschule oder die Städtische Realschule. Nur zehn Jungen gingen auf die Knabenschule der Jüdischen Gemeinde, weitere neun besuchten eine städtische Gemeindeschule. Von den Mädchen besuchten 16 das Sophien-Lyzeum und eines die Elisabeth-Oberrealschule. Fünf gingen auf die Ollmann'sche höhere Mädchenschule, zwei auf die städtische Gemeindeschule und nur drei auf die Mädchenschule der Jüdischen Gemeinde. Weitere junge Frauen gingen einer Berufsausbildung nach – eine in einem Lehrerinnenseminar, eine zweite als Dentistin, die dritte in Hauswirtschaft und zwei in einer Handelsschule. Eine säkulare Erziehung jenseits der Institutionen des Judentums hatte sich also endgültig durchgesetzt. Lediglich drei Jungen und ein Mädchen erreichten das Klassenziel nicht. Allerdings musste Direktor Strelitz auch berichten, dass zwei Zöglinge, „die sich für die Anstaltserziehung als durchaus ungeeignet erwiesen, den Angehörigen zurückgegeben" wurden.[62] Was dort konkret geschehen ist, wissen wir nicht.

Das Personal bewies große Treue. Erzieher Georg Stamper war schon seit 1897 im Dienst, seine Kollegin Dina Bril gar seit 1890. Der zweite Erzieher bei den Jungen, Richard Sternfeld, wechselte 1913 nach fünf Jahren im Auerbach als Assistent an die zoologische Abteilung des Senkenberg-Instituts in Frankfurt am Main. Er wurde durch den 1886 geborenen und frisch gebackenen Pädagogen und Philologen Hugo Preuß ersetzt.[63] Die zweite Erzieherin bei den Mädchen, die für die Handarbeiten zuständige Charlotte Ollendorff, war erst seit 1911 im Waisenhaus beschäftigt. Ergänzend zum Schulunterricht wurden im Waisenhaus Kurse und Nachhilfe in Religion, Turnen, Handarbeiten, Werken, Gesang, Klavierspielen und Stenographie geboten. Dazu wurden weitere Kräfte engagiert, darunter der Anstaltsprediger Meyer Dienstfertig, die Gemeindeschullehrer Hermann Pape und Ernst Liebenow sowie der Kapellmeister und Chordirigent an der Neuen Synagoge Albert Kellermann (1867–1923). Als Anstaltsarzt fungierte Leopold Feilchenfeld.

Über Jahrzehnte hinweg war in den Jahresberichten akribisch notiert worden, was aus den ausgeschiedenen Zöglingen geworden war, so auch im letzten Bericht von 1914.[64] Diese Bilanz dokumentiert den Erfolg des Auerbach'schen Waisenhauses in der bürgerlichen Gesellschaft des deutschen Kaiserreichs. Sie ist zugleich eine Erfolgsbilanz des deutschen Judentums und zeugt von der Integration in die christlich-deutsche Gesellschaft – aber auch davon, wie fern die Erziehung der Religion im Auerbach allen Bekenntnissen zum Trotz doch geblieben war. Denn unter den eingeschlagenen Berufen ehemaliger Auerbacher findet sich tatsächlich nicht ein Rabbiner oder ein in anderer Funktion für die jüdische Gemeinschaft Tätiger. Die gewählten Berufe spiegeln vielmehr die besondere professionelle Orientierung der Jüdinnen und Juden im Deutschen Reich bis 1933 wider.

Von 497 männlichen Personen, die zwischen 1833 und 1914 ihre Erziehung im Auerbach'schen Waisenhaus erhalten hatten oder noch erhielten, ergriffen 214, also mehr als 40 Prozent, den Beruf eines Kaufmanns. Rechnet man die sieben verstorbenen und 59 noch im Waisenhaus befindlichen Personen ab, sind es sogar mehr als 50 Prozent. Dieser hohe Anteil entspricht der Überrepräsentanz der Minderheit in diesem Bereich in Deutschland. 1907 waren 41,5 Prozent der berufstätigen Juden von Juden in den Bereichen Handel, Versicherung, Verkehr und Transport tätig.[65] 126 ehemalige Auerbacher wandten sich der Technik oder dem Handwerk zu. Das Spektrum ist dabei weit gefächert und reicht von einem Bierbrauer über drei Feinmechaniker, fünf Schriftsetzer und sechs Tapezierer bis hin zu fünf Elektrotechnikern und neun Maschinenbauern. 16 Personen aus dieser Kategorie haben sich, wie es heißt, „dem Fabrikwesen gewidmet“, wobei unklar bleibt, ob als Fabrikanten oder Fabrikarbeiter – vermutet werden kann ersteres. Weitere 43 Männer wählten einen wissenschaftlichen Beruf. Darunter befinden sich 19 Ärzte, Zahnärzte und Tierärzte, fünf Rechtsanwälte sowie acht Lehrer. Sechs ehemalige Waisenknaben wurden Apotheker und lediglich fünf wählten einen künstlerischen Beruf wie Maler, Schauspieler oder Architekt. Bei 37 Personen erfolgte keine nähere berufliche Aufschlüsselung, sondern lediglich der Hinweis, dass diese zu ihren Angehörigen zurückgekehrt seien.

Von den 172 Waisenmädchen hatten über die Hälfte geheiratet und ging nach damaligem Verständnis als Hausfrau, Gattin und Mutter keinem Beruf nach. Der Anteil der berufstätigen Frauen entsprach mit 45,5 Prozent etwa dem Durchschnitt, der reichsweit für das Jahr 1907 angegeben wird[66]: 34 Personen gingen einem hauswirtschaftlichen Beruf nach, 28 waren in der Buchführung beschäftigt und immerhin 23 arbeiteten als Lehrerinnen oder Erzieherinnen. Weiterhin finden sich Kindergärtnerinnen, Schneiderinnen, Fotografinnen, eine Zahnärztin sowie weitere Berufe. Akademikerinnen waren nicht vertreten, was nicht weiter verwundert, da Studentinnen erst seit 1908 an preußischen Hochschulen zugelassen waren. 24 Frauen waren zu ihren Angehörigen zurückgekehrt.

In der Statistik des Waisenhauses findet sich nicht eine Arbeiterin und auch die Zahl der Arbeiter aus den Reihen der männlichen Zöglinge war zumindest sehr gering. Dies erklärt sich auch dadurch, dass der Anteil einfacher Arbeiter unter den arbeitenden deutschen Juden insgesamt geringer ausfiel als beim Durchschnitt der Bevölkerung. Bei den Auerbachern allerdings unterschritt deren Zahl noch einmal den geringen Durchschnittswert. Das passte zum Wertekanon der Einrichtung, aus Kindern einer von einem Todesfall betroffenen jüdischen Familie geachtete Bürger der wilhelminischen Gesellschaft zu machen.

Preußisch bis in die Knochen und zugleich deutschnational gesinnt, so waren damals viele deutsche Juden, die mit diesen Vorstellungen eine vollständige Integration in die Gesellschaft und ein Ende aller Diskriminierungen verbanden. Genauso wie ihre christlichen Nachbarn bejubelten sie im Sommer 1914 die Mobilmachung gegen das zaristische Russland, in dem Juden massivst unterdrückt wurden. Genauso wie Millionen christlich geprägte Männer meldeten sie sich freiwillig zu den Fahnen, um das Reich gegen die „russischen Horden" und den „Erzfeind" Frankreich zu verteidigen, wie sie glaubten. Und genauso wie fast alle Deutschen litten sie als Zivilisten unter dem vier Jahre währenden Ersten Weltkrieg, dem Mangel, dem Hunger, der Geldentwertung und der Sorge um die kämpfenden Ehemänner und Söhne. Und doch gab es gewichtige Unterschiede. Die Juden galten vielen Antisemiten als unsichere Kantonisten und ihnen wurde unterstellt, sich vor dem Dienst an der Front zu drücken. Sie waren zwar als Kanonenfutter für die kaiserlichen Armee gut genug, aber nur die allerwenigsten von ihnen durften Offiziere werden.

Für das Auerbach'sche Waisenhaus bedeutete der Erste Weltkrieg einen tiefen Einschnitt. Die ältesten männlichen Zöglinge wurden bald einberufen, größer war die Zahl der Soldaten unter den Ehemaligen. Das Haus organisierte für diese Soldaten Geschenksendungen, damals landläufig „Liebesdienste" genannt. Zu den 16 gefallenen Auerbachern (vgl. Seite 25) kam eine große Zahl Verwundeter. Ab dem dritten Kriegsjahr wurde die Ernährungslage für die Kinder im Auerbach immer prekärer. „Steckrübenwinter", so nannten die Menschen in den Städten die dunkle Jahreszeit im Ersten Weltkrieg, als es kaum noch Kartoffeln und Brot, geschweige denn Gemüse, Fett oder Fleisch zu essen gab. Besonders im Winter 1917/18 litten weite Teile der Bevölkerung an Hunger. Ab dem Sommer 1918 grassierte zudem die Spanische Grippe in Deutschland, die besonders unter der geschwächten Zivilbevölkerung Zehntausende Opfer forderte. Die Zahl der betreuten Kinder im Auerbach blieb offenbar etwa gleich hoch, doch ein Teil der Erzieher des Waisenhauses musste in den Krieg ziehen, Ersatz war für sie nur schwer oder gar nicht zu beschaffen. Nach 31 Jahren ging Direktor Abraham Strelitz am 1. Oktober 1916 in den Ruhestand. Auch die langjährigen Erzieher Georg Stamper und Dina Bril schieden aus dem Dienst aus. Die Leitung übernahm der 1879 in Berlin geborene Gymnasiallehrer Gustav Altmann.[67] Gegen die menschengemachte äußere Not kam der neue Direktor nicht an, zumal er und seine Frau zunehmend unter einer geschwächten Gesundheit litten. Die Rabbiner Hermann Falkenberg und Josua Falk Friedlander, die in der hauseigenen Synagoge tätig waren, übernahmen deshalb Vertretungen. Im April 1922 schließlich verstarb Gustav Altmann im Alter von nur 42 Jahren, seine Frau folgte ihm einige Monate später.[68]

Finanziell stand das Auerbach'sche Waisenhaus während des Ersten Weltkriegs nur dem Anschein nach auf gesunden Beinen. Probleme bereiteten die Lebensmittelversorgung, der Ersatz für das ausscheidende Personal und ein Reparaturstau, offenbar infolge fehlender Handwerker. Die Not war mit dem Ende des Krieges im November 1918 keineswegs beendet, im Gegenteil. Das deutsche Kaiserreich und die einzelnen Fürstentümer verschwanden zwar fast über Nacht und ohne größeren Widerstand, aber wie eine künftige Nation zu organisieren sei, ob monarchistisch, parlamentarisch-demokratisch, mithilfe von Arbeiter- und Soldatenräten oder durch eine kommunistische Revolution, darüber brachen heftige Konflikte und bewaffnete Kämpfe in Berlin und in der Provinz aus. Viele der Kriegsteilnehmer, namentlich unter den höheren Rängen, wollten die deutsche Niederlage nicht akzeptieren und sprachen von einem „Dolchstoß", den Juden und Linke den eigenen Truppen von der Heimat aus beigebracht hätten – die sogenannte Dolchstoßlegende war geboren, die antisemitische Vorstellungen in der Mehrheitsbevölkerung weiter anheizte. Als sich die politische Lage in der Weimarer Republik nach der Niederschlagung eines Putschversuchs durch rechtsradikale Freikorps 1920 zu beruhigen schien, ging die schon länger grassierende rapide Geldentwertung in eine Hyperinflation über, die erst Ende 1923 beendet werden konnte.

Dokumente aus jener Zeit über das Auerbach'sche Waisenhaus sind dünn gesät. Es gab keine gedruckten Jahresberichte mehr. Die Papiere der ministeriellen Schulaufsicht über die Anstalt brechen ab. Ein Schlaglicht auf die Zustände in der Anstalt bietet ein Briefwechsel vom Januar 1918. Darin richtet das Waisenhaus an den Magistrat von Berlin die Bitte um zusätzliche Karten für den Bezug rationierter Seife. Zur Begründung schrieb Direktor Gustav Altmann: „Die Morbidität unserer rund 90 Zöglinge im Alter von 6 bis 18 Jahren ist außerordentlich groß. Wir haben zahlreiche Infektionskrankheiten, wie Scharlach, Masern, Dyphterie, Ziegenpeter, Typhus, im Laufe des letzten Jahres in der Anstalt gehabt. Auch befinden sich unter unseren Zöglingen sicherlich Kinder, die mindestens stark tuberkuloseverdächtig sind." In der abschlägigen Antwort verweist der Magistrat, Abteilung für Seifenversorgung auf „reichsrechtliche Bestimmungen" und besondere Formulare, die es auszufüllen gelte.[69]

Auch nach Kriegsende blieb ein Teil der Planstellen des Waisenhauses unbesetzt. Neuanschaffungen und Reparaturen unterblieben, die Zahl der betreuten Kinder sank – nicht, weil es keinen Bedarf gegeben hätte, sondern aufgrund zunehmender finanzieller Schwierigkeiten. Mit dem Auerbach ging es rapide bergab. Im November 1920 richtete der Verein der ehemaligen Auerbacher einen dramatischen Appell an seine Mitglieder:

„Wir wenden uns mit einem Hilferuf an Euch, liebe Auerbacher, liebe Auerbacherinnen. Das Auerbachsche Waisenhaus, unser gemeinsames Vaterhaus, ist in Gefahr! Nur noch etwa 50 Knaben und Mädchen sind im Hause, ganze Säle sind verödet. Kein Kind, mag es auch noch so hilfsbedürftig sein, kann mehr aufgenommen werden; auch die wenigen noch im Hause befindlichen Kinder zu versorgen, ist die Anstalt aus eigenen Kräften nicht mehr in der Lage. Wenn auch die Zinsen und Jahresbeiträge in den letzten Jahren noch dauernd gestiegen sind, so hat diese Steigerung nicht im Entferntesten mit der großen Geldentwertung Schritt halten können. Die Anstalt verfügt über etwa 120.000 Mark jährlicher Mittel, die dreifache Summe aber ist nötig, um die Kinder zu pflegen und zu erziehen, wie es gerade Auerbach immer für seine Pflicht gehalten hat.

Das Kapital aber anzugreifen, verbietet der Anstalt neben der Sorge um die Zukunft vor allem der niedrige Kursstand der durch das Gesetz ihr vorgeschriebenen Wertpapiere. In klarer Erkenntnis dieser traurigen Lage bitten wir Euch, der Anstalt den Teil der Hilfe zu bringen, den wir Auerbacher zu leisten imstande [...] sind. Es geht um Sein oder Nichtsein des Auerbachschen Waisenhauses! [...] Das Auerbachsche Waisenhaus darf nicht untergehen, es muss unbedingt in seiner vollen Leistungsfähigkeit erhalten bleiben."[70]

Zwar verzeichnete der Spendenaufruf durchaus Erfolg, doch die immer weiter steigende Inflation machte die Anstrengungen rasch zunichte. Zwei weitere Aufrufe verpufften. Bald darauf musste der Flügel mit dem Mädchenhaus geschlossen und an eine Fabrik vermietet werden. Die Zahl der betreuten Kinder sank weiter. Nach dem Tod von Direktor Altmann blieb seine Stelle zunächst unbesetzt. Das Auerbach'sche Waisenhaus war auf einen Tiefpunkt abgesunken, als Jonas Plaut im Oktober 1922 den Posten des Direktors übernahm. Der 1880 geborene Plaut musste feststellen, dass die „immerwährenden" Einlagen des Hauses von Krieg und Inflation aufgefressen worden waren. Nominell waren zwar noch 130 000 Mark vorhanden, doch diese besaßen nur noch einen Gegenwert von wenigen Goldmark. Die Zahl der betreuten Kinder war auf nur noch 33 gesunken, das Personal dafür immer noch zu umfangreich. Plaut schreibt im Nachhinein: „Wir glichen einem verarmten, früher sehr reichen Manne, der noch in seiner großen Wohnung saß [...]."[71]

Plaut steuerte den Kurs der Anstalt nach eigenen Angaben radikal um. Anstatt immer weiter zu sparen und sich so in eine endlose Abwärtsspirale zu begeben, schuf er 20 neue Plätze für in Not geratene Kinder. Man habe die Kinder direkt von der Straße weggeholt, schreibt Plaut: „Während früher in durchaus richtiger ökonomischer Erwägung erst die Mittel vorhanden sein mussten und dann die Zöglinge, verfuhren wir jetzt aus rein sozialer Einstellung umgekehrt."[72] Im Herbst 1923, auf dem Höhepunkt der Inflation, sei es fast unmöglich gewesen, die Kinder mit dem Nötigsten zu versorgen. Plaut schrieb: „Auch äußerlich gerieten wir noch einmal auf einen toten Punkt. In den außergewöhnlich kalten Tagen um die Jahreswende 1923/24 versagte die seit langer Zeit schon vernachlässigte Heizungsanlage vollständig. Das Haus lag bei 20 Grad Kälte in Nacht und Eis."[73]

Tauba Bienstock kam als Sechsjährige ins Waisenhaus an der Schönhauser Allee. Sie erinnerte sich: „Als ich 1922 ins Auerbach kam, waren Jungen und Mädchen noch in einem Gebäude untergebracht. Wir hatten einen großen Speisesaal, wo wir zusammen gegessen haben. Auch Völkerball haben wir oft gemeinsam gespielt. Wir hatten sehr viele Anregungen, hatten Musikabende, haben Klavier gespielt, haben viele Ausflüge gemacht. Auf unserem Hof habe ich Fahrradfahren gelernt, noch heute kann man meine Narbe am Knie sehen, weil ich gestürzt war.

Wir hatten eine gute Bibliothek im Heim. Das Lesen wurde von unserer Erzieherin Frau Dr. Haas sehr gefördert. Leider war sie nur von 1926 bis 1928 bei uns. Sie wurde entlassen, weil sie einen zu großen Einfluss auf die Mädchen ausübte. [...] Nach dem Abitur wurde ich von Direktor Plaut in eine Margarinefirma gesteckt, wo ich lernen sollte. Doch daran war ich nicht interessiert."[74]

Den Wechsel zu besseren Tagen markierte eine Spende von 5000 niederländischen Gulden, die dem Waisenhaus durch Vermittlung des deutsch-jüdischen Industriellen und Philanthropen Aron Hirsch (1858–1942) am 31. Dezember 1923 zufloss. Das war nach damaligem Wechselkurs sehr viel Geld. Jonas Plaut ließ in seinen Erinnerungen anklingen, wie schwierig bis unmöglich es gewesen sei, ein so großes jüdisches Haus allein auf der Basis von Spenden zu finanzieren. Doch genau dies gelang ihm in den folgenden Jahren. Der Seitenflügel kam wieder in die Hand des Waisenhauses und erhielt zu Ehren einer großzügigen Spenderin den Namen „Sophie-Goldschmidt-Mädchenhaus".[75] Erneut konnte das Auerbach'sche Waisenhaus einen großen Kapitalstock anlegen, aus dessen Zinsen die wesentlichen Ausgaben bestritten wurden. Das Haus wurde renoviert und auf den neuesten Stand gebracht. Neues Personal konnte eingestellt werden. Das Vermögen der Anstalt betrug 1939 eine Million Reichsmark. Die Quellenlage lässt eine Klärung, was aus den über 100 noch im Jahre 1914 bestehenden Stiftungsfonds geworden war, nicht zu.

Die Zahl der betreuten Kinder konnte bis 1933 wieder auf etwa 100 gesteigert werden. An den pädagogischen Grundsätzen änderte sich unter Jonas Plaut und seiner Frau Selma nur wenig, wenn auch die Trennung nach Geschlechtern nicht mehr ganz so strikt eingehalten wurde. Aber immer noch erledigten die Mädchen die Näh- und Stopfarbeiten für die ganze Anstalt, weiterhin drohte den Zöglingen ein Ausgangsverbot an Sonntagen selbst bei geringfügigen Übertretungen der Hausordnung, und der politische Zionismus war für die Anstalt immer noch kein Thema – trotz des Aufstiegs rechtsradikaler und antisemitischer Parteien. Und ganz selbstverständlich blieb auch das Denkmal für Kaiser Friedrich III., den einstigen „Protektor" der Anstalt, im Vorgarten der Schönhauser Allee 162 stehen. Auf das „Einjährige", also den freiwilligen einjährigen Dienst an der Waffe, konnte das Waisenhaus seine männlichen Zöglinge nicht länger vorbereiten, denn es gab keine preußische Armee und kein Offizierskorps mehr. Aufgrund der vollständigen Gleichberechtigung der Juden in der Weimarer Verfassung waren andere Tugenden gefragt. Juden zog es vermehrt in akademische Berufe. Das schulische Ziel der Kinder des Auerbach blieb fortan das Abitur, und auch immer mehr Mädchen erlangten die Hochschulreife. Damit war das Auerbach'sche Waisenhaus zwar in der parlamentarischen Demokratie der Weimarer Republik angekommen, doch in seinen Grundsätzen blieb die Anstalt in Preußen verankert. Die Institution behielt wohl gerade deswegen ihr hohes Ansehen unter den deutschen Jüdinnen und Juden. Eine

Erziehung im Auerbach galt als Ausweis hervorragenden Benehmens und bester Gesinnung.

Für das Frühjahr 1933 war eine große Feier zum 100-jährigen Bestehen der Anstalt geplant. Direktor Jonas Plaut schrieb die Geschichte des Hauses auf, und es darf mit Recht vermutet werden, dass der Vorstand schon länger über die Liste der einzuladenden Honoratioren beriet. Als Tag des Festakts wurde der 1. April festgelegt. Doch zwei Monate zuvor errangen die Nationalsozialisten die Macht im Deutschen Reich. Der 1. April 1933 ging als Tag des Boykotts gegen jüdische Geschäfte und Unternehmen in die Geschichte ein. Die Feier im Waisenhaus musste ausfallen.

Sechs Jahre später endete die Geschichte der Baruch Auerbach'schen Waisen-Erziehungsanstalten für jüdische Knaben und Mädchen in Berlin. Dies geschah nicht freiwillig, sondern unter dem Zwang der Nazis. Aber auch danach gab es noch das Waisenhaus, wenn auch nicht mehr unter diesem Namen und nur noch für wenige Jahre. Noch spielten die Kinder unter den Kastanienbäumen Fußball und buddelten in der Sandkiste. Noch verließen sie morgens die Schönhauser Allee 162 auf dem Weg in die Schule, auch wenn dies schon lange keine höhere Lehranstalt mehr sein durfte. Denn die Mädchen und Jungen waren ebenso wie ihre Erzieher und Erzieherinnen, die Köche, die Putzfrauen, der Portier und Hausmeister, die Praktikantinnen und die Direktorin höchstens noch geduldete, aber keine geachteten Menschen mehr.

Anmerkungen

1 Revidiertes Statut der Baruch Auerbach'schen Waisen-Erziehungs-Anstalten für jüdische Knaben und Mädchen, Berlin 1887, S. 21.

2 Strelitz, Abraham: Sechs und Fünfzigster Jahresbericht über die Baruch Auerbach'schen Waisen-Erziehungs-Anstalten für jüdische Knaben und Mädchen, Berlin 1889, S. 6.

3 Ebenda, S. 42.

4 Auerbach, Leonhard: Zwei und Vierzigster Jahresbericht über die Baruch Auerbach'sche Waisen-Erziehungs-Anstalt für jüdische Knaben, Berlin 1875, S. 5. Gemeint ist ein Schulbesuch bis einschließlich zur Untersekunda.

5 Ebenda, S. 3.

6 Auerbach, Leonhard: Sechs und Vierzigster Jahresbericht über die Baruch Aucherbach'sche Waisen-Erziehungs-Anstalt für jüdische Knaben, Berlin 1879, S. 7.

7 1875 betrug das Schulgeld je Kind 32 Taler. 42. Jahresbericht, a. a. O., Berlin 1875, S. 5.

8 Auerbach, Leonhard: Sieben und Dreißigster Jahresbericht über die Baruch Auerbach'sche Waisen-Erziehungs-Anstalt für jüdische Knaben, Berlin 1870, S. 5.

9 Auerbach, Leonhard: Ein und Dreißigster Jahresbericht über die Baruch Auerbach'sche Waisen-Erziehungs-Anstalt für jüdische Mädchen, Berlin 1874, S. 8.

10 Auerbach, Leonhard: Acht und Dreißigster Jahresbericht über die Baruch Auerbach'sche Waisen-Erziehungs-Anstalt für jüdische Mädchen, Berlin1881, S. 10.

11 Auerbach, Leonhard: Sieben und Vierzigster Jahresbericht über die Baruch Auerbach'sche Waisen-Erziehungs-Anstalt für jüdische Knaben, Berlin 1880, S. 7 f.

12 Strelitz, Abraham: Fünf und Sechzigster Jahresbericht über die Baruch Auerbach'schen Waisen-Erziehungs-Anstalten für jüdische Knaben und Mädchen, Berlin 1898, S. 21.

13 Zahlen nach den entsprechenden Jahresberichten des Waisenhauses. Vgl. auch Führer durch die jüdische Gemeindeverwaltung, a. a. O., S. 472 f.

14 Wikipedia: Samuel Apolant, https://de.wikipedia.org/wiki/Samuel_Apolant.

15 Auerbach, Leonhard: Neun und Dreißigster Jahresbericht über die Baruch Auerbach'schen Waisen-Erziehungs-Anstalt für jüdische Knaben, Berlin 1873, S. 8.

16 Auerbach: Sieben und Dreißigster Jahresbericht...Knaben, a. a. O., S. 8 f.

17 Auerbach: Neu und Dreißigster Jahresbericht...Knaben, a. a. O., S. 8.

18 Ebenda.
19 Strelitz, Abraham: Vierundsiebzigster Jahresbericht über die Baruch Auerbach'schen Waisen-Erziehungs-Anstalten für jüdische Knaben und Mädchen, Berlin 1907, S. 5 f.
20 Brann, Markus: Ein und Fünfzigster Jahresbericht über die Baruch Auerbach'schen Waisen-Erziehungs-Anstalten für jüdische Knaben und Mädchen, Berlin 1884, S. 6 f.
21 Auerbach: Ein und Dreißigster Jahresbericht...Mädchen, a. a. O., S. 9.
22 Auerbach: Sieben und Dreißigster Jahresbericht...Knaben, a. a. O., S. 8.
23 Auerbach, Leonhard: Acht und Dreißigster Jahresbericht über die Baruch Auerbach'schen Waisen-Erziehungs-Anstalt für jüdische Knaben, Berlin 1871, S. 8.
24 Pawliczek, Aleksandra: Zwischen Anerkennung und Ressentiment – Der jüdische Mediävist Harry Bresslau (1848–1926); in: Jahrbuch des Simon-Dubnow-Instituts VI (2007), S. 399.
25 Harry Breßlau: Zur Judenfrage. Sendschreiben an Herrn Professor Dr. Heinrich von Treitschke; in: Der Berliner Antisemitismusstreit; hg. von Walter Boehlich, Frankfurt am Main 1965, S. 53.
26 Pawliczek, a. a. O., S. 406.
27 Zit. nach: Deutsch-Jüdische Geschichte in der Neuzeit, Bd. 3 (1871–1918), hg. von Steven M. Lowenstein, Paul Mendes-Flohr, Peter Pulzer und Monika Richarz, München 1997, S. 9.
28 Ebenda, S. 33 f.
29 Revidiertes Statut ..., a. a. O., S. 8.
30 Auerbach: Acht und Dreißigster Jahresbericht...Knaben, a. a. O., S. 2.
31 Auerbach, Leonhard: Ein und Dreißigster Jahresbericht über die Baruch Auerbach'sche Waisen-Erziehungs-Anstalt für jüdische Mädchen, Berlin 1874, S. 38 f.
32 Auerbach, Leonhard: Ein und Vierzigster Jahresbericht über die Baruch Auerbach'sche Waisen-Erziehungs-Anstalt für jüdische Knaben, Berlin 1875, S. 84.
33 Strelitz, Abrahamn: Sechs und Fünfzigster Jahresbericht über die Baruch Auerbach'schen Waisen-Erziehungs-Anstalten für jüdische Knaben und Mädchen, Berlin 1889, S. 8.
34 Plaut, a. a. O., S. 31.
35 Auerbach: Fünfzigster Jahresbericht...Knaben, a. a. O., S. 22 f.
36 Ebenda.
37 Landesarchiv Berlin A Pr Br 030 Nr. 8638 (gesammelte Zeitungsausschnitte).

38 Ebenda, Brief der Staatsanwaltschaft Brüssel vom 3. März 1884.
39 Plaut, a. a. O., S. 30.
40 Ohne Verf.: Zwei und Fünfzigster Jahresbericht über die Baruch Auerbach'sche Waisen-Erziehungs-Anstalt für jüdische Knaben, Berlin 1885, S. 8 f.
41 Juden in Mecklenburg: Rostock, http://www.juden-in-mecklenburg.de/Orte/Rostock.
42 Plaut, a. a. O., S. 31. Mit dem letzten Satz spielt Plaut offenbar auf das System von Strafen und Belohnungen für schulische Leistungen an, das unter Strelitz etabliert wurde.
43 Strelitz, Abraham: Sieben und Sechzigster Jahresbericht über die Baruch Auerbach'schen Waisenerziehungsanstalten für jüdische Knaben und Mädchen, Berlin 1900, S. 4
44 Ebenda, S. 39.
45 Ebenda, S. 3.
46 Ebenda, S. 43. Hinzu kamen durch einen anonymen Spender angeschafften Sparkassenbücher mit einer Summe von 2335,61 Mark
47 Strelitz: Sieben und Sechzigster Jahresbericht ..., a. a. O., S. 14 f.
48 Ebenda, S. 3.
49 Strelitz, Abraham: Siebzigster Jahresbericht über die Baruch Auerbach'schen Waisenerziehungsanstalten für jüdische Knaben und Mädchen, Berlin 1903, S. 4 ff.
50 Plaut, a. a. O., S. 31.
51 Strelitz: Fünf und Sechzigster Jahresbericht..., a. a. O., S. 1.
52 Strelitz, Abraham: Drei und Sechzigster Jahresbericht über die Baruch Auerbach'schen Waisenerziehungsanstalten für jüdische Knaben und Mädchen, Berlin 1896, S. 7.
53 Wikipedia: Johann Hoeniger, https://de.wikipedia.org/wiki/Johann_Hoeniger; zu Jakob Sedelmeier vgl. https://hj-sedelmeier.info/leben.html.
54 Strelitz: Fünf und sechzigster Jahresbericht ..., a. a. O., S. 2.
55 Bauarchiv Berlin-Pankow: Historische Bauakten Schönhauser Allee 162, 2 Bd.; Strelitz, A.: 65. Jahresbericht, a. a. O.; LBI New York: AR 25384 (Fotoalbum Jonas Plaut); LBI New York: AR 25827 (Fotoalbum Ralph Moratz); Archiv Jüdisches Museum Berlin: 2008/311/0/1.001-82.001 (Fotoalben von Walter Frankenstein).
56 Wikipedia: Reinhold Begas, https://de.wikipedia.org/wiki/Reinhold_Begas.

57 Deutsche Biographie: Landau, Eugen Freiherr von, https://www.deutsche-biographie.de/gnd12657491X.html#ndbcontent.

58 Strelitz: Fünf und Sechzigster Jahresbericht ..., a. a. O., S. 8

59 Ebenda, S. 19.

60 Strelitz, Abraham: Einundachtzigster Jahresbericht über die Baruch Auerbach'schen Waisenerziehungsanstalten für jüdische Knaben und Mädchen, Berlin 1914.

61 Plaut, a. a. O., S. 39.

62 Strelitz: Einundachtzigster Jahresbericht..., a. a. O., S. 11.

63 Bibliothek für Bildungsgeschichtliche Forschung – Archiv Berlin: GUT LEHRER 20918 (Hugo Preuss).

64 Strelitz: Einundachtzigster Jahresbericht..., a. a. O.

65 Ruppin, Arthur: Soziologie der Juden, Bd. 1, Die soziale Struktur der Juden, Berlin 1930, S. 348.

66 Statista: Erwerbsquote nach Geschlecht im Deutschen Reich in den Jahren 1882 bis 1933, https://de.statista.com/statistik/daten/studie/1084901/umfrage/erwerbsquote-nach-geschlecht-im-deutschen-reich/.

67 Bibliothek für Bildungsgeschichtliche Forschung – Archiv Berlin: GUT LEHRER 171395 Altmann, Gustav.

68 Plaut, a. a. O., S. 39.

69 Landesarchiv Berlin A Rep. 013-04-05 Nr. 2.

70 Zit. nach Plaut, a. a. O., S. 37 f.

71 Ebenda, S. 39.

72 Ebenda, S. 40 f.

73 Ebenda, S. 41.

74 Frühauf, a. a. O., S. 249 f.

75 Bei Sophie Goldschmidt, geborene Jakob, handelt es sich um die Ehefrau des Bankiers und Kunstsammlers Jakob Goldschmidt. Jüdisches Lexikon, a. a. O., Bd. 2, S. 1187.

Kapitel 5
Wartesaal für den Tod

Am 1. September 1939 beginnt mit dem Überfall der deutschen Wehrmacht auf Polen der Zweite Weltkrieg. Die militärischen Auseinandersetzungen bleiben zunächst auf Polen beschränkt, auch wenn Frankreich und Großbritannien entsprechend ihren Bündnisverpflichtungen dem Deutschen Reich den Krieg erklären. Schon nach wenigen Wochen muss sich Polen Deutschland und den im Osten des Landes einfallenden Truppen der Sowjetunion geschlagen geben. Die Sieger teilen das Land unter sich auf. Deutschland annektiert den Westen Polens, die Mitte wird von Berlin zu einem Kolonie ähnlichen „Generalgouvernement" erklärt, und den Osten verleibt sich die UdSSR ein. Der Staat Polen existiert nicht mehr.

Die Stimmung in der deutschen Zivilbevölkerung ist anfangs angespannt, weil sich viele Menschen der Toten und des Hungers im Ersten Weltkrieg erinnern. Der rasche Erfolg der Wehrmacht bei nur geringen eigenen Verlusten sorgt jedoch für eine schnelle Beruhigung. Widerstand, gar bewaffnete Aktionen gegen Adolf Hitlers Krieg sind nicht zu beobachten. Stattdessen überwiegt in der Öffentlichkeit die Begeisterung über die Erfolge der deutschen Truppen.

Die Nazis betrachten die jüdische Bevölkerung ihrer antisemitischen Vorstellungswelt entsprechend als innere Feinde. Das kommt in einer ganzen Reihe neuer Verordnungen zum Ausdruck, die eine verschärfte Kontrolle von Jüdinnen und Juden zum Ziel haben. Sie dürfen sich schon bald nur noch bis spätestens acht Uhr abends auf den Straßen aufhalten, es handelt sich also faktisch um ein Ausgangsverbot. Im Sommer ist der Aufenthalt bis neun Uhr erlaubt. Gegenüber der gleichgeschalteten Presse wird angeordnet, die Maßnahme als notwendig darzustellen, weil jüdische Männer die kriegsbedingte Verdunkelung dazu ausgenutzt hätten, um „arischen“ Frauen nachzustellen – die Mär vom lüsternen Juden zählt zu den klassischen antisemitischen Motiven.[1] Bald darauf wird Juden der Besitz von Rundfunkgeräten verboten, ihre Radios werden ersatzlos eingezogen. Der im Alltag wohl schärfste Einschnitt ist, dass Juden nur noch in besonderen Geschäften zu festgesetzten Zeiten einkaufen gehen dürfen. Ihre mit Kriegsbeginn eingeführten Lebensmittelkarten sind mit einem großen „J“ versehen. Bestimmte Waren wie Fleisch, Milch, Butter oder Kakao, aber auch Bekleidung oder Schuhe erhalten sie nur noch eingeschränkt oder gar nicht mehr – je länger der Krieg andauert, umso weniger Lebensmittel sind mit den Karten erhältlich.[2] Und weil Juden meistens nur sehr spät am Tag einkaufen dürfen, in Berlin von 16.00 bis 17.00 Uhr, sind viele bessere Lebensmittel da schon längst von „arischen“ Kunden mitgenommen worden und ausverkauft.

Die Benachteiligung bei der Versorgung müssen auch die Kinder im Auerbach'schen Waisenhaus erfahren. „Es gab keine Bratwurst mehr“, erinnert sich Dieter Brotzen.[3] „Es gab viel Suppe. Fleisch gab es selten“, sagt Gunter Perry, der als Günther Przywoznik zusammen mit seinem Bruder Alfred etwa ab 1939 im Auerbach lebt.[4] Walter Frankenstein sagt: „Wie die Auerbacher eingekauft haben, weiß ich nicht. Wir hungerten nicht direkt, aber das Essen war weniger geworden. Es gab keine Brötchen mehr mit Butter drauf. Ich glaube auch, dass es kein Weizenmehl mehr gab.“[5]

Der 15-jährige Walter wohnt inzwischen nicht mehr in einem der drei großen Schlafsäle für die Jungen, unterteilt nach den „Kleinen“, den „Mittleren“ und den „Großen“. In einem Geburtstagsbrief an den nach Schweden ausgewanderten Auerbacher Rolf Rothschild verkündet sein Freund Kurt Gumpert im Juli 1940 die große Neuigkeit: „Unser Heimleben ist jetzt bedeutend freier und schöner geworden“, schreibt er. „Eigenes Schlafzimmer, eigenes Wohnzimmer für uns 6 ehemalige ‚Auerbacher‘. Wir genießen hier eine Vorzugsstellung.“[6] Die Lehrlinge unter den Zöglingen haben einen Teil der ehemaligen Direktorenwohnung im ersten Stockwerk des Haupthauses erhalten. Hier leben sie, hier treffen sie sich, von hier aus unternehmen sie in ihrer Freizeit kleine Ausflüge ins Berliner Leben – jedenfalls diejenigen unter ihnen, die noch da, also noch nicht ausgewandert sind. Viele von der alten Truppe sind es nicht mehr. Da ist Peter Brockmann, der bald darauf bei Siemens-Halske arbeiten muss. Seine Mutter ist nach Großbritannien emigriert und lebt in London, den Vater kennt Peter nicht. „Ein abenteuerlicher Typ", erinnert sich Frankenstein an Brockmann. Gerhard Eckstein ist schon 16. Er war immer der Torwart der Fußballmannschaft des Auerbach. Gerd Punscher, Spitzname „Bulli", spielt nicht nur Fußball, sondern auch mit Begeisterung Violine. Er schuftet später bei der Deutschen Waffen- und Munitionsfabrik. Walters bester Freund Kurt Gumpert arbeitet als Lehrling bei Siemens und begeistert sich für Leichtathletik. Noch gibt es keine „Judensterne", die die Jugendlichen sofort kenntlich machen würden. Ein Kinobesuch ist ihnen zwar verboten, ebenso der Aufenthalt in Vergnügungsstätten und Theatern. Aber man kann nicht jeden Besucher penibel kontrollieren, und die jungen Auerbacher machen die Probe aufs Exempel, gehen auf einen Rummelplatz oder ins nächste Lichtspieltheater. Sie haben Glück und werden nicht erwischt.

Und dann gibt es die Mädchen. Das andere Geschlecht, das im Auerbach'schen Waisenhaus im Seitenflügel wohnt, streng getrennt von den Jungen und mit eigenem Speisesaal ausgestattet, wurde lange ignoriert und ist nun plötzlich interessant. Auf dem gemeinsamen Hof mit den Bänken an den Seiten kann man zusammenkommen, sich unterhalten. Frankenstein erinnert sich: „Da gab es nette Mädchen, mit denen man verkehrte. Nichts Ernsthaftes. Eva Fleischmann war Wirtschaftspraktikantin im Auerbach. Es gab da so einige." Und es gibt eine ganz Besondere. Es muss 1940 oder Anfang 1941 gewesen sein, im zweiten oder dritten Kriegsjahr. Sieg folgt da gerade auf Sieg. Die Wehrmacht greift Norwegen an, erobert Dänemark. Die Niederlande, Belgien und Luxemburg werden überrollt, Frankreich muss am 22. Juni 1940 kapitulieren. Der junge Walter Frankenstein interessiert sich aber mehr für eine hübsche Praktikantin, die vor Kurzem vom jüdischen Taubstummenheim in Berlin-Weißensee im Auerbach eingetroffen ist, weil auch diese Anstalt „abgebaut" worden ist, wie es allenthalben heißt. Leonie Rosner ist ihr Name. Wie alt Walter damals gewesen ist, bei ihrem ersten Treffen? „Vierzehn", meint Leonie bei einem Gespräch im Jahr 2006. „Nein, um Gottes Willen, ich war viel älter", protestiert Walter. „Ich war siebzehn", stellt Leonie klar, die Jahrgang 1921 ist. „Aber ich war viel älter als vierzehn", beharrt Walter. „Vielleicht vierzehneinhalb", meint Leonie vermittelnd.[7] Es muss also schon 1938 oder 1939 gewesen sein, da sehen sich die beiden zum ersten Mal anlässlich einer jüdischen Handwerkerausstellung im Westen der Stadt. Bei anderer Gelegenheit begegnen sie sich wieder. Aber gefunkt hat es erst später, im Zimmer der Praktikantin Leonie Rosner damals im Auerbach, das zum Treffpunkt der Lehrlinge aus dem ersten Stock geworden ist. Auch Walters Freund Gerd Punscher interessiert sich für Leonie. „Da hat sich der Walter einfach angehängt. Aber dann waren wir plötzlich nur noch zu zweit auf meinem Zimmer."[8] „Die oder keine", das sei sein Gedanke beim Anblick Leonies gewesen, erinnert sich Walter Frankenstein. Mehr als 60 gemeinsame Jahre haben sie verbracht. 2009 ist Leonie Frankenstein verstorben.

Eigentlich ist der Aufenthalt von „Fräulein Rosner", wie sie im Waisenhaus genannt wird, im Auerbach nur eine Notlösung. Das jüdische Taubstummenheim in Weißensee, ihre im Jahr 1873 gegründete Arbeitsstelle, steht wie so viele jüdische Wohlfahrtsorganisationen vor dem Aus. Die Institution ist im Oktober 1939 zwangsweise in der Reichsvereinigung der Juden in Deutschland aufgegangen, der Trägerverein Freunde der Taubstummen Jedide Ilmim existiert nicht mehr. Am 1. Februar 1940 besuchen nur noch 22 gehörlose Kinder die Schule, dazu gibt es lediglich zwei Lehrer, einen Erzieher und drei Hauswirtschaftsschülerinnen.[9] Eine von ihnen dürfte Leonie Rosner sein. Ein Teil des Gebäudes wird bald darauf in ein Altersheim für jüdische Gehörlose umgewidmet, die Aula beziehen von den Nazis vertriebene Juden aus dem westpreußischen Schneidemühl.[10] Einige der gehörlosen Kinder werden zusammen mit

Leonie Rosner im Auerbach'schen Waisenhaus untergebracht. Möglicherweise ist auch ein Lehrer dabei.

Die in Leipzig aufgewachsene Leonie hat in den ersten Jahren der NS-Herrschaft durchaus Möglichkeiten zur Auswanderung gehabt, diese aber ebenso wie Walter verpasst. Als 14-Jährige darf sie an einem mehrwöchigen landwirtschaftlichen Kurs zur Vorbereitung auf ein Leben in Eretz Israel teilnehmen. Diese Hachschara (hebräisch für: Vorbereitung) wird bis Ende der 1930er Jahre von der Zionistischen Vereinigung jungen Juden auf deutschen Bauernhöfen angeboten. Leonie kommt auf ein Gut in Schniebinchen in der Niederlausitz (polnisch: Świbinki). „Das hat mir nicht sehr gefallen", sagt sie. Sie bleibt in Deutschland. Einige Zeit später lebt sie in Berlin in einem zionistischen Wohnprojekt, Beth Chalut (hebräisch für: Haus der Pioniere) genannt, und besucht die Berliner Jugend-Alija-Schule zur Vorbereitung auf ein Leben in Palästina. Nach einem Jahr verlassen die meisten der Jugendlichen aus der Wohngemeinschaft Deutschland und machen sich auf den Weg in den Nahen Osten. Leonie Rosner bleibt. Sie kann sich nicht zur Auswanderung entschließen, auch weil ihre Mutter damit gedroht hat, dass sie sich dann nie wiedersehen würden. Und deshalb ist sie jetzt im Auerbach'schen Waisenhaus und hat mit Walter Frankenstein ihre große Liebe gefunden. Die beiden scheren sich bei ihren Ausflügen aus dem Heim nicht um Verbote. Sie gehen ins Kino, besuchen Gaststätten und einen Jahrmarkt in Prenzlauer Berg. An einer Schießbude knallt Walter für Leonie ein ganzes Bouquet Blumen ab.

Mit dem Kriegsbeginn 1939 ist eine Auswanderung für Jüdinnen und Juden noch schwieriger als zuvor. Dennoch forcieren die NS-Behörden den Druck, Deutschland zu verlassen. „Die jüdische Auswanderung aus dem Reichsgebiet ist verstärkt zu betreiben. Jedoch ist die Auswanderung von wehr- und arbeitseinsatzfähigen Juden in das europäische Ausland und insbesondere in Feindstaaten verboten", heißt es in den Richtlinien des Reichssicherheitshauptamts vom 24. April 1940.[11] Tatsächlich sind die sogenannten Feindstaaten gar nicht mehr erreichbar, da alle Transportwege unterbrochen sind, zudem lehnen diese Länder die Aufnahme von deutschen Staatsangehörigen prinzipiell ab. Damit fallen weite Teile Europas als potenzielle Emigrationsziele aus, darunter Großbritannien, Frankreich und die Benelux-Staaten, die zuvor noch Tausende Menschen aufgenommen haben und bald darauf bis auf Großbritannien von der Wehrmacht besetzt werden. Aber auch das britische Mandatsgebiet Palästina ist auf legalem Weg faktisch gesperrt, zumal eine Emigration nach Eretz Israel von der SS im gleichen Schriftstück als „unerwünscht" bezeichnet wird.[12] Mit Deutschland verbündete oder besetzte Länder scheiden als Ziele einer Auswanderung in der Regel aus. Geblieben sind damit nur wenige neutrale Staaten in Europa, darunter Schweden, Portugal und die Schweiz, wobei die Nazis die Auswanderung dorthin aber verboten haben, sowie Ziele in Übersee, insbesondere die Vereinigten Staaten, Kanada, einige Länder in Lateinamerika, Australien und Neuseeland sowie die chinesische Stadt Schanghai. Abgesehen von Schanghai haben aber alle diese Staaten rigide Einreiseregeln erlassen. Zudem ist eine Emigration nun in der Regel mit erheblich höheren Kosten verbunden als zuvor. Trotzdem gelingt auch 1940 und selbst 1941 noch Tausenden Menschen die rettende Auswanderung. Vor allem die im Krieg zunächst neutrale USA wird zum Fluchtziel.

Von den Kindern und Jugendlichen des Auerbach'schen Waisenhauses erreichen nach 1939 noch mindestens fünf eine dauerhafte oder vorläufige neue Heimat. Da ist der 1925 geborene Günther Blatt, dessen Vater verstorben ist. Zusammen mit seiner Mutter Maria gelingt ihm im März 1941 die Emigration über das neutrale Portugal in die USA.[13] Die im selben Jahr geborene Jutta Henriette Lewin schafft es am 7. Mai 1941 ins visafreie Schanghai.[14] Die ein Jahr jüngere Helga Leyser macht sich gut eine Woche später auf die Reise nach New York.[15] Günther Wronkow ist 16 Jahre alt, als er am 12. März 1941 Deutschland in Richtung USA verlassen kann.[16] Und dem erst elfjährigen Hans Norbert Stein, der das Waisenhaus zu diesem Zeitpunkt bereits verlassen hat, gelingt noch am 6. August 1941 zusammen mit seinen Eltern und der Schwester Suse die Emigration in die Vereinigten Staaten – nur wenige Wochen vor dem allgemeinen Auswanderungsverbot.[17] Auch wenn wahrscheinlich weiteren unbekannt gebliebenen Zöglingen aus dem Auerbach die Emigration nach dem 1. September 1939 gelungen ist – verglichen mit den Dutzenden Kindern und Jugendlichen, deren Ausreise zwischen 1938 und 1939 durch Dokumente belegt ist, wird deutlich, dass die Chancen doch sehr stark gesunken sind. Von 1933 bis 1937 sind etwa 140 000 Jüdinnen und Juden aus Deutschland ausgewandert. 1938 flüchten rund 40 000 und 1939, nach der Pogromnacht, etwa 80 000 Menschen. Nach Kriegsbeginn gelingt in den folgenden gut zwei Jahren dagegen nur noch 20 000 bis 25 000 Verfolgten die Emigration.[18] Gerade bei Minderjährigen liegt dies auch daran, dass die Vereinigten Staaten eine Einreise jüdischer Kinder aus Deutschland analog zu den Kindertransporten in benachbarte europäische Staaten ablehnen. Einreisen dürfen nur solche Kinder (und Erwachsene), deren Wartenummern für ein Visum fällig sind. Der Versuch, 20 000 Kinder aus dem NS-Staat durch eine freiere Einreisemöglichkeit zu retten, scheitert am Widerspruch des US-Senats.[19]

So verlassen nur noch wenige Kinder das Auerbach. Doch zugleich kommen viele hinzu. Das jüdische Waisenhaus im nördlichen Berliner Stadtteil Pankow besteht seit 1882. Als private Initiative zur Unterstützung russischer Pogromopfer gegründet, übernahm die Jüdische Gemeinde zu Berlin im Jahr 1891 die Verwaltung des Hauses in der Berliner Straße 120/121, es firmierte fortan als zweites Waisenhaus der Gemeinde nach dem 1872 gegründeten Reichenheim'schen Waisenhaus. 1913 kann ein großzügiger Neubau bezogen werden, die Zahl der Zöglinge steigt auf 55.[20] 1933 verfügt das Haus über 90 Betten, es arbeiten dort fünf Erzieher einschließlich des Direktors und sieben Personen, die sich um Haus und Pflege kümmern.[21] Im Gegensatz zum Auerbach'schen Waisenhaus findet der elementare Schulunterricht innerhalb des Hauses statt. Die Nazis verlangen 1940 eine weitere Konzentration der jüdischen Wohlfahrtseinrichtungen. Deshalb muss das Pankower Waisenhaus, wie es landläufig genannt wird, geschlossen werden. Zunächst finden dort die Bewohner jüdischer Altersheime eine neue Unterkunft, bevor das Gebäude im Dezember 1942 von der Polizei, gelenkt durch den Reichsführer SS Heinrich Himmler beschlagnahmt wird. Die Kinder und Erzieher müssen schon im November 1940 ins Auerbach'sche Waisenhaus umziehen.[22]

Dieser Zwangsumzug ist auch für das Auerbach'sche Waisenhaus, das diesen Namen offiziell schon nicht mehr trägt, ein großer Einschnitt, wenn auch nicht der erste. Schon im Frühjahr 1939 hatten mehr als 20 Kinder und Jugendliche aus dem Reichenheim'schen Waisenhaus ins Auerbach umziehen müssen, als dieses geschlossen wurde. Nun wechseln mindestens 24 Zöglinge vom Pankower Haus in die Schönhauser Allee 162, hinzu kommen wenigstens fünf Erzieher. Es handelt sich hier um Minimalzahlen, es ist denkbar, dass deutlich mehr Personen betroffen sind.[23] Und es bleibt nicht bei den Kindern aus Pankow: Bis zum Frühjahr 1942 erreichen immer wieder Kinder aus anderen deutsch-jüdischen Waisenanstalten das Haus. Das NS-Regime verlangt eine weitere Konzentration der jüdischen Jugendfürsorge, die Zahl der Einrichtungen soll reduziert werden. In vielen Fällen legen staatliche und Parteieinrichtungen Hand an Häuser und Grundstücke, die sie selbst für ihre Zwecke zu nutzen beabsichtigen. Die Vertreter der Reichsvereinigung der Juden haben bei solchen Begehren keine Chance auf die Durchsetzung jüdischer Interessen, da die federführende Gestapo in solchen Fällen ihre Vorstellungen in Form von Befehlen durchzusetzen pflegt.

So kommen aus vielen Teilen Deutschlands Minderjährige in die noch bestehende Einrichtung, manchmal nur wenige, bisweilen auch eine größere Zahl. Joachim Süssmann ist so ein Fall. Der 1927 geborene mutterlose Junge besucht 1939 die Israelitische Waisen- und Verpflegungsanstalt im schlesischen Breslau, bis diese unter dem Druck der Nazis geschlossen werden muss. Danach kommt der Junge zunächst im jüdischen Waisenhaus in Berlin-Pankow unter. Nach dessen Schließung Ende 1940 muss er ins Auerbach'sche Waisenhaus wechseln.[24] Am anderen Ende Deutschlands im Westen liegt das Heim des jüdischen Frauenbunds in Neu-Isenburg bei Frankfurt am Main. Die Institution muss am 31. März 1942 schließen. Viele der untergebrachten Kinder werden danach in das

Ghetto Theresienstadt deportiert.[25] Doch mindestens fünf, darunter die gerade einmal dreijährige Ruth Fleischer, kommen über Umwege in die Schönhauser Allee 162 in Berlin. Die 1938 in Frankfurt am Main geborene Ruth hat fast ihr ganzes Leben im Waisenhaus verbracht. Ihre Mutter ist noch nicht volljährig, deshalb übernimmt das Jugendamt des Kreises Offenbach die Vormundschaft. Die Kosten für die Unterbringung im Heim „Isenburg" trägt die Jüdische Gemeinde Frankfurt.[26] Auch aus der Israelitischen Waisenanstalt am Röderbergweg in Frankfurt am Main kommt mindestens ein Kind ins Auerbach.

Vor allem aber treffen Kinder aus anderen Berliner Einrichtungen in der Schönhauser Allee 162 ein, weil diese eine nach der anderen geschlossen werden müssen. Mindestens zwei Kinder kommen aus dem privaten jüdischen Kinderheim Kapellner in der Zehlendorfer Hermannstraße 11, das Anfang 1942 schließen muss.[27] Im 1922 gegründeten privaten jüdischen Kinderheim Ahavar (hebräisch für: Liebe) in Berlin-Mitte sind vornehmlich aus Osteuropa stammende Zöglinge untergebracht. Der Gründerin Beate Berger ist es gelungen, bis 1939 über 300 Kinder, darunter 100 aus ihrem Waisenhaus, in einer Schwestereinrichtung in der Siedlung Kirjiat Bialik bei Haifa und in Großbritannien unterzubringen. 1941 wandelt das NS-Regime das Haus in der Auguststraße 14–16 in ein Sammellager für ältere und kranke Jüdinnen und Juden um, die von dort aus deportiert werden.[28] Außerdem entsteht dort ein Kindertagesheim, in dem die zur Zwangsarbeit in die Berliner Fabriken gedrängten jüdischen Mütter ihre Kleinen unterbringen können. Im Februar 1943 werden diese Kinder in den Osten deportiert und ermordet. Doch schon im Jahr zuvor kommen mindestens sechs der Kinder im Auerbach'schen Waisenhaus in der Schönhauser Allee unter.

Die Umzüge sind für alle Beteiligten eine große Belastung. Manche der Kinder finden sich innerhalb weniger Monate in drei verschiedenen Einrichtungen wieder und reagieren entsprechend verstört. Aber auch die Erzieher aus Pankow müssen erst einmal in der Schönhauser Allee heimisch werden. Zugleich wechselt mit dem Umzug der Kinder aus dem

Pankower Waisenhaus auch die Leitung des ehemaligen Auerbach'schen Waisenhauses. Kurt Crohn, der bisherige Direktor in Pankow, löst Ende November 1940 Margarete Timendorfer ab, die erst 1939 für den nach England emigrierten Jonas Plaut die Leitung übernommen hatte.[29] Crohns 1898 geborene Frau Susanne, geborene Ritterband, ebenfalls von Beruf Lehrerin, kümmert sich fortan wie schon in Pankow um die Hauswirtschaft, und auch die gemeinsame Tochter Renate, damals acht Jahre alt, zieht in die Direktorenwohnung im ersten Stockwerk des Auerbachs ein, von der ein Teil das Reich der Lehrlinge bleibt. Die Gründe für die Ablösung Timendorfers sind nicht bekannt, in der Folgezeit ist sie offenbar für die Reichsvereinigung der Juden tätig.[30]

Der 1896 im pommerschen Köslin (polnisch: Koszalin) geborene Crohn wuchs nach dem Tod seiner Mutter selbst vom sechsten bis zum 14. Lebensjahr im Pankower Waisenhaus auf. Als besonders begabter Junge durfte er danach ein Gymnasium besuchen und studieren. Im Ersten Weltkrieg meldete er sich freiwillig und wurde verwundet. Nach dem Studienabschluss wurde Crohn Lehrer an der jüdischen Mittelschule in Berlin. 1936 erhielt er nach dem Tod des bisherigen Waisenhausdirektors Max Blumenfeld das Angebot, den Chefposten am Pankower Waisenhaus zu übernehmen.[31] Crohn, ein kleiner Herr, der meistens eine Fliege trägt, wird von seinen ehemaligen Zöglingen als ein außergewöhnlicher Mann beschrieben. Der 1925 geborene Henry Glaser, der als Horst Felix im Pankower Waisenhaus aufwächst, nennt Crohn eine „herausragende Persönlichkeit".[32] Leslie Baruch Brent, 1925 als Lothar Baruch geboren und 1939 mit einem Kindertransport nach Großbritannien entkommen, erinnert sich: „Er war sehr besorgt und ein empfindsamer Mensch, der sehr viel Interesse an seinen Jungen, an ihrem Wohlergehen gehabt hat. Und er hat manchen von uns hier, bestimmt mir, aber ich glaube auch anderen, das Leben gerettet, denn er hat die Möglichkeit gehabt, einige Namen für den ersten Kindertransport, der nach England gefahren ist, zu nennen."[33]

Als Direktor des früheren Auerbach'schen Waisenhauses sind Crohns Möglichkeiten der Hilfe für die ihm anvertrauten Jungen und Mädchen freilich begrenzt. Die Kindertransporte sind seit Kriegsbeginn eingestellt. Es gelingt Crohn, bei einem seiner Zöglinge eine „arische" Großmutter nachzuweisen. Das rettet den 1928 geborenen Werner Jacobowitz später vor der Deportation.[34] Durch den Zuzug aus anderen zu schließenden Heimen bleibt die Zahl der Zöglinge permanent hoch und übersteigt die Kapazitäten des Hauses erheblich. Doch auch die Fluktuation wird immer größer. Manche Kinder werden von den Eltern oder dem noch lebenden Elternteil wieder in die eigene Wohnung zurückgeholt, andere, deren Erziehungsberechtigte keine Zeit zur Betreuung ihrer Kinder mehr finden können, kommen hinzu – besonders nach Beginn der Zwangsarbeit für Berliner Jüdinnen und Juden. Auch die Altersstruktur verändert sich. Waren im Auerbach'schen Waisenhaus traditionell nur Kinder im Alter von mindestens sechs Jahren untergebracht, so leben dort nun auch jüngere Jungen und Mädchen. Zugleich ist das Haus dazu gezwungen, das eigene Personal permanent weiter zu verringern. Zeitweise – bis zum Frühjahr 1941 – zieht die V. Volksschule der Jüdischen Kultusvereinigung zu Berlin – wie sich die Gemeinde nun nennen muss – in das Gebäude des Waisenhauses ein. Auch zwölf Kinder der jüdischen Gehörlosenschule werden in der Schönhauser Allee unterrichtet, bevor man sie anderwärtig unterbringt.[35]

Erst 1939/40 ist das Waisenhaus nach Auflösung der Auerbach'schen Stiftung in „Jüdisches Kinderheim Auerbachsche Anstalten" umbenannt worden. 1941 trägt die Institution schon wieder einen anderen Namen. Sie heißt nun „Jüdisches Kinderheim Auerbach-Pankow". Wieder ein Jahr später ist die Bezeichnung „Kinder- und Jugendlichen-Heim" gebräuchlich. Der Name des Begründers Baruch Auerbach ist damit getilgt, noch bevor die Anstalt endgültig geschlossen wird.

Im Februar oder März 1941 schreibt Walter Frankenstein wieder einmal an seinen nach Schweden emigrierten Freund Rolf Rothschild. Das ist immer noch möglich, weil Schweden im Krieg neutral ist. Die Kommunikation zu den „Feindstaaten", also z. B. nach Großbritannien oder in das britische Mandatsgebiet Palästina, ist dagegen weitgehend unterbrochen. Der 16-Jährige teilt mit: „Seit meinem letzten Brief hat sich vieles geändert. [...] Unser Direktor Crohn, der aus Pankow mitgekommen ist, ist auch gleichzeitig unser Erzieher. Unsere Gruppe besteht aus Gymnasiasten und Lehrlingen (13 Mann). Ich bin jetzt der Älteste. Mit unserem Chef (Dir.) stehen wir sehr gut. Vergangene Woche ist Günter Wronkow nach U.S.A. abgefahren. Ich sollte Dich noch recht herzlich von ihm grüßen. Jetzt sind wir nur noch 4 alte Auerbacher, Egon, Kurt G., Gerd P. und ich. Egon geht auf die Oberschule, während Gerd, Kurt und ich Maurer lernen. [...] Vor kurzer Zeit kam Günter Blatt aus Frankreich zurück, und fuhr zur gleichen Zeit wie Günter Wronkow mit seiner Mutter zusammen nach Amerika."[36] Walter schreibt in seinem Brief nichts über die Situation der Juden in Berlin, so wie auch in allen Briefen zuvor und danach nicht. Möglicherweise haben ihn Erwachsene im Heim darauf hingewiesen, dass dann die Gefahr besteht, dass die deutsche Zensur ein solches Schreiben abfängt und nicht weiter befördert. Stattdessen übermittelt er seine sportlichen Leistungen in der Leichtathletik nach Schweden: „In den letzten Tagen war hier schönes Wetter, und der Sport bei Auerbach nahm große Form an. [...] Im Weitsprung erreichte ich am Sonnabend 5,05 m, Hochsprung 1,50 m im Trainingsanzug, Kugelstoßen 8,20 m (7,5 kg) und lief Abends noch 100 Runden (zus. 12000 m) in 50 Minuten." Außerdem berichtet Frankenstein, dass er an zwei Abenden Mathematik bei einem Erzieher gelernt habe. Dieser Erzieher habe auch einen Chor gegründet, „der bei den letzten Heimfeiern großen Beifall fand. Als letztes wurden Chöre aus der Zauberflöte und den Meistersingern einstudiert. Seit wenigen Tagen bin ich auch aktives Mitglied dieses Chores."

Das alles hört sich geradezu idyllisch an – es fällt kein Wort über die Überfüllung des Heims, über die knappe Versorgungslage, den Krieg und die mannigfachen Diskriminierungen, denen die deutschen Jüdinnen und Juden ausgesetzt sind. Wie es wirklich im Auerbach'schen Waisenhaus aussieht, lässt sich aus der Lektüre des „Berichts über die organisatorischen und sonstigen Verhältnisse der jüdischen Bevölkerung in Berlin unter Berücksichtigung des gesamten Altreichs" erahnen, den der für die Wiener Kultusgemeinde tätige Robert Prochnick in der ersten Jahreshälfte 1941 zusammenstellt. Dort werden auch anonymisierte Stimmen aus den einzelnen Institutionen berücksichtigt. Über das „Kinderheim Auerbach-Pankow" heißt es darin:

„Die Kinder besuchen seit dem 1. April die Schule Chorinerstraße resp. Kaiserstraße. Aus dem ersten Vierteljahr dieses Zustandes darf folgendes gesagt werden: Für die vielen schwierigen Kinder, die wir auch aus pädagogischen Gründen oft in unser Heim aufnehmen mussten, bedeutet der Schulweg einen neuen Anreiz zum Schulschwänzen. Ein Teil der Kinder wird aus Vorsichtigkeitsgründen vom Erzieher zur Schule gebracht. Es haben sich jedoch die Fälle des öfteren wiederholt, dass die Kinder noch vor Schulbeginn die Schule wieder verlassen und sich auf den Straßen herumtreiben. Durch den häufigen Nachmittagsunterricht, der oft bis in den späten Nachmittag hinein erteilt wird, sind die Kinder wenig im Hause und unserer pädagogischen Beeinflussung all zu stark entzogen. Ein besonderes und eindringliches Anschauungsbild empfängt man, wenn man die Zeugnisse der Kinder studiert. Es sind mit geringen Ausnahmen nur negative Ergebnisse zu beobachten. [...]

Das Haus ist durchgehend voll belegt, im Durchschnitt betreuen wir 215 Kinder.

An Mitarbeitern haben wir abgebaut: 3 Erzieher, 1 Erzieherin, 1 Erzieherpraktikantin, eine Bürohilfe, 3 Hausgehilfinnen. Wir beschäftigen jetzt: 3 Erzieherinnen, 5 Erzieher, die einzelnen Gruppen umfassen jetzt ca 30 Kinder. Es ist jetzt das Höchstmaß an Verantwortung und Arbeitskraft für einen Erzieher erreicht, um eine einigermaßen ersprießliche Arbeit zustande zu bringen. An Hauspersonal beschäftigen wir: 1 Hausmeisterehepaar, 1 Köchin, 1 Näherin, 1 Näherin, die nur jede zweite Woche zu uns kommt, 6 Hausgehilfinnen in der Küche und im Haus, 2 in der Waschküche und Wäschestube. [...]"[37]

Aus dem Bericht ergibt sich, dass das Heim vollkommen überfüllt gewesen sein muss. Die Bettenzahl des Auerbach'schen Waisenhauses wurde 1932 mit 80 angegeben. Jetzt aber leben dort mehr als 200 Kinder. Die Verhältnisse müssen extrem beengt sein. Acht Erzieherinnen und Erzieher kümmern sich um die Kinder und Jugendlichen. Die Gruppengröße der Jungen und Mädchen lag früher bei maximal 15. Jetzt sind es dem Bericht zufolge doppelt so viele. Die Situation bleibt im Lauf des Jahres nahezu unverändert. Am 31.12.1941 meldet Waisenhausdirektor Kurt Crohn der Rechtsabteilung der Jüdischen Kultusvereinigung zu Berlin, dass im Heim 215 Kinder betreut werden. „Das Erziehungskollegium besteht aus 6 Erziehern (einschließlich dem Leiter) und 3 Erzieherinnen", schreibt Crohn.[38]

Tatsächlich nimmt überall in Berlin die Zahl der Kinder, die von jüdischen Institutionen betreut werden, deutlich zu. Im ersten Halbjahr 1941 leben 300 Kinder in Pflegestellen und 500 in Heimen.[39] Dabei ist die Zahl der Minderjährigen angesichts der Überalterung der Gemeinde eigentlich gering: Im Oktober 1941 besuchen nur noch 2446 Kinder jüdische Schulen – 1939 waren es noch etwa 10 000. Auch sie müssen in der Regel tagsüber außerhalb der Schulstunden betreut werden. Ursache dafür ist die Einteilung der erwachsenen jüdischen Bevölkerung Berlins zur Zwangsarbeit, größtenteils in Fabriken. Bei 50 bis 60 Stunden Wochenarbeitszeit für Männer und 45 bis 55 für Frauen bleibt in Familien keine Zeit mehr für die Betreuung des Nachwuchses. Zugleich zwingt das NS-Regime die Reichsvereinigung der Juden, die alle Wohlfahrtseinrichtungen im Reich betreiben muss, dazu, ihr Budget für diesen Bereich immer mehr zu kürzen. So sinkt der Fürsorgeetat der Reichsvereinigung von 1 050 000 Mark im Oktober 1941 bis zum Mai 1942 auf nur noch 650 000 Mark.[40] Deshalb müssen Unterstützungsleistungen gestrichen und muss immer mehr Personal abgebaut werden.

Walter Frankenstein beendet bald nach der Fusion des Auerbach'schen mit dem Pankower Waisenhaus seine Lehre als Maurer an der jüdischen Bauschule. Die Jüdische Gemeinde übernimmt den jungen Mann, der fortan in allen möglichen Einrichtungen zum Einsatz kommt. „Das waren Reparaturarbeiten in jüdischen Häusern", sagt er. „Altersheime, Schulen, Verwaltungsgebäude. Viel Arbeit in den Küchen, wo Kacheln kaputt gegangen waren. Es wurde ja nichts Neues gebaut." Im Frühjahr 1941 beschließt das Regime, dass alle „arbeitsfähigen" deutschen Juden generell zur Zwangsarbeit in Rüstungsbetrieben eingeteilt werden. Sie sollen bevorzugt getrennt von den anderen Arbeitern und gruppenweise zum Einsatz kommen. „Berührungen mit der Bevölkerung sind auf ein Mindestmaß zu beschränken", heißt es.[41] Jüdinnen und Juden sollen isoliert bleiben, damit jegliche Art von Austausch mit ihnen in der übrigen Bevölkerung unterbleibt. Jüdische Zwangsarbeiter sollen zugleich die Lücken in den Betrieben füllen, die durch die Einberufungen der Männer zur Wehrmacht entstanden sind. Irgendwelche Rücksichtnahmen auf Menschen, die älter oder körperliche Arbeit nicht gewohnt sind, gibt es dabei nicht. Jegliche Gehaltszulagen für Juden sind längst gestrichen worden, und so müssen viele Menschen für einen Hungerlohn Schwerstarbeit leisten. Viele von ihnen dürfen nicht in ihrer angestammten Wohnung bleiben, weil das NS-Regime die Juden möglichst konzentrieren will – so entstehen mitten in der Stadt „Judenhäuser". Der Mieterschutz für Jüdinnen und Juden ist aufgehoben.

Wohl am 6. August 1941 erreicht den in Schweden lebenden Rolf Rothschild wieder einmal ein Brief von Walter Frankenstein aus dem Auerbach'schen Waisenhaus. Walter gratuliert ihm zum Geburtstag, bevor er auf seine berufliche Situation eingeht: „Unser Kursus ist ebenso wie alle anderen seit Mai aufgelöst, und ich bin als einziger, zusammen mit meinem Polier und Kursleiter, bei der Gemeinde als Maurer angestellt worden. Die anderen Jungen arbeiten alle in der Fabrik. [...] Augenblicklich mache ich Ausbesserungsarbeiten bei Auerbach." Danach berichtet Frankenstein von seiner Freizeit und da wieder besonders vom Sport: „Im Hochsprung habe ich schon 1,65 m geschafft. Im Weitsprung stehe ich auch mit 5,10 m am Besten. [...] Aber mein Feierabend ist nicht nur mit Sport ausgefüllt. Da wir im Sommer nicht Mathematik machen, ist als Ersatz dafür ein Kursus in Astronomie eingerichtet. Auch diesen leitet Herr Süssmann. Außerdem lese ich gern und spiele viel Mandoline. Du siehst, meine Zeit ist voll ausgenutzt, da ich ja auch noch 10 Std.

am Tag arbeiten muss. Vor einiger Zeit habe ich mir auch ein neues Rad zugelegt."[42] Erneut fällt kein Wort zur Situation der Juden in Berlin. Das Fahrrad muss Frankenstein spätestens zum 13. November 1941 entschädigungslos abgeben, denn von diesem Datum an ist Jüdinnen und Juden der Besitz verboten.

Irgendwann im Herbst 1941 zieht Walter Frankenstein aus dem Waisenhaus aus, und auch Leonie Rosner verlässt das Heim. Sie leben zwar nicht in einer gemeinsamen Wohnung, aber sie sehen sich fast jeden Tag. Die Kontakte zu den zurückgelassenen Freunden in der Schönhauser Allee 162 reißen bald ab, nur selten trifft Walter noch Gerd Puscher oder einen der anderen Lehrlinge. Im folgenden Jahr fordert das SS-Reichssicherheitshauptamt Frankenstein und weitere Arbeiter der Jüdischen Gemeinde zur Zwangsarbeit an. Sie müssen Keller zu Luftschutzräumen umbauen und werden bei Reparaturarbeiten eingesetzt. Sie sind zu zwölft: drei Maurer, zwei Elektriker, Tischler, Schlosser, Klempner. Im Oktober 1942 beträgt der Tageslohn von Frankenstein fünf Reichsmark und vier Pfennige, bei 28 Arbeitstagen kommt er auf einen Monatslohn von 141,12 Reichsmark.[43]

Schon seit der Besetzung mittel- und osteuropäischer Staaten durch die deutsche Wehrmacht werden die dort lebenden Jüdinnen und Juden gequält, drangsaliert, in geschlossene Ghettos gesperrt und häufig aus nichtigen Gründen getötet. Mit dem deutschen Überfall auf die Sowjetunion am 22. Juni 1941 beginnt der planmäßige Massenmord an der jüdischen Zivilbevölkerung. Die Menschen, egal ob Frauen, Männer oder Kinder, werden hinter der Front von speziell gebildeten Einsatzgruppen aus SS und Polizeiangehörigen zusammengetrieben, erschossen und in Massengräbern verscharrt. In Deutschland selbst hat der Holocaust zu diesem Zeitpunkt noch nicht begonnen. Aber die Vorzeichen werden deutlicher. Die NS-Führung muss angesichts der eigenen Erfolge im Krieg erkennen, dass die bisher von ihr angestrebte Austreibung aller Jüdinnen und Juden in ihrem Sinne keine „Lösung" des angeblichen „Judenproblems" ergibt. Denn mit jedem eroberten Land sehen sich die Antisemiten mit weiteren jüdischen Menschen konfrontiert, die ihre Vorstellung von einem „judenfreien" deutsch beherrschten Territorium infrage stellen. Historiker nehmen an, dass dies ein Grund für die weitere Radikalisierung der Nazi-Führungsspitze darstellt, die im Plan der Ermordung des europäischen Judentums gipfelt.

Ab dem Frühjahr 1941 werden die deutschen Jüdinnen und Juden noch stärker von der übrigen Bevölkerung isoliert, ihre Bewegungsfreiheit wird eingeschränkt, sie werden registriert und schließlich in der Öffentlichkeit gekennzeichnet. Im Juli wird verordnet, dass ihre Reisepässe mit einem „J" versehen werden. Ab dem 15. September müssen alle Jüdinnen und Juden, die das sechste Lebensjahr vollendet haben, deutlich sichtbar einen gelben „Judenstern" an der Brust tragen. In den folgenden Wochen ergehen Befehle, dass Juden keine öffentlichen Verkehrsmittel mehr benutzen dürfen (es sei denn, dies ist zur Ableistung der Zwangsarbeit unumgänglich), dass sie keine Telefonzellen mehr betreten dürfen (ein eigenes Telefon besitzen dürfen sie schon lange nicht mehr), dass sie weder Märkte noch Messen besuchen dürfen, dass sie Schreibmaschinen, Fahrräder, Fotoapparate, Ferngläser und elektrische Geräte erst anmelden und dann abgeben müssen, dass sie keine Zeitung mehr beziehen und keine Bücher mehr kaufen dürfen und dass sie noch weniger Lebensmittel erhalten als zuvor. Am 23. Oktober 1941 ergeht durch den Chef der Gestapo Heinrich Müller schließlich ein Erlass: „Geheim! Reichsführer-SS und Chef der Deutschen Polizei hat angeordnet, dass die Auswanderung von Juden mit sofortiger Wirkung zu verhindern ist."[44]

Damit hat das NS-Regime seine Politik um 180 Grad gedreht. Wurden die deutschen Jüdinnen und Juden vor dem Oktober 1941 noch mit allen Mitteln zur Emigration gedrängt, auch wenn die Zahl der möglichen Zielländer im Krieg immer kleiner geworden ist, ist ihnen nun die Flucht aus Deutschland ganz verboten. Weil der Befehl geheim bleibt, erfahren die Betroffenen häufig nichts von dem Verbot und bleiben deshalb noch monatelang in dem Glauben, eine Chance für einen Neuanfang im Ausland zu haben. Das Leben im Nazi-Reich wird für Jüdinnen und Juden zunehmend zur Hölle. Mit dem „Judenstern" gekennzeichnet erfahren sie zwar immer wieder auch kleine Zeichen der Solidarität, wenn sie zu Fuß auf den Straßen oder – nur mit Sondergenehmigung – in öffentlichen Verkehrsmitteln unterwegs sind, es überwiegen aber Anfeindungen. Darüber berichtet auch der Auerbach-Zögling Werner Jacobowitz. Regelmäßig seien die jüdischen Kinder auf dem Weg zur Schule in der nahen Choriner Straße von „arischen" Jungen verprügelt worden.[45]

Im Oktober 1941 beginnen die Deportationen deutscher Jüdinnen und Juden in den Osten. Konzentrations- und Vernichtungslager wie Auschwitz oder die drei Lager der „Aktion Reinhardt", Treblinka, Sobibor und Bełżec, in denen ein großer Teil der polnischen Juden ermordet wird, existieren zu diesem Zeitpunkt noch nicht. Deshalb werden die Deportationszüge des Jahres 1941 in die von den deutschen Besatzern eingerichteten jüdischen Ghettos wie das im polnischen Łódź (von den Nazis „Litzmannstadt" genannt), im lettischen Riga, im litauischen Kaunas und im belarussischen Minsk geleitet. In manchen Fällen werden die Menschen in die völlig überfüllten Wohnbezirke zu den einheimischen Juden gezwängt und erst später getötet, in anderen Fällen werden sie sofort ermordet.

Der erste Zug mit deportierten Juden aus Berlin verlässt die Reichshauptstadt am 18. Oktober 1941. Ziel ist das Ghetto von Łódź. 1013 Menschen müssen am Bahnhof Grunewald den Zug, bestehend aus älteren Personenwagen dritter Klasse besteigen. Im mit Stacheldraht abgesperrten Ghetto im deutsch annektierten Teil Polens leben zu diesem Zeitpunkt rund 160 000 Menschen auf engstem Raum und unter miserablen hygienischen und sanitären Bedingungen. Viele müssen Zwangsarbeit für die Wehrmacht leisten. Anfangs treffen in Berlin noch postalisch Nachrichten von den Deportierten ein. Doch diese versiegen bald, weil das SS-Reichssicherheitshauptamt die Kommunikation verbietet. Wer nicht mehr „arbeitsfähig", aber doch noch am Leben ist, wird bald darauf ins nahe gelegene Chelmo gebracht und dort mittels Gas ermordet. Bis Ende Juni 1942 ist von den 20 000 aus dem Deutschen Reich nach Łódź deportierten Jüdinnen und Juden mehr als die Hälfte tot.

Nur knapp einen Monat später wird den ersten Bewohnern des Auerbach'schen Waisenhauses befohlen, sich für den Transport in den Osten bereitzuhalten. Sie sollen sich zu einem bestimmten Datum im Sammellager einfinden. Die Gestapo hat die Jüdische Gemeinde dazu gezwungen, die bei dem Pogrom vom November 1938 nur leicht beschädigte Synagoge in der Levetzowstraße im Berliner Stadtbezirk Tiergarten entsprechend für etwa 1000 Menschen herzurichten. Die Gemeinde wird von der Gestapo zur Kooperation bei den Deportationen gedrängt, dessen Vorstand stimmt dem in der Hoffnung zu, nur so Schlimmeres verhindern zu können. Allerdings stellt sich bald heraus, dass ein Handeln im Interesse der Verfolgten nahezu unmöglich ist. Konkret stellt die jüdische Vertretung künftig Ordner und medizinisches Personal in den Sammellagern und versorgt die Betroffenen bis zu ihrer Abreise mit Lebensmitteln. Der Fußboden der Synagoge in der Levetzowstraße wird mit Strohsäcken und Matratzen belegt und die Bestuhlung entfernt, um ein Nachtlager zu errichten. Wohin es gehen soll, erfahren die betroffenen Menschen in der Regel nicht, es heißt lediglich, sie würden „in den Osten" verbracht und müssten dort arbeiten.

Das NS-Regime legt besonderen Wert auf eine scheinbare Legalität seiner Grausamkeiten: Die betroffenen Jüdinnen und Juden werden dazu gezwungen, eine „Vermögenserklärung" auszufüllen, in der sie ihr gesamtes Eigentum vom Wohnzimmerschrank bis zum Wintermantel, aber auch sämtliche Sparkonten und sonstige Vermögenswerte aufführen müssen. Der komplette Besitz fällt an das Deutsche Reich. Die Gestapo lässt dazu in einem gedruckten Formblatt die entsprechende Verfügung abdrucken. Dort heißt es:

„Auf Grund des § 1 des Gesetzes über die Einziehung kommunistischen Vermögens vom 26. Mai 1933 [...] in Verbindung mit dem Gesetz über die Einziehung volks- und staatsfeindlichen Vermögens vom 14. Juli 1933 [...] wird in Verbindung mit dem Erlass des Führers und Reichskanzlers über die Verwertung des eingezogenen Vermögens von Reichsfeinden vom 29. Mai 1941 [...] das gesamte Vermögen des – der ... geborene ...

geboren am ... in ... zuletzt wohnhaft in ... Straße/Platz Nr. ... zugunsten des Deutschen Reiches eingezogen."[46]

Die Daten des Betroffenen werden an der vorbestimmten Stelle eingetragen, ein Stempel und eine unleserliche Unterschrift darunter gesetzt, und fertig ist die vollständige Enteignung. Möbel und weitere Wertgegenstände werden anschließend von NS-Dienststellen genutzt oder im Auftrag des Oberfinanzpräsidenten für das gemeine Publikum versteigert. Manch treuer „Volksgenosse" kommt so günstig zu einer neuen Wohnungseinrichtung oder auch nur zu einer bequemeren Matratze.

16 Seiten umfasst so eine „Vermögenserklärung", die von jeder Jüdin und jedem Juden abgegeben werden muss, also auch von Minderjährigen wie den Kindern des ehemaligen Auerbach'schen Waisenhauses. Da wird nach „flüssigem Vermögen" gefragt, nach „Guthaben bei Geldinstituten", „Liegenschaften" und „Forderungen", „Versicherungen", „Kautionen" und „Unterhaltsansprüchen". Meistens füllt ein Vormund der Jüdischen Gemeinde die Erklärungen der Kinder aus, manchmal sind es auch Vater oder Mutter, in seltenen Fällen die Kinder selbst, wenn sie schon etwas älter sind. Mehr als 100 solcher „Vermögenserklärungen" haben sich im Potsdamer Landeshauptarchiv von Brandenburg über die Kinder des Waisenhauses erhalten. Der Inhalt ist fast immer identisch. Viele weiße Blätter mit vorgedruckten Fragen, aber fast ohne handschriftliche Bemerkungen, manchmal entschlossen geführte Striche, um die Mittellosigkeit zu unterstreichen, bisweilen Hinweise auf rechtzeitig ins Ausland ausgewanderte Verwandte, die Nummer der Kennkarte, der Name, ein Stempel. Die Kinder haben nichts zu hinterlassen. Es handelt sich in aller Regel um die letzten Zeugnisse aus dem Leben eines Menschen vor dessen Ermordung. Später, bisweilen erst nach Wochen und Monaten, erfolgt in der Akte der routinierte Satz eines Obergerichtsvollziehers: „Es wurden keine Vermögenswerte vorgefunden" oder „Sachen nicht vorhanden". In wenigen Fällen gibt ein Vormund Wochen oder Monate nach der Deportation an, dass für das Kind ein Sparkassenbuch geführt wurde oder Wertpapiere vorhanden sind. Bei Kurt Gumpert, einem Freund

von Walter Frankenstein, ist dies zum Beispiel der Fall. Sein Onkel Oskar Gumpert meldet Monate nach der Deportation seines Neffen dem Oberfinanzpräsidenten, dass Kurt ein Sparkassenbuch mit einer Einlage von 297,35 Mark besitzt. Das Sparbuch wird eingezogen.[47]

Die Deportationen aus dem Auerbach beginnen am 14. November 1941. Fünf Menschen fallen ihnen an diesem Tag zum Opfer. Der älteste ist Max Gottheiner, ursprünglich ein Verlagsbuchhändler. Der 58-Jährige hat noch bis zum Mai 1941 als Sekretär im Waisenhaus gearbeitet, danach wurde er von der Jüdischen Gemeinde aus Einsparungsgründen entlassen, lebt also seit kurzem auch nicht mehr in der Schönhauser Allee 162, sondern in Berlin-Wilmersdorf am Nikolsburger Platz 2.[48]

Ludwig Guth ist dagegen erst neun Jahre alt. Den dürftigen Angaben zufolge lebt der Junge schon seit mindestens Mai 1939 im Auerbach'schen Waisenhaus. Es existiert ein Foto von Ludwig, das ihn zusammen mit einem weiteren Jungen im Auerbach mit einem Wasserschlauch zeigt. Ludwig wird zusammen mit seiner Mutter Erna deportiert, die im Norden Berlins zur Untermiete wohnt.[49]

Auf der Schülerkarteikarte von Horst Viert steht „Nov. 41 evakuiert", als sein Wohnsitz ist die Schönhauser Allee 162 angegeben.[50] Der Junge ist gerade zwölf Jahre alt geworden. Seine 35-jährige Mutter Hildegard Viert, geborene Radziejewski, lebt in Charlottenburg und muss ebenfalls am 14. November den Deportationszug besteigen.

Alfred und Lothar Becker sind Zwillinge, beide sind am 28. Mai 1929 in Berlin geboren. Sie sind die beiden einzigen Auerbacher, von denen sich bei diesem Transport die „Vermögenserklärungen" erhalten haben, ausgefüllt von ihrer Mutter Regina Becker, einer gelernten Krankenschwester, die zuletzt in einer Fabrik Zwangsarbeit leisten muss. Sie lebt zur Untermiete in Charlottenburg. Auf die Frage, ob Kinder „außerhalb des gemeinsamen Hausstandes leben", schreibt die 39-Jährige: „Zwei Knaben Lothar + Alfred Becker geb. am 28.5.29 in Berlin N58 Schönhauser Allee 162 Waisenhaus". Außerdem bemerkt sie jeweils zu den Vermögensverhältnissen: „Verschiedene Sachen des Kindes stellt das Heim das

Nötigste zur Verfügung."[51] Die Mutter hat die „Vermögenserklärungen" am 12. November ausgefüllt, der Ortsangabe Charlottenburg nach mutmaßlich in ihrer Wohnung. Der Aufenthalt im Sammellager Levetzowstraße bis zur Abfahrt des Zuges kann also nicht lange gedauert haben, maximal zwei Tage.

Auch diese Mutter wird sich von ihren Söhnen nicht trennen, alle drei sind für den gleichen Transport vorgesehen. Die Tatsache, dass am 14. November 1941 alle Auerbach-Kinder mit einem Elternteil deportiert werden, verweist darauf, dass es der Gestapo zu diesem Zeitpunkt nicht primär darum geht, das Waisenhaus in der Schönhauser Allee zu leeren. In dieselbe Richtung weist ein Schreiben der Städtischen Pfandleihanstalt, die Monate später am 5. Juli 1942 „betreffs der Judenwohnung Schönhauser Allee 162, Becker" mitteilen muss, dass sich „an obiger Anschrift ein jüdisches Kinderheim befindet, in dem das Kind Becker untergebracht war". Bedauernd heißt es in dem an den Oberfinanzpräsidenten Berlin-Brandenburg gerichteten Schreiben weiter: „Das Inventar ist Eigentum des Heimes. Eigene Sachen wurden nicht hinterlassen. Wir haben die Anschrift in unserer Liste gestrichen."[52]

Max Gottheiner, Ludwig Guth, Horst Viert und Alfred und Lothar Becker sowie die Mütter der Kinder fahren nach Minsk, in die von der Wehrmacht kurz zuvor eroberte Hauptstadt der Sowjetrepublik Weißrussland. Die SS hat im dort von ihr eingerichteten jüdischen Ghetto Platz für die Neuankömmlinge aus dem Reich geschaffen, in dem sie etwa 12 000 einheimische Menschen erschoss. Es treffen dann allerdings anders als erwartet „nur" rund 7000 „Reichsjuden" in Minsk ein, darunter etwa 1000 aus Berlin.[53] Sie werden zur Zwangsarbeit für die Kriegswirtschaft eingeteilt – auch zwölfjährige Kinder wie Alfred und Lothar Becker haben in der Rüstungsindustrie und bei der Eisenbahn zu schuften. Zudem sind die Verhältnisse im Ghetto Minsk ganz besonders schlecht: Eine medizinische Versorgung existiert nur rudimentär, die Lebensmittelversorgung ist unzureichend und die deportierten deutschen Jüdinnen und Juden frieren im Winter 1941/42 entsetzlich bei bis zu 30 Grad Kälte, weil die SS ihnen kurz nach der Ankunft das Gepäck mitsamt der warmen Kleidung gestohlen hat. Entsprechend hoch ist die Zahl der Todesopfer. In mehreren „Aktionen“ werden zudem „arbeitsunfähige“ Ghettobewohner ermordet und das Ghetto der sinkenden Bevölkerungszahl entsprechend verkleinert. Schließlich werden die aus Deutschland deportierten Jüdinnen und Juden wegen des Herannahens der Roten Armee im Jahr 1943 zum größten Teil in der nahen Mordstätte Maly Trostinez getötet, wenige weitere Menschen werden in das besetzte Polen verschleppt.[54] Die Zahl der Überlebenden unter den deutschen Juden in Minsk ist äußerst gering. Keines der Kinder und keiner der Erwachsenen aus dem Auerbach'schen Waisenhaus oder ihrer Familienangehörigen befindet sich unter ihnen.

Ein anderer Transport in Richtung Minsk verlässt Berlin am 24. Juni 1942. Vermutlich fahren die 202 Verschleppten des „16. Osttransports“ aus der Reichshauptstadt vereint mit den Waggons mit etwa 565 ostpreußischen Jüdinnen und Juden, die in Königsberg angekoppelt werden. In diesem Zug müssen auch zwei Erwachsene und zwei Kinder aus dem Auerbach'schen Waisenhaus mitfahren. Gerda Petrikowski ist 31 Jahre alt und arbeitet als Hausangestellte im Heim, Edith Simon, geborene Schilobolski und geschiedene Preuß, ist im gleichen Alter und Erzieherin.[55] Sie wird zusammen mit ihrer siebenjährigen Tochter Evelyn Preuß, die ebenfalls im Auerbach wohnt, und deren Halbschwester Marlitt Simon deportiert.[56] Der 15-jährige Manfred Hauben hat das Waisenhaus offenbar kurz zuvor verlassen und wohnt in einem jüdischen Jugendwohnheim in Berlin-Moabit, von wo er in das deutsch besetzte Weißrussland verschleppt wird.[57] Alle Teilnehmer des Transports werden sofort nach ihrer Ankunft in Minsk mit Lastkraftwagen in das etwa 15 Kilometer entfernte, in einem Wald gelegene Maly Trostinez gebracht und dort erschossen.

Trotz dieser Deportationen von Kindern und Erwachsenen aus dem Heim: Bis zum Herbst 1942 stehen die Bewohner der Schönhauser Allee 162 nicht im Fokus der Transporte in den Tod. Weiterhin leben dort über 200 Kinder und ihre erwachsenen Betreuer auf engstem Raum bei dürftiger Lebensmittelversorgung zusammen. Immer wieder kommt es zur

Deportation einzelner Kinder und Jugendlicher, vor allem in das von den deutschen Besatzern eingerichtete jüdische Ghetto der lettischen Hauptstadt Riga, in das die SS ab Ende November 1941 mehr und mehr Transporte befiehlt. Einige Deportierte werden direkt nach ihrer Ankunft erschossen, andere in das Ghetto der Stadt eingewiesen und zur Zwangsarbeit eingeteilt. Unter ihnen befinden sich viele ältere Menschen, denn die SS bemüht sich darum, die Berliner jüdischen Altersheime zu leeren.

Aus dem Auerbach werden am 27. November 1941 der 14-jährige Werner Sommerfeld und die 12-jährige Vera Weiss mit dem ersten für Riga bestimmten Zug deportiert.[58] Alle 1053 Insassen dieses Transports werden sofort nach ihrer Ankunft im Wald von Rumbula bei Riga erschossen.[59] Die Zwillinge Eva und Heinz Wind, geboren im Juli 1932, verlassen Berlin-Grunewald am 19. Januar 1942 zusammen mit 1000 weiteren Personen in ungeheizten Güterwagen. Nur 19 Überlebende sind bekannt.[60] Eva und Heinz Wind werden später im von der SS eingerichteten Ghetto im litauischen Kaunas (russisch: Kowno, deutsch: Kauen) registriert, am 1. Oktober 1944 werden sie ins KZ Stutthof bei Danzig deportiert, wo sie nicht überleben.[61] Es ist nicht ganz klar, ob die beiden aus dem jüdischen Kleinkinderheim in der Moltkestraße 8–11 deportiert werden oder aus dem ehemaligen Auerbach'schen Waisenhaus. Wolfgang Katz (12) und Ilona Salzmann (12) zählen zu den 1044 Insassen eines Zugs, der am 25. Januar 1942 den Bahnhof Berlin-Grunewald in Richtung Riga verlässt.[62] Viele Insassen erfrieren in den ungeheizten Güterwagen, andere werden bei ihrer Ankunft getötet. Lediglich 13 überleben.[63] Wolfgang und Ilona sind nicht unter ihnen. Ilona wird zuletzt am 9. August 1944 in KZ Stutthof registriert.

Walter Frankenstein kennt den 1925 geborenen Egon Heysemann seit seiner frühesten Jugend, denn beide wuchsen im westpreußischen Flatow auf. Im Auerbach'schen Waisenhaus treffen sie sich wieder. Heysemann wird am 28. März 1942 aus der elterlichen Wohnung in Berlin-Schöneberg in das von der SS errichtete Ghetto der deutsch besetzten polnischen Stadt Piaski deportiert. Von dort erreicht den nach Schweden ausgewanderten früheren Auerbacher Rolf Rothschild postalisch ein letzter Gruß. „Was machst Du lieber Rolf?", fragt sein Freund Egon. Über die Situation in Piaski verliert er auf der Postkarte kein Wort, stattdessen schreibt er Beruhigendes über das Waisenhaus: „Die Jungen im Auerbach sind alle wohlauf. Sonst sind die anderen uns bekannten Jungen in alle Welt verstreut." Am Ende schreibt Heysemann: „Lieber Rolf, vergiss mich nicht!! Sei Du recht herzlich gegrüßt von mir und meinen Eltern."[64] Es ist die letzte bekannte Nachricht von Egon Heysemann. Er kehrt nicht zurück.[65]

Weitere Züge verlassen Berlin am 15. und 31. August 1942 in Richtung Riga, andere fahren am 5. September und 15. Oktober ab. Sie befördern neben Tausenden anderen Berliner Jüdinnen und Juden auch Kinder aus dem Waisenhaus in der Schönhauser Allee, wobei nicht in jedem Fall zu klären ist, ob die Person zum Zeitpunkt ihrer Verschleppung noch im Auerbach lebt oder kurz zuvor von einem Elternteil nach Hause geholt worden ist. Die Geschwister Jona und Egele Cussel zählen zu den Jüngsten. Jona ist am 15. August 1942 erst zehn Monate alt, als sie nach Riga verschleppt wird, Egele zählt zwei Jahre.[66] Mit demselben Transport werden auch die 13-jährige Ruth Heidemann und der dreijährige Denny Steinhardt deportiert.[67] Zwei Wochen später wird mit der 1915 geborenen Ruth Reissner eine weitere Angestellte des Waisenhauses nach Riga verschleppt.[68] Am 5. September trifft es die elfjährige Mirjam Kalinski, die zuvor aus dem Kinderheim Ahawar ins Auerbach gekommen ist und zusammen mit ihrer Mutter Ida verschleppt wird.[69] Werner Heine, 9 Jahre alt, muss am 15. August 1942 einen Zug von Berlin nach Riga besteigen.[70] Keiner der Deportierten aus dem Waisenhaus überlebt.

Der elfjährige Hermann Brasch wird am 3. Oktober 1942 zusammen mit seiner Mutter Elisabeth und dem Vater Sally nach Theresienstadt im deutsch kontrollierten „Protektorat Böhmen und Mähren" auf dem Gebiet der besetzten Tschechoslowakei deportiert. Dort soll laut der Propaganda der Nazis ein „Altersghetto" entstehen, in das sich deutsche Jüdinnen und Juden mit „Heimkaufverträgen" einkaufen können. Eine Verschleppung nach Theresienstadt gilt gegenüber den Deportationen in den Osten als Privileg. Viele Mitarbeiter der Jüdischen Gemeinde wie der Vater von Hermann Brasch werden dorthin gebracht, häufig haben sie sich mit viel Geld in „Heimkaufverträgen" eine vermeintlich gute Unterkunft gesichert. Tatsächlich kann von einem Heim keine Rede sein. Die Menschen leben dort streng von der Umgebung abgesperrt in überfüllten ehemaligen Kasernen. Die medizinische Versorgung spottet jeder Beschreibung und das Essen ist vollkommen unzureichend. Viele der nach Theresienstadt deportierten Menschen sterben an Entkräftung und Krankheiten. Hinzu kommt, dass unregelmäßig Tausende aus Theresienstadt weiter nach Auschwitz deportiert werden, wo die meisten von ihnen sofort in den Gasanlagen ermordet werden. Zu ihnen zählen auch Hermann Brasch und seine Eltern: Sie werden am 23. Januar 1943 nach Auschwitz verschleppt und dort umgebracht.[71]

Schließlich zählt zu den Transporten, bei denen einzelne Kinder und Erwachsene aus dem Auerbach in den Osten deportiert werden, ein Zug, der um den 2. April 1942 Berlin in Richtung Warschau verlässt. Die Zahl der damit Verschleppten, die zunächst in das von den Nazis eingerichtete jüdische Ghetto der deutsch besetzten polnischen Hauptstadt gesperrt werden, ist unklar. Sie werden vermutlich später im Vernichtungslager Treblinka ermordet. An Bord des Zugs befinden sich vier Kinder aus dem Auerbach: die elfjährige Ursula Breslauer, die Geschwister Leo (12) und Margot Itzig (10) sowie der 17-jährige Gerd Punscher.[72] Letzterer, ein guter Freund von Walter Frankenstein mit dem Spitznamen „Bulli", arbeitet zuletzt zwangsweise bei der Deutschen Waffen- und Munitionsfabrik in Berlin, lebt aber weiterhin im Waisenhaus. Er besitzt eine Geige und lernt, darauf zu spielen. Frankenstein trifft Gerd Punscher kurz vor seiner Deportation, als er dem Auerbach einen Besuch abstattet. Gerd, so berichtet er mehr als 80 Jahre später, habe ihm gesagt: „Walter, ich werde weggeschickt. Ich werde die Geige mitnehmen. Ich kann mich vielleicht versorgen, wenn ich ein bisschen Geige spiele."[73] Punscher habe die Geige tatsächlich mitgenommen, erinnert sich Frankenstein, obwohl er noch argumentiert habe, sie sei bei ihm sicherer. Die letzte Nachricht von Gerd Punscher stammt aus dem Sammellager in der Berliner Levetzowstraße. Dort muss er seine „Vermögenserklärung" ausfüllen. In dem Formular macht er viele senkrechte Striche, wenn es um den Besitz von Tafelgeschirr, Wäsche oder Herrenbekleidung geht, und schreibt dazu: „nur Heimwäsche" oder „gehört dem Heim".[74] Auf der letzten Seite über seiner Unterschrift, mit der er bezeugt, „keinerlei Vermögenswerte verschwiegen" zu haben, schreibt Gerd Punscher: „Diese Aufstellung ist in der Levetzowstraße aus dem Gedächtnis aufgestellt, und soweit möglich, vollständig." Gerd Punscher überlebt ebenso wenig wie die drei anderen nach Warschau verschleppten Kinder aus dem Auerbach'schen Waisenhaus.

Waisenhausdirektor Kurt Crohn ist offenbar keiner, der ein Blatt vor den Mund nimmt. Schon aus seiner Zeit als Leiter der Pankower Anstalt resultiert ein Ermittlungsverfahren gegen ihn, weil er während des Schulunterrichts politische Bemerkungen getätigt haben soll. Dieses Verfahren wird allerdings mangels Beweisen eingestellt.[75] Im Februar 1942 wird Crohn nach nur 15-monatiger Tätigkeit auf Betreiben der Gestapo als Waisenhausdirektor der früheren Baruch Auerbach'schen Waisen-Erziehungsanstalt entlassen. Die konkreten Gründe bleiben im Dunkeln. In einer Vernehmung vom 13. Februar 1943 durch die Gestapo wegen angeblicher Lebensmittelverschwendung sagt Crohn dem Protokoll zufolge zunächst aus, er könne keine Gründe für seine Ablösung nennen. Danach korrigiert er sich: „Ich muss mich dahin verbessern, dass meine Ablösung erfolgt ist, nachdem bei einer Kontrolle der Geheimen Staatspolizei Beanstandungen über die Unordnung erfolgten."[76] Diese Begründung erscheint wenig glaubhaft, doch tatsächlich ist ein ähnlicher Fall bekannt: Gestapo-Männer überprüfen 1941 in der stillgelegten Berliner Synagoge am Thielschufer (heute Fraenkelufer), wo die jüdische Gemeinde einen Kinderhort und ein Lager betreibt, die Sauberkeit der Toiletten, sie schauen aber auch, ob sich in Vorratsschränken für Juden verbotene Lebensmittel befinden und die Kinder den „Judenstern" ordnungsgemäß tragen.[77] Bei den Kontrollen im Auerbach'schen Waisenhaus könnte es sich um ähnliche Schikanen gehandelt haben. Entsprechende festgestellte „Unregelmäßigkeiten" wären dann der Auslöser für die Entlassung Crohns gewesen.

Crohn wird danach von der Gemeinde als Lehrer an der jüdischen Mittelschule eingesetzt. Nach deren Schließung arbeitet er ab Juli 1942 als Erdarbeiter auf dem Jüdischen Friedhof in Berlin-Weißensee. Ab November verpflichtet ihn die Gemeinde als „unentgeltlichen Helfer" im Sammellager Große Hamburger Straße, von wo ab diesem Zeitpunkt die Deportationen in das Vernichtungslager Auschwitz beginnen. Solche unbezahlten Tätigkeiten werden von den Betroffenen in ihrer begründeten Furcht vor einer Deportation fast immer akzeptiert, erhöht sich damit doch die Chance, von einer Verschleppung vorläufig zurückgestellt zu sein. Nachfolgerin Crohns im „Kinder- und Jugendlichen-Heim" der „Jüdischen Kultusvereinigung zu Berlin" – so der neue Name des Waisenhauses und der Jüdischen Gemeinde – wird erneut Margarete Timendorfer, die seit ihrer Ablösung als Direktorin des Waisenhauses 1940 in der Zentrale der Reichsvereinigung der Juden einen Job gefunden hatte.[78]

Während die Züge mit Jüdinnen und Juden aus Deutschland gen Osten rollen, macht das Regime auch im Inneren deutlicher als je zuvor, dass an eine Zukunft für jüdische Kinder nicht mehr zu denken ist. Am 1. Juli 1942 erfolgt die zwangsweise Schließung sämtlicher jüdischer Schulen. Da jüdische Kinder schon zuvor vom Besuch öffentlicher Schulen ausgeschlossen waren, entspricht der Erlass faktisch einem Bildungsverbot. Auch ein unentgeltlicher oder privater Unterricht wird untersagt. Welche konkreten Auswirkungen das Schulverbot für das Auerbach'sche Waisenhaus hat, ist nicht bekannt. Auf jeden Fall wird das Verbot für eine weitere Überfüllung der Anstalt gesorgt haben, denn nun besitzen die mit dem „Judenstern" gekennzeichneten Kinder keinen geeigneten Ort außerhalb des Waisenhauses mehr, an dem sie sich ungestört aufhalten können. Jüdische Jugendliche im Alter von über 14 Jahren müssen sich von nun an zur Zwangsarbeit melden. So muss der 1927 geborene Dieter Brotzen Wohnungen deportierter Jüdinnen und Juden nach brauchbarer Kleidung durchsuchen, die dann mit Lastkraftwagen zu Magazinen gebracht wird.[79] Jüngere sollen Hilfsarbeiten in jüdischen Einrichtungen verrichten, also etwa Botengänge und Unkrautjäten.[80] Viele der Kinder aus dem Auerbach, so berichtet eine Augenzeugin, hätten tagsüber zwischen den Grabsteinen des jüdischen Friedhofs schräg gegenüber des Heims gespielt – dort, wo auch der Gründer Baruch Auerbach und seine Frau Emma ihre letzte Ruhe gefunden haben.

Auch die letzten Berliner jüdischen Kinderunterkünfte werden im Frühjahr und Sommer 1942 geschlossen. Es bleibt nur das Heim in der Schönhauser Allee, in das alle heimatlosen Kinder aufgenommen werden müssen. Dieses Mal sind es nicht nur größere und kleinere Kinder, die mehr als nur ein Dach und ein Bett benötigen, sondern Dutzende Babys.

Nahezu überall im Reich schielen NS-Dienststellen auf jüdisches Eigentum, das sie zu übernehmen trachten. Das jüdische Pankower Waisenhaus ist so ein Fall. Die Einrichtung muss 1940 geschlossen werden, bald darauf reißt sich die Polizei das Gebäude unter den Nagel. Ähnliches geschieht mit dem jüdischen Säuglings- und Kleinkinderheim in Berlin-Niederschönhausen, einer 1907 gegründeten Wohlfahrtseinrichtung. Die Nationalsozialistische Volkswohlfahrt (NSV) interessiert sich für das in einer ruhigen Seitenstraße gelegene Gebäude. Seit 1930 befindet sich das Kleinkinderheim in der Moltkestraße 8–11 (heute: Wilhelm-Wolff-Straße 30–38), es verfügt nach einer Übersicht von 1932/33 über Betten für 35 Säuglinge, 36 Kleinkinder und vier Mütter, beschäftigt werden dort zu diesem Zeitpunkt 23 Personen, zudem werden junge Frauen in der Säuglingspflege ausgebildet.[81] Es gibt dort sogar einen kleinen Operationssaal, der auch für Beschneidungen genutzt wird. Das *Jüdische Gemeindeblatt* schreibt 1934 über das Säuglingsheim:

„Hier nun finden alle Kinder, vom Schicksal mehr oder minder begünstigt, Waisen und uneheliche Kinder, auch andere, deren Eltern beruflich tätig, krank oder auf Reisen sind, Unterkunft und ärztliche Pflege. Gleich nach der Geburt bringen die Mütter ihre Kleinen in dieses Heim, um während der Zeit des Stillens oder sogar noch länger, wenn besondere Verhältnisse es erfordern, in der Nähe ihrer Lieblinge zu bleiben und sich ihren Aufenthalt durch Mithilfe zu verdienen. Mit vorbildlicher Umsicht sind die Einrichtungen in diesem Säuglingsheim nach der Seite der Hygiene wie der Arbeitserleichterung für das Pflegepersonal durchgeführt."[82]

Bei den regelmäßigen Besprechungen zwischen dem Vorstand der Reichsvereinigung der Juden und SS-Hauptsturmführer Richard Gutwasser aus dem Eichmann-Referat IV B 4 des Reichssicherheitshauptamts drängt der SS-Vertreter spätestens Anfang Dezember 1941 darauf, das Säuglingsheim der NSV zur Verfügung zu stellen.[83] Ein Widerspruch von jüdischer Seite ist nicht möglich, das Grundstück wird an die NSV veräußert. Gutwasser besteht in der Folge auf eine pünktliche Übergabe des Geländes zum 31. März 1942, es entstehen aber Schwierigkeiten bei der Frage, wo man die Kinder künftig unterbringen kann. Zunächst wird eine Unterbringung in der Gipsstraße 3 ins Auge gefasst, wo sich bis zum Frühjahr 1942 ein jüdischer Kindergarten befindet. Der Plan wird dann aber verworfen, weil auch dort die NSV einzuziehen gedenkt. Schließlich werden die Babys und Kleinkinder doch noch in der Gipsstraße untergebracht, allerdings nur vorübergehend. Eine dortige Räumung könne „frühestens ab Mitte Mai vorgenommen werden", heißt es bei einer Unterredung zwischen SS-Mann Gutwasser und Vertretern der Reichsvereinigung der Juden.[84] Gutwasser wiederholt dieses Ultimatum in der nächsten Sitzung vom 15. April, sodass davon auszugehen ist, dass die Kinder Ende Mai 1942 in das ehemalige Auerbach'sche Waisenhaus kommen, wo für sie der linke Seitenflügel frei gemacht wird.[85] Ein Teil der Kleinkinder kann bei jüdischen Pflegefamilien untergebracht werden, bis der Umzug vollzogen ist. „Im Auftrag der jüdischen Gemeinde fuhren riesige Möbelwagen vor das Heim", heißt es in einem Augenzeugenbericht.[86] Die Säuglinge werden in ihren Bettchen liegend in die Wagen gebracht. Auch ein Teil des Mobiliars aus dem Säuglingsheim, wie Stühlchen und Tische, transportiert man in die Schönhauser Allee 162. Die Räume des Seitenflügels vom Auerbach sind zuvor frisch gestrichen worden.

Die Zahl der hinzu kommenden Babys und Kleinkinder lässt sich nur annährend ermessen. Eine Zählung mithilfe verschiedener Datenbanken und Archive kommt auf 27 Kinder, die im Auerbach unterkommen müssen. Weitere 13 Kinder, die in der Schönhauser Allee 162 aufgenommen werden, sind auf einer Gedenktafel in dem ehemaligen Kleinkinderheim in Niederschönhausen verzeichnet. Hinzu kommen mindestens sieben erwachsene Betreuerinnen, darunter die bisherige Oberin des Säuglingsheims Else Stein. Tatsächlich könnten noch mehr Kinder und Erwachsene ins Auerbach gekommen sein. Viele weitere zu diesem Zeitpunkt im Auerbach'schen Waisenhaus lebende Kinder sind sehr jung. Zumindest ein Teil von ihnen dürfte aus dem Säuglingsheim gekommen sein.

Auch das Haus des Jüdischen Kinderheims in der Fehrbelliner Straße 92 in Berlin-Prenzlauer Berg soll an die Nationalsozialistische Volkswohlfahrt gehen. Am 8. April 1942 teilt SS-Hauptsturmführer Gutwasser den Vertretern der Reichsvereinigung mit, „dass das Grundstück an die NSV zu verkaufen ist".[87] Wegen der Räumung der Heime in der Moltkestraße und Gipsstraße werde die SS eine angemessene Frist von etwa drei Monaten bis zur Übergabe einräumen, heißt es. So geschieht es: Das Haus der 1897 gegründeten privaten jüdischen Institution, die wie alle jüdischen Wohlfahrtseinrichtungen inzwischen der Reichsvereinigung der Juden angeschlossen ist, wird zum 1. Juli 1942 an die NSV verkauft, die Übergabe an die Nazis erfolgt zum 4. Juli.[88] Das Haus fungiert zugleich als Kindergarten, Kinderhort und Kinderheim. Nun müssen auch die dort dauerhaft untergebrachten Kinder in das ehemalige Auerbach'sche Waisenhaus umziehen. Nach einer mit Sicherheit lückenhaften Erhebung in verschiedenen Datenbanken und Archiven werden mindestens 14 Kinder zum Umzug gezwungen.

Die 1930 geborene Regina Steinitz ist als Zehnjährige nach dem Tod ihrer Mutter zusammen mit ihrer Schwester Ruth in das Kinderheim in der Fehrbelliner Straße gekommen. Der Vater ist zu diesem Zeitpunkt in die USA emigriert. In ihrem zusammen mit Regina Scheer verfassten Buch „Zerstörte Kindheit und Jugend. Mein Leben und Überleben in Berlin" erinnert sie sich an die Tage der Auflösung und des Umzugs.[89] Sie selbst und ihre Schwester leben da bereits zur Pflege bei einem jüdischen Ehepaar. Zum Alltag im Kinderheim Fehrbelliner Straße schreibt Steinitz: „Wir wurden dort durchaus nicht verwöhnt, man war sogar ziemlich streng, man wusch sich mit kaltem Wasser, es gab feste Regeln, aber das war für uns gut." Die Kinder übernachten in Achtbettzimmern in dem dreistöckigen Haus mit Seitenflügel. Im Erdgeschoss befindet sich ein Kindergarten für Säuglinge und Kleinkinder, darüber liegt ein Tageshort für Schulkinder. Regina und Ruth Steinitz freunden sich mit zwei Schwestern an, die im selben Zimmer schlafen wie sie: Ruth und Thea Fuss.

Als das Heim in der Fehrbelliner Straße aufgelöst werden muss, leben dort nach Steinitz' Erinnerung etwa 50 Kinder. Sie habe sich vor dem Umzug ins Auerbach gefürchtet, von dem sie nur Schlechtes gehört hatte, schreibt Steinitz. Konservativ ginge es dort zu, mit strengen Erziehern, und nicht so freiheitlich wie gewohnt. Deshalb sei sie glücklich gewesen, dass sie zu einem ihr unbekannten jüdischen Ehepaar kommen durfte. Sie schreibt, dass sie ihre Freundinnen noch mehrfach besucht habe, als diese bereits im Auerbach'schen Waisenhaus wohnten. Diese seien aber gar nicht in dem völlig überfüllten Haus in der Schönhauser Allee 162 untergekommen, sondern hätten in der Nummer 22 gewohnt, in einem 1883 eröffneten Altersheim der Jüdischen Gemeinde in unmittelbarer Nähe des jüdischen Friedhofs und etwa 200 Meter vom Auerbach-Waisenhaus entfernt. Viele der alten Menschen sind da schon in das Ghetto Theresienstadt deportiert worden, daher ist dort mehr Platz vorhanden. „Die Atmosphäre war angespannt, obwohl die Erzieherinnen sich sicher bemühten, Ruhe und Ordnung in die Gruppen zu bringen, aber die Kinder waren aufgescheucht, verunsichert, das hier war bereits ein Sammellager", schreibt Regina Steinitz.[90] Ob die „zweite jüdische Versorgungsanstalt" oder das „Manheimer'sche Siechenheim", wie das Altersheim auch genannt wird, offiziell als Dependance des Waisenhauses gedient hat, muss offen bleiben, da dazu keine Dokumente aufgefunden werden konnten.

Am 17. Juni 1942, also vermutlich noch vor dem Eintreffen der Kinder aus dem Heim in der Fehrbelliner Straße, meldet Waisenhausdirektorin Margarete Timendorfer, dass die Zahl der betreuten Kinder auf 270 gestiegen sei, das Pflegepersonal beziffert sie auf 30 Personen. Legt man die 215 Kinder zugrunde, die das Waisenhaus am 31. Dezember 1941 vermeldet hat, so hat sich die Zahl der betreuten Minderjährigen mit den Zuzügen aus dem Kleinkinderheim um etwa 55 erhöht, wobei davon 40 als aus dem Kleinkinderheim in der Moltkestraße stammend namentlich ermittelt werden konnten. Am 4. August 1942 werden 26 Personen Belegschaft im Waisenhaus in der Schönhauser Allee gemeldet, darunter zehn Erzieherinnen und Erzieher, vier Säuglingspflegerinnen und zwölf Hausangestellte einschließlich des Küchenpersonals.[91] Hinzu kommen nach einem Schreiben vom 10. August 1942 zwölf Heimschülerinnen.[92] Die Zahl der Erzieher ist demnach gegenüber Mitte 1941 um gerade einmal vier gestiegen – und bleibt angesichts der gewachsenen Kinderschar doch vollkommen unzureichend.

Die Situation im Waisenhaus wird in den wenigen Augenzeugenberichten als desaströs geschildert. Auch ein Teil der Erwachsenen muss in Gemeinschaftszimmern übernachten.[93] Zur maßlosen Überfüllung, der unzureichenden Lebensmittelversorgung und der Furcht vor weiteren Deportationen kommen die Luftangriffe der Alliierten, die die Kinder verschrecken. Werner Hilton, der als „Geltungsjude" in Berlin überlebt hat und vor seiner Emigration in die USA den Namen Jacobowitz trägt, erinnert sich: „Kaum im Bett, ertönten die Sirenen. Da war Fliegeralarm. Seit März 1941 gab es Luftangriffe auf Berlin, und die älteren Jungen wurden anschließend abgeholt: Schutt wegräumen bei den Nazis." Besonders schlimm sei gewesen, dass schließlich alle Fensterscheiben des Hauses zertrümmert gewesen seien. Hilton berichtet weiter: „Es gab natürlich keine Mittel, um die Schäden zu reparieren, um Glas wieder in die Fenster zu setzen. Wir haben dann Pappe oder Papier genommen, oder alte Laken, damit die Kälte nicht so rein kam."[94]

Im Archiv der Jüdischen Gemeinde zu Berlin existiert eine handschriftlich verfasste Liste des Inventars vom Auerbach'schen Waisenhaus.[95] Sie stammt vom 29. Juli 1942 und ist vom Verantwortlichen der „Möbelkammer" der Gemeinde erstellt. Es ist nicht ganz klar, wozu sie dienen sollte, möglicherweise versuchen Verantwortliche in der Gemeinde, sich einen Überblick über die Werte im Waisenhaus zu verschaffen für den schon damals absehbaren Fall, dass das Heim geräumt wird und die Kinder und Erwachsenen deportiert werden. Unterschieden wird zwischen dem „Jugend-Kinderheim" und dem „Kleinkinderheim", wobei mit letzterem nur die Einrichtung aus dem Säuglingsheim in der Moltkestraße gemeint sein kann. Der Verantwortliche Albert Lewinnek zählt jeden Stuhl, jeden Schrank, jedes Bettgestell und jeden Schreibtisch, ferner Tische, Kinderstühle und Sofas zusammen und kommt so in seinen Berechnungen auf einen Gesamtwert der Einrichtung in Höhe von 20 056 Reichsmark, zähle man die Bestuhlung der Synagoge hinzu, erhöhe sich der Betrag um 4500 Mark.

Das einstige Auerbach'sche Waisenhaus ist schon lange kein „Elternhaus für Waisen" mehr, wie es sein Gründer Baruch Auerbach einst postuliert hatte. Es ist ein von Kindern jeglichen Alters überfüllter Wartesaal für die Deportation in den Tod. Viele der Minderjährigen, aber auch der Erwachsenen werden von den Geschehnissen traumatisiert sein – von den plötzlichen und überraschenden Umzügen, den neuen, unbekannten Gesichtern der Betreuer, den heulenden Sirenen bei Luftangriffen in der Nacht. Und von den verschwundenen Familienangehörigen und Freunden. Denn immer häufiger taucht in den „Vermögenserklärungen" der Auerbach-Kinder bei der Frage nach ausgewanderten Verwandten die handschriftliche Bemerkung auf, Vater oder Mutter, Bruder oder Schwester seien „abgewandert" – der Terminus steht für die Deportation.

Und doch ist der Lebenswille der Bewohner bei all den Schrecken nicht versiegt, denn Jüdinnen und Juden im ehemaligen Auerbach'schen Waisenhaus planen trotz der Umstände ihre Zukunft. Im September 1942 findet in der Synagoge des Waisenhauses, oben im dritten Stock, eine

Trauung statt. An dem Ort, der im November 1938, wäre es nach der SA gegangen, in die Luft hätte fliegen sollen, wird auch 1942 noch gebetet, freilich nicht mehr nach liberalem, sondern nach dem alten Ritus. Die vergleichsweise kleine Synagoge dient als Ersatz für das geschlossene Gotteshaus in der Rykestraße. Nun steht sie mit ihrer Stuckdecke, den silbernen Leuchtern, den Glasmalereien in den Fenstern und dem Thora-Schrein bereit für das Brautpaar. Das sind der 1919 geborene Hans-Peter Messerschmidt und die Säuglingsschwester Ilse Moses. Messerschmidt muss als Maurer und Maler bei der Firma Herrmann Zwangsarbeit verrichten. Bei einem seiner Einsätze in einem Kindergarten hat er 1941 oder 1942 auf schmerzhafte Weise eine junge Frau kennengelernt: die 1920 geborene Ilse Moses. Messerschmidt hatte sich nämlich den Kopf an einem Fensterflügel gestoßen – Ilse versorgte die Wunde mit einem Pflaster. Die angehende Säuglingsschwester Ilse und Hans-Peter verabreden sich, einmal, zweimal, immer wieder. Einmal besuchen sie eine Bar, an dessen Tür nicht geschrieben steht, dass Juden das Betreten verboten ist, und trinken roten Sekt. „Das war unsere Verlobung", schreibt Messerschmidt. Später wird Ilse vom Kindergarten in das Säuglingsheim in der Moltkestraße versetzt. Von dort kommt sie im Mai 1942 mit den meisten Kleinkindern in die Schönhauser Allee 162 ins Auerbach. Messerschmidt hilft dort bei Reparaturen aus. Er und Ilse Moses beschließen zu heiraten. Am 21. September 1942 geben sie sich im Standesamt in Berlin-Charlottenburg das Jawort. Danach folgt die religiöse Trauung. Messerschmidt schreibt:

„Es sprach Rabbiner Siegfried Alexander, ein Vetter meines Vaters, und es sang Kantor Kurt Messerschmidt, mein Großvetter. Die Schwestern standen Spalier und anschließend wurde im größten freigeräumten Spielzimmer gefeiert, wozu Kurt Messerschmidt und sein Stiefbruder Heinz Oertelt die Musik machten. Dann wünschte man uns alles Gute für die Brautnacht!!!, denn es war Erew Jom Kippur."[96]

Eine jüdische Hochzeit im Herbst 1942, noch dazu am Vorabend des Versöhnungsfestes, das ist nicht vorgesehen. Und doch geht sie über die

Bühne, im Auerbach'schen Waisenhaus, ja zuvor standesamtlich in Berlin-Charlottenburg, wie die Heiratsurkunde beweist. Dort sei es etwas kühl zugegangen, schreibt Messerschmidt. Und eigentlich ist Jom Kippur, der Tag des strengen Fastens und der Einkehr, auch nicht das passende Datum für eine jüdische Eheschließung. Aber das spielt 1942 wohl kaum eine Rolle. Die Hochzeit ist ein Zeichen dafür, dass man lebt, dass man trotz allem optimistisch bleibt und sich von den Nazis nicht unterkriegen lässt.

Einen Monat später beginnen die großen Deportationen aus dem ehemaligen Auerbach'schen Waisenhaus. Die etwa 27 000 jüdischen Zwangsarbeiter in Berlin bleiben zu diesem Zeitpunkt noch von einer Verschleppung ausgespart. Das Reich benötigt ihre Arbeitskraft, und Ersatz ist noch nicht in Sicht. Die Deportation der Bewohner jüdischer Altersheime nach Theresienstadt ist schon seit dem 2. Juli 1942 im Gang. Das Berliner Judenreferat der Gestapo um Franz Prüfer hat nun entschieden, dass jetzt auch die Waisenkinder in den Osten geschickt werden können. Die Nazis glauben sich der Schwachen und Hilflosen entledigen zu können. Weiterhin geht es darum, die Zahl der Angestellten der Reichsvereinigung der Juden drastisch zu verringern.

In zwei Transporten, am 19. und am 26. Oktober 1942, werden vermutlich zwölf erwachsene Betreuer und bis zu 72 Babys, Kinder und Jugendliche deportiert.[97] Zielort ist die von der Wehrmacht besetzte lettische Hauptstadt Riga.

In der Schönhauser Allee kommen zum Abtransport in das Sammellager in der Levetzowstraße Lastkraftwagen zum Einsatz. Die Transporte beginnen laut einem Augenzeugenbericht in der Nacht zum 19. Oktober, es ist aber denkbar, dass diese tatsächlich einige Tage früher starteten. Die Betroffenen haben schon knapp eine Woche zuvor, am 13. Oktober, ihre „Vermögenserklärung" ausgefüllt. Der 15-jährige Werner Jacobowitz wird zusammen mit den anderen Zöglingen des Waisenhauses nachts aus dem Bett geholt, darf selbst aber bleiben. Er erinnert sich an die deportierten Kinder:

„Die mussten[,] so wie sie waren[,] aus dem Schlaf raus auf die Lastwagen steigen. Im Nachthemd. Sie konnten sich nicht mal richtig Schuhe anziehen oder sich warme Sachen umhängen, und es war bitter kalt. Die kamen in die verschlossenen Wagen und verschwanden für immer."[98]

In der Levetzowstraße werden die kleinen Kinder in ein eigenes Zimmer gebracht. Eine ausgebildete Kindergärtnerin kümmert sich um sie. Eine von ihnen trägt den Namen Edith Königsberger. Sie schreibt nach dem Krieg über einen der Transporte – nicht denjenigen vom 19. Oktober 1942:

„Der Beamte schickte mich in den ‚Kindersaal', der früher als Trauzimmer der Synagoge gedient hatte. Nun standen aufgestockte Feldbetten mit Strohsäcken darin und in der Mitte ein paar Tische mit Bänken. [...] Im Kinderzimmer schlug mir eine abscheuliche Luft entgegen. Der kleine Raum erlaubte die Unterbringung von höchstens zwanzig Kindern, nun waren es über siebzig, dazu hatte die Gestapo noch alle Alten und Kranken gesteckt. Das Öffnen der Fenster war verboten. [...] Wir gaben uns alle Mühe, die Kinder zu beschäftigen. Vor ihnen lag eine schreckliche Zukunft, die manche von ihnen wohl ahnten. Aber was hätte es genützt, sie mit der Wahrheit vertraut zu machen? [...] Die Größeren wollten in Ruhe gelassen werden. Ihre Gedanken beschäftigten sich mit dem Neuen, das sie sich nicht erklären konnten."[99]

Am 19. Oktober 1942 startet der „21. Osttransport" vom Güterbahnhof Berlin-Moabit. An Bord des Zugs befinden sich 959 Deportierte, darunter 140 Kinder im Alter von bis zu zehn Jahren.[100] Offenbar hat die SS dazu weitere Kinder aus Pflegefamilien verschleppt. Das Durchschnittsalter der Menschen beträgt 37 Jahre.

Der Zug aus Berlin trifft nach dreitägiger Fahrt am 22. Oktober in Riga ein. Er endet auf dem Güterbahnhof Šķirotava. Dort treiben lettische Hilfspolizisten die Menschen aus den alten, teilweise ungeheizten Personenwaggons.[101] Die Menschen müssen ihr großes Gepäck zurücklassen und sich zu einer Marschkolonne formieren. SS-Sturmführer und

Ghetto-Kommandant Kurt Krause, ein ehemaliger Berliner Polizist, und seine Helfer fordern die Alten, Kranken und die Kinder mit ihren Müttern auf, sich den beschwerlichen Fußweg bis ins Ghetto zu sparen und in die bereitstehenden Busse zu steigen. Diese Busse fahren aber nicht in den „jüdischen Wohnbezirk", sondern zu Exekutionsstätten in den umliegenden Wäldern. Dort werden die Menschen noch am selben Tag erschossen und in Massengräbern verscharrt. Von den Personen, die ins Ghetto Riga eingelassen werden, sucht die SS 81 Männer mit handwerklichen Fähigkeiten aus und ordnet sie Arbeitskommandos zu. Von diesen 81 überleben 17 Menschen. Alle anderen Deportierten sterben. Kein einziger der aus dem Auerbach'schen Waisenhaus Verschleppten überlebt.

Aus dem ehemaligen Auerbach'schen Waisenhaus werden am 19. Oktober 1942 60 Menschen deportiert und anschließend ermordet:

Egon Strassner, 18 Jahre alt,

Hilfserzieher und früherer Zögling des Waisenhauses.

Peter Süssmann, 23 Jahre alt,

Erzieher.

Miriam Ancer, 16 Jahre alt,

die Mutter ist verstorben, daher wächst das Kind bei den Großeltern in Berlin-Kreuzberg auf, die 1938 nach Polen deportiert werden. Danach lebt Miriam im Auerbach. Sie arbeitet zuletzt als Jugendhelferin im Waisenhaus.

Denny Aron, 2 Jahre alt.

Margit Bär, 11 Jahre alt.

Richard Blumenfeld, 14 Jahre alt,

seine Mutter Anna Blumenfeld, geborene Baruch, ist verstorben, 1942 stirbt auch der Vater Paul, ein Rechtsanwalt, der nicht mehr praktizieren darf. Richard wächst im Pankower Waisenhaus auf, bevor er ins Auerbach kommt. Seine Brüder Ludwig und Klaus werden adoptiert und wandern nach Australien aus, die Schwestern Naomi und Berthilde emigrieren nach Großbritannien.

Ernst Czerniak, 6 Jahre alt,

Zwillingsbruder von Herbert Czerniak, kommt schon im Alter von drei Jahren in ein Heim. Ernst zieht aus dem Kinderheim Fehrbelliner Straße ins Auerbach.

Herbert Czerniak, 6 Jahre alt,

Zwillingsbruder von Ernst Czerniak, kommt schon im Alter von drei Jahren in ein Heim. Wie sein Bruder zieht Herbert aus dem Kinderheim Fehrbelliner Straße ins Auerbach.

Fanny Dienemann, 10 Jahre alt.

Herbert Donig, 8 Jahre alt,

Bruder der ebenfalls deportierten Margot Donig. Ihre Mutter Hertha, geborene Samuel, und Vater Edwin Donig werden am 17. November 1941 nach Kaunas deportiert und dort ermordet.

Margot Donig, 7 Jahre alt,

Schwester des ebenfalls deportierten Herbert Donig und zuvor im Kleinkinderheim in der Moltkestraße lebend. Ihre Mutter Hertha, geborene Samuel, und Vater Edwin Donig werden am 17. November 1941 nach Kaunas deportiert und dort ermordet.

Kurt Esserholz, 11 Jahre alt,

Bruder des ebenfalls deportierten Walter Esserholz.

Walter Esserholz, 10 Jahre alt,

Bruder des ebenfalls deportierten Kurt Esserholz.

Ruth Fuss, 11 Jahre alt,

Schwester der ebenfalls deportierten Thea Fuss. Ruth kommt aus dem Heim in der Fehrbelliner Straße ins Auerbach und ist mit Regina und Ruth Steinitz befreundet.

Thea Fuss, 12 Jahre alt,

Schwester der ebenfalls deportierten Ruth Fuss. Thea kommt aus dem Heim in der Fehrbelliner Straße ins Auerbach und ist mit Regina und Ruth Steinitz befreundet.

Joachim Glaß, 11 Jahre alt,

offenbar der Bruder von Gerhard und Natalie Glaß, die rechtzeitig auswandern können und überleben. Joachim begeht am 22. Oktober, während der Fahrt oder bei der Ankunft in Riga, seinen 12. Geburtstag. Der Vater ist unbekannt. Der Junge kommt aus dem Pankower Waisenhaus ins Auerbach.

Manfred Glöckner, 14 Jahre alt,

die Eltern heißen Heinrich und Gertrud Glöckner, geborene Sachs. Manfred kommt aus dem Pankower Waisenhaus ins Auerbach.

Günther Gross, 4 Jahre alt.

Max Jacob-Wassermann, 14 Jahre alt,

kommt aus dem Pankower Waisenhaus ins Auerbach und arbeitet als Jugendhelfer im Heim. Seine Eltern wurden bereits deportiert.

Manfred Jungmann, 10 Jahre alt,

der Vater Ludwig ist verstorben, die Mutter heißt Margot Jungmann, geborene Lohmann. Sie ist seit Januar 1940 im KZ Ravensbrück inhaftiert und muss dort die Haftnummer 2681 tragen. Auf einer Zugangsliste sind die Häftlingskategorien „Jüdin“ sowie „Rassenschande“ vermerkt. Im Rahmen der Mordaktion an Häftlingen unter dem Namen „14f13“ werden in Ravensbrück 1600 Frauen und 300 Männer ausgesondert und zwischen Februar und April 1942 in die Tötungsanstalt Bernburg gebracht. Dort werden sie am jeweiligen Tag ihrer Ankunft ermordet. Darunter befindet sich auch Margot Jungmann.[102]

Günther Klein, 13 Jahre alt,

der Vater ist offenbar ausgewandert. Die Mutter Martha Klein, geborene Meyer, und Schwester Johanna werden mit dem gleichen Transport deportiert.

Johanna Klein, 14 Jahre alt,

der Vater ist offenbar ausgewandert. Die Mutter Martha Klein, geborene Meyer, und Bruder Günther werden mit dem gleichen Transport deportiert.

Eleonore Kohn, 9 Jahre alt,
uneheliches Kind der verstorbenen Elisabeth Kohn, der Vater ist offenbar unbekannt.

Klaus Leiser, 11 Jahre alt,
die Mutter heißt Hildegard Leiser, geborene Gerber, der Stiefvater Horst Leiser. Beide überleben offenbar die NS-Zeit.

Werner Lesser, 16 Jahre alt,
kommt aus dem Pankower Waisenhaus ins Auerbach. Die Mutter Johanna Lesser ist offenbar nach New York ausgewandert.

Karla Lindner, 16 Jahre alt,
die Mutter ist verstorben. Karla wird zusammen mit ihrer 18-jährigen Schwester Ruth deportiert, die in Berlin als Zwangsarbeiterin bei Siemens arbeitet.

Fanni Linial, 15 Jahre alt,
ist vermutlich gehörlos, da sie ursprünglich aus dem Jüdischen Taubstummenheim in Berlin-Weißensee ins Auerbach kommt.

Grete Löbel, 10 Jahre alt,
stammt aus Rudig/Vroutek im Sudentenland in der Tschechoslowakei. Sie kommt offenbar erst am 12. September 1942 aus dem Altersheim „Edersgrün" bei Eger (tschechisch: Cheb) nach Berlin ins Auerbach. Aus dem „Edersgrün" werden 1942 ältere Menschen aus der Region nach Theresienstadt deportiert.

Lane Mannheimer, 4 Jahre alt,
kommt 1942 aus dem Kinderheim im hessischen Neu-Isenburg ins Auerbach. Sie wurde zusammen mit der Mutter Marga Mannheimer deportiert.

Hans Joseph Neumann, 9 Jahre alt,
kommt aus dem Pankower Waisenhaus ins Auerbach.

Hans Peilte, 12 Jahre alt,
die Mutter heißt Meta Peilte, der Name des Vaters ist nicht bekannt. Zuerst im Reichenheim'schen Waisenhaus, danach im Heim Kapellner in

Berlin-Zehlendorf, zuletzt im Auerbach wohnhaft. Sie wird zusammen mit der Mutter und Schwester Rose deportiert.

Rose Peilte, 11 Jahre alt,

die Mutter heißt Meta Peilte, der Name des Vaters ist nicht bekannt. Rose besucht 1939 eine Schule für „nichtarische Christen" in Berlin-Britz. Sie wird zusammen mit ihrer Mutter und dem Bruder Hans deportiert.

Machol Piek, 3 Jahre alt,

die Mutter heißt mit Vornamen Charlotte, geborene Biedermann. Vater Paul Piek und Schwester Ruth werden mit demselben Transport deportiert.

Ruth Piek, 5 Jahre alt,

die Mutter heißt Charlotte, geborene Biedermann. Vater Paul Piek und Bruder Machol werden mit demselben Transport deportiert.

Erwin Pisetzki, 15 Jahre alt.

Eva Plaut, 10 Jahre alt,

der Vater Friedrich ist verstorben, die Mutter Taiba Plaut, geborene Markolin, wird mit dem gleichen Transport deportiert.

Ruth Rehfeld, 15 Jahre alt,

Vollwaise, Vater Martin und Mutter Anni Rehfeld, geborene Immerglück, sind verstorben.

Rudolf Alexander Reis, 11 Jahre alt,

uneheliches Kind von Herta Reis. Der Vater ist der Fabrikant Hugo Hirsch.

Horst Reppen, 13 Jahre alt,

kommt aus dem Pankower Waisenhaus ins Auerbach.

Rolf Rosenbaum, 6 Jahre alt.

Gert Rosenthal, 10 Jahre alt,

Vollwaise, Bruder von Hans Rosenthal, der versteckt in einer Berliner Gartenlaube überlebt.

Herbert Rothstein, 14 Jahre alt.

Traute Rowelski, 9 Jahre alt,

die Mutter ist verstorben, der Vater heißt Sally Rowelski.

Alfred Rubinstein, 9 Jahre alt,

die Mutter heißt Jochweta Rubinstein, der Name des Vaters ist nicht bekannt. Er wurde zusammen mit der Mutter und den Geschwistern, Judis und Martha, deportiert.

Judis Rubinstein, 3 Jahre alt,

die Mutter heißt Jochweta Rubinstein, der Name des Vaters ist nicht bekannt. Judis wurde zusammen mit der Mutter und den Geschwistern, Alfred und Martha, deportiert.

Martha Rubinstein, 6 Jahre alt,

die Mutter heißt Jochweta Rubinstein, der Name des Vaters ist nicht bekannt. Sie wurde zusammen mit der Mutter und den Geschwistern, Judis und Alfred, deportiert.

Kurt Sabor, 12 Jahre alt,

die Mutter Gertrud Gelke, geborene Sabor, stirbt am 30. November 1942, möglicherweise durch Suizid. Pflegevater von Kurt ist Otto Gelke.

Max Salomon, 9 Jahre alt,

die Mutter heißt Hanni, der Vater wird nicht genannt.

Arnold Seelig, 6 Jahre alt.

Hans Spiegel, 10 Jahre alt,

die Mutter heißt Ellen Spiegel, der Name des Vaters ist unbekannt. Hans besucht zuerst das Reichenheim'sche Waisenhaus, dann das Pankower Heim und zum Schluss das Auerbach.

Bertl Stein, 14 Jahre alt,

auch Bartel genannt. Die Mutter verstirbt 1938, der Vater Chaim Stein ist polnischer Staatsbürger. Bertl kommt aus dem Reichenheim'schen Waisenhaus ins Auerbach. Sie ist mit Ruth Appel befreundet, die 1939 mit einem Kindertransport Großbritannien erreicht. Sie ist die Schwester von Ruth Stein, die mit dem gleichen Transport deportiert wird.

Ruth Stein, 16 Jahre alt,

die Mutter verstirbt 1938, der Vater Chaim Stein ist polnischer Staatsbürger. Sie ist die Schwester von Bertl Stein, die mit dem gleichen Transport deportiert wird.

Ellen Stroh, 14 Jahre alt,

ist vermutlich gehörlos, da sie ursprünglich aus dem Jüdischen Taubstummenheim in Berlin-Weißensee ins Auerbach kommt.

Joachim Süssmann, 14 Jahre alt,

der Vater heißt Arthur Süssmann. Joachim ist aus Breslau nach Berlin zugezogen. Joachim ist kein naher Verwandter des ebenfalls deportierten Erziehers Peter Süssmann.

Günther Victor, 12 Jahre alt,

die Mutter Lucie Viktor, geborene Danziger, ist verstorben, der Vater Alfons Victor arbeitet als Mützenmacher. Er wird mit demselben Transport wie seine Kinder deportiert. Günther ist der Bruder von Ingrid Victor. Er kommt aus dem Kinderheim Fehrbelliner Straße ins Auerbach.

Ingrid Victor, 9 Jahre alt,

die Mutter Lucie Viktor, geborene Danziger ist verstorben, Vater Alfons Victor arbeitet als Mützenmacher. Er wird mit demselben Transport wie seine Kinder deportiert. Ingrid ist die Schwester von Günther Victor. Sie kommt aus dem Kinderheim Fehrbelliner Straße ins Auerbach.

Heinz Wartelski, 9 Jahre alt,

Vater Willy Wartelski ist ausgewandert, Mutter Rosa Wartelski, geborene Abraham, ist wegen „Rassenschande" in Haft, zunächst im KZ Lichtenberg, dann im KZ Ravensbrück. Sie stirbt am 2. Oktober 1942 in Ravensbrück. Heinz ist der Bruder von Horst Wartelski.[103]

Horst Wartelski, 10 Jahre alt,

Vater Willy Wartelski ist ausgewandert, Mutter Rosa Wartelski, geborene Abraham, ist wegen „Rassenschande" in Haft, zunächst im KZ Lichtenberg, dann im KZ Ravensbrück. Sie stirbt am 2. Oktober 1942 in Ravensbrück. Horst ist der Bruder von Heinz Wartelski.

Klaus Jürgen Winterfeldt, 9 Jahre alt,

offenbar Vollwaise, die Namen der Eltern werden in der Schülerkartei nicht genannt.

Hanna Ziprkowski, 12 Jahre alt,
ist vermutlich gehörlos, da sie ursprünglich aus dem Jüdischen Taubstummenheim in Berlin-Weißensee ins Auerbach kommt.

Das Durchschnittsalter der deportierten Kinder beträgt 10,2 Jahre. Über viele von ihnen ist kaum mehr als der Name und das Geburtsdatum bekannt. Von einigen existieren Fotos. Nur über wenige der Ermordeten wissen wir etwas mehr.

Da sind an erster Stelle Egon Strassner und Peter Süssmann zu nennen. Die beiden Erzieher haben sich, so berichten es Überlebende wie Walter Frankenstein und Hans Rosenthal, freiwillig zur Mitreise in den Osten gemeldet, um den Kindern beizustehen. Der 1924 geborene Egon Strassner ist im Waisenhaus aufgewachsen. Er taucht auf einem Foto der Sammlung Frankenstein von 1936 oder 1937 mit anderen Jungs auf, die zusammen die Fußballmannschaft des Auerbach bilden. Nach dem Schulabschluss beginnt Egon eine Schlosserlehre bei der Jüdischen Gemeinde. Zu einem unbekannten Zeitpunkt wird er als Hilfserzieher im Auerbach'schen Waisenhaus engagiert. Walter Frankenstein erinnert Egon Strassner als eher schweigsamen, aber sehr netten Menschen.

Peter Süssmann ist mit seinen 23 Jahren schon etwas älter, als er zusammen mit Strassner und den Kindern in Riga eintrifft. Süssmann stammt aus dem schlesischen Breslau. Er arbeitet im Auerbach als Erzieher für die älteren Jungs und gilt als streng. Hans Rosenthal, der etwa 1941 für kurze Zeit im Waisenhaus lebt, fühlt sich von ihm schikaniert. Süssmann, der mehrfach im Fotoalbum von Walter Frankenstein über das Waisenhaus abgebildet ist, sei sehr gebildet gewesen, sagt Frankenstein, und habe sich besonders für Musik, Literatur und Theater interessiert. Süssmann und Strassner sind offenbar die einzigen Auerbacher, die nach dem Eintreffen des Deportationszugs in Riga nicht am selben Tag erschossen werden. Sie zählen zu den 81 Männern, die in das Ghetto eingewiesen werden, um dort Zwangsarbeiten zu leisten. Als das Ghetto 1943 auf Befehl Heinrich Himmlers aufgelöst wird, kommen Süssmann und Strassner in das neu gegründete Konzentrationslager Riga-Kaiserwald. Von dort werden beide im August 1944 beim Herannahen der Roten Armee in das KZ Stutthof bei Danzig deportiert. Auch dort ist ihr Leidensweg noch nicht beendet. Nur eine Woche später, am 16. August 1944, werden Strassner und Süssmann in das KZ Buchenwald in der Nähe von Weimar verschleppt. Strassner trägt dort die Häftlingsnummer 83215, Süssmann die 82505. Beide überleben Buchenwald nicht: Egon Strassner stirbt am 21. Februar 1945 angeblich an „akuter Herzschwäche". Peter Süssmann kommt am 2. März 1945 ums Leben. Der Lagerarzt diagnostiziert als Ursache eine Blutvergiftung, aber ob das der Wahrheit entspricht, wissen wir nicht.[104] Fünf Wochen später, am 11. April 1945, wird das KZ Buchenwald von amerikanischen Truppen befreit.

Von den Schwestern Ruth und Thea Fuss existieren Fotos, die der jüdische Fotograf Abraham Pisarek im Kinderheim in der Fehrbelliner Straße aufgenommen hat, wo die beiden bis zum September 1942 gelebt haben, bevor sie ins Auerbach umziehen müssen. Die Bilder zeigen zwei lächelnde Mädchen mit Zöpfen. Thea ist 1930 geboren, Ruth ein Jahr später. Sie wachsen nur ein paar Häuser vom Kinderheim entfernt auf. Der Vater Abraham ist Schneider mit eigenem Betrieb und beschäftigt vier Angestellte. Aufgrund seiner polnischen Staatsbürgerschaft wird er bei der „Polenaktion" 1938 aus dem Deutschen Reich ausgewiesen. Er kann nach Berlin zurückkehren, wird dort jedoch 1939 verhaftet und in das KZ Sachsenhausen gesperrt. Der Mutter Hildegard gelingt es bald darauf, sich mit falschen Papieren nach Schweden zu retten. Sie versucht vergeblich, ihre Töchter nachzuholen, die zunächst beim Großvater leben. Als dieser in ein Altersheim umziehen muss, landen Ruth und Thea im Kinderheim. Der Vater Abraham Fuss wird am 28. Mai 1942 als einer von 250 Geiseln im KZ Sachsenhausen als Vergeltung für einen Brandanschlag junger Jüdinnen und Juden um Herbert Baum auf die Propagandaausstellung „Das Sowjetparadies" erschossen.[105]

Lane Laura Mannheimer wird am 29. September 1938 in Frankfurt am Main geboren. Ihre Mutter Marga ist da erst 17 Jahre alt, beim Vater soll es sich um den Arbeitgeber der Mutter handeln, der die junge Frau am Silvesterabend in Treysa vergewaltigt hat. Marga gibt das Baby bald nach seiner Geburt in die Obhut des „Hauses Isenburg“ in Neu-Isenburg. Der dortige Jüdische Frauenbund betreibt das 1907 gegründete Heim als Anlaufstelle für entwurzelte jüdische Mädchen, unverheiratete Schwangere und ledige Mütter.[106] Von August bis Oktober 1938, nach anderen Angaben bis 1941, lebt auch Marga in dem Heim. 1941 zieht sie nach Berlin. Dort muss Marga Zwangsarbeit für die Firma Siemens leisten, zuletzt im Siemens-Lager in der Kreuzberger Kommandantenstraße. Auch die Tochter Lane kommt nach der zwangsweisen Auflösung des „Hauses Isenburg“ im März oder April 1942 nach Berlin und lebt im Auerbach'schen Waisenhaus. Am 19. Oktober 1942 wird nicht nur die gerade vierjährige Lane, sondern auch die Mutter Marga Mannheimer nach Riga deportiert.[107]

Von Gert Rosenthal wissen wir vor allem aufgrund des Berichts seines älteren Bruders Hans (1925–1987), der die Verfolgung überlebt hat und in Nachkriegsdeutschland zu einem bekannten Fernsehmoderator avanciert. Er wächst in Berlin auf, der Bruder Gert wird 1932 geboren. 1937 stirbt der Vater, die Mutter erkrankt bald darauf an Krebs und verstirbt 1941. Gert wird ins Auerbach'sche Waisenhaus geschickt. Auch Hans Rosenthal lebt für ein Dreivierteljahr in der Anstalt, um seinem Bruder näher zu sein. Doch zum Zeitpunkt des Beginns der planmäßigen Deportationen der Kinder übernachtet Hans schon in einem jüdischen Jugendwohnheim und entgeht so der Verschleppung. Als Hans Rosenthal seinen Bruder zum letzten Mal im Waisenhaus besucht, weiß der schon von dem bevorstehenden Transport. Wohin es gehen soll, sei ihm aber nicht gesagt worden. Hans Rosenthal schreibt, dass sich der zehnjährige Gert von seinen Ersparnissen 50 Postkarten gekauft habe. „Hans, auf diesen Postkarten steht schon deine Adresse. Ich habe sie alle vorbereitet. Alle zwei Tage werde ich dir schreiben, wo ich bin und wie es mir geht“, zitiert Hans Rosenthal seinen Bruder. Nicht eine Postkarte sei später bei ihm angekommen.[108] Bankguthaben, Waisenrenten und Wertpapiere der Brüder werden bald nach der Deportation von Gert zugunsten des Deutschen Reichs eingezogen.[109]

Der zweite Transport mit einer großen Zahl von Menschen aus dem Auerbach'schen Waisenhaus startet nur sieben Tage später. Doch die Auswahl der Deportierten folgt dieses Mal gänzlich anderen Kriterien: Nun will die Gestapo die Helferinnen und Helfer der Kinder umbringen. Jüdische Wohlfahrtseinrichtungen wie das Waisenhaus in der Schönhauser Allee 162 leiden unter permanentem Personalmangel. Die Zahl der zu betreuenden Kinder ist gestiegen, doch viele Mitarbeiter sind ins Ausland emigriert. Zudem steht immer weniger Geld zur Verfügung. Die SS will die Zahl der Mitarbeiter der Reichsvereinigung der Juden – die alle Heime unterhält – trotzdem radikal verringern. Der bisherige durch Budgetkürzungen erzwungene Personalabbau geht der Gestapo entschieden zu langsam vor sich. Umgekehrt haben die Reichsvereinigung und die ihr unterstellte Jüdische Gemeinde ein Interesse daran, ihre Mitarbeiter zu halten, die damit vor einer Deportation in den Osten geschützt sind.

Am 19. Oktober 1942 befiehlt Berlins Gestapo-„Judenreferent" Franz Prüfer mehr als 1000 Mitarbeiter der Jüdischen Gemeinde für den nächsten Morgen in das Gemeindehaus. Dort wird ihnen eröffnet, dass 500 von ihnen „abgewickelt" werden müssten. Die jüdische Gemeinde selbst soll perfiderweise entscheiden, wer gehen soll und wer nicht. Erst, wenn eine Abteilung zu geringe Zahlen vorweist, greift die Gestapo ein und bestimmt diejenigen, die entlassen werden. So werden an diesem Tag 533 Mitarbeiter nicht nur gekündigt, sondern auch zur „Abwanderung" in den Osten bzw. nach Theresienstadt ausgewählt. Zusammen mit ihren Familienangehörigen betrifft das 861 Menschen. Sie alle sollen am 22. Oktober in das Sammellager kommen, wo bestimmt wird, wer in das Ghetto und wer in den Osten verschleppt wird. Weil 20 der Einbestellten nicht erscheinen, sondern zu flüchten versuchen, lässt die Gestapo im KZ Sachsenhausen, wie zuvor angedroht, sieben oder acht Geiseln erschießen.[110]

Die letzte uns bekannte Meldung über die Personalstärke des Waisenhauses stammt vom 4. August 1942. An diesem Tag gibt Direktorin Margarete Timendorfer 26 Personen an, die sich um das Haus und die Kinder kümmern. Drei von ihnen sind seitdem deportiert worden: Ruth Reissner Ende August sowie Peter Süssmann und Egon Strassner am 19. Oktober. Nun werden im Rahmen der „Gemeindeaktion" neun weitere Mitarbeiterinnen und Mitarbeiter und ein im Heim lebender Familienangehöriger in den Osten verschleppt, darunter auch Personen, die erst kurz zuvor aus dem Kleinkinderheim in der Moltkestraße ins Auerbach gekommen sind. Daneben müssen zwischen sieben und 14 Kinder und Jugendliche den Zug nach Riga besteigen.[111]

In dem Zug, der den Güterbahnhof Berlin-Moabit am 26. Oktober 1942 verlässt, befinden sich mindestens 204 Angestellte der Jüdischen Gemeinde zu Berlin, nach anderen Angaben sind es gar 345 zusammen mit 164 Familienangehörigen. Insgesamt hat der Zug 798 Insassen.[112] Aus dem Auerbach'schen Waisenhaus werden die folgenden Mitarbeiterinnen und Mitarbeiter deportiert:

Edith Folda, 21 Jahre alt,
Hausgehilfin, seit Oktober 1938 im Auerbach tätig. Sie hatte ihr Zimmer im Mädchenhaus in der untersten Etage.

Hertha Friedmann, 34 Jahre alt,
Hausangestellte, im Gemeinschaftszimmer wohnend.

Gertrud Grosse, geb. Brisch, 52 Jahre alt,
Hausangestellte, im Gemeinschaftszimmer wohnend.

Alice Jakob, 44 Jahre alt,
zuvor im Säuglingsheim tätig.

Arthur Jeglinski, 53 Jahre alt,
Zwangsarbeiter in einem Zementwerk, lebt als Ehemann von Eva Jeglinski im Waisenhaus.

Eva Jeglinski, geb. Losczinski, 44 Jahre alt,
Angestellte und Ehefrau von Arthur Jeglinski, ein Sohn und eine Tochter sind nach Palästina ausgewandert.

Bertha Betty Meyer, 52 Jahre alt,
zuvor im Säuglingsheim tätig.

Gertrude Meyer, 59 Jahre alt,
Reinemachefrau.

Hertha Rubin, geb. Flatow, 45 Jahre alt,
Köchin.

Käthe Tuchler, geb. Eisenstädt, 49 Jahre alt,
Hausangestellte, lebt mit ihrer Tochter Dorith in einem Zimmer im Heim. Dorith wird ebenfalls am 26. Oktober 1942 nach Riga deportiert.

Im Herbst 1942 kursieren unter den Berliner Jüdinnen und Juden Gerüchte über weitere Deportationen. Viele Eltern und Elternteile befürchten zurecht, dass in Kürze die letzten Waisenhäuser und Horte geräumt und die Kinder und Jugendlichen abgeholt werden könnten. Deshalb melden manche ihre Kinder bei den Einrichtungen ab und bringen sie zu Hause unter, auch wenn das häufig nur ein Zimmer zur Untermiete ist.[113] Doch auch dort findet die Gestapo die Kinder. Es ist auffällig, dass sich unter den am 26. Oktober deportierten Kindern einige befinden, die zuvor nachweislich im Auerbach'schen Waisenhaus gelebt haben, nun aber von einer anderen Adresse abgeholt werden.

Egon Abramowitz, 6 Jahre alt,
sein Vater ist verstorben. Bruder von Siegbert Abramowitz. Der Junge lebt kurz zuvor noch im Säuglingsheim. Er wird von der Schönhauser Allee 162 deportiert.

Siegbert Abramowitz, 12 Jahre alt,
sein Vater ist verstorben. Bruder von Egon Abramowitz. Auch er wird von der Schönhauser Allee 162 deportiert.

Gerd Klein, 15 Jahre alt,
er wird nicht von der Schönhauser Allee 162 deportiert.

Lilli Margot Kraschewski, 14 Jahre alt,
sie wird von der Schönhauser Allee 162 deportiert.

Zilla Lewinsohn, 2 Jahre alt,

Schwester von Tana Lewinsohn. Es ist unklar, von welcher Adresse Zilla deportiert wird.

Tana Lewinsohn, 1 Jahr alt,

Schwester von Zilla Lewinsohn. Es ist unklar, von welcher Adresse sie deportiert wird.

Horst Günter Löwenthal, 13 Jahre alt,

sein Vater ist verstorben, die Mutter heißt Charlotte Löwenthal. Horst Günter ist bis 1940 Zögling im Pankower Waisenhaus, danach lebt er im Auerbach. Mit Horst Günther wird Inge Löwenthal deportiert, möglicherweise seine nicht im Heim lebende Schwester. Horst Günther wird nicht von der Schönhauser Allee 162 deportiert.

Horst Ludwig, 5 Jahre alt,

seine Mutter heißt Edith Ludwig, der Name des Vaters wird nicht genannt. Horst lebt zuvor im Kinderheim Fehrbelliner Straße 92. Er wird nicht von der Schönhauser Allee 162 deportiert.

Sacher Ludwig, 1 Jahr alt,

nur 18 Monate alt. Es ist unklar, von welcher Adresse aus Sacher deportiert wird.

Ursula Michaelis, 16 Jahre alt,

Tochter des Bäckers und Konditors Willy Michaelis und dessen Ehefrau Gertrud, geb. Seifen. Ursula wohnt 1939 beim Vater und dessen zweiter Ehefrau Lea Schmoll. Ab 1940 im Auerbach gemeldet. Sie wird von der Schönhauser Allee 162 deportiert.

Ruth Teitelbaum, 16 Jahre alt,

der Vater heißt Leo Teitelbaum, die Mutter wird nicht genannt und ist möglicherweise verstorben. Ruth wird von der Schönhauser Allee 162 deportiert.

Dorith Tuchler, 16 Jahre alt,

Tochter der Hausangestellten Käthe Tuchler, der Vater ist verstorben. Seit dem 4. Juli 1941 Zwangsarbeiterin. Dorith wird von der Schönhauser Allee 162 zusammen mit ihrer Mutter deportiert.

Ernst Weile, 15 Jahre alt,

die Eltern heißen Stefanie und Wilhelm Weile. Ernst ist der Bruder von Hans Hermann Weile. Er wird nicht von der Schönhauser Allee 162 deportiert.

Hans Hermann Weile, 16 Jahre alt,

die Eltern heißen Stefanie und Wilhelm Weile. Hans Hermann ist der Bruder von Ernst Weile. Er wird nicht von der Schönhauser Allee 162 deportiert.

Der Deportationszug erreicht am 29. Oktober 1942 Riga. Dort gibt es keine „Selektion" zwischen denjenigen, die getötet werden, und jenen, die am Leben bleiben dürfen. Es handelt sich um einen reinen Vernichtungstransport. Sämtliche Insassen werden sofort nach ihrer Ankunft in den Wäldern bei Riga erschossen.[114]

Die angehende Kindergärtnerin Lore David ist wahrscheinlich aus dem Säuglingsheim in der Moltkestraße ins Auerbach gekommen. Die aus dem westfälischen Neheim stammende 19-Jährige erlebt beide Deportationen nach Riga im Waisenhaus mit, sie selbst bleibt dieses Mal noch verschont. Am 26. Oktober 1942, dem Tag der Abfahrt des zweiten Zuges, schreibt sie an ihren nach Schweden ausgewanderten Bruder Günther: „Mein lieber Günther, wie ein Lichtschein in der Finsternis kam mir Dein so lieber wie erfreulicher Brief. Denn noch nie in meinem Leben habe ich soviel Grausames erlebt wie in dieser Woche."[115]

Am 13. November 1942 wohnen nach einer Meldung noch 176 Menschen im früheren Baruch Auerbach'schen Waisenhaus in der Schönhauser Allee 162.[116] Das Haus ist immer noch überfüllt. Und es ist kalt, sehr kalt, denn viele Fensterscheiben sind entzwei und können nicht repariert werden. Werner Jacobowitz (später Hilton), der als 14-Jähriger im Waisenhaus ausharrt, berichtet: „Und so traurig das klingt, wenn nachts Transporte weggingen nach Osten und die Kinder von der Gestapo abgeholt wurden, dann waren wir froh, dass wir wenigstens ihre Matratzen benutzen konnten, um uns damit zuzudecken, so kalt war das. [...] So traurig das klingt, wenn ich sage, wir waren froh, wenn einer abgeholt wurde, aber das war so. Wir waren ja Kinder und wir wollten nicht erfrieren. Es gab ja niemanden, der uns Decken gegeben hätte. Wir waren wertlos für die Nazis. Für die waren wir keine Menschen."[117]

Die Deportationen aus Berlin werden fortgesetzt, aber das Waisenhaus steht für wenige Wochen nicht im Fokus. Am 19. November wird die dreiköpfige Familie Joseph aus dem Auerbach nach Theresienstadt verschleppt. Der 52-jährige Vater Hans arbeitet als Hausmeister und bewohnt zusammen mit seiner Ehefrau Lucie (47) und der gemeinsamen Tochter Ellen (21) eine Dienstwohnung mit zwei Zimmern im Heim. Die dreiköpfige Familie wird im Oktober 1944 weiter nach Auschwitz deportiert und dort ermordet.[118] Einen Tag nach den Josephs sind es drei Kinder, die ebenfalls einen Zug nach Theresienstadt besteigen müssen: der sechsjährige Jürgen H., der neunjährige Arthur Ruthardt und der 13-jährige Robert Spiro. Knapp zwei Jahre später werden Ruthardt und Spiro nach Auschwitz weiter verschleppt und dort umgebracht.[119]

In diesen Wochen übernimmt nach einer Korruptionsaffäre in der Berliner Gestapo ein Vertrauter Adolf Eichmanns aus Wien die Organisation der Verschleppung in den Tod aus der Reichshauptstadt. Alois Brunner (geboren 1912, verstorben vermutlich zwischen 2001 und 2010) gilt als besonders rücksichtsloser und brutaler Nazi, der effizient und ohne Gnade dafür gesorgt hat, dass die Wiener Juden deportiert worden sind. In Berlin angekommen, verändert er einiges am Ablauf. In der Großen Hamburger Straße 26 lässt er ein im Sommer 1942 geräumtes jüdisches Altersheim, das bereits als Sammellager genutzt wird, zu einer Art Gefängnis umbauen: Alle Möbel müssen entfernt werden, Matratzen und Stroh werden als Nachtlager auf den Fußboden gelegt, aber ohne Decken und Wäsche. Die Türen an den Toiletten werden durch Gardinen ersetzt. Um das von der Polizei bewachte Gebäude wird der Stacheldraht verstärkt, im Keller eine Arrestzelle eingerichtet.[120] Das Haus soll künftig als Ort für die großen Transporte in den Osten dienen. Dazu müssen

Mitarbeiter der Jüdischen Gemeinde die zu deportierenden Menschen als „Abholer“ von zu Hause holen. Wer dabei eine Flucht nicht verhindert, wird persönlich dafür verantwortlich gemacht – also selbst zusammen mit der Familie deportiert.

Am 20. November 1942 ordnet Brunner an, die Kinder des Auerbach'schen Waisenhauses in die Große Hamburger Straße zu bringen.[121] Der Zug, mit dem sie und weitere Jüdinnen und Juden in den Osten deportiert werden, sollte als erster aus Berlin das Konzentrations- und Vernichtungslager Auschwitz zum Ziel haben.

Die in den „Vermögenserklärungen“ von den Opfern angegebenen Daten weisen darauf hin, dass die betroffenen Menschen mindestens fünf Tage vor ihrer Deportation in den engen und überfüllten Räumen der Großen Hamburger Straße eingesperrt sind. So heißt es in dem Formular für den siebenjährigen Horst Ascher, das von seiner Mutter Margot Ascher ausgefüllt wird, zur Adresse von Horst und seiner Schwester Karin Jenny: „beide bisher Auerbachsches Waisenhaus, zur Zeit Gr. Hamburgerstr. 26“. Datiert ist die Erklärung auf den 24. November.[122] Das wären fünf Tage vor der Abfahrt des Deportationszugs. Weiterhin wird aus den ausgefüllten „Vermögenserklärungen“ deutlich, wie wenig Beachtung die Wiener SS-Männer noch auf Formalia legen. Mehrfach fehlt in den Papieren eine Unterschrift, stattdessen ist dort „Waisenkind, Vormund unbekannt“ zu lesen, so bei dem siebenjährigen Stephan Pagel.[123]

Im Sammellager in der Großen Hamburger Straße gehen Brunner und seine Wiener Kollegen mit äußerster Brutalität gegen die Insassen vor. Das beginnt schon bei der Begegnung mit SS-Männern: Juden habe beim „Eintreten Deutschblütiger aufzustehen und sich von ihnen in mindestens 2 Schritt Entfernung zu halten“, heißt es in einer Aktennotiz.[124] Das Öffnen und Hinausschauen aus den teils vergitterten Fenstern ist bei Androhung von Schusswaffengebrauch verboten, die Häftlinge haben in ihren Räumen zu bleiben und dürfen sich im Sammellager nicht frei bewegen. Jüdische Ordner werden angehalten, die Türen der einzelnen Zimmer abzuschließen. Selbst der Gang auf die Toilette ist nur unter Bewachung eines Ordners erlaubt. Es ist kaum vorstellbar, wie furchtbar die Situation gerade für die Babys und kleinen Kinder ist, die dazu gezwungen werden, still dazusitzen. Die Wiener SS-Männer machen sich zudem eine Freude daraus, ältere Juden mit Füßen zu treten oder ihnen ins Gesicht zu schlagen. Brunner selbst schlägt mit seinem Stock und einer Reitpeitsche auf Verfolgte ein.

Der „23. Berliner Osttransport" verlässt die Stadt am 29. November 1942 mit 998 Menschen an Bord. In dem Zug befindet sich die große Mehrheit der verbliebenen Bewohner des Waisenhauses in der Schönhauser Allee 162. Eine Zählung auf Basis von Informationen über den Wohnort der Verfolgten anhand der Volkszählungsdatei von 1939, den im Arolsen-Archiv verwahrten Schülerkarteikarten der Kinder, den im Brandenburgischen Landeshauptarchiv befindlichen „Vermögenserklärungen" der Deportierten für den Oberfinanzpräsidenten und weiteren Informationen aus Datenbanken und Archiven zeigt, dass insgesamt 94 Auerbacher mit diesem Zug deportiert werden. Das sind deutlich mehr als bisher angenommen.[125] Die Differenz erklärt sich zum einen aus Schreibfehlern der Gestapo, die in den Transportlisten bisweilen eine falsche Hausnummer einsetzt, zum anderen daraus, dass Kinder, die vor kurzem noch im Waisenhaus gelebt haben, von ihren engen Verwandten nach Hause geholt worden sind und nun von der dortigen Adresse abgeholt werden – oftmals zusammen mit den Erziehungsberechtigten. Tatsächlich ist es möglich, dass die Zahl der Deportierten aus dem Waisenhaus noch höher ist. Einzelne Kinder könnten umgekehrt auch schon länger wieder bei ihren Eltern oder Elternteilen gelebt haben. Neben 85 Kindern und Jugendlichen, darunter viele Babys und Kleinkinder, werden auch neun Bedienstete und Helfer aus dem Waisenhaus verschleppt.

Die Namen der am 29. November 1942 deportierten Menschen aus dem Auerbach'schen Waisenhaus lauten:

Isabella Aronheim, 54 Jahre alt,

Säuglingsschwester, zuvor im Kleinkinderheim in der Moltkestraße tätig. Sie wird von der Schönhauser Allee 162 deportiert.

Max Beil, 26 Jahre alt,

Erzieher im Auerbach, zuvor im Waisenhaus Pankow tätig. Er lebte mit Ursula Beil zusammen und wird nicht von der Schönhauser Alle 162 deportiert.

Ursula Beil, geborene Wittenberg, 29 Jahre alt,

ausgebildet im jüdischen Kindergärtnerinnenseminar Berlin, zuerst im Waisenhaus Pankow, dann im Auerbach beschäftigt, wo sie auch zuletzt wohnt. Sie wird nicht von der Schönhauser Alle 162 deportiert.

Lore David, 19 Jahre alt,

kommt aus Westfalen in die Stadt, um Kindergärtnerin zu werden. Ihre Geschwister Günther, Gretel und Inge sind nach Schweden ausgewandert. Lore David arbeitete zuvor vermutlich im Kleinkinderheim in der Moltkestraße. Sie wird von der Schönhauser Allee 162 deportiert.

Evelyn Futter, 19 Jahre alt,

Mitarbeiterin des Waisenhauseses. Sie wird von der Schönhauser Allee 162 deportiert.

Kurt Jakubowski, 37 Jahre alt,

Kantor in der Synagoge des Waisenhauses. Er war zuletzt Wohnungsvermittler für die Jüdische Gemeinde. Er wird nicht von der Schönhauser Allee 162 deportiert. Ein Foto Frankensteins zeigt ihn mit seiner Frau Johanna und dem gemeinsamen Sohn Klaus, die ebenfalls deportiert werden.

Erna Samuel, 47 Jahre alt,

Lehrerin in der jüdischen Volksschule Rykestraße bis zu deren Schließung, Klassenlehrerin von Walter Frankenstein. Danach ehrenamtlich für das Auerbach'sche Waisenhaus tätig. Sie wird nicht von der Schönhauser Allee 162 deportiert.

Martha Tropka, geborene Salomon, 39 Jahre alt,

keine näheren Angaben vorhanden. Sie wird von der Schönhauser Allee 162 deportiert.

Rechna Ulreich, geborene Burstin, 43 Jahre alt,

Köchin im Waisenhaus. Der Ehegatte ist ausgewandert, die Tochter Sitah Ulreich, ebenfalls im Auerbach lebend, wird mit ihr verschleppt. Rechna Ulreich wird von der Schönhauser Allee 162 deportiert.

Horst Ascher, 5 Jahre alt,

Bruder von Karin Jenny Ascher. Die Mutter Margot Ascher wohnt in Berlin-Wilmersdorf und wird mit dem gleichen Transport verschleppt. Horst wird von der Schönhauser Allee 162 deportiert.

Karin Jenny Ascher, 7 Jahre alt,

Schwester von Horst Ascher. Die Mutter Margot Ascher wohnt in Berlin-Wilmersdorf und wird mit dem gleichen Transport verschleppt. Karin Jenny wird von der Schönhauser Allee 162 deportiert.

Ralf René Avram, 11 Jahre alt,

die Mutter heißt Charlotte, der Vater Bernhard Avram. Der Vater wird mit dem gleichen Transport verschleppt. Ralf lebt zunächst im Waisenhaus Pankow, seit 1940 im Auerbach. Er wird von der Schönhauser Allee 162 deportiert.

Lot Baer, 2 Jahre alt,

wird von der Schönhauser Allee 162 deportiert.

Joachim Bendit, 5 Jahre alt,

kam aus dem Kleinkinderheim Moltkestraße. Er wird von der Schönhauser Allee 162 deportiert.

Herbert Bernfeld, 9 Jahre alt,

wird von der Schönhauser Allee 162 deportiert. Die Mutter Pessa Bernfeld, geborene Brettler, wird mit dem gleichen Zug verschleppt.

Bela Binner, 3 Jahre alt,

wird von der Schönhauser Allee 162 deportiert. Bela lebt zuvor im Säuglingsheim in der Moltkestraße.

Ruth Brigitte Blass, 8 Jahre alt,

die Mutter heißt Hildegard Blass, der Name des Vaters ist unbekannt. Ruth wohnte im Auerbach. Sie wird nicht von der Schönhauser Allee 162 deportiert.

Ingeborg Blumenreich, 13 Jahre alt,

die Mutter heißt Frieda Blumenreich geborene Samter, der Vater ist 1935 verstorben. Ingeborg ist die Schwester von Hans Wolfgang Blumenreich. Ingeborg wird von der Schönhauser Allee 162 abgeholt.

Hans Wolfgang Blumenreich, 10 Jahre alt,

die Mutter heißt Frieda Blumenreich geborene Samter, der Vater ist 1935 verstorben. Hans Wolfgang ist der Bruder von Ingeborg Blumenreich. Hans Wolfgang wird von der Schönhauser Allee abgeholt.

Abraham Bobker, 9 Jahre alt,

der Vater Chaim ist nach Australien, Mutter Jenny und zwei Brüder sind in die USA ausgewandert. Abraham lebt zunächst im Kapellner'schen Kinderheim in Berlin-Zehlendorf, danach im Auerbach. Er ist der Bruder von Hella und Malie Bobker. Abraham wird von der Schönhauser Allee 162 deportiert.

Hella Bobker, 11 Jahre alt,

der Vater Chaim ist nach Australien, Mutter Jenny und zwei Brüder sind in die USA ausgewandert. Hella ist die Schwester von Abraham und Malie Bobker. Sie wird von der Schönhauser Allee 162 deportiert.

Malie Bobker, 16 Jahre alt,

der Vater Chaim ist nach Australien, Mutter Jenny und zwei Brüder sind in die USA ausgewandert. Malie ist die Schwester von Abraham und Hella Bobker. Sie wird von der Schönhauser Allee 162 deportiert.

Udo Brettler, 9 Jahre alt,

die Mutter heißt Chasura Brettler, geborene Neugebauer. Sie befindet sich im gleichen Zug wie ihr Sohn, der von der Schönhauser Allee 162 deportiert wird.

Zilla Broh, 2 Jahre alt,

kommt aus dem Kleinkinderheim Moltkestraße. Sie wird von der Schönhauser Allee 162 deportiert.

Wolfgang Chocky, 11 Jahre alt,

die Mutter heißt Edith Chocky, der Name des Vaters wird nicht genannt. Die Mutter ist bereits am 19. Oktober 1942 nach Riga verschleppt und ermordet worden. Wolfgang lebt zuerst im Reichenheim'schen Waisenhaus, dann im Waisenhaus Pankow, schließlich im Auerbach. Er wird von der Schönhauser Allee 162 deportiert.

Abigail Cohn, 3 Jahre alt,

wird von der Schönhauser Allee 162 deportiert. Sie lebt zuvor im Kleinkinderheim in der Moltkestraße.

Chana Cohn, 1 Jahr alt,

wird von der Schönhauser Allee 162 deportiert.

Denny Cohn, 3 Jahre alt,

kommt aus dem Kleinkinderheim Moltkestraße. Denny wird von der Schönhauser Allee 162 deportiert.

Denny Cohn, 1 Jahr alt,

kommt aus dem Kleinkinderheim Moltkestraße. Denny wird von der Schönhauser Allee 162 deportiert.

Hanna Cohn, 4 Jahre alt,

kommt aus dem Kleinkinderheim Moltkestraße. Sie wird von der Schönhauser Allee 162 deportiert.

Eva Charlotte Danziger, 6 Jahre alt,

sie wird nicht von der Schönhauser Allee 162 aus deportiert.

Tana Drucker, 3 Jahre alt,

hat einen Tag vor der Deportation Geburtstag und ist die Schwester von Theo Drucker. Tana wird von der Schönhauser Allee 162 deportiert. Zuvor lebt sie im Säuglingsheim in der Moltkestraße.

Theo Drucker, 5 Jahre alt,

Bruder von Tana Drucker. Er kommt aus dem Kleinkinderheim Moltkestraße. Theo wird von der Schönhauser Allee 162 deportiert.

Uri Elias, 2 Jahre alt,

die Mutter Eva Elias wird mit gleichem Transport verschleppt. Uri wird von der Schönhauser Allee 162 deportiert.

Berl Epstein, 2 Jahre alt,

wird von der Schönhauser Allee 162 deportiert.

Eva Felix, 5 Jahre alt,

Tochter von Hildegard Felix, die die NS-Verfolgung im Untergrund überlebt. Eva wird von der Schönhauser Allee 162 deportiert.

Michael Wolfgang Finkelstein, 5 Jahre alt,

kommt aus dem Kleinkinderheim Moltkestraße. Michael wird von der Schönhauser Allee 162 deportiert.

Dan Flanter, 3 Jahre alt,

kommt aus dem Kleinkinderheim Moltkestraße. Dan wird von der Schönhauser Allee 162 deportiert.

Gittel Fleischer, 2 Jahre alt,

lebt vom April 1941 bis Februar 1942 im Heim Neu-Isenburg, wohl aufgrund des Todes ihrer Mutter. Nach Schließung des Heims lebt sie zunächst im Säuglingsheim in der Moltkestraße, dann im Auerbach. Gittel wird von der Schönhauser Allee 162 deportiert.

Ruth Fleischer, 4 Jahre alt,

die Mutter war bei ihrer Geburt minderjährig. Ruth lebt fast vier Jahre im Heim in Neu-Isenburg, nach der Schließung im Kleinkinderheim Moltkestraße, danach im Auerbach. Sie ist keine nahe Verwandte von Gittel Fleischer. Ruth wird von der Schönhauser Allee 162 deportiert.

Zilla Friedemann, 2 Jahre alt,

wird von der Schönhauser Allee 162 deportiert.

Cilla Fuks, 10 Monate alt,

das zweitjüngste Kind unter den Verschleppten. Cilla wird von der Schönhauser Allee 162 deportiert.

Lieselotte Gabriel, 16 Jahre alt,

Lilli genannt. Der Vater ist nicht bekannt, Lillis Mutter Charlotte wird mit dem gleichen Zug deportiert. Lieselotte wird von der Schönhauser

Allee 162 verschleppt. Ihrem Bruder Harry gelingt es, bei seiner Deportation nach Riga aus dem fahrenden Zug zu springen und sich bis in die neutrale Schweiz durchzuschlagen. Er überlebt und wandert später nach Israel aus.[126]

Berl Goldberg, 2 Jahre alt,
wird von der Schönhauser Allee 162 deportiert. Zuvor lebt er im Säuglingsheim in der Moltkestraße.

Renate Grünberg, 3 Jahre alt,
kommt aus dem Kleinkinderheim Moltkestraße. Renate wird von der Schönhauser Allee 162 deportiert.

Uri Gutfeld, 2 Jahre alt,
wird von der Schönhauser Allee 162 deportiert. Zuvor lebt er im Säuglingsheim in der Moltkestraße.

Hildegard Halpern, 2 Jahre alt,
wird von der Schönhauser Allee 162 deportiert. Zuvor lebt sie im Säuglingsheim in der Moltkestraße.

Wolfgang Harf, 13 Jahre alt,
der Vater Benno Harf wird 1942 im KZ Ravensbrück getötet, die Mutter wird nicht genannt. Wolfgangs Schwester Ursula wird am 12. März 1943 nach Auschwitz verschleppt und ermordet. Er wird von der Schönhauser Allee 162 deportiert.

Joel Hartstein, 3 Jahre alt,
sollte ursprünglich am 5. September 1942 nach Riga verschleppt werden. Joel wird von der Schönhauser Allee 162 deportiert. Zuvor lebt er im Säuglingsheim in der Moltkestraße.

Alfred Hauben, 9 Jahre alt,
der Vater Isidor Hauben ist verstorben, Pfleger ist laut einer zeitgenössischen Karteikarte der ehemalige Waisenhausdirektor Kurt Crohn. Alfred wohnt im Auerbach. Zusammen mit der Mutter Laja Hauben wird er verschleppt. Alfred wird nicht von der Schönhauser Allee 162 deportiert.

Michael Holzblatt, 6 Jahre alt,
wird von der Schönhauser Allee 162 deportiert.

Wolfgang Jodeck, 4 Jahre alt,

begeht während der Deportation seinen fünften Geburtstag. Wolfgang kommt aus dem Kleinkinderheim Moltkestraße. Er wird von der Schönhauser Allee 162 deportiert.

Denny Kamusiewicz, 3 Jahre alt,

wird von der Schönhauser Allee 162 deportiert.

Dagmar Juliane Klemann oder Kleemann, 4 Jahre alt,

sollte ursprünglich am 19. Oktober 1942 nach Riga deportiert werden. Dagmar Juliane wird nicht von der Schönhauser Allee 162 deportiert.

Berl Kohn, 2 Jahre alt,

kommt ursprünglich aus dem Kleinkinderheim Moltkestraße. Er wird nicht von der Schönhauser Allee 162 deportiert.

Heinz Korn, 9 Jahre alt,

der Vater Kalma Korn wird mit dem gleichen Transport verschleppt. Die Mutter Berta ist 1939 verstorben. Heinz wird von der Schönhauser Allee 162 aus deportiert.

Bertha Kreimer, 3 Jahre alt,

Schwester von Helene Kreimer. Die Mutter Herta wird mit demselben Transport verschleppt. Bertha wird von der Schönhauser Allee 162 deportiert.

Helene Kreimer, 4 Jahre alt,

Schwester von Bertha Kreimer. Die Mutter wird mit demselben Transport verschleppt. Helene wird von der Schönhauser Allee 162 deportiert.

Jona Kunze, 1 Jahr alt,

lebt im Auerbach. Jona wird nicht von der Schönhauser Allee 162 deportiert.

Ilse Rose Kusel, 5 Jahre alt,

Tochter von Betty Kusel, nach kurzem Aufenthalt im Heim des Jüdischen Frauenbunds in Neu-Isenburg in Pirmasens und Halle/Saale aufgewachsen, danach erneut in Neu-Isenburg, nach der Schließung des Heims im Kinderheim Fehrbelliner Straße in Berlin, danach im Auerbach. Die Mutter ist Zwangsarbeiterin in Berlin, bevor sie schon am 28. März 1942 ins Ghetto Piaski im deutsch besetzten Polen verschleppt wird. Ilse Rose wird von der Schönhauser Allee 162 aus deportiert.

Rosa Fanny Langer, 6 Jahre alt,

wächst in Wien und Emden auf. Rosa Fanny wird von der Schönhauser Allee 162 deportiert.

Denny Leibowitz, 3 Jahre alt,

ist wahrscheinlich der Sohn von Edith Leibowitz (der Nachname wird auch „Leibowic" geschrieben). Denny lebt nach der Geburt drei Monate im Heim in Neu-Isenburg, später im Auerbach. Er wird nicht von der Schönhauser Allee 162 deportiert. Die Mutter wird am 3. März 1943 nach Auschwitz deportiert und ermordet.

Ruth Lewin, 16 Jahre alt,

lebt zuvor im Reichenheim'schen Waisenhaus. Ruth wird von der Schönhauser Allee 162 deportiert.

Gideon Litwack, 2 Jahre alt,

wird von der Schönhauser Allee 162 deportiert. Zuvor lebt er im Säuglingsheim in der Moltkestraße.

Dorothea Littauer, 9 Jahre alt,

Vater Alfred, Mutter Herta Littauer. Dorothea wächst im Auerbach auf, ist am 17. Mai 1939 dort gemeldet. Sie wird nicht von der Schönhauser Allee 162 deportiert. Die Mutter begeht am 21. November 1942 Selbstmord.

Rachel Löwenstein, 1 Jahr alt,

Mutter Henni oder Hanni ist Zwangsarbeiterin bei der Firma Krone Presswerke Berlin. Rachel wohnt zunächst im Kleinkinderheim in der Moltkestraße, später im Auerbach. Die Mutter lebt im Heim der Jüdischen Gemeinde in der Heidereutergasse 4/5. Rachel wird nicht von der Schönhauser Allee 162 aus deportiert.

Tana Mamlok, 3 Jahre alt,

ist die Tochter der Berliner Widerstandskämpferin Eva Mamlok (1918–1944), Vater nicht bekannt. Die Mutter Eva Mamlok stirbt nach ihrer Deportation nach Riga im KZ Stutthof. Tana wird offenbar nicht von der Schönhauser Allee 162 deportiert.

Denny Maschkowski, 1 Jahr alt,

wird von der Schönhauser Allee 162 deportiert.

Thomas Meyersohn, 4 Jahre alt,

sollte ursprünglich mit Mutter Alica (oder Alice) von seiner Wohnadresse in Potsdam am 13. Januar 1942 nach Riga verschleppt werden. Er wird von der Schönhauser Allee 162 deportiert. Die Mutter wird am 28. Juni 1943 nach Auschwitz verschleppt und ermordet.

Denny Morks, 1 Jahr alt,

die Mutter Edith wird mit dem gleichen Transport verschleppt. Denny wird von der Schönhauser Allee 162 deportiert.

Werner Paul Mörser, 9 Jahre alt,

Mutter ist Paula Mörser, geborene Littmann. Werner Paul ist offenbar der Bruder von Ingeborg Mörser, die im Juli 1939 nach England auswandert. Werner lebt zunächst in Reichenheim'schen Waisenhaus, ab etwa 1937 im Auerbach. Er wird von der Schönhauser Allee 162 deportiert. Die Mutter wird mit dem gleichen Zug verschleppt.

Bruno Moses, 13 Jahre alt,

der Vater heißt Walter Moses, die Mutter ist Martha Moses, geborene Mann. Die Familie kommt aus Pommern nach Berlin und wird zusammen deportiert. Bruno wird von der Schönhauser Allee 162 verschleppt.

Stephan (oder Stefan) Pagel, 7 Jahre alt,

die Mutter heißt Ilse Pagel, der Vater wird nicht genannt. Stephan kommt aus dem Kleinkinderheim in der Moltkestraße. Er wird von der Schönhauser Allee 162 deportiert (Gestapo notiert falsche Hausnummer).

Esther Alice Raphael, 4 Jahre alt,

kommt aus dem Kleinkinderheim Moltkestraße. Esther Alice wird von der Schönhauser Allee 162 deportiert.

Harry Sabor, 13 Jahre alt,

wird von der Schönhauser Allee 162 deportiert.

Gittel Salomon, 2 Jahre alt,

Mutter Gertrud wird mit dem gleichen Transport verschleppt. Das Kind wird von der Schönhauser Allee 162 deportiert.

Margarete Salomon, 13 Jahre alt,

uneheliches Kind, wächst bei einer Pflegerin auf. Der Vater ist verstorben, die Mutter Edith Lewinsohn wird zu einem nicht bekannten Zeitpunkt deportiert und ermordet. Margarete wird von der Schönhauser Allee 162 deportiert.

Manfred Salomonsohn, 9 Jahre alt,

die Mutter heißt Meta Salomonsohn, der Vater ist verstorben. Manfred ist offenbar der Bruder der ebenfalls deportierten Margot Salomonsohn. Er wird von der Schönhauser Allee 162 deportiert. Die Mutter wird mit demselben Zug verschleppt.

Margot Lore Jenny Salomonsohn, 7 Jahre alt,

die Mutter heißt Meta Salomonsohn, der Vater ist verstorben. Margot ist offenbar die Schwester von Manfred Salomonsohn. Sie wird von der Schönhauser Allee 162 deportiert. Die Mutter wird mit dem gleichen Zug verschleppt.

Dewara Scherbel, 3 Jahre alt,

wird von der Schönhauser Allee 162 deportiert. Zuvor lebt sie im Säuglingsheim in der Moltkestraße.

Dan Schwartz, 1 Jahr alt,

die Mutter heißt Gerda Schwartz, geborene Saft, und arbeitet als Krankenpflegerin im Krankenhaus der Jüdischen Gemeinde zu Berlin, der Vater ist nach Brasilien ausgewandert. Dan wird von der Schönhauser Allee 162 deportiert. Die Mutter ist bereits am 13. Juni 1942 nach Majdanek oder Sobibor verschleppt worden.

Helmut Manfred Silberstein, 5 Jahre alt,

kommt aus dem Kleinkinderheim Moltkestraße. Er wird von der Schönhauser Allee 162 deportiert.

Vera Silberstein, 8 Jahre alt,

die Mutter heißt Irma (Irmgard) Silberstein, der Vater ist nicht bekannt. Das Kind wird in Leipzig eingeschult und kommt über das jüdische Kinderheim in der Fehrbelliner Straße ins Auerbach. Vera wird von der Schönhauser Allee 162 deportiert.

Gittel Steinfeld, 2 Jahre alt,

sollte ursprünglich am 5. September 1942 nach Riga verschleppt werden. Sie wird von der Schönhauser Allee 162 deportiert.

Leo Stockmann, 12 Jahre alt,

ist der Sohn von Irma und David Stockmann und der Bruder von Ruth Stockmann, die mit demselben Transport verschleppt wird. Leo wird von der Schönhauser Allee 162 deportiert.

Ruth Stockmann, 14 Jahre alt,

ist die Tochter von Irma und David Stockmann und die Schwester von Leo Stockmann, die mit demselben Transport verschleppt wird. Ruth wird von der Schönhauser Allee 162 deportiert.

Tana Sürth-Lilienthal, 6 Monate alt,

die jüngste Verschleppte aus dem Auerbach, geboren am 2. Mai 1942 in Berlin. Ihre Mutter ist Gerda Lilienthal, geborene Sürth, die mit dem gleichem Transport deportiert wird. Tana wird von der Schönhauser Allee 162 deportiert.

Heinrich Szek, 3 Jahre alt,

Bruder von Sigmund Szek. Er wird von der Schönhauser Allee 162 deportiert.

Sigmund Szek, 4 Jahre alt,

Bruder von Heinrich Szek. Er wird von der Schönhauser Allee 162 deportiert.

Sitah Ulreich, 13 Jahre alt,

Tochter von Rechna Ulreich, die mit demselben Transport verschleppt wird. Sitah wird von der Schönhauser Allee 162 deportiert.

Ilse Weiner, 15 Jahre alt,
Tochter von Rosa und Hermann Weiner. Ilse wird von der Schönhauser Allee 162 deportiert.
Sami Wolff, 3 Jahre alt,
wird von der Schönhauser Allee 162 deportiert. Zuvor lebt sie oder er im Säuglingsheim in der Moltkestraße.
Denny Wreschinski, 4 Jahre alt,
kommt aus dem Kleinkinderheim Moltkestraße ins Auerbach. Denny wird von der Schönhauser Allee 162 deportiert.

Das Durchschnittsalter der Kinder beträgt 5,7 Jahre. Von ihnen und den Erwachsenen, die am 29. November nach Auschwitz deportiert werden, hat niemand überlebt.

Das Waisenhaus in der Schönhauser Allee ist leer geworden. Aber immer noch leben dort Kinder und ihre Betreuer. Die genaue Anzahl ist nicht zu ermitteln. Zum einen verbleiben zunächst Minderjährige mit „nur" zwei jüdischen Großelternteilen im Heim. Dies betrifft insbesondere „Geltungsjuden". Personen mit zwei jüdischen Großeltern gelten nach der rassistischen NS-Gesetzen als „Mischlinge ersten Grades". In der Öffentlichkeit werden sie auch als „Halbjuden" bezeichnet. Sie unterliegen in der Regel nicht denselben Verfolgungen wie „Volljuden". Eine Ausnahme bilden die „Geltungsjuden" unter ihnen: Diese Personengruppe wird von den Nazis ebenfalls über die Abstammung von zwei jüdischen Großeltern definiert. Als „Geltungsjude" gilt, wer zudem mit einem als jüdisch geltenden Partner verheiratet ist, oder, und dies betrifft eine ganze Reihe Kinder aus dem Waisenhaus, wer einer nach NS-Recht verbotenen Ehe zwischen einem Juden und einem „Arier" entstammt und der jüdischen Religionsgemeinschaft angehört.[127] Diese Menschen müssen den „Judenstern" tragen. Ab dem Herbst 1941 werden sie auch in den Osten deportiert und ermordet. Von Februar 1943 an gilt eine Regelung, nach der diese Personen nicht mehr in den Osten, wohl aber nach Theresienstadt deportiert werden können, wenn diese alleinstehend sind. In den Augen der Nazis kommt dies einer Vorzugsbehandlung gleich. Allerdings ist eine spätere Deportation aus dem Ghetto Theresienstadt nach Auschwitz häufig. Die rassistische „Geltungsjuden"-Definition dürfte unter anderem im Heim lebende Scheidungskinder getroffen haben. Die Zahl dieser in der Schönhauser Allee verbliebenen „Geltungsjuden" bleibt unklar, eine Liste oder ähnliches hat sich nicht erhalten. Werner Jacobowitz, der als „Geltungsjude" die NS-Verfolgung überlebt, hat angegeben, dass die Gruppe bis zu 90 Kinder umfasste. Diese Zahl erscheint allerdings deutlich zu hoch. Sie könnte sich eher auf die Gesamtzahl aller Kinder und Jugendlichen beziehen, die ab 1943 in einer „Kinderunterkunft" in der Iranischen Straße 2 in Berlin untergebracht werden.

Zum anderen leben im Auerbach offenbar für kurze Zeit einige wenige Kinder, von denen vermutet werden kann, dass diese während der Zusammenstellung des Transports vom 29. November nach Auschwitz erkrankt sind. Nach gängiger Praxis der SS werden Kranke erst nach ihrer Genesung verschleppt. Weiterhin befinden sich eine Reihe von Angestellten im Auerbach, darunter auch die Direktorin Margarete Timendorfer.

Die „volljüdischen" Kinder, bei denen für Ende November eine Erkrankung vermutet werden kann, werden im Dezember 1942 und Januar 1943 deportiert. Am 9. Dezember betrifft dies die 14-jährige Helga Hahn, die aus dem hessischen Eschwege nach Berlin gekommen ist, sowie den zweijährigen Dan Klein. Beide werden nach Auschwitz deportiert. Am 14. Dezember werden die 1936 geborene Susanne Oppenheim, am 29. Januar 1943 die zwölfjährige Marianne Cosmann nach Auschwitz verschleppt. Bei der 18-jährigen Ellen Wolff, die aufgrund der Scheidung ihrer Eltern ins Auerbach gekommen ist, wird als letzter Wohnort die Iranische Straße 4 genannt, wo sich das Schwesternheim des Jüdischen Krankenhauses Berlins befindet. Auch sie wird am 14. Dezember 1942 nach Auschwitz verschleppt. Helga Hahn, Dan Klein, Susanne Oppenheim, Ellen Wolff und Marianne Cosmann werden ermordet.

Weitere Kinder, die zuvor im Auerbach gelebt haben, nun aber bei den Eltern oder in einer anderen Unterkunft wohnen, werden von diesen Adressen abgeholt. Nicht alle können hier aufgeführt werden.

Gerhard Eckstein spielte lange als Torwart in der Fußballmannschaft des Auerbach. Er hat das Heim mittlerweile verlassen und muss in der Nähe von Fürstenwalde an der Spree als Holzfäller Zwangsarbeit leisten. Aus dem „Forsteinsatzlager Hasenfeld" bei Behlendorf wird der mittlerweile 20-Jährige im April 1943 nach Auschwitz deportiert und ermordet.[128] Gerd Itzig, Jahrgang 1928, ist zu seiner Familie nach Berlin-Kreuzberg zurückgezogen. Am 26. Februar 1943 wird er zusammen mit seinen Eltern und der Schwester nach Auschwitz verschleppt und dort umgebracht.[129]

Auch Alfred Scheidemann, Jahrgang 1924 und ein guter Bekannter von Walter Frankenstein, der auf einigen seiner Fotos aus dem Waisenhaus abgebildet ist, hat das Auerbach verlassen. Der junge Mann, dessen Mutter früh verstorben ist, wohnt Ende 1942 in der Rosenstraße in Berlin-Mitte in einem jüdischen Jugendwohnheim und muss wie alle Bewohner Zwangsarbeit leisten. Von dort wird er am 14. Dezember 1942 zusammen mit seinen Mitbewohnern nach Auschwitz deportiert und ermordet.[130] Unter den Deportierten aus diesem Heim ist auch Kurt Gumpert, der beste Freund Walter Frankensteins aus gemeinsamen Lehrjahren. Er hat wie Walter das Maurerhandwerk erlernt. Seine Mutter Margarete Gumpert, geborene Gerstmann, ist schon im November 1941 nach Minsk deportiert worden. Gumpert wird ebenfalls am 14. Dezember 1942 nach Auschwitz verschleppt und ermordet.[131]

Die früheren Angestellten des Waisenhauses fallen bis 1944 wie fast alle in Deutschland verbliebene Jüdinnen und Juden den Deportationen zum Opfer. Dabei werden die ehemaligen Betreuer der Kinder von der Gestapo nicht als Gruppe betrachtet, die Daten ihrer Verschleppung folgen anderen Kriterien, etwa der Deportation aller zwangsarbeitenden Juden im Zuge der „Fabrikaktion" nach Auschwitz Anfang März 1943. Bei der folgenden Auflistung werden nur Personen betrachtet, die mit

Sicherheit oder hoher Wahrscheinlichkeit bis kurz vor der Schließung im ehemaligen Auerbach'schen Waisenhaus gearbeitet haben. Die zehn Personen umfassende Aufzählung ist mit Sicherheit unvollständig.

Die 1890 geborene Jette Hopp, geborene Bottstein, arbeitet zuletzt als Zwangsarbeiterin bei Siemens und lebt zusammen mit ihrer Tochter Ursula in der Linienstraße 64. Von Jette Hopp ist lediglich bekannt, dass sie am 17. Mai 1939 im Auerbach'schen Waisenhaus lebte. Ursulas Schwestern Gerda und Betty ist die rechtzeitige Auswanderung nach Großbritannien geglückt. Jette und Ursula werden am 12. Januar 1943 nach Auschwitz deportiert. Von 1196 Menschen, die in dem Zug transportiert werden, werden in Auschwitz 127 Männer zu Arbeitssklaven gemacht, alle anderen vergast. Darunter befinden sich auch Jette und Ursula Hopp.[132]

Noch im September 1942 haben sich die Säuglingsschwester Ilse Moses und Hans-Peter Messerschmidt in der Synagoge des Waisenhauses das Jawort gegeben. Nur ein knappes halbes Jahr später werden beide nach Auschwitz deportiert. Der Zug mit 941 Gefangenen verlässt Berlin am 12. März 1943. An Bord befindet sich auch die frühere Oberin des Säuglingsheims Else Stein, die wie Ilse Messerschmidt ins Auerbach gekommen ist. In Auschwitz werden 218 Männer und 147 Frauen in das Lager eingewiesen, darunter auch Hans-Peter Messerschmidt. Alle anderen werden sofort nach ihrer Ankunft in den Gaskammern getötet, darunter die 22-jährige Säuglingsschwestern Ilse Messerschmidt und die 52-jährige Else Stein. Hans-Peter Messerschmidt überlebt den Holocaust und kehrt nach dem Krieg nach Berlin zurück.[133]

Die früheren Praktikantinnen Eva Fleischmann und Gerda Wolff haben im Auerbach in einem gemeinsamen Zimmer gewohnt. Ihre Gesichter tauchen auf einigen Fotos von Walter Frankenstein auf. Beide werden nach der Auflösung des Waisenhauses im Jüdischen Krankenhaus in Berlin-Wedding registriert und arbeiten dort auch, die 1922 geborene Wolff als Krankenschwester. Sie werden beide am 17. Mai 1943 nach Auschwitz verschleppt. Es handelt sich um den letzten großen Transport aus Berlin in das Vernichtungslager. Insassen sind u. a. Mitarbeiter verschiedener Arbeitslager im Umland der Reichshauptstadt. In einer „Selektion" werden in Auschwitz 80 Männer und 115 Frauen als Zwangsarbeiter ausgewählt, alle anderen in die Gaskammern geschickt und ermordet. Es sterben auch die 19-jährige Eva Fleischmann, eine gute Bekannte von Walter Frankenstein, und Gerda Wolff.[134]

Günter Plaut kommt vom Reichenheim'schen Waisenhaus nach dessen Schließung 1939 ins Auerbach, wo er bis 1942 als Erzieher für die mittleren Jahrgänge der Jungen tätig ist. Er ist derjenige, der von dem Zögling Kurt Gumpert 1939 in einem Brief an den nach Schweden ausgewanderten Rolf Rothschild begeistert positiv beurteilt worden ist. Von Plaut gibt es einige Fotos, die ihn bei sportlichen Wettkämpfen und als Vorbeter im Auerbach zeigen. Günter Plaut arbeitet nach der Auflösung des Heims als Elektromonteur bei Osram und wohnt in einem möblierten Zimmer in der Berliner Hufelandstraße 8. Am 19. April 1943 wird er zusammen mit 680 weiteren Gefangenen nach Auschwitz deportiert. Die Insassen werden dort „selektiert", wobei 158 Frauen und 299 Männer in das Lager eingewiesen werden. Unter ihnen befindet sich auch der 1919 geborene Günter Plaut. Er wird anschließend zur Zwangsarbeit eingesetzt. Günter Plaut stirbt am 18. Juli 1944 in Auschwitz-Monowitz, dem Sitz großer Industrieanlagen.[135]

Auch die letzte Direktorin des „Kinder- und Jugendlichen-Heims" der „Jüdischen Kultusvereinigung zu Berlin" wird deportiert. Margarete Timendorfer arbeitet zuletzt als Leiterin der „Kinderunterkunft" in der Iranischen Straße 2 in Berlin-Wedding und ist bei der Reichsvereinigung der Juden, Bezirksstelle Berlin angestellt.[136] Die Gestapo liquidiert die Reichsvereinigung 1943 und belässt lediglich einige wenige in „Mischehe" verheiratete oder als „Halbjuden" definierte Menschen zur Fortsetzung ihrer Tätigkeit im Jüdischen Krankenhaus. Ein großer Teil der Angestellten wird am 10. Juni verhaftet und sechs Tage später nach Theresienstadt deportiert, zusammen mit Schwerstkranken aus der Klinik. Timendorfer wird am 30. Juni 1943 im Alter von 45 Jahren nach Theresienstadt verschleppt. Der Transport umfasst 100 Gefangene, von denen 32 den Holocaust überleben. Unter diesen befindet sich auch Timendorfer, die nach der Befreiung wie viele Häftlinge aus Theresienstadt im niederbayerischen DP-Lager (Displaced Persons) Deggendorf lebt. Dort meldet sie sich für eine Emigration nach Südamerika an, entschließt sich aber letztlich zur Auswanderung in das britische Mandatsgebiet Palästina. Sie lebt dort als alleinstehende Frau – ihr Ehemann Erich ist schon 1934 in Berlin verstorben – in der Küstenstadt Haifa. In den 1960er Jahren entschließt sich Timendorfer zur Rückkehr nach Deutschland. Sie wohnt zunächst in Berlin, bevor sie nach Köln zieht. Dort ist Margarete Timendorfer 1963 65-jährig verstorben.[137]

Der vorletzte Waisenhausdirektor Kurt Crohn ist im Februar 1942 auf Betreiben der Gestapo entlassen worden. Ab November 1942 muss er „freiwillig" als „unbesoldeter Helfer" im Sammellager Große Hamburger Straße arbeiten. Er ist dort als Ordner tätig und möglicherweise trifft Crohn vor dem 29. November 1942 seine früheren Schutzbefohlenen, die im Lager auf ihre Deportation nach Auschwitz warten müssen. Crohn lebt zusammen mit seiner Frau Susanne und der 1932 geborenen Tochter Renate in Berlin-Schöneberg in der Landshuter Straße 4. Susanne arbeitet als Zwangsarbeiterin bei den Berliner Verkehrsbetrieben, für die sie Straßenbahnen reinigen muss. Zudem ist sie bei einer Firma Elektra beschäftigt. Sie kommt auf etwa 21 Reichsmark Lohn in der Woche.

Anfang 1943 beschuldigt das Hauptenährungsamt von Berlin den früheren Waisenhausdirektor Crohn der Lebensmittelverschwendung und erstattet eine Strafanzeige. Im Waisenhaus seien zwischen April und August 1941 33 Personen mehr verpflegt worden, als gemeldet waren, lautet der Vorwurf. Daher seien unter anderem neun Kilogramm Käse, 11,1 Kilogramm Margarine und 467 Eier zu viel ausgegeben worden. Während fast täglich Deportationszüge mit Jüdinnen und Juden in den Osten und nach Theresienstadt rollen, beginnt ein Verfahren gegen Kurt Crohn wegen dieser vorgeblichen Verschwendung der rationierten Lebensmittel. In seiner Vernehmung am 13. Februar 1943 gibt Crohn an, er habe zwar die Bedarfsanmeldungen für die Lebensmittel im Waisenhaus unterzeichnet, die Berechnungen habe aber der Sekretär Max Gottheiner angestellt. Der aber ist nicht mehr greifbar: Gottheiner wurde schon im November 1941 nach Minsk deportiert. Danach habe seine Frau Susanne die Berechnungen der Lebensmittel übernommen, sagt Kurt Crohn aus, der nun einräumt, möglicherweise einen Fehler begangen zu haben. Das Verfahren nimmt seinen Lauf, auch Susanne Crohn muss aussagen. Dann allerdings schaltet sich die Gestapo mit einer Mitteilung ein: „Die Juden Susanne Sara und Kurt Israel Crohn sind zur Evakuierung gemeldet worden", heißt es in dem Brief an den Berliner Generalstaatsanwalt vom 26. März 1943. Tatsächlich werden Susanne und Kurt Crohn mit ihrer Tochter Renate aber erst am 1. Juli 1943 nach Theresienstadt deportiert.

Dafür darf sich der „Arier" Hans Leuker aus Krefeld, der sich als Bombengeschädigter in Werder an der Havel aufhält, über eine neue Wohnungseinrichtung freuen. Er kauft zum günstigen Preis von 1677 Mark dem Oberfinanzpräsidenten große Teile der beschlagnahmten Möbel der Familie Crohn ab. Einen kleineren Teil, darunter Crohns Schreibtisch und zwei Bücherschränke, werden von der Behörde „für den Dienstgebrauch" abgezweigt, wie ein Obersteuerinspektor notiert. Ein weiterer Beamter namens Dahlkötter sichert sich für 50 Mark Crohns Ruhebett. Dafür muss der Oberfinanzpräsident die Restschulden der deportierten Familie in Höhe von 7,05 Mark beim Elektrizitätsversorger Bewag übernehmen, kann aber andererseits noch das Guthaben eines Sparbuchs von Renate Crohn bei der Sparkasse Berlin in Höhe von 280 Mark einkassieren.[138]

Kurt Crohn wird Berlin nicht wiedersehen. Aus Theresienstadt wird der 48-Jährige am 28. September 1944 weiter nach Auschwitz verschleppt. In dem Zug befinden sich fast 2500 Menschen. Es ist der erste einer ganzen Serie von elf Massentransporten von Theresienstadt nach Auschwitz, an deren Ende 18 402 Gefangene in das Vernichtungslager verschleppt worden sind. Nur 1574 von ihnen überleben, Kurt Crohn ist nicht unter ihnen. Überlebt haben dagegen seine Ehefrau Susanne und die Tochter Renate. Beide werden bei Kriegsende in Theresienstadt befreit. Danach leben sie zeitweise in Berlin und ziehen dann nach Heidmühl bei Oldenburg um. 1949 wandern Mutter und Tochter nach Israel aus.[139] Heute sind zumindest die Namen des von den Nazis geschassten Waisenhausdirektors und seiner Frau wieder präsent: In Berlin-Pankow gibt es seit 2023 einen Susanne-und-Kurt-Crohn-Platz. Und auch Walter Frankensteins Klassenlehrerin Erna Samuel, die zuletzt im Waisenhaus mitgeholfen hat und im November 1942 nach Auschwitz deportiert und dort ermordet worden ist, hat einen Platz in der Erinnerung der Stadt gefunden. Nach ihr ist eine Straße im Stadtteil Moabit benannt.

Ende 1942 hat die Reichsvereinigung der Juden noch gehofft, das Waisenhaus in der Schönhauser Allee 162 erhalten zu können. Bedacht wird in einer Sitzung die Integration eines Jugendwohnheims und zweier Horte in die Räumlichkeiten.[140] Doch diese Vorstellung entpuppt sich rasch als Illusion. Schon am 30. November, nur einen Tag nach der Deportation vieler Kinder nach Auschwitz, wird der Vorstand der Reichsvereinigung von der Gestapo dazu aufgefordert, eine Verlegung des Waisenhauses in die Gebäude des Jüdischen Krankenhauses in der Iranischen Straße 2 in Berlin-Wedding zu prüfen.[141] Am 16. Dezember erfolgt die Weisung der Gestapo, alle jüdischen Kinderheime aufzulösen. Verbliebene Minderjährige sollen entweder bei ihren Eltern oder im Krankenhaus in der Iranischen Straße 2 untergebracht werden.[142] Drei Tage später heißt es in einer Vorstandssitzung der Reichsvereinigung, die bisherige Waisenhausdirektorin Margarete Timendorfer solle als Heimleiterin in der Iranischen Straße bestellt werden.[143] Am 24. Dezember ist die „Auflösung" des „Kinderheims Schönhauser Allee 162" unter „Überführung der nicht bei Angehörigen unterzubringenden Kinder in die Kinderstation Iranische Straße 2" beschlossen.[144]

Alle Kinder, soweit sie in der rassistischen Kategorie der „Geltungsjuden" eingestuft sind, werden in die Iranische Straße gebracht, wo ein primitives Kinderheim eingerichtet wird. Das dortige Jüdische Krankenhaus ist die letzte jüdische Einrichtung in NS-Deutschland, die „Kinderunterkunft Iranische Straße", wie sie genannt wird, das letzte jüdische Kinderheim. Zeitweise sind die Kinder auch in der Oranienburger Straße 31 untergebracht. Die Zustände werden von Überlebenden als furchtbar beschrieben. Gerwald K., dessen Vater den Nazis als „arisch" gilt, gehört zu den Kindern, die im Dezember 1942 von der Schönhauser Allee 162 in die Iranische Straße 2 gebracht werden. Er berichtet 1958:[145]

„Wir waren nach meiner blassen Erinnerung zusammengenommen etwa immer sechzig bis siebzig Kinder aller Altersklassen bis etwa 18 Jahren. Es gingen des öfteren Kinder weg – sie wurden deportiert; es kamen aber auch Kinder hinzu, so dass die Anzahl immer etwa gleich blieb. [...] Obwohl es sich um Kinder handelte, die wie ich zehn bis zwölf Jahre alt waren, mussten wir täglich arbeiten. Vornehmlich handelte es sich dabei um Aufräumungsarbeiten, bei denen wir Steine und Ziegel schleppen mussten. Hierbei wurden wir bewacht. Als Bewacher waren erwachsene Juden eingesetzt. Wenn wir draussen, so zum Beispiel im Lazarett[,] arbeiteten, standen wir unter Bewachung des dort tätigen Personals.

Die Behandlung war ausserordentlich hart. Wir wurden aus den nichtigsten Anlässen körperlich misshandelt. Ich habe es am eigenen Körper unzählige Male erlebt. Es gehörte zur Tagesordnung, dass immer jemand verprügelt wurde. Eine andere Strafe bestand darin, dass dem Betreffenden das Essen entzogen wurde.

Die Ernährung war völlig unzureichend. Am Morgen bekamen wir zwei dünne Schnitten und Malzkaffee. Mittags gab es dünne Wassersuppe und Abends wieder zwei dünne Schnitten. Das war alles.

Ausgang gab es nicht. Es war uns streng untersagt, das Gebäude zu verlassen. Wir trugen alle den Judenstern bis zur Befreiung. Einige von uns konnten am Wochenende nach Hause gehen, soweit sie Verwandte in Berlin hatten. Soweit das nicht der Fall war, gab es keinen Ausgang. Es kam aber auch vor, dass einige von uns, die sich auf der Strasse blicken liessen, von der Bevölkerung unterwegs geschlagen wurden."

Die Augenzeugenberichte ähneln sich. Da ist von einem „Ghetto" die Rede, von schwerer Zwangsarbeit und unzureichender Ernährung. Da alle jüdischen Schulen seit Mitte 1942 geschlossen sind, gibt es für die Kinder keinen Unterricht. Manche Jugendliche treiben sich trotz des Verbots in den durch die Bombenangriffe zerstörten Straßen Berlins herum und fallen dabei durch ihre „Judensterne" auf.

Insgesamt durchlaufen von 1943 bis zur Befreiung 1945 etwa 191 Kinder und Jugendliche das Heim, wobei dort im Durchschnitt 80 bis 100 Minderjährige anwesend sind.[146] Zwar handelt es sich formal um eine jüdische Einrichtung der Jugendfürsorge, sie ist allerdings vollständig von den Vorstellungen und Befehlen der Gestapo bestimmt. Entsprechend gering sind ihre Möglichkeiten zu eigenständigen Handlungen. Mehrfach bemüht man sich darum, „arische" Elternteile zur Aufnahme von Kindern aus der Unterkunft zu bringen, auch um damit deren Sicherheit vor einer Deportation zu erhöhen. Die Ergebnisse sind mehr als durchwachsen. „Das Kind sei ohne ihr Wissen jüdisch erzogen worden und sie könne es darum nicht aufnehmen", heißt es in einer Zusammenstellung von Antworten auf die Bitte um private Aufnahme vom 14. Juli 1943. „Erzeuger [...] ist z. Zt. eingezogen", lautet eine andere Notiz, „Mutter [...] hat auf unseren Einschreibebrief vom 30.6.43 nicht geantwortet", eine dritte.[147] Der Status vieler der Kinder gilt den Nazis offenbar als strittig – davon aber hängt ihr Leben ab. Als „Mischlinge 1. Grades" können sie in der Regel in Berlin und am Leben bleiben, als „Geltungsjuden" ist ab Ende Februar 1943 eine Deportation nach Theresienstadt möglich – und von dort aus weiter nach Auschwitz. Regelmäßig werden Listen der Kinder erstellt sowie über „Zugänge" und „Abgänge" in der „Kinderunterkunft" berichtet, so am 6. Dezember 1944, als neun Kinder aufgenommen und 14 „abgegeben" werden. Immer steht die Gefahr einer Deportation nach Theresienstadt im Raum.

Die Historikerin Rivka Elkin schlussfolgert, dass die Kerngruppe der Kinder und Jugendlichen, die im Jüdischen Krankenhaus untergebracht sind, aus der Schönhauser Allee 162 kommt, etwa drei bis 16 Jahre alt gewesen sei und insgesamt rund 80 Personen umfasst habe.[148] Allerdings konnten bei Abgleichungen zwischen den namentlichen Listen von Kindern, die im Jüdischen Krankenhaus wohnen, und solchen, die zuvor in der Schönhauser Straße lebten, maximal 15 Personen identifiziert werden. Nur bei acht von diesen ist der frühere Wohnort im Auerbach gesichert, bei weiteren sieben ist dies lediglich wahrscheinlich. Am Schicksal dieser jungen Menschen wird deutlich, dass ihr Leben zwischen 1943 und 1945 am seidenen Faden hängt.

Der 1936 geborene Heinz-Peter Berlowitz lebt im Säuglingsheim in der Moltkestraße und wird später in der „Kinderunterkunft" registriert. Daher ist zu vermuten, dass er dazwischen im Auerbach wohnt. Zwischen dem 28. Juni und dem 1. Juli 1943 wird er zusammen mit seiner als „Geltungsjüdin" eingestuften Mutter Hilda Berlowitz nach Theresienstadt deportiert. Beide überleben das Ghetto und kommen nach ihrer Befreiung in das bayerische DP-Camp Deggendorf. Im Sommer 1947 wandern Mutter und Sohn in die USA aus.[149]

Bruno Birn, geboren 1932, ist ein Bekannter von Walter Frankenstein. Er verbringt die Jahre zwischen 1943 und 1945 fast vollständig in der „Kinderunterkunft" in der Iranischen Straße und muss Zwangsarbeit in Berlin-Wuhlheide leisten. Im Frühjahr 1945 flüchtet er, stiehlt in Berlin ein Fahrrad und wird bald darauf von der Roten Armee nahe eines Waldstücks befreit. Birn wandert später in die USA aus.[150]

Der 1926 geborene Ernst Koch ist wie Walter Frankenstein Anfang der 1940er Jahre Lehrling und lebt im Auerbach'schen Waisenhaus. Seine Mutter ist 1930 verstorben. Auch er kommt nach Auflösung des Waisenhauses ins Jüdische Krankenhaus. Doch am 20. Juni 1944 wird er aus unbekannten Gründen verhaftet und in das KZ Sachsenhausen eingeliefert. Im Dezember erfolgt seine Deportation nach Auschwitz, doch es ist unklar, ob er dort noch eintrifft, während sich die sowjetischen Truppen dem Vernichtungslager nähern. Im Januar 1945 ist er wieder in Sachsenhausen registriert. Am 6. Februar wird er als politischer Häftling und „Mischling I. Grades" in das KZ Buchenwald verschleppt und erhält dort die Häftlingsnummer 6673. Dort kommt Koch in das Außenlager Langenstein-Zwieberge, in dem unter dem Codenamen „B2" Jagdflugzeuge und

Teile von V2-Raketen produziert werden. Wahrscheinlich muss Koch in einem unterirdischen Stollen arbeiten. Er stirbt dort am 7. April 1945 – vier Tage vor der Befreiung des KZ durch amerikanische Truppen.[151]

Rosa W. ist 1936 geboren und war im Säuglingsheim in der Moltkestraße untergebracht. Sie wird am 17. Mai 1943 von der Oranienburger Straße 31 nach Theresienstadt deportiert. Auf der Deportationsliste heißt es über sie: „Erzeuger arisch, verstorben". Sie überlebt das Ghetto und wandert nach der Befreiung nach Palästina/Israel aus.[152]

Jutta Loewi ist 1930 geboren, ihre Mutter früh verstorben. Aus dem Reichenheim'schen Waisenhaus gelangt sie 1939 ins Auerbach und von dort in die Iranische Straße 2. Am 19. April 1944 wird sie zusammen mit ihrem Vater Fritz Salomon Loewi nach Theresienstadt deportiert. Von dort verschleppt sie die SS am 23. Oktober desselben Jahres weiter nach Auschwitz, wo sie ermordet wird.[153] Harry Mandelbaum ist 1927 in Oranienburg geboren worden, er wird von den Nazis als „Halbjude" bezeichnet. Nach Aufenthalten in der Schönhauser Allee und der Iranischen Straße wird Mandelbaum am 17. März 1943 nach Theresienstadt und von dort am 28. September 1944 nach Auschwitz deportiert, wo er ermordet wird.[154] Die 1938 geborene Ruth Masse ist 1939 im Säuglingsheim in der Moltkestraße gemeldet und es ist nicht sicher, ob sie danach in der Schönhauser Allee 162 lebt, wenn es auch wahrscheinlich erscheint. Am 26. Februar 1943 wird sie von der „Kinderunterkunft" Iranische Straße nach Auschwitz deportiert und dort ermordet.[155] Wolfgang Schwersenski kommt ebenfalls aus dem Säuglingsheim. Der 1937 geborene Junge wird am 12. Januar 1943 von der Iranischen Straße 2 nach Auschwitz deportiert und dort ermordet. Seine Mutter, sein Vater und eine Schwester befinden sich ebenfalls im Zug. Niemand aus der Familie kehrt zurück.

Peter F., Jahrgang 1935, überlebt im Jüdischen Krankenhaus und wandert 1947/48 in die Vereinigten Staaten oder nach Israel aus.[156] Auch Peter G., der bis 1942 im Säuglingsheim Moltkestraße gelebt hat, kommt in die „Kinderunterkunft" in der Iranischen Straße. Er bemüht sich nach dem Krieg um eine Emigration nach Palästina/Israel. Dieter Brotzen kommt nach der Scheidung seiner Eltern zunächst ins Pankower Waisenhaus, wechselt nach dessen Schließung ins Auerbach und lebt ab 1943 in der „Kinderunterkunft" Iranische Straße. Er wandert später in die USA aus. Werner Jacobowitz erreicht über das Pankower und das Auerbach'sche Waisenhaus die „Kinderunterkunft". Er macht nach der Befreiung eine Lehre als Koch im Berliner Jüdischen Krankenhaus und wandert 1949 in die USA aus. Später kehrt Jacobowitz nach Berlin zurück. Gerwald K., Jahrgang 1931, der ebenfalls in der Iranischen Straße 2 überlebt, bleibt nach der Befreiung in Berlin. Zu den Überlebenden zählt auch der erst 1939 geborene Denny L., über den keine weiteren Informationen vorliegen. Frieda S.' Vater Walter S. gilt als „arisch", ihre Mutter Elsa ist verstorben. Sie ist zunächst im Auerbach untergebracht und kommt später in die Kinderunterkunft, in der auch ihre Geschwister Fred und Else leben. Die 1930 geborene Frieda überlebt und bemüht sich nach der Befreiung um eine Auswanderung nach Palästina bzw. Israel.

Von den 15 Kindern und Jugendlichen, die mit Sicherheit oder großer Wahrscheinlichkeit aus dem Auerbach in die Kinderunterkunft in der Iranischen Straße ziehen mussten, überleben zehn. Fünf werden bis 1945 in Konzentrations- und Vernichtungslagern ermordet.

Die Menschen aus dem Auerbach'schen Waisenhaus sind verschwunden. Sie wurden ermordet, gingen rechtzeitig ins Ausland, begaben sich auf die Flucht, vegetierten in einem Heim dahin, verbargen sich im Untergrund. Manche von ihnen überlebten mehrere Konzentrationslager. Insgesamt werden mindestens 200 Kinder und Jugendliche deportiert, entweder direkt aus dem Auerbach oder kurz nach ihrer Rückkehr zu ihren Erziehungsberechtigten. Von den erwachsenen Bewohnerinnen und Bewohnern der Schönhauser Allee 162 kommen mindestens 40 in Ghettos oder Konzentrations- und Vernichtungslager. Die Menschen werden mit 29 oder 30 Zügen aus Berlin fortgeschafft, sitzend in alten, oftmals im Winter ungeheizten Personenwagen oder eingepfercht in Viehwaggons, auf tagelangen Reisen in den Tod. Von den mindestens 240 in Ghettos, Konzentrations- oder Vernichtungslager verschleppten Menschen aus dem Auerbach'schen Waisenhaus überleben vermutlich 13. Die meisten dieser Überlebenden wurden nach Theresienstadt deportiert. Auf einige werden wir im folgenden Kapitel eingehen.

Bleibt das Gebäude in der Schönhauser Allee 162.

Die Existenz des ehemaligen Auerbach'schen Waisenhauses endet am 22. Dezember 1942. Danach bleibt nur noch eine leere Hülle, denn das Haus steht eine Zeit lang leer. In mehreren der „Vermögenserklärungen" von deportierten Kindern und Erwachsenen aus der Schönhauser Allee 162 heißt es handschriftlich: „geräumt 22.12."[157] Dies dürfte sich auf das Heim beziehen. Die Jüdische Kultusvereinigung zu Berlin schreibt am 22. Januar 1943 an den bisherigen Versicherer des Hauses: „Unter Rückreichung Ihrer Rechnung [...] teilen wir Ihnen mit, dass der Betrieb unseres Waisenhauses am 31.12.1942 geschlossen worden ist."[158]

Seit einiger Zeit zeigt die Hitlerjugend (HJ) Interesse an dem Gebäudekomplex. Schon am 14. Mai 1942 hat die NSDAP-Untergliederung für männliche Jugendliche beim Amtsgericht eine Abschrift des Grundbuchauszugs der Schönhauser Allee 162 angefordert, „da die NSDAP dieses Grundstück von der Reichsvereinigung der Juden in Deutschland kaufen wird", wie es in der Begründung heißt.[159] Kurz nach der Schließung des Waisenhauses geht die Hitlerjugend an die Umsetzung ihrer Pläne. Am 8. Februar 1943 teilt die Bau- und Grundstücksverwaltung der Jüdische Kultusvereinigung zu Berlin in einem internen Schreiben an die Rechtsabteilung mit, „dass das Grundstück mit dem gesamten Inventar von der Reichsjugendführung des Gebietes Berlin durch Herrn Bannführer Hoheisel am 25. Januar 1943 übernommen worden [ist]".[160] Spätestens im April 1943 ist der Einzug der HJ endgültig vollzogen. In mehreren Schreiben von Beauftragten des Oberfinanzpräsidenten, der das Vermögen deportierter Juden einzieht, heißt es bei der Suche nach dem Eigentum früherer Auerbacher in der Schönhauser Allee 162 mit Datum von Ende April 1943: „Es wurden keine Vermögenswerte vorgefunden. Das Heim ist von der Hitlerjugend bezogen."[161] Schließlich werden Grundstück und Gebäude einem Schreiben der Geheimen Staatspolizei vom 11. Juni 1943 zufolge der Reichsvereinigung entzogen und damit gestohlen: „Auf Grund des § 1 der Verordnung des Reichspräsidenten zum Schutz von Volk und Staat vom 28. Februar 1933 [...] in Verbindung mit § 14 des Polizeiverwaltungsgesetzes vom 1. Juni 1931 [...] und § 1 des Gesetzes über die Geheime Staatspolizei vom Februar 1936 [...] wird das Grundstück Berlin, Schönhauser Allee 162, der Bezirksstelle Berlin der Reichsvereinigung der Juden in Deutschland [...] beschlagnahmt."[162]

Das, was die Mitglieder, Förderer und Freunde der Baruch Auerbach'schen Waisen-Erziehungsanstalten für jüdische Knaben und Mädchen über Jahrzehnte aufgebaut haben, geht mit einem Federstrich in den Besitz der Nazis über. Doch ist dies nur noch eine Formalie, denn längst hat sich die Hitlerjugend dort breitgemacht. Die NSDAP hat mit dem Haus offenbar Großes vor, doch viel Freude haben die Nazis an dem Gebäude nicht mehr. Am 22. September 1943 kündigt die Hitlerjugend umfangreiche Umbauarbeiten an, die allerdings noch einer Ausnahmegenehmigung bedürfen. Dazu ist es offenbar nicht mehr gekommen. Bei einem der vielen alliierten Bombenangriffe auf Berlin wird auch das frühere Waisenhaus getroffen und erleidet einen Totalschaden. „Gebäude ist durch Feindeinwirkung vollkommen zerstört", heißt es in einer in der Bauakte befindlichen handschriftlichen Notiz vom 9. September 1944.[163] Damit endet auch die physische Existenz des Auerbach'schen Waisenhauses endgültig.

Anmerkungen

1 Walk, a. a. O., S. 305.
2 Ebenda, S. 304 ff.
3 Shoah Foundation Institute for Visual History and Education: Interview mit Dave Brotzen, 1996.
4 Shoah Foundation Institute for Visual History and Education: Interview mit Gunter Perry, 1995.
5 Interview mit Walter Frankenstein am 27. und 28.10.2022 in Stockholm.
6 Brief von Walter Frankenstein, Günther (Nachname ungeklärt) und Kurt Gumpert an Rolf Rothschild, datiert auf den 31.7.1940 (vermutlich Ankunftsdatum); in: Jüdisches Museum Berlin: Schenkung Walter Frankenstein 2010/265.
7 Interview mit Leonie und Walter Frankenstein in Stockholm, 29.11.–2.12.2006.
8 Hillenbrand, Klaus: Nicht mit uns, a. a. O., S. 9.
9 Glaß, Peter: Die Israelitische Taubstummenanstalt für Deutschland Jedide Ilmim 1873–1942; in: Juden in Weißensee, hg. vom Kulturamt Weißensee und Stadtgeschichtliches Museum, Berlin 1994, S. 128.
10 Sonke, Monika: Die Israelitische Taubstummen-Anstalt in Berlin-Weißensee. Von der Gründung 1873 bis zur Vernichtung 1942; in: „Öffne deine Hand für die Stummen." Die Geschichte der Israelitischen Taubstummen-Anstalt Berlin-Weißensee 1873–1942, hg. von Vera Bendt und Nicola Galliner, Berlin 1993, S. 62.
11 Walk, a. a. O., S. 320.
12 Ebenda.
13 Arolsen Archives: https://collections.arolsen-archives.org/de/document/12648829.
14 Ebenda, https://collections.arolsen-archives.org/de/document/12664300.
15 Ebenda, https://collections.arolsen-archives.org/de/document/12664559.
16 Ebenda, https://collections.arolsen-archives.org/de/document/12679375.
17 Ebenda, https://collections.arolsen-archives.org/de/document/12675397, https://collections.arolsen-archives.org/de/document/12675444, Diese Auswanderungen sind z. T. in der „Emigrantenkartei" der Reichsvereinigung der Juden in Deutschland festgehalten, die der Internationale Suchdienst (ITS) in Arolsen nach dem Krieg von den „Jewish Communities Germany" erhielt und die heute im Arolsen Archiv online einsehbar sind. Sie tragen die Signatur 8800620 und umfassen 1430 Meldekarten. Vgl. Jah, Letzte Spuren, a. a. O., S. 24 f.

18 Laqueur, Walter: Geboren in Deutschland. Der Exodus der jüdischen Jugend nach 1933. Berlin/München 2000, S. 55.

19 Jason, Philip K. und Iris Posner (Hg.): Don't Wave Goodbye. The Children's Flight from Nazi Persecution to American Freedom. Conneticut 2004, S. 5 f.

20 Vgl. Fehrs, a. a. O., S. 162 ff., Grunwald, Walter: Hinweise und Erinnerungen zur Geschichte des 2. Waisenhauses der Jüdischen Gemeinde in Berlin-Pankow, Berlinerstrasse 120/121, undatiertes Typoskript; in: Archiv Jüdisches Museum Berlin: Schenkung Walter Frankenstein 2008/339.

21 Führer durch die jüdische Gemeindeverwaltung..., a. a. O., S. 474 f.

22 Lammel, Inge: Das Jüdische Waisenhaus in Pankow. Seine Geschichte in Bildern und Dokumenten. Berlin 2001, S. 78 f.

23 Diese und folgende Zahlen über Zwangsumzüge von Kindern und Erwachsenen aus anderen Waisenhäusern in das ehemalige Auerbach'sche Waisenhaus ergeben sich aus dem Abgleich von Adressangaben in Datenbanken, insbesondere des Arolsen-Archivs (collections.arolsen.org), der Daten des Oberfinanzpräsidenten, die beim Brandenburgischen Landeshauptarchiv (blha-recherche.brandenburg.de) gesammelt sind, aus Informationen in der Datenbank der Gedenkstätte Yad Vashem (yvng.yadvashem.org) sowie bei Mapping the Lives (mappingthelives.org). Die Zahlen sind mit Sicherheit zu niedrig.

24 Arolsen Archives: https://collections.arolsen-archives.org/de/document/12676389.

25 Alemannia Judaica: Neu-Isenburg, https://www.alemannia-judaica.de/neu-isenburg_heim.htm.

26 Stadt Neu-Isenburg: Namen, https://gedenkbuch.neu-isenburg.de/namen/?tx_gedenkbuchnames_personenliste.

27 Wikipedia: Kinderheim Kapellner, https://de.wikipedia.org/wiki/Kinderheim_Kapellner.

28 Gedenktafeln in Berlin: Jüdisches Kinderheim „Ahawah", https://www.gedenktafeln-in-berlin.de/gedenktafeln/detail/juedisches-kinderheim-ahawah/97, Scheer, Regina: Ahavar. Das vergessene Haus. Spurensuche im jüdischen Berlin. Berlin 2020, insbesondere S. 224.

29 BArch R 8150/62 (Crohn, Kurt) und 8150/63 (Timendorfer, Margarete).

30 BArch R 8150/46, Aktennotiz vom 21.3.42, S. 4.

31 Albrecht, Peter-Alexis, Leslie Baruch Brent, Inge Lammel (Hg.): Verstörte Kindheiten. Das Jüdische Waisenhaus in Pankow als Ort der Zuflucht, Geborgenheit

und Vertreibung. Berlin 2008, S. 93. Vgl. auch Brent, Leslie Baruch: Ein Sonntagskind? Vom jüdischen Waisenhaus zum weltbekannten Immunologen. Berlin 2009, S. 51. Interview mit Renate Bechar.

32 Shoah Foundation Institute for Visual History and Education: Interview mit Henry Glaser, 1998.

33 Albrecht, a. a. O., S. 96.

34 Jung, Ulla: „Ich werde mich wehren." Werner Jacobowitz, ein Überlebender des Auerbach'schen Waisenhauses, Schönhauser Allee 162; in: Leben mit der Erinnerung. Jüdische Geschichte in Prenzlauer Berg, hg. vom Kulturamt Prenzlauer Berg, Prenzlauer Berg Museum für Heimatgeschichte und Stadtkultur, Berlin 1997, S. 52.

35 Fehrs, a. a. O., S. 158.

36 Brief von Walter Frankenstein an Rolf Rothschild, datiert auf den 17.3.1941 (vermutlich Ankunftsdatum); in: Jüdisches Museum Berlin: Schenkung Walter Frankenstein 2010/265. Bei den von Frankenstein angeführten „alten Auerbachern" handelt es sich um Egon Heysemann, Kurt Gumpert und Gerd Punscher. Mit der „Oberschule" meint Frankenstein wohl die Mittelschule der Jüdischen Gemeinde zu Berlin.

37 Prochnick, Robert: Bericht über die organisatorischen und sonstigen Verhältnisse der jüdischen Bevölkerung in Berlin unter Berücksichtigung des gesamten Altreichs, undatiert. LBI Jerusalem, Nr. 427.

38 CJA 1 A Be 2, Nr. 19, #348.

39 Meyer, a. a. O., S. 164.

40 Littmann-Hotopp, Ingrid: Bei Dir findet das verlassene Kind Erbarmen. Zur Geschichte des ersten jüdischen Säuglings- und Kleinkinderheims in Deutschland (1907 bis 1942). Berlin 1996, S. 109.

41 Walk, a. a. O., S. 336.

42 Brief von Walter Frankenstein an Rolf Rothschild, datiert auf den 6.8.1941 (vermutlich Ankunftsdatum); in: Archiv Jüdisches Museum Berlin: Schenkung Walter Frankenstein 2010/265. Mit „Herr Süssmann" ist der Erzieher Peter Süssmann gemeint.

43 Hillenbrand: Nicht mit uns, a. a. O., S. 27.

44 Zit. nach Rürup, Reinhard (Hg.): Topographie des Terrors. Berlin 1987, S. 115.

45 Jung, a. a. O., S. 51 f.

46 Die „Vermögenserklärungen“ der deportierten Bewohner des Auerbach'schen Waisenhauses befinden sich – soweit vorhanden – im Bestand des Brandenburgischen Landeshauptarchivs in Potsdam unter der Signatur 36A (II).

47 Brandenburgisches Landeshauptarchiv 36A (II) Nr. 13055.

48 Bundesarchiv: https://www.bundesarchiv.de/gedenkbuch/de1060471, Arolsen Archives: https://collections.arolsen-archives.org/de/document/11266846, Information von Walter Frankenstein.

49 Arolsen Archives: https://collections.arolsen-archives.org/de/document/11234093, https://collections.arolsen-archives.org/de/document/12656587, Bundesarchiv: https://www.bundesarchiv.de/gedenkbuch/de1087328.

50 Bundesarchiv https://www.bundesarchiv.de/gedenkbuch/de1174248, Arolsen Archives: https://collections.arolsen-archives.org/de/document/12677260, https://collections.arolsen-archives.org/de/document/12677261, https://collections.arolsen-archives.org/de/document/12677262.

51 Brandenburgisches Landeshauptarchiv 36A (II), Nr. 2099.

52 Ebenda.

53 Gottwaldt, Alfred und Diana Schulle: Die „Judendeportationen“ aus dem Deutschen Reich 1941–1945. Wiesbaden 2005, S. 93 f.

54 Zum Ghetto Minsk vgl.: Rentrop, Petra: Tatorte der „Endlösung“. Das Ghetto Minsk und die Vernichtungsstätte von Maly Trostinez. Berlin 2011.

55 Arolsen Archives: https://collections.arolsen-archives.org/de/document/127187909, Bundesarchiv: https://www.bundesarchiv.de/gedenkbuch/de1132098, https://www.bundesarchiv.de/gedenkbuch/de1161626, Arolsen Archives: https://collections.arolsen-archives.org/de/document/127187909.

56 Arolsen Archives: https://collections.arolsen-archives.org/de/document/12668960https://collections.arolsen-archives.org/de/document/127187910, Bundesarchiv: https://www.bundesarchiv.de/gedenkbuch/de1135771.

57 Bundesarchiv: https://www.bundesarchiv.de/gedenkbuch/de1075670, Arolsen Archives: https://collections.arolsen-archives.org/de/document/11234967, https://collections.arolsen-archives.org/de/document/127187911.

58 Bundesarchiv: https://www.bundesarchiv.de/gedenkbuch/de1163748, https://www.bundesarchiv.de/gedenkbuch/de1178119, Arolsen Archives: https://collections.arolsen-archives.org/de/document/11269663, https://collections.arol-

sen-archives.org/de/document/12674836, https://collections.arolsen-archives.org/de/document/11262376, https://collections.arolsen-archives.org/de/document/12678228.

59 Gottwaldt/Schulle, a. a. O., S. 121 f.

60 Ebenda, S. 132 f.

61 Bundesarchiv: https://www.bundesarchiv.de/gedenkbuch/de1180522, https://www.bundesarchiv.de/gedenkbuch/de1180605, Arolsen Archives: https://collections.arolsen-archives.org/de/document/4680911, https://collections.arolsen-archives.org/de/document/4680912, https://collections.arolsen-archives.org/de/document/12678685, https://collections.arolsen-archives.org/de/document/12678686, https://collections.arolsen-archives.org/de/document/127187405.

62 Yad Vashem: https://yvng.yadvashem.org/nameDetails.html?language=de&itemId=4110000&ind=1, Arolsen Archives: https://collections.arolsen-archives.org/de/document/11240240, https://collections.arolsen-archives.org/de/document/12660877, https://collections.arolsen-archives.org/de/document/70442396, https://collections.arolsen-archives.org/de/document/127187490, https://collections.arolsen-archives.org/de/document/127187491, Bundesarchiv: https://www.bundesarchiv.de/gedenkbuch/de1148604, Arolsen Archives: https://collections.arolsen-archives.org/de/document/4624203, https://collections.arolsen-archives.org/de/document/4624204, https://collections.arolsen-archives.org/de/document/12671523, https://collections.arolsen-archives.org/de/document/127187507.

63 Gottwaldt/Schulle, a. a. O., S. 134.

64 Archiv Jüdisches Museum: Postkarte von Egon Heysemann an Rolf Rothschild, Sammlung Walter Frankenstein 2010/265.

65 Bundesarchiv: https://www.bundesarchiv.de/gedenkbuch/de1072898, Arolsen Archives: https://collections.arolsen-archives.org/de/document/12658284, https://collections.arolsen-archives.org/de/document/127187556.

66 Bundesarchiv: https://www.bundesarchiv.de/gedenkbuch/de1025243, https://www.bundesarchiv.de/gedenkbuch/de1025223, Arolsen Archives: https://collections.arolsen-archives.org/de/document/11227268, https://collections.arolsen-archives.org/de/document/127204902, https://collections.arolsen-archives.org/de/document/11227272, https://collections.arolsen-archives.org/de/document/127204902.

67 Arolsen Archives: https://collections.arolsen-archives.org/de/document/127204891, Bundesarchiv: https://www.bundesarchiv.de/gedenkbuch/de1079035, https://www.bundesarchiv.de/gedenkbuch/de1166877, Arolsen Archives: https://collections.arolsen-archives.org/de/document/127187333.

68 Bundesarchiv: https://www.bundesarchiv.de/gedenkbuch/de1139105, Arolsen Archives: https://collections.arolsen-archives.org/de/document/11253075, https://collections.arolsen-archives.org/de/document/127205075.

69 Bundesarchiv: https://www.bundesarchiv.de/gedenkbuch/de1085853, Arolsen Archives: https://collections.arolsen-archives.org/de/document/12660385, https://collections.arolsen-archives.org/de/document/127205070.

70 Bundesarchiv: https://www.bundesarchiv.de/gedenkbuch/de1069227, Arolsen Archives: https://collections.arolsen-archives.org/de/document/127204903.

71 Arolsen Archives: https://collections.arolsen-archives.org/de/document/12649644, https://collections.arolsen-archives.org/de/document/12649645, https://collections.arolsen-archives.org/de/document/127207343. Als Wohnort wird bei der Deportation von Hermann Brasch die Adresse der Eltern angegeben, nach der „Vermögenserklärung" lebt Hermann Brasch aber im Auerbachschen Waisenhaus. Brandenburgisches Landeshauptarchiv 36 (II) 4450 (Sally Brasch).

72 Bundesarchiv: https://www.bundesarchiv.de/gedenkbuch/de1032704, https://www.bundesarchiv.de/gedenkbuch/de1078930, https://www.bundesarchiv.de/gedenkbuch/de1078940, https://www.bundesarchiv.de/gedenkbuch/de1136380.

73 Interview mit Walter Frankenstein, 27. und 28.10.2022.

74 Brandenburgisches Landeshauptarchiv 36A (II) Nr. 30386.

75 Landesarchiv Berlin A Rep. 358-02, Nr. 80989.

76 Ebenda.

77 Meyer, a. a. O., S. 166.

78 BArch 8150/46, Notiz vom 21.3.1942.

79 Shoah Foundation Institute for Visual History and Education: Interview mit Dave Brotzen, 1996.

80 Meyer, a. a. O., S. 170.

81 Führer durch die jüdische Gemeindeverwaltung..., a. a. O., S. 472 f.

82 Zit. nach: Säuglings- und Kleinkinderheim Niederschönhausen; in: Lammel, Inge: Jüdische Lebensbilder aus Pankow. Familiengeschichten – Lebensläufe – Kurzportraits. Berlin 1996, S. 275.

83 BArch 8150/45.

84 BArch R 8150/46. Protokolle der Unterredung vom 11.4.1942, S. 7.

85 Säuglings- und Kleinkinderheim..., a. a. O., S. 337. In einem internen Schreiben an die Rechtsabteilung der Jüdischen Gemeinde heißt es: „Im Haus Gipsstr. 3 befindet sich seit dem 1. Juni keine jüdische Institution mehr. Das Kleinkinderheim ist in das Grundstück Schönhauser Allee 162 gezogen." CJA 1 A Be 2, Nr. 19, #348. Für eine Ankunft der Kleinkinder Ende Mai 1942 spricht auch, dass in den Vermögenserklärungen für diese vor der Deportation im November 1942 mehrfach davon die Rede ist, diese seien seit einem halben Jahr im Auerbach'schen Waisenhaus untergebracht. Vgl. z. B. Brandenburgisches Landeshauptarchiv 36 A (II) Nr. 1635 Baer, Lot, geb. am 2.10.1940.

86 Säuglings- und Kleinkinderheim..., a. a. O., S. 340.

87 BArch R 8150/46. Rücksprache im Reichssicherheitshauptamt am 8.4.1942, 16 Uhr, S. 8.

88 Franken, Inge: Gegen das Vergessen. Erinnerungen an das Jüdische Kinderheim Fehrbelliner Straße 92 Berlin-Prenzlauer Berg, Berlin 2010, S. 7.

89 Steinitz, Regina und Regina Scheer: Zerstörte Kindheit und Jugend. Mein Leben und Überleben in Berlin, hg. von Leonore Martin und Uwe Neumärker, Berlin 2014.

90 Ebenda, S. 51 f. Im Juni 1942 begannen die Deportationen von jüdischen Altenheimbewohnern in das Ghetto Theresienstadt. Die Räumung des Hauses Schönhauser Allee 22 startete mit dem 5. „Alterstransport" am 12. Juni 1942. Sie war am 17.8.1942 beendet. Vgl. Jah, Akim: Die Deportation der Juden aus Berlin. Die nationalsozialistische Vernichtungspolitik und das Sammellager Große Hamburger Straße. Berlin 2013, S. 278 ff., 310.

91 CJA 1 A Be 2, Nr. 19, #348.

92 Ebenda.

93 So gibt z. B. die Hausangestellte Hertha Friedmann in ihrer „Vermögenserklärung" an, in einem „Gemeinschaftszimmer" zu wohnen. Brandenburgisches Landeshauptarchiv 36 A (II) Nr. 10486.

94 Jung, a. a. O., S. 52.

95 CJA 1 A Be 2, Nr. 19, #348.

96 Messerschmidt, Hans-Peter: Wie ein Optimist das sogenannte tausendjährige Reich überlebte. Typoskript, August 1993, S. 48. Der Autor dankt Matthias Schirmer für die Übermittlung des Textes und weitere Informationen.

97 Die Zahlen ergeben sich aus den Deportationslisten der Gestapo, in denen der Abholort der Menschen verzeichnet ist. In einigen Fällen hat die Gestapo dabei Hausnummern verwechselt. Einige solcher Fälle konnten dahingehend aufgeklärt werden, dass die Personen tatsächlich von der Schönhauser Allee 162 deportiert wurden. Als weitere Quellen dienten die Volkszählungs-Kartei vom 17.5.1939, elektronisch verarbeitet in „mapping the lives", die im Brandenburgischen Landeshauptarchiv gesammelten Akten des Oberfinanzpräsidenten von Berlin-Brandenburg, Wiedergutmachungsakten im Landesarchiv Berlin und Entschädigungsakten des Landesamts für Bürger- und Ordnungsangelegenheiten Berlin (LABO), Entschädigungsbehörde Berlin.

98 Jung, a. a. O., S. 52.

99 Dietz, Edith: Den Nazis entronnen. Die Flucht eines jüdischen Mädchens in die Schweiz. Autobiographischer Bericht. Frankfurt am Main 1990, S. 34 f.

100 Gottwaldt/Schulle, a. a. O., S. 258.

101 Scheffler, Wolfgang und Diana Schulle: Buch der Erinnerung. Die ins Baltikum deportierten deutschen, österreichischen und tschechoslowakischen Juden. München 2003, S. 16 ff.

102 Der Autor dankt Ute Hoffmann, Leiterin der Gedenkstätte für Opfer der NS-„Euthanasie"-Opfer in Bernburg und Horst Seferens von der Stiftung Brandenburgische Gedenkstätten in Oranienburg für weitere Auskünfte.

103 Der Autor dankt Horst Seferens von der Stiftung Brandenburgische Gedenkstätten, Oranienburg, für Informationen über Rosa Wartelski.

104 Arolsen Archives: https://collections.arolsen-archives.org/de/document/5283436, https://collections.arolsen-archives.org/de/document/5284601, https://collections.arolsen-archives.org/de/document/7204671, https://collections.arolsen-archives.org/de/document/7204672, https://collections.arolsen-archives.org/de/document/7204673, https://collections.arolsen-archives.org/de/document/7204674, https://collections.arolsen-archives.org/de/document/7204675, https://collections.arolsen-archives.org/de/document/7204676, https://collections.arolsen-archives.org/de/document/7204677, https://collections.arolsen-archives.org/de/document/7204678, https://collections.arolsen-archives.org/de/document/127207372, https://collections.arolsen-archives.org/de/document/130646747, https://collections.arolsen-archives.org/de/document/5284659, https://collections.arolsen-archives.org/de/document/7220769.

105 Steinitz/Scheer, a. a. O., S. 36 ff. Arolsen Archives: https://collections.arolsen-archives.org/de/document/12654538, https://collections.arolsen-archives.org/de/document/127207373, https://collections.arolsen-archives.org/de/document/12654537.

106 Stadt Neu-Isenburg: Unter der NS-Herrschaft, https://gedenkbuch.neu-isenburg.de/das_heim/unter-der-ns-herrschaft. Der Autor dankt Richard Oppenheimer aus Florida/USA für Informationen über Marga und Lane Mannheimer.

107 Stolpersteine in Berlin: Marga Mannheimer, https://www.stolpersteine-berlin.de/de/kommandantenstrasse/57/marga-mannheimer, Bundesarchiv: https://gedenkbuch.neu-isenburg.de/namen/, Arolsen Archives: https://collections.arolsen-archives.org/de/document/127207405, Bundesarchiv: https://www.bundesarchiv.de/gedenkbuch/de1114998.

108 Rosenthal, a. a. O., S. 55, Arolsen Archives: https://collections.arolsen-archives.org/de/document/11254136, https://collections.arolsen-archives.org/de/document/12670468, https://collections.arolsen-archives.org/de/document/127207372.

109 Brandenburgisches Landeshauptarchiv 36A (II) 31969 und 31966.

110 Meyer, a. a. O., S. 206 f.

111 Bei sieben der Kinder und Jugendlichen gibt die Gestapo als Adresse die Schönhauser Allee 162 an oder irrt sich bei der Hausnummer. Sieben weitere Kinder werden von anderen Adressen abgeholt, haben aber kurz zuvor im Auerbach'schen Waisenhaus gelebt.

112 Gottwaldt/Schulle, a. a. O., S. 259, Jah: Die Deportationen, a. a. O., S. 329.

113 Der frühere Auerbach-Zögling Gunther Perry (früher Günter Przywoznik) berichtet über die Rückholung der Kinder nach Hause. Shoah Foundation Institute for Visual History and Education: Interview mit Gunther Perry, 1995.

114 Gottwaldt/Schulle, a. a. O., S. 259.

115 Familie David; in: An Möhne, Röhr und Ruhr, hg. vom Heimatbund Neheim-Hüsten e.V., Heft 59 (2015), S. 117. Der Autor dankt Werner Saure für die freundliche Hilfe.

116 Jah: Die Deportationen, a. a. O., S. 398.

117 Jung, a. a. O., S. 52.

118 Arolsen Archives: https://collections.arolsen-archives.org/de/document/11239128, https://collections.arolsen-archives.org/de/document/127207558, https://collections.arolsen-archives.org/de/

document/11239101, https://collections.arolsen-archives.org/de/document/127207558.

119 Der Name von Jürgen H. ist aus datenschutzrechtlichen Gründen abgekürzt.

120 Jah: Die Deportationen, a. a. O., S. 372.

121 Ebenda, S. 399 f.

122 Brandenburgisches Landeshauptarchiv 36A (II) 1233. Andere Vermögenserklärungen sind auf den 25.11.1942 datiert.

123 Ebenda, 36A (II) 29085.

124 Jah: Die Deportationen, a. a. O., S. 377.

125 So heißt es bei Gottwaldt/Schulle, a. a. O., S. 399, es seien 36 Kinder aus dem Auerbach'schen Waisenhaus deportiert worden. Jah schreibt von 71 Kindern, vgl. Jah: Die Deportationen, a. a. O., S. 400.

126 Heim, Gabriel: Diesseits der Grenze. Lebensgeschichten aus den Akten der Fremdenpolizei, Basel 2019, S. 123 ff.

127 Heydt, Maria von der: Geltungsjuden und jüdische Gemeinde in Berlin 1939–1945; in: Zeitgeschichte, 43. Jg. (September/Oktober 2016) Heft 5, S. 308 ff.

128 Bundesarchiv: https://www.bundesarchiv.de/gedenkbuch/de1020871, Arolsen Archives: https://collections.arolsen-archives.org/de/document/11228312, https://collections.arolsen-archives.org/de/document/11266224, https://collections.arolsen-archives.org/de/document/12652033, https://collections.arolsen-archives.org/de/document/127212894.

129 Bundesarchiv: https://www.bundesarchiv.de/gedenkbuch/, Arolsen Archives: https://collections.arolsen-archives.org/de/document/11237749, https://collections.arolsen-archives.org/de/document/12659443, https://collections.arolsen-archives.org/de/document/127212326.

130 Arolsen Archives: https://collections.arolsen-archives.org/de/document/12671988, https://collections.arolsen-archives.org/de/document/12671989, https://collections.arolsen-archives.org/de/document/127207660, Bundesarchiv: https://www.bundesarchiv.de/gedenkbuch/de1150770.

131 Bundesarchiv: https://www.bundesarchiv.de/gedenkbuch/de1064019, https://www.bundesarchiv.de/gedenkbuch/de1065687, Arolsen Archives: https://collections.arolsen-archives.org/de/document/12656491, https://collections.arolsen-archives.org/de/document/12656492, https://collections.arolsen-archives.org/de/document/86194058, https://collections.arolsen-

archives.org/de/document/86194059, https://collections.arolsen-archives.org/de/document/86194060, https://collections.arolsen-archives.org/de/document/86194061, https://collections.arolsen-archives.org/de/document/127207660, Brandenburgisches Landeshauptarchiv: 36A (II) 13055.

132 Arolsen Archives: https://collections.arolsen-archives.org/de/document/11237236, https://collections.arolsen-archives.org/de/document/11237250, Gottwaldt/Schulle, a. a. O., S. 400.

133 Gottwaldt/Schulle, a. a. O., S. 416 ff., Arolsen Archives: https://collections.arolsen-archives.org/de/document/127212840, https://collections.arolsen-archives.org/de/document/11259535, https://collections.arolsen-archives.org/de/document/127212835.

134 Gottwaldt/Schulle, a. a. O., S. 420 f., Arolsen Archives: https://collections.arolsen-archives.org/de/document/11230109, https://collections.arolsen-archives.org/de/document/127212919, https://collections.arolsen-archives.org/de/document/127212919.

135 Gottwaldt/Schulle, a. a. O., S. 419 f., Arolsen Archives: https://collections.arolsen-archives.org/de/document/127212865.

136 BArch R 8150/63 Timendorfer wird auf der Karte der Reichsvereinigung als „Heimleiterin" bezeichnet. Die Dienstelle „Auerbachsches Waisenhaus" ist gestrichen und durch „Kinderunterkunft" ersetzt.

137 Gottwaldt/Schulle, a. a. O., S. 359 f., 362, Bibliothek für Bildungsgeschichtliche Forschung – Archiv, Berlin: GUT LEHRER 2620 + GUT 220, Landesarchiv Berlin, B Rep. 025-08, Nr. 3171/50, 3172/50, B Rep. 025-07 Nr. 15502/59, BArch R 8150/63, Arolsen Archives: https://collections.arolsen-archives.org/de/document/127212865, https://collections.arolsen-archives.org/de/document/69456403, https://collections.arolsen-archives.org/de/document/69456403, https://collections.arolsen-archives.org/de/document/81974897, https://collections.arolsen-archives.org/de/document/106608128, https://collections.arolsen-archives.org/de/document/106608129, https://collections.arolsen-archives.org/de/document/106608130, https://collections.arolsen-archives.org/de/document/106608131, https://collections.arolsen-archives.org/de/document/106608132, https://collections.arolsen-archives.org/de/document/106608133, https://collections.arolsen-archives.org/de/document/106608134, https://collections.arolsen-archives.org/

de/document/106608135, https://collections.arolsen-archives.org/de/document/106608136, https://collections.arolsen-archives.org/de/document/106608137, https://collections.arolsen-archives.org/de/document/106608138, https://collections.arolsen-archives.org/de/document/106608139, https://collections.arolsen-archives.org/de/document/127213090, https://collections.arolsen-archives.org/de/document/81974811.

138 Brandenburgisches Landeshauptarchiv A Rep. (II) 6713.

139 BArch R 8150/662, Landesarchiv Berlin B Rep. 025-04 Nr. 16560/59, Landesarchiv Berlin A Rep. 358-02, Nr. 80989, Gottwaldt/Schulle, a. a. O., S. 435 ff. Interview mit Renate Bechar, geb. Crohn. Arolsen Archives: https://collections.arolsen-archives.org/de/document/127213113, https://collections.arolsen-archives.org/de/document/11227198, https://collections.arolsen-archives.org/de/document/66824326, https://collections.arolsen-archives.org/de/document/12651136, https://collections.arolsen-archives.org/de/document/67874760.

140 BArch R 8150/3, Sitzung vom 7.12.42.

141 Ebenda, Sitzung vom 30.11.42.

142 Ebenda, Sitzung vom 16.12.42.

143 Ebenda, Sitzung vom 19.12.42.

144 Ebenda, Sitzung vom 24.12.42.

145 Landesamt für Bürger- und Ordnungsangelegenheiten Berlin (LABO), Entschädigungsbehörde Berlin: Entschädigungsakte Reg. Nr. 3.407 (Bruno Birn). Der Name wurde aus datenschutzrechtlichen Gründen anonymisiert.

146 Elkin, Rivka: Kinder zur Aufbewahrung im Jüdischen Krankenhaus zu Berlin in den Jahren 1943–1945; in: Tel Aviver Jahrbuch für deutsche Geschichte, hg. von Dan Diner und Frank Stern, Band XXIII, 1994, S. 249.

147 BArch 8150/764.

148 Elkin, a. a. O., S. 251 f.

149 Arolsen Archives: https://collections.arolsen-archives.org/de/document/127213120, https://collections.arolsen-archives.org/de/document/11222897, https://collections.arolsen-archives.org/de/document/66570435, https://collections.arolsen-archives.org/de/document/66570437, https://collections.arolsen-archives.org/de/document/81651152, https://collections.arolsen-archives.org/de/docu-

ment/66570436, Daniels Family PDX: Peter Heinz Daniels, https://danielsfamilypdx.com/home/peter-heinz-daniels/.

150 Shoah Foundation Institute for Visual History and Education: Interview mit Dave Brotzen, 1996.

151 Arolsen Archives: https://collections.arolsen-archives.org/de/document/130530784, https://collections.arolsen-archives.org/de/document/6303546, https://collections.arolsen-archives.org/de/document/6303547, https://collections.arolsen-archives.org/de/document/12661778. Der Autor dankt Astrid Ley von der Gedenkstätte Sachsenhausen und Anita Ganzenmüller von der Gedenkstätte Buchenwald für weitere Auskünfte.

152 Arolsen Archives: https://collections.arolsen-archives.org/de/document/127212933, https://collections.arolsen-archives.org/de/document/69603323.

153 Arolsen Archives: https://collections.arolsen-archives.org/de/document/12100805, https://collections.arolsen-archives.org/de/document/127213231, https://collections.arolsen-archives.org/de/document/11246281.

154 Arolsen Archives: https://collections.arolsen-archives.org/de/document/11247139, https://collections.arolsen-archives.org/de/document/12666027, https://collections.arolsen-archives.org/de/document/127212748.

155 Arolsen Archives: https://collections.arolsen-archives.org/de/document/127212347.

156 Die Namen der Überlebenden wurden abgekürzt, soweit nicht abgeklärt ist, dass diese verstorben sind.

157 So z. B. bei Rechna Ulreich, vgl. Brandenburgisches Landeshauptarchiv 36A (II) 38459.

158 CJA 1 A Be 2, Nr. 92, #322.

159 Grundbucharchiv Berlin: Grundbuch Schönhauser Allee 162.

160 CJA 1 A Be 2, Nr. 92, #322.

161 So z. B. bei Richard Blumenfeld, vgl. Brandenburgisches Landeshauptarchiv 36 A (II) 3431.

162 Amtsgericht Berlin Mitte: Grundbuch Schönhauser Allee 162.

163 Bauaktenarchiv Berlin-Pankow: Bauakte Schönhauser Allee 162.

Außenansicht des 1897 erbauten Auerbach'schen Waisenhauses in der Schönhauser Allee 162 in Berlin, Blickrichtung von der Straße. Am großen Fenster ist deutlich die Synagoge im dritten Stock des Gebäudes zu erkennen.

Waisenhausdirektor Jonas Plaut (1880–1948). Plaut und seine Familie konnten den Nazis entkommen. Sie wanderten 1939 über Großbritannien in die USA aus.

Das Chanukka-Fest war ein Höhepunkt im Jahreskalender des Waisenhauses, bei dem die Kinder Theateraufführungen gaben. Hier eine Szene aus Lessings „Minna von Barnhelm" mit verkleideten Zöglingen als Laienschauspieler, etwa 1937 oder 1938.

Bescherung für die Mädchen zu Chanukka. Es gibt Gebäck und ein richtiges Geschenk, zum Beispiel ein Buch. Für jedes Kind ragt ein Fähnchen mit dem eigenen Namen und einem Spruch zwischen den Gaben hervor.

Sport wurde im Auerbach'schen Waisenhaus großgeschrieben. Hier notiert der Erzieher Peter Süssmann (sitzend) die Ergebnisse eines Wettbewerbs im Hof des Auerbach. Der als besonders streng geltende Süssmann wurde 1942 mit vielen der Kinder nach Riga deportiert. Er starb 1945 im KZ Buchenwald.

Der Zögling Walter Frankenstein im Innenhof des Waisenhauses. Im Auerbach fand der junge Mann mit Leonie Rosner die Liebe seines Lebens. Beide entschlossen sich 1943 vor der drohenden Deportation in den Untergrund zu gehen. Mit zwei kleinen Kindern überlebten sie den Holocaust und wanderten danach nach Israel aus. Walter Frankenstein lebt heute in Schweden.

Waisenhausdirektorin Margarete Timendorfer zusammen mit dem Erzieher Günter Plaut (1919–1944) beim Verteilen von Auszeichnungen bei einem Sportfest im Innenhof des Waisenhauses. Günter Plaut wurde 1943 nach Auschwitz deportiert und dort ein Jahr später ermordet. Er war bei den Kindern besonders beliebt.

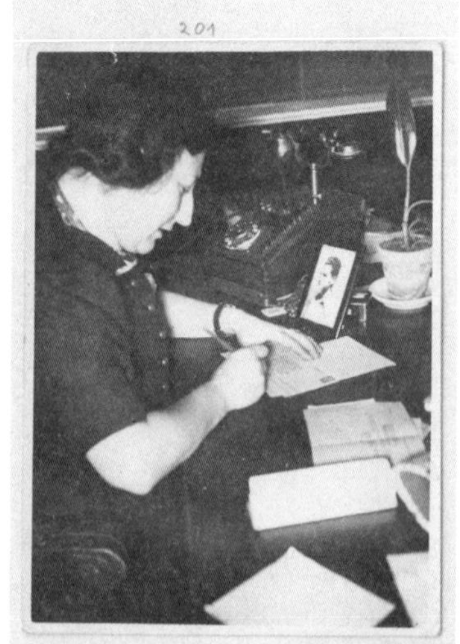

Nach der Flucht von Jonas Plaut übernahm 1939 Margarete Timendorfer (1897–1963) das Amt der Direktorin des Hauses. Mit einer Unterbrechung blieb sie dies bis zur Auflösung des Waisenhauses und der Deportation der Kinder. Timendorfer überlebte danach das Ghetto Theresienstadt und wanderte nach dem Krieg nach Israel aus. Zuletzt lebte sie in Köln.

Jugendliche Zuschauer bei einem Sportfest im Auerbach'schen Waisenhaus. Dritter von links ist Walter Frankenstein.

Leibesübungen machen hungrig. Eine unbekannte Mitarbeiterin des Waisenhauses verteilt bei einem Sportfest belegte Brote. Walter Frankenstein (links) greift zu.

Der Zögling Kurt Gumpert unmittelbar nach einem Hochsprung.
Er überlebte die NS-Verfolgung nicht und starb im Alter von 18 Jahren im Vernichtungslager Auschwitz.

Staffellauf auf dem Hof des Waisenhauses. Zu sehen sind unter anderem Walter Frankenstein, der den Staffelstab an Gerd Punscher übergibt. Rechts am Bildrand steht der Erzieher Günter Plaut. Links ist ein Teil der Mauer zu erkennen, die als einzige bis heute noch steht. Das Foto entstand wahrscheinlich 1939.

Die jüdische Religion war wichtig im Auerbach'schen Waisenhaus, aber sie wurde liberal praktiziert. Der Erzieher Günter Plaut als Vorbeter im Speiseaal der Jungen. Auch Mädchen sind anwesend.

Der Speiseaal der Jungen nach dem Gottesdienst am Freitagabend. Einige der Jungen tragen eine Kopfbedeckung. Auf manchen Tischen stehen Kerzenständer. Die Büste an der Wand zeigt Eugen Landau (1853–1935), einen Gönner der Anstalt.

Ein Junge beim Kartoffelschälen. Die Kinder bekamen im Waisenhaus viele kleinere Aufgaben zugeteilt, etwa das Decken der Tische, das Putzen der Schuhe oder eben Kartoffelschälen. Noch aus den Gründerzeiten des Waisenhauses stammte die Tradition, dass die Mädchen für alle Zöglinge die Strümpfe zu stopfen hatten.

Ein heißer Sommer im Waisenhaus. Ludwig Guth, geboren 1931, hält einem anderen Jungen einen Wasserschlauch hin. Guth wurde am 14. November 1941 als Neunjähriger in das jüdische Ghetto von Minsk deportiert und ist dort wenig später ums Leben gekommen.

Alfredo Rosenkranz im Hof des Auerbach'schen Waisenhauses. Der Junge entkam den Nazis 1939 mit einem Kindertransport nach Großbritannien. 1946 wanderte er weiter in das britische Mandatsgebiet Palästina aus, das in Teilen 1948 zum Staat Israel wurde. Er war ein enger Freund von Walter Frankenstein.

Im Spiele- und Lesezimmer konnte man sich zurückziehen. Kurt Gumpert und ein weiterer Junge beim Schachspiel.

Auf dem Bild sind Nanni Tuchler und Gerd Punscher zu erkennen. Tuchler, geboren 1923, war im Auerbach aufgewachsen und hatte eine Ausbildung zur Säuglingsschwester gemacht. Sie ging 1943 zusammen mit ihrer Mutter Sidonie Tuchler in die Illegalität, wurde aber 1944 von der Gestapo gefasst und nach Auschwitz deportiert, wo beide ermordet wurden. Der 1924 geborene Gerd Punscher starb vermutlich 1942 in Warschau oder im Vernichtungslager Treblinka.

Die Praktikantin Gerda Wolff und Gerd Punscher sitzen auf einer der Bänke im Innenhof des Waisenhauses. Gerda starb im Alter von 20 Jahren in Auschwitz, und auch Gerd wurde von den Nazis ermordet.

Siegfried Plaut, Ilse Löwenstern und ein unbekannter Jugendlicher im Gespräch im Hof des Waisenhauses. Siegfried Plaut war erst 1938 ins Auerbach gekommen. Im folgenden Jahr gelang dem 16-Jährigen die Auswanderung nach Großbritannien. Ilse Löwenstern arbeitete im Waisenhaus als Erzieherin für die Gruppe der kleinen Jungen. Sie emigrierte 1939 nach Indien.

Ohrenkontrolle vor dem Verlassen des Waisenhauses durch die Erzieherin Ilse Löwenstern. Manche der schon etwas älteren Kinder empfanden eine Prozedur wie diese als peinlich.

Die für die damalige Zeit sehr modern eingerichtete Küche des Waisenhauses mit ihren Bediensteten. Die Küche war mittels Lastenaufzügen mit den Speisesälen verbunden

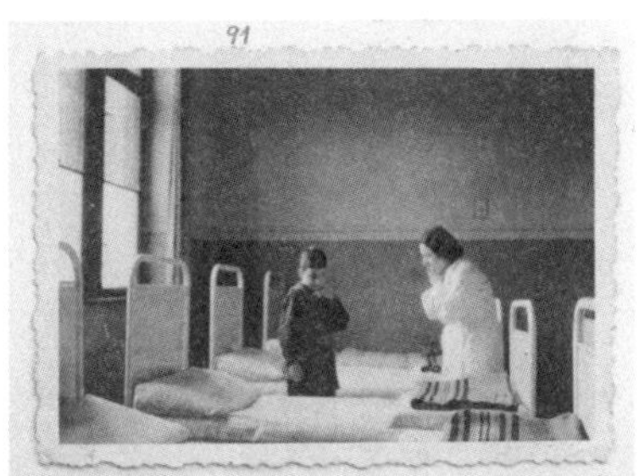

Im Schlafsaal der kleinen Jungen. Die Erzieherin Ilse Löwenstern unterhält sich mit einem Knaben.

Vier Freunde beim gemeinsamen Essen im Speisesaal: Links Walter Herzig, der 1939 mit einem Kindertransport nach Frankreich entkam und von dort illegal die Schweiz erreichte. Er lebte später in den USA. Neben ihm sitzt Bernd Warschauer. Auch er floh nach Frankreich, doch die Nazis fassten ihn 1942 und deportierten ihn nach Auschwitz, wo er ermordet wurde. Rechts von ihm ist Werner Lewy zu erkennen, der das KZ Bergen-Belsen überlebte. Ganz rechts verdeckt sitzt Alfred Scheidemann, der 1942 nach Auschwitz deportiert und ermordet wurde.

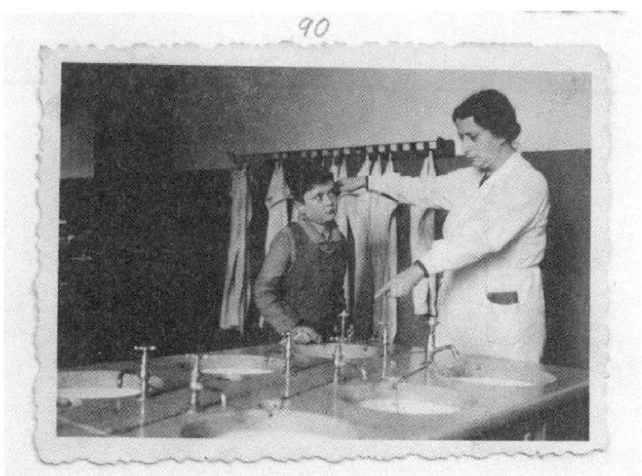

Zu den wenig beliebten Pflichten der Kinder gehörte das Säubern der Badezimmerarmaturen. Hier ist die Wirtschafterin des Waisenhauses Margot Kanter mit dem Ergebnis gar nicht zufrieden und weist den namentlich nicht bekannten Übeltäter zurecht. Möglicherweise ist das Foto gestellt. Kanter entkam den Nazis um 1939 durch ihre Flucht nach New York.

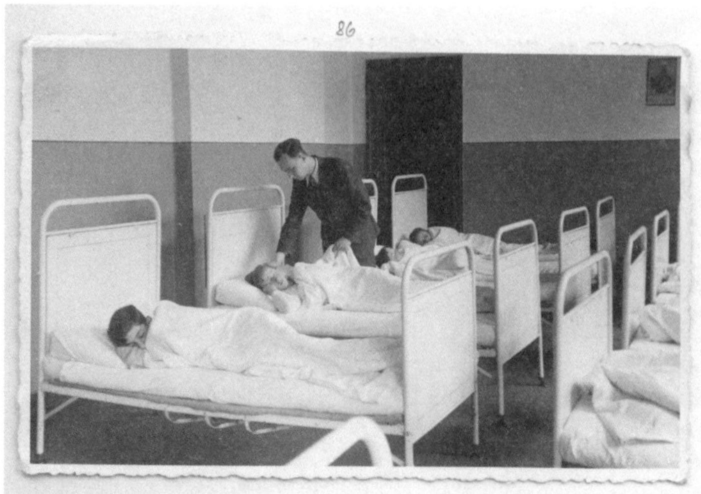

Der Erzieher Rudi Herzko beim morgendlichen Wecken der älteren Jungen im Schlafsaal. Der 1915 geborene Herzko verließ das Waisenhaus um 1939/40. Er wurde zusammen mit seiner Frau Else und der erst einjährigen Tochter Rachel 1942 von Kassel nach Auschwitz deportiert und dort ermordet.

Gruppenbild mit den Jungen aus dem Auerbach'schen Waisenhaus. Das Foto stammt offenbar von 1937, der Anlass ist nicht bekannt.

Der Erzieher Heinz Frank beim Tischtennisspielen im Hof. Frank hatte eigentlich Jurist werden wollen, doch das verboten die Nazis. Er wanderte um 1938/39 nach Kanada aus.

Der Kantor der Hermann-Falkenberg-Synagoge Kurt Jakubowski im Kreis seiner Familie. Jakubowski musste zuletzt als Wohnungsvermittler für die Jüdische Gemeinde arbeiten. Am 29. November 1942 wurde der 37-Jährige zusammen mit seiner Frau Johanna und dem gemeinsamen Sohn Klaus nach Auschwitz deportiert. Keiner von ihnen kehrte zurück.

Küchen- und Hauspersonal des Auerbach'schen Waisenhauses. Die Identität der abgebildeten Frauen konnte nicht geklärt werden.

Kapitel 6
Widerstand in eigener Sache

Die Berichte über die Deportation und Ermordung eines Großteils der Kinder und Erwachsenen aus dem Auerbach'schen Waisenhaus könnten den Eindruck erwecken, die deutschen und europäischen Jüdinnen und Juden seien nicht nur wehr-, sondern auch widerstandslos in den Tod gegangen. Tatsächlich war dies in den 1950er Jahren eine verbreitete Vorstellung. Auch in Israel herrschte in einigen Kreisen die Meinung vor, die im Holocaust ermordeten Menschen hätten sich stärker wehren sollen. Erst durch die Berichte im Prozess gegen Adolf Eichmann, den Organisator der Deportationen, in Jerusalem 1961 wurde diese Vorstellung endlich korrigiert. Die Menschen erfuhren von heldenhaften Widerstandshandlungen in den von den Deutschen besetzten Teilen Europas wie im Deutschen Reich selbst.

Die Behauptung, Jüdinnen und Juden hätten sich nicht „genügend" gegen ihre Ermordung gewehrt, fußt größtenteils auf irrigen Vorstellungen der Möglichkeit des selbstbestimmten Handelns seitens der Verfolgten. Tatsächlich waren die NS-Deportationen so effizient organisiert, dass, wer einmal in die Maschinerie der Verschleppung hineingeraten war, kaum eine Chance hatte, dieser zu entkommen. Widerstand war in diesem Fall keine Frage von fehlendem oder vorhandenem Mut, er war schlicht nicht möglich. Wer sich der Maschinerie nicht beugte, bezahlte dies in aller Regel mit dem Tod, ohne die geringste Aussicht auf ein Überleben zu besitzen – wobei die Deportierten bis zu ihrer Ankunft in Ghettos oder Vernichtungslagern zumindest noch ein Quäntchen Hoffnung auf ein Weiterleben hegen konnten. Schon gar nicht konnten die Kinder und Kleinkinder eines Waisenhauses in irgendeiner Form Widerstand leisten. So wie ihr Leben zu gesellschaftlich erträglicheren Zeiten von den

Handlungen Erwachsener abhing, so sehr galt dies auch für ihre Ermordung durch die SS und ihre Helfer. Wenn Erwachsene nicht rechtzeitig für ihre Emigration gesorgt hatten, dann waren die Kinder den Taten der SS hilflos ausgeliefert. Die Kinder aus dem Auerbach'schen Waisenhaus hatten keine Chance – es sei denn, glückliche Zufälle und Umstände öffneten ihnen einen winzigen Spalt der Hoffnung für ein Weiterleben. Etwas anders verhält es sich mit den älteren Jugendlichen und den Erwachsenen. Sie besaßen in gewissem Maß Handlungsmöglichkeiten, insbesondere bis zum Herbst 1941, als eine Auswanderung noch erlaubt war. Danach war ein Widerstand gegen die eigene Verfolgung nur dann möglich, wenn sie dazu bereit waren, gegen Gesetze und Verordnungen zu verstoßen und dabei die härteste Bestrafung zu riskieren.

Von vielen Bewohnerinnen und Bewohnern der Berliner Schönhauser Allee 162 ging ein erstaunlicher Wille zum Widerstand aus – Widerstand in eigener Sache, für das eigene Überleben. Schon zu einer legalen Auswanderung in ein unbekanntes Land mit einer fremden Sprache gehörte eine Menge Mut und Selbstbewusstsein. Aber auch nach dem Emigrationsverbot vom Herbst 1941 haben sich Auerbacher dem System des Mordens verweigert, auch wenn dies mit Lebensgefahren verbunden war. Manche haben illegal in unwegsamem Gelände streng bewachte Staatsgrenzen überwunden. Andere versteckten sich in den Trümmerwüsten deutscher Städte. Einigen gelang es mithilfe von Erwachsenen, über mehrere Kontinente zu flüchten. Andere überlebten bis zu ihrer Befreiung mehrere Konzentrationslager. Viele dieser Überlebenden waren jung, manche erstaunlich jung. Nicht alle haben überlebt. Hier soll von ihnen die Rede sein.

Mit ihrer Auswanderung versuchten sich etwa zwei Drittel der deutschen Jüdinnen und Juden, vor ihrer Verfolgung durch die Nazis zu retten. Ein Teil von ihnen, nämlich diejenigen, die sich in den europäischen Ländern Frankreich, Belgien, Luxemburg und den Niederlanden, aber auch in Dänemark, Norwegen, der Tschechoslowakei oder in Polen niedergelassen hatten, wurden von den Nazis wieder eingeholt, als die Wehrmacht

1939 und 1940 diese Staaten besetzte. Zu den Betroffenen zählten auch Kinder aus dem Auerbach'schen Waisenhaus.

Mindestens zehn Kinder aus der Schönhauser Allee verließen nur zwei Monate vor Beginn des Zweiten Weltkriegs, am 3. Juli 1939, Berlin. Der 15-jährige Stephan Lewy, der siebenjährige Ralph Moratz, der 14-jährige Bernd Warschauer, der 13-jährige Gerhard Glass, der elfjährige Hans Stern, Erwin Cosmann, der kurz vor seinem neunten Geburtstag stand, die 14-jährigen Günther Blatt und Wolfgang Blumenreich sowie der achtjährige Wolfgang Grajonza und seine zehnjährige Schwester Tanja waren Teil einer Gruppe von etwa 40 Kindern und Jugendlichen, die wohl auf Initiative des Auerbach'schen Waisenhauses und der Jüdischen Gemeinde zu Berlin mit einem Kindertransport Frankreich erreichten. Vermutlich zählte auch der 14-jährige Auerbach-Zögling Walter Herzig zu der Gruppe, möglicherweise gab es weitere, unbekannt gebliebene Auerbacher. Unterstützt wurde die Initiative von der französisch-jüdischen Hilfsorganisation Oeuvre de Secours aux Enfants (OSE). Die Kinder kamen zunächst in einem Waisenhaus in Quincy in der Nähe von Paris unter. Es handelte sich um den herrschaftlichen Besitz des Grafen Hubert Conquéré de Monbrison und der Prinzessin Irina Paley, einer Nichte des letzten russischen Zaren. Im schlossartigen Haupthaus wohnten allerdings Frauen, die vor der Franco-Diktatur aus Spanien geflüchtet waren, und so mussten die Berliner Kinder zunächst in einem Nebengebäude unterkommen. Ralph Moratz (1931–2016), der nach der Trennung seiner Eltern ins Auerbach gekommen war, hat die Fluchtgeschichte als Erwachsener akribisch untersucht und einen entsprechenden mehrteiligen Blog veröffentlicht. Er berichtet vom gemeinsamen Schulbesuch in Quincy und dem Spielen im großen Garten.[1] Dreimal habe er nach Paris fahren dürfen, wo ihn eine französische Familie herumführte: Das Kind zeigte sich tief beeindruckt von der Prachtstraße Champs Élysées, dem Eiffel-Turm, den vielen Geschäften und Restaurants. Der Besuch diente vor allem dem gegenseitigen Kennenlernen – die Familie sollte eines der Waisenkinder aus Deutschland aufnehmen. Doch dazu kam es nicht.

Der heiße Krieg Deutschlands gegen Frankreich und die Benelux-Staaten begann im Mai 1940. Fast täglich heulten im Schloss die Sirenen. Arbeiter hoben im Garten einen Splittergraben aus. In der Nähe gingen Bomben nieder. Die Gruppe aus Berlin und ihre wenigen französischen Betreuer dachten jedoch nicht ans Aufgeben. Sie versuchten, in den Süden zu fliehen, ins „freie Frankreich". Am 13. Juni 1940, die Wehrmacht stand kurz vor Paris, machten sich 42 Kinder und ihre Helfer auf den Weg. Doch sie waren nicht die einzigen Flüchtigen. Schon nach wenigen Kilometern geriet die Gruppe in einen schier endlosen Flüchtlingskonvoi.[2] Die französische Armee hatte die Flussbrücken gesprengt, und so kamen die jüdischen Kinder nur gut 30 Kilometer weit, bevor sie von deutschen Soldaten eingeholt wurden. Die Gruppe entschloss sich zur Rückkehr nach Quincy. Sie fanden das Schloss unberührt und ohne deutsche Soldaten vor.[3] Das änderte sich freilich bald, als dort eine kleine Einheit stationiert wurde. Aber noch hatten die Deportationen von Jüdinnen und Juden aus Frankreich nicht begonnen.

Im Herbst 1940 wurde die Gruppe aufgeteilt. Manche Kinder kamen mithilfe christlicher Quäker bei Gastfamilien in Paris unter. Andere wurden getarnt in Krankenwagen in französische Waisenhäuser geschickt, so wie Ralph Moratz, der zusammen mit einem weiteren Jungen in einem Pariser Heim Unterschlupf fand. Die meisten Kinder überquerten jedoch illegal die Demarkationslinie ins unbesetzte Frankreich und landeten in einem OSE-Heim, dem Château de Chabannes. Sie waren zumindest vorläufig in Sicherheit. Ralph Moratz erinnerte sich, dass er eines Nachts im Winter 1940/41 im Pariser Waisenhaus von einem Unbekannten geweckt worden sei. Er käme vom OSE, habe dieser gesagt, die beiden Jungen zu einem Bahnhof geführt und beiden streng verboten, Deutsch miteinander zu sprechen. Sie wurden auf dem überfüllten Bahnhof in einen Zug nach Lyon gesetzt, danach ging es mit einem Bus in das Dorf Mainsat und schließlich im Auto zum Château de Chaumont, einem zweigeschossigen Gebäude mit großem Turm, das die OSE gemietet hatte. Dort blieben sie zusammen mit weiteren jüdischen Kindern bis zum Sommer 1941. Sie erhielten sogar wieder Schulunterricht im nahen Dorf.[4]

Die Hilfsorganisation OSE muss unterdessen Kontakte mit US-Behörden aufgenommen haben, um die Kinder zu retten, aber davon erfuhren diese nichts. Mehrere Organisationen waren an der Rettung von verfolgten Kindern in Frankreich beteiligt – jüdische wie christliche, französische und amerikanische. Auf französischer Seite halfen die jüdischen Pfadfinder (Éclaireurs israélites), ferner die Bewegung junger Zionisten (mouvement de jeunesse sioniste).[5] Das American Friends Service Committee (AFSC) der Quäker half auf beiden Seiten des Atlantiks mit Geld und praktischer Unterstützung. Von amerikanisch-jüdischer Seite kam Unterstützung vom American Jewish Joint Distribution Committee (abgekürzt: Joint), der Hebrew Immigrant Aid Society (HIAS) und dem National Council of Jewish Women.[6] Dabei ging es neben schwierigen Transportfragen auch darum, die US-Behörden davon zu überzeugen, den verfolgten Kindern eine legale Einreise in die USA zu ermöglichen und Gastfamilien für die Kinder zu finden. Eines Tages seien ein Mann und eine Frau im Château aufgetaucht und hätten gefragt, wer von den Kindern nach Amerika oder Palästina mitfahren wollte, schreibt Moratz. Die wenigsten konnten sich unter diesen Ländern etwas vorstellen. Anfang August 1941 fuhren dennoch etwa zehn der Berliner Kinder mit dem Zug über Lyon nach Marseille, andere blieben im Waisenhaus zurück. In der französischen Hafenstadt trafen Ralph und die anderen den größten Teil der ursprünglichen Gruppe aus Quincy bei Paris wieder, die die Zeit im Château de Chabannes verbracht hatten. Die Rettungsoperation hatte begonnen, zwei Jahre nach ihrer Abreise aus Nazi-Deutschland. Die Kinder und ihre französischen Helfer suchten das US-Konsulat in Marseille auf und trafen dort den Vizekonsul, der ihnen unbürokratisch Visa für eine Einreise in Amerika erteilte.[7] Die Sache war offenbar gut vorbereitet.

Bald darauf bestiegen die Kinder einen Zug in Richtung der spanischen Grenze. Dann ging es zu Fuß auf einen zweistündigen Marsch, bis sie zu einem anderen Bahnhof kamen, wo ein Amerikaner sie schon erwartete.

Der Mann kam von der amerikanisch-jüdischen Hilfsorganisation Joint. Er erklärte ihnen, dass sie schon in Spanien seien. Sie sollten aber vorsichtig sein, habe er gesagt, denn sie seien illegal im Land. Ralph Moratz berichtet, dass der Mann ihnen Fahrkarten für den Zug nach Madrid gab, wo sie in einer Art Kloster übernachtet hätten und gut versorgt worden seien, bis sie am nächsten Morgen einen Zug in Richtung der portugiesischen Hauptstadt bestiegen.[8] Lissabon im neutralen Portugal, das war im Zweiten Weltkrieg lange der westliche Knotenpunkt für Menschen, die auf der Flucht waren, Abfahrtshafen für die großen Passagierdampfer nach Amerika und zugleich auf dem Landweg aus Mitteleuropa erreichbar – wenn auch mit einer Vielzahl von Hindernissen gespickt. Eines der letzten Schlupflöcher aus dem von den Nazis dominierten Europa.

Am 8. September 1941 bestieg eine Gruppe deutsch-jüdischer Jungen und Mädchen im Hafen von Lissabon den portugiesischen Fracht- und Passagierdampfer „Serpa Pinto". An Bord befanden sich Menschen aus allen Ecken des Kontinents. Eine lückenhafte Passagierliste hat sich erhalten, sie listet Deutsche und Franzosen, Holländer, Tschechen, Österreicher, Polen, Russen, Belgier, Rumänen, Litauer und Menschen aus weiteren Ländern auf. Nicht zu vergessen Staatenlose, Menschen, die kein Land mehr haben wollte.[9] Ein Flüchtlingsschiff.

Die „Serpa Pinto" fuhr von Lissabon zunächst nach Casablanca. Dann ging es auf die britischen Bermudas, wo nach der Erinnerung von Ralph Moratz unter den Passagieren nach deutschen Spionen gesucht worden sei. Am 24. September 1941 landete der Dampfer im Hafen von New York City. Für eine Handvoll junger Berliner Juden war damit die längste Reise ihres Lebens beendet, begonnen am 3. Juli 1939 im Auerbach'schen Waisenhaus. Die deutsch-jüdische Exilzeitung *Aufbau* platzierte ein großes Foto von an der Reling des Schiffs stehenden Kindern auf ihre Titelseite. „Gerettet! Ankunft von glücklichen Refugee-Kindern im Hafen von New York", schrieb das Blatt dazu.[10]

Das stimmte und war doch nur die halbe Wahrheit. Viele der Geretteten waren traumatisiert, manche für ihr ganzes Leben. Einige Kinder stahlen und waren undiszipliniert, andere waren schreckhaft, ängstlich und hatten schwere Lernprobleme. Viele häuften in der ersten Zeit in Amerika in den Ritzen ihrer Betten Lebensmittel an – eine Reaktion auf die schlechte Nahrungsmittelversorgung in den Jahren zuvor. In einem Schreiben amerikanischer Pflegeeltern über einen der geretteten Jungen heißt es: „Als er zu uns kam, war er ein sehr traurig aussehendes Persönchen infolge des Mangels an guter Ernährung, ausgemergelt mit einem ängstlichen Blick in den Augen, misstrauisch gegenüber jedem und allem, ein ausgesprochenes Nervenbündel, erschreckt bei jedem kleinen Geräusch, die Dunkelheit fürchtend und immer im Schlaf vor sich hinmurmelnd. Es verging nicht ein einziger Morgen, dass wir ihn nicht in eine Decke gehüllt auf einem Stuhl sitzend vorfanden, anstatt in seinem Bett zu schlafen."[11] Diese sehr privaten Informationen machen deutlich, welchen Schaden die Nationalsozialisten auch an den wenigen überlebenden Kindern anrichteten.

Ralph Moratz, der später die Details seiner Irrfahrt in die Freiheit veröffentlichte, kam in eine amerikanische Pflegefamilie. Später traf er seinen ebenfalls in die USA ausgewanderten Vater wieder. Seine Mutter war von den Nazis ermordet worden. Ralph ging als 18-jähriger eingebürgerter US-Amerikaner zur Airforce. Danach heiratete er, zog nach Los Angeles und wurde als Schauspieler bekannt – so hatte er eine Rolle in Roland Emmerichs „Independence Day" aus dem Jahr 1996. Er starb im Jahr 2016.[12]

Insgesamt konnte die OSE etwa 300 Kinder durch ihre Auswanderung nach Amerika retten, wegen der restriktiven Visavergabe in den USA, aber auch wegen der Razzien der Gestapo und ihrer französischen Verbündeten in den Kinderheimen der Organisation waren es nicht mehr. Auch von dem Transport vom 3. Juli 1939 aus Berlin haben nicht alle Kinder das Schiff von Lissabon nach Amerika erreicht. Auf der Flucht durch Frankreich waren manche verloren gegangen, einige fielen später den Nazis zum Opfer. Nach der Erinnerung von Wolfgang Grajonza seien sie nur noch 19 Kinder und Jugendliche gewesen, als sie Marseille erreichten.[13] Diese Aussage könnte sich allerdings auch auf die Zahl der Kinder beziehen, die zuvor im Château de Chabannes untergebracht waren. Zurückgeblieben war etwa der vaterlose Günther Blatt, damals gerade 15 Jahre alt. Doch er kam trotzdem in den Vereinigten Staaten an – mit einem Umweg über Deutschland und noch vor den anderen Kindern! Seine Mutter Maria Blatt schrieb 1958, ihr Sohn habe nach der Besetzung Frankreichs durch die Wehrmacht im Sommer 1940 allein in Paris gelebt, nachdem er das Kinderheim verlassen hatte. Im Februar 1941 sei es „aufgrund meiner Bemühungen" gelungen, Günther nach Berlin zurückzubringen – wie Maria Blatt dies schaffte, bleibt offen. Und auch Günther Blatt selbst schrieb nach dem Krieg in einem Brief nur von „einem kurzen[,] aber komplizierten Besuch" in Berlin.[14] Nur einen Monat später, im März 1941, gelang es Maria Blatt und ihrem Sohn Günther, von Deutschland ins neutrale Portugal zu flüchten. Die Blatts besaßen offenbar bereits alle notwendigen Papiere für eine Einreise in die USA. Sie schifften sich auf einen Dampfer in die Vereinigten Staaten ein und erreichten Boston an der Ostküste. Walter Frankenstein, der nach der Befreiung den Kontakt mit Günther Blatt wieder aufnahm, berichtet, dass dieser in Paris eine Nachricht der Mutter erhalten habe, dass die Visa für die USA vorlägen. Er habe sich daraufhin bei den deutschen Besatzungsbehörden gemeldet und darum gebeten, als „Arier" nach Berlin zurückgeschickt zu werden. Günther Blatt kämpfte als US-Soldat von 1943 bis 1945 an der Pazifikfront im Zweiten Weltkrieg gegen Japan. Später lebte er in Massachusetts, heiratete und bekam vier Kinder.[15]

Der mutterlose Erwin Cosmann berichtet, dass er 1940 zunächst in den von Deutschland nicht besetzten Südteil Frankreichs geflüchtet sei und dort noch zweieinhalb Jahre zur Schule gegangen sei. Er lebte wie andere Berliner Kinder auch im Kinderheim von Chabannes, ein Foto zeigt ihn zusammen mit zwei aus Berlin geflüchteten Jungen.[16] Einer der beiden, Joachim Jacob, hatte den Unterlagen zufolge im Mai 1939 das Auerbach'sche Waisenhaus verlassen und war ebenfalls nach Frankreich geflüchtet. Jacob überlebte in Frankreich. Auch Cosmann wurde nicht dem

Transport nach Lissabon angeschlossen, sondern verblieb in Frankreich. Er flüchtete nach Beginn der Deportationen der Juden im September 1943 in die Schweiz, vermutlich illegal. Es ist anzunehmen, dass die OSE dabei behilflich war. Die Hilfsorganisation schmuggelte seit 1942 Kinder in die neutrale Schweiz. Dort angekommen weigerte sich Cosmann, nach Deutschland zurückzukehren, und kam in ein Schweizer Internierungslager, durfte aber auf einem Landhof eine Schlosserlehre absolvieren. Danach lebte er in einem Heim. Die Schweizer Behörden lehnten nach Kriegsende einen Asylantrag Cosmanns ab, sodass er ausreisen musste. Im Mai 1951 wanderte der inzwischen 22-jährige Erwin nach Israel aus und wurde dort Berufssoldat. Sechs Jahre später, im November 1957, kehrte Cosmann nach Berlin zurück. Er starb 1965 bei einem Verkehrsunfall in Süddeutschland. Erwin Cosmanns jüngere Schwester Marianne konnte 1939 nicht nach Frankreich mitfahren. Sie wurde Anfang 1943 nach Auschwitz verschleppt und ermordet, ebenso wie der Vater Theodor. Erwins ältere Schwester Rosemarie überlebte in Belgien, Frankreich und der Schweiz.[17]

Auch der 1924 geborene Wolfgang Blumenreich und die ein Jahr jüngeren Gerhard Rosenzweig und Bernd Warschauer lebten 1942 versteckt im Heim von Chabannes. Bei Rosenzweig ist nicht sicher, ob er Teil der Gruppe war, die am 3. Juli Berlin verlassen hatte, aber auch er hatte wie Blumenreich und Warschauer im Auerbach'schen Waisenhaus gewohnt. Am 26. August 1942 erreichten gegen 22.30 Uhr französische Gendarmen das Schloss. Sie trugen eine Liste von Personen mit sich, die die Behörden verhaften wollten. Sie erzwangen den Eintritt. Blumenreich und Rosenzweig wurden zusammen mit Bernd Warschauer und zwei weiteren Jugendlichen erwischt, andere versteckten sich rechtzeitig.[18] Sie wurden den Deutschen übergeben, die sie in das Lager Nexon verschleppten. Von dort wurden alle drei am 31. August 1942 nach Auschwitz deportiert. Bernd Warschauer wurde in Auschwitz ermordet.[19] Blumenreich und Rosenzweig überstanden das Lager und wurden beide in weitere KZ verschleppt, bis sie 1945 in Dachau bei München befreit wurden. Blumenreich wanderte später nach Israel aus, Rosenzweig in die Vereinigten Staaten.[20]

Der 1925 geborene Walter Herzig, der nach dem Tod seines Vaters ins Auerbach gekommen war, lebte wie Blumenreich im Waisenhaus von Chabannes. Herzig beteiligte sich dort an einem später berühmt gewordenen Kinderorchester und spielte am Klavier.[21] Es spricht einiges dafür, dass auch er am 3. Juli 1939 mit dem Kindertransport aus Berlin nach Frankreich gekommen war, auch wenn er selbst schreibt, schon im Frühjahr gefahren zu sein. Herzig berichtet 1952, er habe in verschiedenen französischen Kinderheimen als Erzieher gearbeitet und zuletzt illegal und unter falschem Namen leben müssen, um als Jude nicht von der Gestapo gefasst zu werden. Dann sei es ihm gelungen, die Grenze in die Schweiz zu überwinden, wo er aber interniert wurde. Erst 1948 konnte er in die Vereinigten Staaten auswandern.[22]

Einen gänzlich anderen Weg nahm der 1920 geborene Wolfgang Münzer, dessen Eltern geschieden waren – darum war er Ende der 1920er Jahre ins Auerbach'sche Waisenhaus gekommen. Sein Vater Hans Münzer, ein Fremdsprachenkorrespondent, verließ bald nach der NS-Machtübernahme aus politischen Gründen Deutschland, wie der Sohn schreibt, und ging zusammen mit seiner zweiten Frau zunächst nach Prag, später nach Paris. Dorthin folgte ihm sein Sohn 1935 oder 1937. Bei Kriegsausbruch kam er als „feindlicher Ausländer" in ein französisches Lager. Um der Gefangenschaft zu entgehen, schrieb sich Wolfgang bei der Fremdenlegion ein. Er wurde in Französisch-Marokko stationiert und nach der Kapitulation Frankreichs in Nordafrika demobilisiert. Im März 1941 traf er in Nizza in der unbesetzten Zone Frankreichs seinen Vater und die Stiefmutter wieder, die dort wie schon in Paris eine Leihbibliothek betrieben. Ab November 1942 fiel Nizza unter italienische Kontrolle, im September 1943 besetzten die Deutschen die Küstenregion und die Judenverfolgung verschärfte sich drastisch. Die Familie hielt sich bis zum 20. Februar 1944 in der Region versteckt und wurde dann laut der Überzeugung von Wolfgang Münzer an die Gestapo verraten. Die Nazis deportierten Vater, Stiefmutter und Sohn nach Auschwitz, wo nur der Sohn überlebte. Er wurde am 5. Mai 1945 im KZ Dachau befreit. Wolfgang Münzer wanderte 1947 in die Vereinigten Staaten aus, heiratete, lebte in Massachusetts und wurde Elektroingenieur.[23]

Wolfgang Grajonza, dessen Vater 1931 verstorben war, schaffte es nach Lissabon, fuhr mit dem Schiff nach New York, wurde dort adoptiert und avancierte später unter seinem neuen Namen Bill Graham zu einem der bekanntesten Konzertveranstalter des Landes. Er starb 1991 bei einem Hubschrauberabsturz. Seine 1929 geborene Schwester Tanja bzw. Tolla erkrankte auf der Flucht in Lyon an einer Lungenentzündung. Sie wurde von der Gestapo gefasst und am 14. Dezember 1942 von Berlin nach Auschwitz deportiert und dort ermordet.[24]

So wie ihr erging es mindestens vier weiteren ehemaligen Bewohnern des Auerbach'schen Waisenhauses, die vor Kriegsausbruch in die vermeintlich sichere Niederlande geflüchtet waren. Die 1926 geborenen Zwillingschwestern Hannelore und Rosemarie Hess waren nach der Scheidung ihrer Eltern ins Auerbach'sche Waisenhaus gekommen. Beide lebten nach ihrer Auswanderung Anfang 1939 in einem jüdischen Waisenhaus im niederländischen Utrecht. Von dort kamen sie am 11. Februar 1943 in das Sammellager Westerbork. Beide wurden am 2. März 1943 in das Vernichtungslager Sobibor deportiert und dort ermordet.[25] Auch die 1926 geborene Sitta Compart war im Januar 1939 in die Niederlande geflüchtet und lebte zuletzt in Amsterdam. Sie wurde 1942 von Westerbork nach Auschwitz deportiert und dort ermordet. Der 1912 geborene Rudolf Heidemann hatte im Auerbach'schen Waisenhaus gearbeitet, bis er am 2. Juli 1937 in die Niederlande auswanderte. Er lebte in Amsterdam. Heidemann wurde 1943 von der Gestapo festgenommen und am 18. Mai desselben Jahres von Westerbork in das Vernichtungslager Sobibor deportiert und ermordet.[26] Der 1924 geborene und vaterlose Werner Lewy zählte im Auerbach zu den Freunden von Walter Frankenstein, der zeitweise zusammen mit diesem für das Servieren des Mittagessens zuständig war. Auch er emigrierte 1939 in die Niederlande. Offenbar konnte er sich zeitweise vor der Gestapo verstecken. Er wurde jedoch am 12. Januar 1944 aus dem Lager Westerbork ins KZ Bergen-Belsen verschleppt. Werner Lewy überlebte die Torturen und wanderte später nach Großbritannien aus.[27]

Ewin Panthauer kam um 1935 ins Auerbach'sche Waisenhaus, nachdem sein Vater verstorben war. Er und Walter Frankenstein machten gute Geschäfte miteinander, weil Erwin Walter den verhassten Reisschleim gegen Kuchen eintauschte. Im Alter von 14 Jahren emigrierte Erwin Panthauer 1939 mit einem Kindertransport in die Niederlande und lebte dort in verschiedenen jüdischen Waisenhäusern. Er wurde schon 1940 im Lager Westerbork inhaftiert und musste dort Zwangsarbeit leisten. Er überlebte das Lager und wanderte 1946 nach Israel aus, wo er seinen Namen in Reuben Nimri änderte. Später ging er in die USA.[28] Er ist 2008 verstorben. Auch seine Schwester Ruth, die ebenfalls im Auerbach gelebt hatte und in die Niederlande emigriert war, überlebte das Lager und emigrierte nach Israel. Ebenfalls in Westerbork inhaftiert war der 1924 geborene Günter Jacoby, der wegen des Todes seines Vaters ins Auerbach'sche Waisenhaus gekommen war. Er wird auf einer Karteikarte aus der unmittelbaren Nachkriegszeit auf Holländisch als „alter Lagerbewohner" bezeichnet, könnte also wie Panthauer dort länger inhaftiert gewesen sein. Jacoby wanderte nach seiner Befreiung nach Michigan in den USA aus. Er starb im Jahr 2014.[29]

Der 1920 geborene Walter Selmanson hatte um 1936/37 im Auerbach'schen Waisenhaus gelebt. Seine Spur führt nach Belgien, wo er zwischen November 1939 und Februar 1940 in einem Flüchtlingslager in Merksplas lebte. Im Mai 1940 wurde er zusammen mit anderen potenziell als gefährlich betrachteten Ausländern in ein Internierungslager im südfranzösischen Saint Cyprien gebracht. 1943 wurde er im Transitlager Drancy registriert. Im März desselben Jahres wurde Walter Selmanson im Alter von 22 Jahren in das KZ Majdanek verschleppt und ermordet.[30]

Die Schicksale der nach Westeuropa emigrierten Kinder aus dem Auerbach'schen Waisenhaus zeigen, dass mehrere von ihnen Konzentrations- und Vernichtungslager, Zwangsarbeit, Folter und furchtbare Lebensumstände überlebten. Ähnliches gilt für die nach 1942 aus der „Kinderunterkunft" verschleppten Minderjährigen (siehe Seite 248 ff.) Trotzdem handelt es sich bei den Lagerüberlebenden um sehr seltene Ausnahmen. Von denjenigen Kindern, die man direkt aus dem Waisenhaus in der Schönhauser Allee deportierte, überlebte gar nur ein einziges: Jürgen H. Der Sohn von Klara Mannheim sollte ursprünglich zusammen mit der Mutter und der Halbschwester Inge am 13. Januar 1942 nach Riga deportiert werden, doch wurde sein Name von der Liste gestrichen, während Mutter und Schwester im deutsch besetzten Lettland ermordet wurden. Möglicherweise hing die Zurückstellung Jürgens damit zusammen, dass er im Waisenhaus lebte, während die Mutter mit ihrer Tochter in Potsdam wohnte, vielleicht lag es aber auch daran, dass die Nazis überprüften, ob er als „Geltungsjude" eingestuft werden musste. Jürgen H.'s Deportation erfolgte rund elf Monate später: Am 20. November 1942 wurde der Sechsjährige in das Ghetto Theresienstadt verschleppt und erhielt dort die Häftlingsnummer 9920. Die erwachsenen Gefangenen brachten die nach Theresienstadt deportierten Kinder in besonderen Räumlichkeiten unter. Sie erhielten eine bessere Verpflegung, Sozialarbeiter unter den Inhaftierten kümmerten sich um sie. Dadurch konnten knapp 1200 von insgesamt 9000 Kindern das Ghetto überleben. Auch Jürgen H. überstand Torturen und Gefangenschaft, sein Name findet sich auf einer Liste Überlebender. Im August 1945 wurde der inzwischen Neunjährige von den Alliierten zusammen mit weiteren Theresienstädter Kindern aus der Tschechoslowakei nach Großbritannien ausgeflogen. Sein weiterer Lebensweg ist nicht bekannt.[31]

Weiterhin überlebten zwei Brüder, deren Vater aufgrund der Gerüchte über eine Räumung des Auerbach'schen Waisenhauses im Herbst 1942 entschieden hatte, seine Kinder wieder nach Hause zurückzuholen. Alfred und Günter Przywoznik, geboren 1926 und 1928, kamen zusammen mit dem Vater Aron, einem Schuhmacher, schließlich im Januar 1944 nach Theresienstadt. Von dort deportierten die Nazis sie nach Auschwitz und weiter ins Nebenlager von Auschwitz Gleiwitz III, wo sie im Januar 1945 befreit wurden. Beide wanderten 1949 oder 1950 nach Australien aus.[32]

Nach dem Verbot der Auswanderung aus Deutschland im Herbst 1941 wussten die Verfolgten nicht, was sie erwartete. Erst langsam sickerten Informationen über Massenerschießungen in den Ghettos und erste Nachrichten über die Vernichtungslager im Osten nach Berlin durch. Viele Jüdinnen und Juden hofften weiter, mit dem Leben davonzukommen. Andere, vor allem ältere Menschen, wussten keinen anderen Ausweg, als sich das Leben zu nehmen. Und schließlich gab es diejenigen meist jüngeren Menschen, die sich der Deportation widersetzten. Sie gingen in den Untergrund oder flohen aus Deutschland. Wie viele Juden diesen Weg einschlugen, ist nicht bekannt. Für Berlin schätzen Historiker, dass mindestens 6000 versuchten, in der Illegalität zu überleben. Tatsächlich geschafft haben dies nur etwa 2000. Auch die genaue Zahl der verbotenen Grenzübertritte der Verfolgten besonders in die neutrale Schweiz ist nicht bekannt, Schätzungen gehen von einigen Hundert aus.

Mindestens zehn Menschen aus dem Auerbach'schen Waisenhaus wagten diesen gefährlichen Weg. Sechs von ihnen versuchten, in Berlin und Umgebung als „U-Boote“ – so nannten sich die Untergetauchten selbst – die Zeit bis zur Befreiung zu überstehen. Von diesen überlebten drei. Vier andere begaben sich auf die verbotene Reise ins Ausland. Drei von ihnen überstanden die Verfolgung. Zu beiden Wegen gehörten eine Menge Mut und Optimismus, dazu möglichst gut gefälschte Papiere, Lebensmittelkarten und Geld. Ein weiter Bekanntenkreis konnte von Nutzen sein, dazu Eloquenz und Selbstbewusstsein. Und Glück, eine ganz große Portion Glück.

Einer von diesen Mutigen war Peter Brockmann, Jahrgang 1924. Der junge Mann kannte seinen Vater, einen Zahnarzt, nicht. Der hatte sich von der Mutter scheiden lassen, und die war 1939 nach Großbritannien ausgewandert und lebte im fernen London. Peter selbst wohnte im Waisenhaus. Walter Frankenstein kann sich gut an Brockmann erinnern, der um 1940 zusammen mit ihm und weiteren älteren Jungen ein Zimmer teilte. Brockmann musste eine Lehre als Polsterer beenden. Bald darauf schuftete er als Zwangsarbeiter für Siemens & Halske. Zeitweise lebte er da nicht nur im Waisenhaus, sondern auch bei seiner Großmutter Rosa Striem. Brockmann schreibt 1958, er sei im Herbst 1941 zu Besuch bei einem Freund gewesen, als die Gestapo auftauchte, um diesen abzuholen. „Mir gelang es, mich der Festnahme durch die Vorgabe zu entziehen, dass ich Halbarier wäre", schreibt Brockmann. Bald darauf sei er von zwei Nichtjuden vor seiner bevorstehenden Deportation gewarnt worden. Das habe ihn zur Flucht bewogen. Brockmann wollte raus aus Deutschland, so schnell wie möglich. Das einzige neutrale Land mit einer Grenze zu Deutschland war 1941 die Schweiz. Aber Reisen mit der Eisenbahn, zumal in Grenznähe, waren Juden streng verboten. In den Zügen gab es scharfe Kontrollen, besonders durch Feldjäger der Wehrmacht, die nach desertierten oder überfälligen Soldaten, die ihren Urlaub überzogen hatten, suchten. Aber Peter Brockmann besaß offenbar gute Verbindungen zum Schwarzmarkt und ausreichend Geld. Für 4000 Mark, so seine eigene Aussage, besorgte er sich einen echten Wehrpass auf den Namen eines Oberleutnants, dazu für 300 Mark eine Luftwaffenuniform sowie Lebensmittelkarten für Soldaten auf Fronturlaub. So ausgestattet bestieg der 17-Jährige einen Zug in Richtung Freiburg im Breisgau. Es ist nicht ganz klar, ob er dabei allein unterwegs war oder mit zwei Bekannten, denn die Angaben aus seiner Schweizer Flüchtlingsakte weichen von denen seines deutschen Entschädigungsantrags ab. Auch bleibt unklar, ob Brockmann örtliche Helfer auf deutscher Seite besaß. Damals halfen einige mutige Menschen Juden wie Peter Brockmann, einen möglichst sicheren Weg über die beidseitig überwachte Grenze zu finden. Eine zur Flucht besonders geeignete Stelle befand sich bei Basel, wo die Grenze ein Stück weit vom Rheinverlauf abweicht und über Hügel und Täler führt.

Peter Brockmann erreichte in seiner Luftwaffenuniform – und selbstverständlich ohne den verräterischen „Judenstern" – Freiburg. Für drei Tage blieb er in der Stadt. Dann, wohl am 3. oder 9. November 1941, gelang ihm, vermutlich nachts und ohne dabei erwischt zu werden, bei

Basel der Übertritt in die Schweiz. Dort angekommen (oder kurz zuvor) entledigte er sich der Uniform und des Wehrpasses, um der Gefahr zu entgehen, als Deserteur von der Schweiz zurück nach Deutschland abgeschoben zu werden. Von beidem fällt in der Schweizer Flüchtlingsakte kein Wort. Brockmann scheint über die Schweizer Gepflogenheiten wohl informiert gewesen zu sein. In Grenznähe war die Gefahr einer Rückschiebung am größten. Deshalb verbrachte er dort eine Nacht bei Unbekannten, angeblich einer Zufallsbekanntschaft, deren Namen er später gegenüber den Schweizer Behörden verschwieg, und fuhr am nächsten Tag mit der Bahn nach Zürich. Erst dort kontaktierte er das Hilfswerk für Emigrantenkinder, das ihn an die Behörden verwies. Er präsentierte den Beamten seine deutsche Kennkarte mit dem großen „J". Brockmann blieb zunächst auf freiem Fuß, kam später in ein Internierungslager, dann zur Ausbildung auf einen Bauernhof. Das Palästina-Amt der Jewish Agency verschaffte ihm eine Schweizer Identitätsbescheinigung, die ihn zur Ausreise aus dem Land berechtigte. Der Zweite Weltkrieg war gerade einmal seit drei Monaten beendet, da fuhr Peter Brockmann ins damalige britische Mandatsgebiet Palästina. Er ließ sich bei Caesaria in einem Kibbuz nieder, wurde nach der Gründung des Staates Israel Offizier bei der israelischen Armee und änderte seinen Namen in Seev Barak. Und er besaß eine bemerkenswerte Chuzpe: In seinem Entschädigungsantrag bei den deutschen Behörden verlangte Brockmann eine finanzielle Kompensation für den Kauf des deutschen Wehrpasses und der Luftwaffenuniform, die er sich 1941 für seine Flucht auf dem Schwarzmarkt besorgt hatte. Und wenn sich die Beamten der Entschädigungsbehörde damals in vielen Fällen auch äußerst hartherzig gegenüber den Opfern zeigten: In diesem Fall wurde die Erstattung von beidem gewährt.[33]

Die Lehrerin Fanny Flatauer, geborene Lewandowski, kam aus guten finanziellen Verhältnissen. Ihr geschiedener und 1927 verstorbener Mann Theodor war Besitzer eines Berliner Lederwarengeschäfts gewesen. Frau Flatauer gab privaten Klavier- und Geigenunterricht. Nach der NS-Machtübernahme gelang ihren beiden erwachsenen Kindern Adalbert und Margot die Emigration in die Vereinigten Staaten. Die 1888 in Danzig geborene Flatauer arbeitete etwa ab 1940 als Köchin im Auerbach'schen Waisenhaus und wohnte zeitweise auch dort. Ihr Versuch, nach Kuba auszuwandern, scheiterte im folgenden Jahr. Nach der Räumung und Schließung des Heims im Dezember 1942 lebte Flatauer im Jüdischen Krankenhaus in Berlin-Wedding; vielleicht war sie dort auch als Köchin tätig. Anfang Februar 1943 muss Fanny Flatauer von ihrer bevorstehenden Deportation erfahren haben und plante ihre Flucht. Sie reiste in der Absicht nach Singen (Hohentwiel), um in der Nähe die Grenze zur Schweiz zu überqueren. Doch Fanny Flatauer wurde von deutschen Grenzposten entdeckt und festgenommen. Am 9. Februar wurde sie von der Gestapo, Grenzpolizeikommissariat Singen, „wegen illegalen Grenzübertritts nach der Schweiz in das Gerichtsgefängnis Singen eingeliefert", wie es in einer Akte heißt. Sechs Tage später brachte sie sich in ihrer Zelle um. In der „Meldung" eines Hauptwachtmeisters Kern vom 15.2.1943 heißt es: „Heute Mittag 15 Uhr, als ich die Schutzhaft-Gefangene Flatauer Fanny Sara, zur Eröffnung des Haftbefehls vorführen sollte, lag sie tot in ihrer Zelle. Sie hatte sich mit der Verkunkelungsschnur (sic!) am Zellenfenster aufgehängt, welche jedoch brach. [...] Sofort angestellte Wiederbelebungsversuche blieben erfolglos." 1946 wurde ihre Leiche von Singen auf den jüdischen Friedhof von Gailingen überführt und dort bestattet.[34]

Auch Adolf Engel kam aus wohlhabenden Verhältnissen. Sein aus Russland stammender Vater Jakob arbeitete als Ingenieur, die Familie lebte in Berlin in einer Fünfzimmerwohnung. Weil die Mutter Esther an einer schweren Herzkrankheit litt, musste der 1924 im französischen Metz geborene Junge des Öfteren ein Waisenhaus besuchen, zunächst das in Berlin-Pankow, nach dessen Schließung das Auerbach. Nach der Deportation seiner Eltern wohnte Adolf Engel in Berlin zur Untermiete. Als er im Juni 1942 die Aufforderung zur Meldung erhielt, floh der 17-Jährige. Zuvor war schon seine Schwester Frieda nach Frankreich geflüchtet. Engel nahm einen Personenzug nach Aachen und gelangte von dort illegal zu Fuß über die Grenze ins deutsch besetzte Belgien. Warum er glaubte, dort bessere Überlebenschancen als in Berlin zu haben, geht aus den Informationen nicht hervor. In Brüssel tauchte Adolf Engel zusammen mit einem ebenfalls verfolgten Ehepaar namens Hollaender unter. Doch die Bekannten Engels wurden ebenso wie er selbst nach gut einem Jahr, im August 1943, von der Gestapo entdeckt und verhaftet. Adolf Engel kam vom Sammellager Mechelen nach Auschwitz. Dort erhielt er die Häftlingsnummer 151536 und musste Zwangsarbeit im Außenlager Schwientochlowitz (Świętochłowice) leisten. Beim Herannahen der Roten Armee wurde Adolf Engel in das KZ Mauthausen im heutigen Österreich verschleppt und dort am 5. Mai 1945 von amerikanischen Truppen befreit. Er hatte zwar überlebt, doch die Nazis hatten seine Gesundheit ruiniert. Schwer lungenkrank verbrachte Adolf Engel viele Jahre in einem Schweizer Sanatorium.[35]

Leopold Nagler war zehn Jahre alt, als sein Vater Salomon eines Abends im Jahr 1938 blutig geschlagen und beraubt wurde. Das Lager seines Textilgeschäfts wurde geplündert. Der Junge war elf, als die Polizei den Vater am 13. September 1939 nachts aus dem Bett holte, aufs Revier und anschließend in das KZ Sachsenhausen brachte. Keine zwei Wochen später, am 24. September, war Salomon Nagler tot, angeblich sei er an einer Lungenentzündung verstorben. Seine sterblichen Überreste, so schreibt es der Sohn, seien in einem plombierten Kasten, der nicht geöffnet werden durfte, auf dem Friedhof beerdigt worden.

Bald darauf kam Leopold Nager ins Auerbach'sche Waisenhaus. Seine Mutter Klara oder Charka Nagler, geborene Waller, musste Zwangsarbeit leisten und konnte sich nicht um den Sohn kümmern. Seine Geschwister gingen illegal nach Jugoslawien. Leopold blieb zurück. Er war 13, als 1941 die Deportationen von Juden aus Berlin in den Osten begannen. Seine Mutter wurde Ende des Jahres aus unbekannten Gründen von der Gestapo inhaftiert, aber nach 14 Tagen wieder freigelassen. Sie fasste den Entschluss, zusammen mit ihrem Sohn zu flüchten – nicht in die Schweiz, sondern nach Italien. Mussolinis Reich war zwar mit den Nazis in der „Achse" verbündet, auch dort wurden Juden schwer diskriminiert, aber doch nicht bis in den Tod verfolgt. Möglicherweise wusste Klara/Charka Nagler auch, dass sich eine ihrer Töchter dort aufhielt.

Anfang 1942 verließ Leopold Nagler das Auerbach'sche Waisenhaus. Er schreibt: „Wir sind nicht mehr in unsere Wohnung gegangen, und hielten uns versteckt. Wir hatten einen Bekannten, der beim Militär war, und dieser hat uns geholfen über die Grenze zu kommen. Wir nahmen den Judenstern herunter, und ich bekam eine Hitler-Jugend-Uniform mit Hakenkreuz."[36] Mutter und Sohn gingen in den Tiroler Bergen über die Grenze und kämpften sich durch meterhohen Schnee. Offenbar erhielten sie Hilfe von Einheimischen. Leopold Nagler schreibt, dass ein Mann sie über die Grenze gebracht und ihnen Fahrkarten für die Bahnfahrt nach Venedig gegeben hätte. Schon kurz vor Venedig, in Maestre, wurden sie von der italienischen Polizei festgenommen. Die Mutter kam ins Frauengefängnis Santa Maria, der Sohn in ein Kinderheim.

Für die folgenden Ereignisse existieren eine kurze und eine lange Version, die sich nicht widersprechen. Nach den knappen Angaben der Mutter seien sie und ihr Sohn nach einigen Wochen freigelassen und in das süditalienische Lager Ferramonti gebracht worden. Der Sohn schreibt ausführlicher: „Vor einem Feiertag besuchte der Papst das Gefängnis, meine Mutter sprach ihn an und klagte ihr Leid. Als der Papst in der Kanzlei vom Gefängnis war, lag dort eine Bitte von meiner Schwester, die in Oberitalien war, an den Direktor des Gefängnisses und sie schilderte unsere Leiden, dass man unseren Vater umgebracht hat und bat sehr darum, dass man unsere Mutter freilässt. Der Papst hat das befürwortet und wir wurden freigelassen, das heißt, wir wurden mit 2 Polizisten ins Lager Ferramonti gebracht."[37] Ob Papst Pius XII. wirklich die Rettung von Leopold und Klara/Charka Nagler zu verdanken ist? Wir wissen es nicht.

Im Lager für Zivilinternierte Ferramonti di Tarsia lebten zwischen Juni 1940 und September 1943 bis zu 2000 Jüdinnen und Juden. Nicht nur Italiener waren dort eingesperrt, sondern auch Menschen aus Slowenien, Albanien, Griechenland und Frankreich. Auch wenn es sich um ein abgesperrtes Gelände handelte, in dem die Inhaftierten in Baracken leben mussten, war die Situation dort ungleich besser als in einem deutschen Konzentrationslager. Die Kinder erhielten Schulunterricht, es gab Kantinen und Synagogen und eine Bibliothek. Im September 1943 befreite die britische Armee bei ihrem Vormarsch in Italien das Lager Ferramonti. Leopold Nagler konnte im folgenden Jahr mit seiner Mutter in das britische Mandatsgebiet Palästina auswandern. Er ist 2013 in Israel verstorben.[38]

Die einzige Alternative zur gefährlichen Flucht ins Ausland war der nicht minder risikoreiche Versuch, versteckt innerhalb des Deutschen Reichs zu überleben. Dabei kam es besonders auf gute Verbindungen zu nichtjüdischen Helfern an. Alleingelassen hatten die Untergetauchten kaum eine Chance. Sie benötigten Essen und damit Lebensmittelkarten, besonders in der kalten Jahreszeit war ein Dach über dem Kopf zwingend, dazu eine Waschgelegenheit, und wegen häufiger Kontrollen in der Öffentlichkeit waren gefälschte Ausweispapiere wichtig. Jüngere Männer waren noch gefährdeter als Frauen, weil sie zusätzlich in den Verdacht geraten konnten, fahnenflüchtige Wehrmachtssoldaten zu sein. Die wenigsten illegal lebenden Jüdinnen und Juden besaßen nur einen Helfer und einen sicheren Schlafplatz. Häufig waren Dutzende Unterstützer notwendig, um einen einzigen Menschen zu retten. Es konnte geschehen, dass vermeintlich sichere Unterkünfte über Nacht unsicher wurden, weil Nachbarn Verdacht schöpften. Der Wohnraum war ohnehin durch die zunehmende Zerstörung infolge der alliierten Luftangriffe arg begrenzt. Andererseits waren es die Alliierten, mit denen die Hoffnung auf eine Befreiung verbunden war.

Noch Anfang 1943 arbeiteten etwa 27 000 jüdische Zwangsarbeiter in Berlin, größtenteils in Fabriken. Sie mussten die nichtjüdischen Arbeiter ersetzen, die von der Wehrmacht eingezogen worden waren. Das NS-Regime strebte an, auch diese Jüdinnen und Juden in den Osten zu deportieren und zu ermorden. Aber zunächst fehlten ausländische Zwangsarbeiter, die die Juden hätten ersetzen können. Erst im Februar 1943 war es so weit: Die Gestapo ließ in der sogenannten Fabrik-Aktion die Jüdinnen und Juden an ihren Arbeitsplätzen festnehmen und in die Sammellager bringen, um diesen jede Chance zu einer Flucht zu nehmen. Fast alle kamen in das Vernichtungslager Auschwitz.

Hans Rosenthal, dessen kleiner Bruder Gert im Oktober 1942 aus dem Auerbach deportiert worden war (siehe Seite 221), musste Anfang 1943 im Landwerk Neuendorf in der Nähe von Fürstenwalde schuften. Dabei handelte es sich um ein früheres jüdisches Ausbildungsheim zur Auswanderung nach Eretz Israel, das die Nazis in ein Zwangsarbeitslager umgewandelt hatten. Rosenthal arbeitete in der Verpackungsfabrik der Firma Hanne und wurde dabei auch in die pommersche Kleinstadt Torgelow geschickt. Als die Gestapo am 27. Februar ihre Razzien durchführte, hatte sie auch die jüdischen Zwangsarbeiter dieser Firma im Blick. Nur an die Arbeitsstelle in Torgelow hatte sie nicht gedacht. So entkam Rosenthal der Verhaftung. Der 17-Jährige bestieg bald darauf einen Zug nach Berlin, entkam mit viel Glück einer Gestapo-Kontrolle und erreichte seine in Berlin lebenden Großeltern. Seine Oma galt den Nazis als „Arierin", deshalb waren beide weniger gefährdet. Hans Rosenthal fand Schutz in der Laube einer Bekannten in der Kleingartenkolonie „Dreieinigkeit" in Berlin-Lichtenberg. Die streng religiöse Frau Jauch ließ Hans Rosenthal im winzigen Hinterzimmer ihrer Laube wohnen, sie und die Großmutter brachten Essen vorbei. Zwei weitere Bewohnerinnen der Laubenkolonie wurden ins Vertrauen gezogen. Rosenthal überstand Bombennächte und Brände, Hunger und Einsamkeit. Die Rote Armee befreite ihn.[39] In den 1950er Jahren machte er als Moderator beim West-Berliner Radiosender RIAS (Rundfunk im amerikanischen Sektor) Karriere. Später moderierte er Quizsendungen im Fernsehen. Rosenthal starb am 10. Februar 1987 im Alter von 61 Jahren.

Drei weitere Auerbacher, die unabhängig voneinander untergetaucht waren, haben es nicht geschafft zu überleben. Sie wurden von der Gestapo festgenommen und in Auschwitz ermordet. Die Informationen über sie sind äußerst lückenhaft. Der 1922 geborene Horst Tichauer hatte das Waisenhaus offenbar schon längere Zeit verlassen und lebte in Berlin-Wedding. Er ging im Oktober 1941 vor der drohenden Deportation in die Illegalität. Am 15. Dezember 1943 fasste ihn die Gestapo. Er wurde nach Theresienstadt und von dort weiter nach Auschwitz verschleppt.[40] Die vaterlose Nanny oder Nanni Tuchler war im Auerbach'schen Waisenhaus aufgewachsen und hatte danach eine Ausbildung zur Säuglingsschwester gemacht. Zuletzt arbeitete sie unter Zwang bei Siemens. Ihre letzte legale Adresse lautete Schönhauser Allee 162. Zusammen mit ihrer Mutter Sidonie Tuchler entschloss sie sich am 28. oder 29. Februar 1943, in den Untergrund zu gehen. Das war einer der Tage, an denen im Rahmen der „Fabrik-Aktion" Tausende Jüdinnen und Juden festgenommen wurden. Mehr als ein Jahr später, am 6. Mai 1944, wurden beide von der Gestapo gefasst und am 19. Mai desselben Jahres nach Auschwitz deportiert.[41] Gerda Wohlgemuth, Jahrgang 1925, wohnte im Auerbach'schen Waisenhaus und in Berlin-Kreuzberg. Sie musste bei Zeiss-Ikon in Berlin-Zehlendorf Zwangsarbeit leisten und ging im Dezember 1942 in den Untergrund. Nach ihrer Verhaftung wurde sie am 22. Februar 1944 nach Auschwitz deportiert.[42]

Wir wissen nichts über die Umstände der Verhaftungen von Horst Tichauer, Nanny Tuchler und Gerda Wohlgemuth. Wohl aber hatten fast alle untergetauchten Jüdinnen und Juden in Berlin ab 1943 Kenntnis davon, dass die Gestapo einen „Fahndungsdienst" gegen sie aufgebaut hatte, der unter der Leitung des SS-Hauptscharführers Walter Dobberke (1906–1945) stand. Zu diesen Fahndern zählten nicht nur Polizeibeamte, sondern auch Juden. Die Gestapo erpresste diese Personen in der Regel mit der Drohung, sie oder ihre nächsten Anverwandten zu deportieren, wenn sie nicht kooperierten. Mehr als 20 Namen solcher jüdischen Fahnder sind bekannt. Die Verfolgten bezeichneten sie als „Greifer", sie zählten zu den verhasstesten Menschen, gerade weil sie als Juden die Schmutzarbeit für die Nazis erledigten. Die „Greifer" waren auch deswegen besonders gefürchtet, weil einige von ihnen zuvor selbst im Untergrund gelebt hatten und dadurch von den Treffpunkten und vom Alltagsleben der Illegalen wussten.

Einer dieser „Greifer" war ein Auerbacher. Der 1920 geborene Günther Abrahamsohn hatte zwei Semester lang Pädagogik an der jüdischen Lehrerbildungsanstalt in Berlin studiert. 1940 kam er als Sportlehrer und Erzieher in das Waisenhaus an der Schönhauser Allee 162.[43] Walter Frankenstein kann sich an den großen und schlanken jungen Mann erinnern, der kam, kurz bevor er das Waisenhaus verließ. Abrahamsohn blieb dort offenbar bis kurz vor oder bis zur großen Deportation im November 1942. Im selben Monat wurde er als Ordner im Sammellager Große Hamburger Straße eingeteilt, im Februar 1943 betraute ihn Dobberke erstmals mit Fahndungsaufgaben. Abrahamsohn und ein weiterer Jude namens Heinz Gottschalk sollten nach Personen suchen, die an ihren Meldeadressen nicht mehr angetroffenen werden konnten. Beide „Greifer" galten den Nazis als „Geltungsjuden". Sie traten in der Folgezeit häufig gemeinsam auf. Abrahamsohn durfte weiter privat, wenn auch zur Untermiete wohnen und musste nicht im Sammellager leben. Gegenüber seinem Vermieter, einem jüdischen Arzt, erklärte er seine Spitzeldienste damit, sein eigenes Leben retten zu müssen. Ein anderer Ordner im Sammellager sagte nach dem Krieg aus, Abrahamsohn habe zu einer Gruppe von Fahndern gehört, „die stolz darauf waren, wenn sie einen Juden anbringen konnten".[44]

Andererseits hat sich Günther Abrahamsohn nachweislich auch für versteckte Juden eingesetzt und einigen zur Flucht verholfen.[45] Diese Hilfen geschahen offenbar verstärkt kurz vor Kriegsende, als eine Niederlage der Nazis absehbar war. Möglicherweise kalkulierte Abrahamsohn dies ein und half auch, um die eigene Haut zu retten. Seine Unterstützungshandlungen führten nach seiner eigenen Aussage dazu, dass Abrahamsohn von der Gestapo festgenommen wurde. Wenige Tage vor Kriegsende sei er von Dobberke aus der Haft entlassen worden, der sich seinerseits Hilfe von ihm versprach. Abrahamsohn kam aber offenbar schon Anfang Mai 1945 erneut in Haft, dieses Mal durch sowjetisches Militär und aufgrund einer Anzeige zweier Verfolgter, die um seine Fahndungstätigkeit wussten. Diese Haft kann nicht von langer Dauer gewesen sein. 1947 wurde er in Niedersachsen, wo Abrahamsohn inzwischen Architektur studierte, wegen Verbrechen gegen die Menschlichkeit und schwerer Freiheitsberaubung angeklagt, das Verfahren aber auf Wunsch der Jüdischen Gemeinde zu Berlin nach West-Berlin verlegt. Dort verurteilte ihn am 10. Mai 1952 das Landgericht zu einer Freiheitsstrafe von fünf Monaten. In der Revision wurde das Urteil im selben Jahr aufgehoben. Günther Abrahamsohn änderte danach seinen Nachnamen zu „Abrahamson", promovierte 1957 in Aachen und arbeitete im Ruhrgebiet als angesehener Architekt. Er ist 1992 verstorben.

Walter Frankenstein traf Günther Abrahamsohn nach seinem Auszug aus dem Waisenhaus einmal in der Straßenbahn. Frankenstein stand ganz vorne auf der Plattform, als Abrahamsohn hinten einstieg. Das geschah 1943 oder 1944. Frankenstein verließ die Bahn eilig beim nächsten Stopp. Er lebte selbst als versteckter Jude und wusste von der Gefahr durch jüdische „Greifer". Abrahamsohn hätte ihn ans Messer geliefert, dessen ist er sich heute sicher. Doch der Gestapo-Spitzel hatte ihn damals übersehen.

Frankenstein und seine Freundin, die Praktikantin Leonie Rosner, hatten im Herbst 1941 das Auerbach'sche Waisenhaus verlassen. Beide mussten Zwangsarbeit leisten, Walter als Arbeiter der Jüdischen Gemeinde für die Gestapo, Leoni zuerst in einem Unternehmen, das Fesselballons herstellte, dann in einer Transformatorenfabrik. Im Frühjahr 1942 wurde sie schwanger. Am 20. Januar 1943 brachte sie im Jüdischen Krankenhaus einen gesunden Jungen zur Welt, der den Namen Uri erhielt. Eigentlich sollte er Peter heißen, aber das war Juden verboten. Zu dritt wohnten sie in einem „Judenhaus", als Ende Februar 1943 bei der „Fabrik-Aktion" fast alle Berliner Jüdinnen und Juden noch an ihren Arbeitsstellen verhaftet und in mehrere Sammellager gebracht wurden. Die festgenommene Leonie war schon im Lager in der Großen Hamburger Straße angekommen, da behauptete sie, dass sie zu Hause einen Schein besäße, der sie von der Deportation zurückstellen würde – und wurde tatsächlich wieder freigelassen. Walter kam am nächsten Morgen auf die Baustelle, wo er arbeiten sollte, und fand keinen seiner jüdischen Kollegen mehr vor. Die seien über Nacht abgeholt worden, erfuhr er. Walter machte schleunigst kehrt und eilte nach Hause. Sie beschlossen, sofort unterzutauchen.[46]

Die folgenden gut zwei Jahre sind für die junge Familie von ständigen Quartierwechseln, der Furcht vor einer Verhaftung und Hunger geprägt. Niemand von ihnen durfte krank werden, denn sie hätten zu keinem Arzt gehen können. Der erste Weg führte Leonie, Uri und Walter in getrennten Zügen nach Leipzig, wo sie hofften, bei der mit dem Nichtjuden Theodor Kranz verheirateten Mutter von Leonie wohnen zu können. Dort war allerdings zu wenig Platz, deshalb wurde Walter bei einem befreundeten Tischler untergebracht. Als die Nachbarn zu tuscheln begannen, wer denn der junge Mann sei, der neuerdings in der Werkstatt wohne, musste Walter einen neuen Schlafplatz finden. Er fuhr nach Berlin zurück in der Hoffnung, bei einer alten Freundin unterzukommen. Aber dort war kein Platz mehr frei. Auch bei Leonies Mutter und dem Stiefvater wurde der Nachbarstratsch gefährlich. Leonie ließ ihren Sohn zurück und reiste ebenfalls nach Berlin. Sie übernachteten in der Baubude eines befreundeten Handwerkers, auf Trümmergrundstücken, im Wald am Müggelsee. Es war Sommer 1943. Nächste Station wurde für Leonie die anhaltinische Kleinstadt Gröningen, wo die Schwester ihres Leipziger Stiefvaters lebte, während Walter ein dauerhaftes Quartier bei einem Chemiker in Berlin fand, der zu einem Helferkreis für Juden zählte. Auch Leonie und das Kind kamen bald in seiner kleinen Fabrik in Grunewald unter, bis das Gebäude im Februar 1944 bei einem Bombenangriff zerstört wurde. Danach meldete sich Leonie als angeblich bombengeschädigte Christin bei den Behörden und wurde zusammen mit ihrem Sohn in ein winziges Dorf im Osten Brandenburgs verschickt, fern der Bombenangriffe auf die Reichshauptstadt. Sie erhielt endlich wieder Lebensmittelkarten und unter einem Tarnnamen eine halbwegs sichere Existenz.

Walter dagegen führte in Berlin ein Vagabundenleben. Er übernachtete in einem abgestellten Auto, in intakten Kellern kriegszerstörter Häuser und erhielt Unterstützung durch die alte Freundin Edith Berlow, die einen Widerstandskreis gegen die Nazis um sich geschart hatte. Sie war es auch, die Walter Frankenstein vor dem „Greifer" Günther Abrahamsohn warnte. Bei seinen Streifzügen durch die Stadt lernte Frankenstein andere versteckte Juden kennen. Man half sich gegenseitig, verteilte Tipps. So kam Walter an Sofie Döring, deren Mann von der Wehrmacht eingezogen wurde. Er und ein weiterer Verfolgter durften in ihrer durch Bomben beschädigten Schöneberger Wohnung unterkommen, solange sie sich nicht am Fenster zeigten.

Inzwischen war Leonie nach einem Treffen mit Walter in Berlin erneut schwanger geworden und brachte am 26. September 1944 im Krankenhaus in Landsberg an der Warthe (heute polnisch: Gorzów Wielkopolski) einen Sohn zur Welt. Er bekam den Namen Michael. Weil ihre Aliasexistenz aufzufliegen drohte, machte sie sich im November 1944 mit den beiden Kindern wieder nach Berlin auf. Bei Sofie Döring fehlte jedoch der Platz. Auf den Tipp eines anderen Versteckten hin kam Familie Frankenstein bei einer Prostituierten im Osten der Stadt unter, die gegen Geld ein Kellerzimmer vermietete. Als der Keller bei einem Luftangriff ausbrannte, half ihnen eine andere Prostituierte in Berlin-Kreuzberg.

Am 28. April 1945 wurden Leonie, Walter, Uri und Michael Frankenstein im Bunker des Berliner U-Bahnhofs Kottbusser Tor von sowjetischen Truppen befreit. Nicht nur für sie endete damit eine Jahre währende Leidenszeit. Hunderttausende Überlebende des Holocaust konnten in diesen Tagen endlich wieder frei atmen – in Deutschland, in Europa, in Schanghai, ja auf der ganzen Welt. Sie waren nun mehr oder weniger frei – aber deshalb noch lange nicht froh. Denn langsam zeigte sich die Dimension des Judenmords unter den Nationalsozialisten. Nahezu jede und jeder hatte enge Angehörige und Freunde verloren.

Anmerkungen

1 Moratz, Ralph: Chapter: 2 Air Raids, 2015, https://ralphm1935.wordpress.com/2015/04/18/air-raids/.

2 Moratz, Ralph: Chapter: 3 Two Days On The Barge, 2015, https://ralphm1935.wordpress.com/2015/03/01/can-we-evade-the-german-army-part-1/.

3 Moratz, Ralph: Chapter: 4 A Night At The Battlefront, 2015, https://ralphm1935.wordpress.com/2015/02/15/caught-between-the-french-and-german-armies-part-2/. Einen detaillierten Bericht über die misslungene Flucht legt ein weiterer Betroffener, John (Hans) Stern ab. Vgl. LBI New York AR 25827 (Ralph Moratz Collection): John (Hans) Stern: Children Under Nazi Invasion Boots, Manuskript, 28 S.).

4 Moratz, Ralph: Chapter: 8 Château de Chaumont, Mainsat, Creuse, France, 2014, https://ralphm1935.wordpress.com/2014/09/10/chapter-8-chateau-de-chaumont-mainsat-creuse-france/.

5 Hazan, Katy: Le sauvetage des enfants juifs pendant l'Occupation dans les maisons de l'OSE 1938–1945, Paris 2008, S. 25.

6 Jason, a. a. O., S. 7 ff.

7 Moratz, Ralph: Chapter: 9 Marseille, Madrid, Lisbon By Foot And Train, 2012, https://ralphm1935.wordpress.com/2012/12/14/chapter-9-marseille-madrid-lisbon-by-foot-and-train/.

8 Moratz, Ralph: Chapter: 11 New York, 2011, https://ralphm1935.wordpress.com/2011/12/27/chapter-11-new-york/.

9 United States Holocaust Memorial Museum: https://www.ushmm.org/media/images/vlpnamelist/AC0362/AC0362.pdf.

10 Aufbau, Vol. 7, No. 40 (2.10.1941), S. 1.

11 Landesamt für Bürger- und Ordnungsangelegenheiten Berlin (LABO), Entschädigungsbehörde: Aus der Akte eines der Kinder, die am 3.7.39 Berlin verließen und am 24.9.41 New York erreichten. Übersetzung in Deutsche im Entschädigungsantrag. Der Name des Antragstellers ist dem Autor bekannt.

12 Burns Mortuary of Hermisten & Hermiston Crematory: Ralph Moratz, https://www.burnsmortuaryhermiston.com/obituary/Ralph-Moratz, Landesamt für Bürger- und Ordnungsangelegenheiten Berlin (LABO), Entschädigungsbehörde: Reg. Nr. 359.983 Ralph Moratz.

13 Landesamt für Bürger- und Ordnungsangelegenheiten Berlin (LABO), Entschädigungsbehörde: Reg. Nr. 259.803 Wolfgang Grajonza.

14 Brief von Gunter Blatt an Peter Neumann; in: Archiv Jüdisches Museum Berlin: Schenkung Walter Frankenstein 2010/265.

15 Landesamt für Bürger- und Ordnungsangelegenheiten Berlin (LABO), Entschädigungsbehörde Berlin: Reg. Nr. 258.753 Günther Blatt, Arolsen Archives: https://collections.arolsen-archives.org/de/document/11233327, https://collections.arolsen-archives.org/de/document/12648832, https://collections.arolsen-archives.org/de/document/12648829.

16 United States Holocaust Memorial Museum: https://collections.ushmm.org/search/catalog/pa1124102.

17 Landesamt für Bürger- und Ordnungsangelegenheiten Berlin (LABO), Entschädigungsbehörde: Reg. Nr. 259.519 Erwin Cosmann, Arolsen Archives: https://collections.arolsen-archives.org/de/document/12651119, https://collections.arolsen-archives.org/de/document/80941509, https://collections.arolsen-archives.org/de/document/80941510, https://collections.arolsen-archives.org/de/document/80941511, https://collections.arolsen-archives.org/de/document/80941512, https://collections.arolsen-archives.org/de/document/80941513, https://collections.arolsen-archives.org/de/document/80941514, https://collections.arolsen-archives.org/de/document/80941516, https://collections.arolsen-archives.org/de/document/80941517, https://collections.arolsen-archives.org/de/document/80941517, https://collections.arolsen-archives.org/de/document/80941517, https://collections.arolsen-archives.org/de/document/80941517, https://collections.arolsen-archives.org/de/document/80941518, https://collections.arolsen-archives.org/de/document/80941519, https://collections.arolsen-archives.org/de/document/80941520, https://collections.arolsen-archives.org/de/document/80941521, https://collections.arolsen-archives.org/de/document/80941522, https://collections.arolsen-archives.org/de/document/80941523, https://collections.arolsen-archives.org/de/document/80941524, https://collections.arolsen-archives.org/de/document/80941524, https://collections.arolsen-archives.org/de/document/80941525, https://collections.arolsen-archives.org/de/document/80941525, https://collections.arol-

sen-archives.org/de/document/80941526, https://collections.arolsen-archives.org/de/document/80941527, https://collections.arolsen-archives.org/de/document/80941528, https://collections.arolsen-archives.org/de/document/80941529, https://collections.arolsen-archives.org/de/document/80941530, https://collections.arolsen-archives.org/de/document/80941531, https://collections.arolsen-archives.org/de/document/80941532, https://collections.arolsen-archives.org/de/document/80941533.

18 Hazan, a. a. O., S. 88.

19 Bundesarchiv: Gedenkbuch Opfer der Verfolgung der Juden unter der nationalsozialistischen Gewaltherrschaft in Deutschland 1933– 1945, https://www.bundesarchiv.de/gedenkbuch/de1157747.

20 Hugues, Pascale: Ruhige Straße in guter Wohnlage, Reinbek 2015, S.92, Arolsen Archives: https://collections.arolsen-archives.org/de/document/9986747, https://collections.arolsen-archives.org/de/document/9986748, https://collections.arolsen-archives.org/de/document/12649142, Yad Vashem: Château de Chabannes, https://www.yadvashem.org/yv/en/exhibitions/childrens-homes/chabannes/index.asp, Arolsen Archives: https://collections.arolsen-archives.org/de/document/10270298, https://collections.arolsen-archives.org/de/document/10270299, https://collections.arolsen-archives.org/de/document/10738774, https://collections.arolsen-archives.org/de/document/12670621.

21 Hazan, a. a. O., S. 85.

22 Landesamt für Bürger- und Ordnungsangelegenheiten Berlin (LABO), Entschädigungsbehörde: Reg. Nr. 68.981 Entschädigungsakte Walter Herzig.

23 Landesamt für Bürger- und Ordnungsangelegenheiten Berlin (LABO), Entschädigungsbehörde: Reg. Nr. 62.950 Wolfgang Münzer, Arolsen Archives: https://collections.arolsen-archives.org/de/document/500317, https://collections.arolsen-archives.org/de/document/6678554, https://collections.arolsen-archives.org/de/document/6678555, https://collections.arolsen-archives.org/de/document/6678556, https://collections.arolsen-archives.org/de/document/6678557, https://collections.arolsen-archives.org/de/document/6678558, https://collections.arolsen-archives.org/de/document/6678559, https://collections.arolsen-archives.org/de/document/130834478.

24 Lippegaus, Karl: „Bill Graham – der große Impresario der amerikanischen Rockszene, in: Deutschlandfunk, 25.10.2016, https://www.deutschlandfunk.de/vor-25-jahren-gestorben-bill-graham-der-grosse-impresario-100.html, Arolsen Archives: https://collections.arolsen-archives.org/de/document/12655955.

25 Arolsen Archives: https://collections.arolsen-archives.org/de/document/5149584, https://collections.arolsen-archives.org/de/document/12658091, https://collections.arolsen-archives.org/de/document/130306052, https://collections.arolsen-archives.org/de/document/130305984, https://collections.arolsen-archives.org/de/document/5149585.

26 Arolsen Archives: https://collections.arolsen-archives.org/de/document/5149511, https://collections.arolsen-archives.org/de/document/130304069.

27 Arolsen Archives: https://collections.arolsen-archives.org/de/document/12664552, https://collections.arolsen-archives.org/de/document/130333458, https://collections.arolsen-archives.org/de/document/130333459.

28 Landesamt für Bürger- und Ordnungsangelegenheiten Berlin (LABO), Entschädigungsbehörde: Reg. Nr. 78.346 Erwin Panthauer, Arolsen Archives: https://collections.arolsen-archives.org/de/document/12668103, https://collections.arolsen-archives.org/de/document/130351027, https://collections.arolsen-archives.org/de/document/12668105.

29 Arolsen Archives: https://collections.arolsen-archives.org/de/document/130312210, https://collections.arolsen-archives.org/de/document/130312211.

30 Bundesarchiv: Gedenkbuch Opfer der Verfolgung der Juden unter der nationalsozialistischen Gewaltherrschaft in Deutschland 193–1945, https://www.bundesarchiv.de/gedenkbuch/de960378.

31 Um die Persönlichkeitsrechte des möglicherweise noch lebenden Jürgen H. nicht zu tangieren, muss hier auf die Nennung von Quellen verzichtet werden. Zu Kindern in Theresienstadt vgl. Hájkova, Anna: The Last Ghetto. An Everyday History of Theresienstadt. Oxford 2020, S. 79 ff.

32 Shoah Foundation Institute for Visual History and Education: Interview mit Gunther Perry (früher Günther Przywoznik), 1995; Landesamt für Bürger- und Ordnungsangelegenheiten Berlin (LABO), Entschädigungsbehörde: Reg. Nr. 171.805 Günter Przywoznik (Gunter Perry).

33 Landesamt für Bürger- und Ordnungsangelegenheiten Berlin (LABO), Entschädigungsbehörde: Reg. Nr. 152.868 Peter Brockmann; Schweizerisches Bundesarchiv, Bern: E4264#1985/196#2513*, Brockmann, Peter; Arolsen Archives: https://collections.arolsen-archives.org/de/document/12649928.

34 Landesarchiv Berlin B Rep. 025-07 Nr. 29/63 verbunden mit Nr. 1012/65, Arolsen Archives: https://collections.arolsen-archives.org/de/document/70808763, Yad Vashem: https://yvng.yadvashem.org/nameDetails.html?language=en&itemId=13141234&ind=1. Der Autor dankt Selina Mitchell vom Stadtarchiv Singen für Auskünfte. Der Autor dankt Ulrich Tromm, Lörrach, für unterstützende Hinweise zur Flucht von Juden aus Deutschland in die Schweiz.

35 Landesamt für Bürger- und Ordnungsangelegenheiten Berlin (LABO), Entschädigungsbehörde: Reg. Nr. 40.126 Adolf Engel.

36 Landesamt für Bürger- und Ordnungsangelegenheiten Berlin (LABO), Entschädigungsbehörde: Reg. Nr. 315.264 Leopold Nagler.

37 Ebenda.

38 Arolsen Archives: https://collections.arolsen-archives.org/de/document/4083572, https://collections.arolsen-archives.org/de/document/4083629, https://collections.arolsen-archives.org/de/document/4124419, https://collections.arolsen-archives.org/de/document/471180, Landesamt für Bürger- und Ordnungsangelegenheiten Berlin (LABO), Entschädigungsbehörde Berlin: Ebenda. Der Autor dankt Simona Celiberti, Museo della Memoria di Ferramonti di Tarsia, für weitere Informationen.

39 Rosenthal, a. a. O., S. 57 ff., Arolsen Archives: https://collections.arolsen-archives.org/de/document/12670475.

40 Arolsen Archives: https://collections.arolsen-archives.org/de/document/11260872, https://collections.arolsen-archives.org/de/document/127213244. Der Autor dankt Martina Voigt für weitergehende Hinweise zu versteckten Juden in Berlin.

41 Arolsen Archives: https://collections.arolsen-archives.org/de/document/12677011, https://collections.arolsen-archives.org/de/document/127213242.

42 Arolsen Archives: https://collections.arolsen-archives.org/de/document/12678879, https://collections.arolsen-archives.org/de/document/127213210.

43 Urteilsbegründung gegen Günther Abrahamsohn, Landgericht Berlin vom 10.5.1950, S. 2. Vgl. auch: Arolsen Archives: https://collections.arolsen-archives.org/de/document/131748761.

44 Tausendfreund, Doris: Erzwungener Verrat. Jüdische „Greifer" im Dienst der Gestapo 1943–1945, Berlin 2006, S. 165 ff.

45 Ebenda, S. 117 ff.

46 Hillenbrand, Klaus: Nicht mit uns, a. a. O., S. 34 ff.

Kapitel 7
Danach

Nach ihrer Befreiung erhielt die vierköpfige Familie Frankenstein eine Wohnung im Berliner Bezirk Neukölln zugewiesen. Der Nationalsozialist, der dort bisher gelebt hatte, musste ausziehen. Seine Versuche, eine Rückkehr zu erzwingen, scheiterten an der in Berlin einrückenden amerikanischen Besatzungsmacht. Der Wind in Berlin hatte sich gedreht. Nicht länger entschieden Nazis über Wohl und Wehe. Die Stadt wurde ab dem Sommer 1945 in vier Sektoren unterteilt, einen sowjetischen, einen US-amerikanischen, einen britischen und einen französischen. Neukölln lag im amerikanischen Sektor. Die Ruinen des Auerbach'schen Waisenhauses in der Schönhauser Allee befanden sich im östlichen, dem sowjetischen Teil der Stadt. Noch war die Sektorengrenze zwischen Ost und West offen.

Anfang 1943, als Walter Frankenstein Zwangsarbeit für die SS leisten musste, hatte er nach einem sicheren Versteck für die paar Dinge gesucht, die ihm wirklich wichtig erschienen. Das waren einige wenige Papiere und die Fotos von der Familie und aus dem Waisenhaus. Die Deportationen waren im Gang, alles war vollkommen unsicher. Frankenstein fand eine Stelle im Grunewald. Er ging dorthin, als es schon dunkel war, ohne den verräterischen „Judenstern" an der Kleidung. „Zwischen drei Bäumen am Königssee links von der Königsseebrücke, inmitten dieses Dreiecks", erinnert er sich. „Da habe ich die drei Alben vergraben. In einer Blechschachtel. Irgendwo hatte ich mir auch wasserdichtes Segeltuch verschafft."[1] Dreieinhalb Jahre später, im Sommer 1945, grub er wieder an dieser Stelle. „Ausgegraben habe ich im Juli in der Nacht. Das war im britischen Sektor. Ich hatte mich nicht dort hingetraut, solange die Russen über ganz Berlin geherrscht haben. Es war nichts beschädigt, auch die Bilder nicht. Es hat mich damals auch niemand gesehen."

In einem Brief vom 16. Oktober 1945 an seinen Freund Rolf Rothschild, der kurz vor Kriegsausbruch mit einem Kindertransport aus dem Waisenhaus nach Schweden emigriert war, schrieb Frankenstein: „Ja, ich lebe tatsächlich noch. Auch meine liebe Frau und meine beiden Jungen sind gesund. Wir haben seit Anfang 43 illegal in Berlin gelebt. Was das an Strapazen bedeutet, so ohne Lebensmittelkarten, Ausweispapiere und ohne Wohnung, dazu die schweren Fliegerangriffe, ohne in einen Luftschutzkeller gehen zu können, das wirst Du Dir als normal lebender Mensch wohl kaum vorstellen können." In einem Nachsatz heißt es: „Das einzige, was ich durch die ganze Zeit gerettet habe, sind meine Bilder aus dem Auerbachschen Waisenhaus. Letzteres ist auch vollkommen zerstört."[2]

Die Frankensteins wollten fort aus Berlin, weg von den Nazis, die ihre Familien ermordet hatten, weg von der Berliner Trümmerlandschaft, in der es viel zu wenig zu essen gab, um davon satt zu werden, und zu wenige Kohlen, um nicht frieren zu müssen im bevorstehenden Winter. Ihr Ziel war Palästina, das spätere Israel, wo die beiden Brüder von Walter lebten. Fast alle anderen Familienangehörigen waren tot. Im November 1945 erreichte Leonie mit den beiden Kindern über Frankreich legal die neue Heimat.[3] Walter wurde bald darauf von jungen jüdischen Männern kontaktiert, die die illegale Flucht in das damalige britische Mandatsgebiet vorbereiteten, wohin eine Einreise von den Behörden in London streng limitiert war. Sie rekrutierten ihn als Helfer. Bevor Walter Frankenstein Berlin mit der Bahn in Richtung München verließ, um in Oberbayern überlebende jüdische Jugendliche aus Osteuropa zu betreuen und sie auf ihr neues Leben in Eretz Israel vorzubereiten, machte er sich auf den Weg in den Stadtbezirk Prenzlauer Berg, in die Schönhauser Allee 162. Er schaute sich die Trümmer des Auerbach'schen Waisenhauses an. Viel war nicht mehr übrig vom Mittelpunkt seiner Kindheit. Einige Außenmauern standen noch. Bald darauf verließ er die Stadt. Es sollte 20 Jahre dauern, bis er und Leonie Frankenstein sie wieder betraten.

Die überlebenden Kinder des Auerbach'schen Waisenhauses waren in aller Welt verstreut. Viele wohnten in den USA, Palästina und Großbritannien, einige in Westeuropa, in Lateinamerika, Südafrika und Australien. Manche hatten Mühe, von ihrem Ort des Überlebens wie dem chinesischen Schanghai fort und dorthin zu gelangen, wo ein wirklicher Neubeginn möglich war. Wer in Deutschland überlebt hatte, so wie die Zöglinge der „Kinderunterkunft" im Jüdischen Krankenhaus, ging zum größeren Teil nach der Befreiung ins Exil. Nur sehr wenige Überlebende entschlossen sich dazu, in dem Gebiet zu bleiben, das 1949 die Bundesrepublik werden sollte, keinen Auerbacher zog es den vorhandenen Unterlagen zufolge in die spätere DDR. Einige Menschen kehrten nach Jahren des Exils in den 1950er und 1960er Jahren zurück in die alte Heimat nach West-Berlin.

Walter Frankenstein gelangte erst 1947 nach fast zweijähriger unfreiwilliger Odyssee, die ihn nach Süddeutschland, Frankreich und in ein britisches Internierungslager auf Zypern führte, nach Palästina, wo die Familie endlich wieder vereint war.[4] Er arbeitete dort als Maurer und kämpfte 1948 als Soldat im israelischen Unabhängigkeitskrieg. Die Familie wohnte in einem winzigen Häuschen ohne Stromanschluss in der Kleinstadt Hadera am Mittelmeer. Viele ehemalige Auerbacher waren schon vor dem Krieg ins Land gekommen, einige folgten nach ihrer Befreiung in Europa in den neu entstandenen Staat Israel. Hadera liegt nicht weit von Caesaria entfernt, wo Peter Brockmann nach seiner abenteuerlichen Flucht aus Nazi-Deutschland in die Schweiz eine neue Heimat gefunden hatte. Und so kam es, dass sich die beiden alten Auerbacher, Frankenstein und Brockmann, in Israel wiedersahen. Schon vorher hatte Frankenstein im Hafen von Marseille per Zufall seinen alten Freund und Mitzögling Alfredo Rosenkranz getroffen. Beide waren sie gerade auf dem Weg nach Eretz Israel. Alfredo kam aus dem englischen Exil, Walter aus einer jüdischen Hachschara-Einrichtung in Bayern. In Israel sahen sie sich wieder. Später traf sich Frankenstein dort auch mit dem Auschwitz-Überlebenden Wolfgang Blumenreich. Brieflich stand er in Kontakt mit Rolf Rothschild in Schweden und weiteren Auerbachern, die in den USA lebten. Für sie alle, die um 1924/25 geboren waren, war die Zeit im

Waisenhaus etwas Prägendes gewesen, an das sie sich gerne erinnerten. In den 1980er Jahren, Walter Frankenstein lebte da längst in Schweden, organisierte er ein großes Treffen von ehemaligen Auerbacher Zöglingen in Israel. Da seien vielleicht 20 Männer und ihre Ehefrauen gekommen, sogar aus den Vereinigten Staaten, sagt er.

Das Auerbach'sche Waisenhaus hat Frankenstein sein ganzes Leben lang nicht losgelassen. Als er das Rentenalter erreichte und mehr Zeit hatte, begann er mit der Suche nach dem Schicksal all der Kinder und ihrer Betreuer aus der Schönhauser Allee 162. Das Internet gab es noch nicht, viele Archive waren fest verschlossen und so war er auf mündliche Quellen und die gerade in Deutschland erschienenen Gedenkbücher angewiesen, in denen an die ermordeten Jüdinnen und Juden erinnert wurde. Die kleine Wohnung von Leonie und Walter Frankenstein in Stockholm quoll bald über von Fachliteratur über den Holocaust. Frankenstein tippte auf seiner Schreibmaschine immer wieder neue Listen ab, darauf die Namen der Jungen und Mädchen aus dem Auerbach und die Informationen, was aus ihnen geworden war. Viele Angaben über das Schicksal von Kindern und Betreuern aus dem Waisenhaus in diesem Buch fußen auf diesen Listen aus den 1990er Jahren. Nur selten haben sich Angaben darin als unrichtig herausgestellt, meistens sind Frankensteins Recherchen akkurat und korrekt. Damals konnte Walter Frankenstein noch einige der ehemaligen Zöglinge kontaktieren. Mehr als 30 Jahre später, im Jahr 2024, scheinen alle diese Menschen verstorben zu sein – bis auf einen: Walter Frankenstein.

In den 1960er Jahren fuhren Leonie und Walter Frankenstein erstmals wieder nach Berlin. Später besuchten sie auch den Ostteil der damals geteilten Stadt. In der Schönhauser Allee 162 waren die Ruinen verschwunden. Die Baruch Auerbach'schen Waisen-Erziehungsanstalten für jüdische Knaben und Mädchen existierten nicht mehr. Ihr formaler Rechtsnachfolger, die Reichsvereinigung der Juden in Deutschland, war eine von den Nationalsozialisten eingerichtete Zwangsorganisation, die 1943 von der Gestapo aufgelöst wurde. Aber was geschah mit den Trümmern des Hauses und dem großzügigen Grundstück?

Auf Anweisung der sowjetischen Militärregierung verfügte im Jahr 1948 ein „Treuhänder für jüdisches und polnisches Vermögen in Groß-Berlin", dass das Grundstück unter seine Verwaltung kam. Ohne „Einverständnis der russischen Militärregierung" dürfe darüber nicht verfügt werden, heißt es in einem Schriftstück, das dem Grundbuch beigefügt wurde.[5] 1949 wurde die Verwaltung des Grundstücks an den Magistrat der Stadt Berlin übertragen. Diese ging zunächst an die Volkseigene Grundstücksverwaltung Heimstätte Berlin, ab 1953 an die Berliner Volkseigene Wohnungsverwaltung Prenzlauer Berg über.[6] Eine Restitution des Grundstücks oder von Gebäuderesten fand nicht statt – wie jüdische Institutionen und Einzelpersonen generell von der DDR nicht für die Beschlagnahmungen in der Nazizeit entschädigt wurden. Das Grundstück Schönhauser Allee 162 wurde vielmehr den früheren Immobilien im Besitz des Reichs, Preußens, der Wehrmacht, des Landes, Kreises oder der Gemeinde zugeschlagen, also genau den Institutionen, die zum Teil für den Mord an den Bewohnern des Waisenhauses Mitverantwortung trugen. Im Jahr 1957 geriet das Gelände so in den Besitz des Stadtbezirks Prenzlauer Berg.

Ein Bericht vom April 1950 kam zu dem Ergebnis, dass an dem zerbombtem Gebäude ein Schadensgrad zwischen 15 und 75 Prozent vorliege und die Anlage nicht instandsetzungswürdig sei. Etwa Mitte der 1950er Jahre wurden die Trümmer auf dem Gelände beseitigt. 1957/58 erfolgte auf dem der Straße zugewandten Teil des Grundstücks der Neubau eines Mehrfamilienhauses mit 25 Wohn- und Gewerbeeinheiten. Nun gab es fast nichts mehr, was an das frühere jüdische Waisenhaus hätte erinnern können. Und dabei hätte es bleiben können, wenn da nicht nach Jahrzehnten etwas dazwischengekommen wäre: der Fall der Berliner Mauer 1989 und die Wiedervereinigung Deutschlands im folgenden Jahr.

In der Bundesrepublik begannen die Debatten über die Entschädigung der überlebenden Jüdinnen und Juden – landläufig Wiedergutmachung genannt – schon bald nach Gründung des westdeutschen Staates. Eine Einigung des Landes der Täter mit den überlebenden Opfern wurde unter den westlichen Alliierten als eine Voraussetzung dafür angesehen, die Deutschen wieder in den Kreis der zivilisierten Gesellschaften aufzunehmen. 1951 erklärte Bundeskanzler Konrad Adenauer (CDU) seine grundsätzliche Bereitschaft zu Zahlungen des Staates als Entschädigung für begangenes Unrecht an Jüdinnen und Juden. Die Verhandlungen führten im Folgejahr zum Abschluss des Luxemburger Abkommens, in dem sich die Bundesrepublik zur Zahlung von 3,5 Milliarden D-Mark an Israel und die Conference on Jewish Material Claims Against Germany, kurz Claims Conference, bereit erklärte. Bei der Claims Conference handelt es sich um einen Zusammenschluss verschiedener jüdischer Organisationen, der die Entschädigungsforderungen für erbenloses jüdisches Vermögen vertritt. Das betrifft etwa jüdische Firmen und Institutionen, die nach 1945 ohne einen Rechtsnachfolger geblieben sind. Mit dem durch Entschädigungszahlungen eingenommenen Geld werden jüdische soziale Projekte in aller Welt unterstützt – 2023 gingen 750 Millionen US-Dollar an 300 verschiedene soziale Dienste. In vielen Altersheimen nicht nur in Israel finden sich am Eingang kleine Hinweise, die auf eine Mitfinanzierung durch die Claims Conference verweisen. Aber auch bedürftige Überlebende des Holocaust können bei der Claims Conference eine Unterstützung erhalten – 2023 sollten mehr als 115 000 Menschen in 83 Ländern finanzielle Hilfen in Höhe von 562 Millionen US-Dollar erhalten.[7]

Nach der deutschen Wiedervereinigung 1990 wurde der Rechtsanspruch auf eine Entschädigung auf das Gebiet der ehemaligen DDR ausgeweitet. So konnten nun endlich Überlebende und ihre Nachfahren eine Restitution für während der Nazizeit entzogenes Vermögen, Firmen und Immobilien beantragen. Die Claims Conference richtete damals eine Dependance in Berlin ein, deren Mitarbeiter sich um Fälle von erbenlosem jüdischem Vermögen auf DDR-Gebiet kümmerten. Infolgedessen geriet auch das Grundstück des früheren Auerbach'schen Waisenhauses fast 50 Jahre nach Kriegsende wieder in den Fokus. Tatsächlich erfolgte nach der Wiedervereinigung eine Übertragung des Flurstücks 5066 mit einer Größe von 4547 Quadratmetern an die Claims Conference.[8] 1998 verkaufte die gemeinnützige Organisation das Grundstück an private Investoren zum Preis von 1,3 Millionen D-Mark, umgerechnet knapp 650 000 Euro. Die neuen Besitzer errichteten dort später Eigentumswohnungen.

Aber nicht nur auf staatlicher Ebene gab es ein klein wenig Gerechtigkeit für das Auerbach. Auch die Gesellschaft begann, sich dessen zu erinnern, was dort früher einmal gewesen war. 1999 rief der Berliner Bezirk Prenzlauer Berg einen Kunstwettbewerb aus, um des jüdischen Waisenhauses zu gedenken. Schülerinnen und Schüler der Kurt-Schwitters-Oberschule erstellten zusammen mit der Künstlerin Karla Sachse im folgenden Jahr im Vorgarten ein Erinnerungszeichen aus in Ton gefertigten Schuhen, Koffern und Spielzeugen. Darunter befand sich eine Plexiglastafel mit der Inschrift: „Hier stand das Baruch Auerbachsche Waisenhaus. Zur Erinnerung an die jüdischen Kinder und Erzieher. Die Knaben und Mädchen wurden am 19. Oktober 1942 mit dem 21. Osttransport aus Berlin deportiert und kehrten nie zurück."

Lange hielt das kleine Denkmal nicht stand. Unbekannte zerstörten die Objekte nach wenigen Tagen. Neue Tonfiguren und die Bruchstücke der alten befinden sich heute in einem Museum und werden zu besonderen Anlässen am Ort gezeigt.

Inzwischen hatte sich Walter Frankenstein eingeschaltet. Eine öffentliche Erinnerung an das Auerbach'sche Waisenhaus war ihm eine Herzensangelegenheit. Durch seine inzwischen häufigen Besuche in der alten Heimat, wo er vor Schulklassen und anderen Gruppen über seine Erfahrungen in der Nazizeit sprach, hatte er neue Kontakte geknüpft. Auf seine Anregung hin wurde 2012 eine Tafel an der Fassade des Hauses Schönhauser Allee 162 angebracht. Dort steht: „An diesem Ort befand sich das 1897 errichtete Baruch Auerbach'sche Waisenhaus. 1942 wurden die letzten Lehrer und Zöglinge – darunter zwanzig Kinder im Alter von bis zu fünf Jahren – in das Rigaer Ghetto deportiert und dort ermordet." Die Inschrift ist historisch nicht ganz korrekt, denn der Transport der meisten Kinder vom 29. November 1942 nach Auschwitz findet dort keine Erwähnung. Aber ein Anfang war gemacht, und für Walter Frankenstein ging damit „ein Wunschtraum in Erfüllung“, wie er damals sagte.[9] Doch dabei sollte es nicht bleiben. Im folgenden Jahr lobte die Berliner Senatskanzlei einen Wettbewerb für einen Gedenkort an das Waisenhaus aus.

Ende Juni 2014 war es so weit. Walter Frankenstein kehrte eines Tages zur Mittagszeit an den Ort seiner Kindheit zurück.[10] Das Auerbach'sche Waisenhaus war da schon 70 Jahre verschwunden – aber doch nicht ganz. Ein klitzekleines Stückchen steht da noch, ohne Funktion zwar, aber immerhin: Die aus rötlichen Ziegelsteinen erbaute und 13 Meter lange Begrenzungsmauer zum Nachbargrundstück, nach oben hin durchbrochen und mittels Dachschindeln abgeschlossen, ist das allerletzte Erinnerungszeichen. Und erinnern lässt sich dort jetzt tatsächlich. In dem von Susanne Ahner eingereichten und von der Stadt umgesetzten Entwurf „Ich war hier“ sind die Namen der ermordeten Kinder sowie ihrer Betreuer in die Ziegelsteine der Mauer eingefräst.[11] Es sind viele Namen, 140 insgesamt, wenn auch längst nicht alle, wie sich bei der Recherche zu diesem Buch herausgestellt hat. Dazu wird auf gläsernen Tafeln an die Geschichte des Hauses erinnert, mit Bildern von einem der Schlafsäle, dem Gebäude, von den Kindern und den Erwachsenen. Es wird sogar ein Grundriss des Waisenhauses präsentiert, und es sind die aus Ton geformten Spielsachen zu sehen, die die Schülerinnen und Schüler einige Jahre zuvor im Vorgarten des Grundstücks als Erinnerung installiert hatten und die Unbekannte kurz darauf zerstörten. Es gibt eine runde Bank um einen Baumstamm, auf die man sich setzen kann, um sich an dem Gedenkzeichen auszuruhen und nachzudenken.

Am Eröffnungstag, dem 26. Juni 2014, ist der zuständige Berliner Staatssekretär gekommen, dazu weitere Politiker, der Direktor des Holocaust-Mahnmals, Nachbarn, Interessierte und Journalisten. Eine Saxofonistin spielt. Schulkinder sprechen die Namen der Ermordeten aus. Walter Frankenstein, fast 90 Jahre alt, merkt man die Aufregung nicht an. Er spricht frei, erinnert an seine Jugend im Auerbach, an seine verstorbene Frau Leonie, die er dort kennenlernte, an die verfluchte Zwangsarbeit, die Deportationen, das Leben im Untergrund.

Nicht nur des Auerbach'schen Waisenhauses wird inzwischen in Berlin erinnert. Fast jeder Ort, der für die Geschichte der Verfolgung der Kinder und ihrer Betreuer während der Nazizeit steht, ist zumindest mit einer Gedenktafel gekennzeichnet. Tafeln stehen vor dem Kinderheim in der Fehrbelliner Straße und an der Stelle, wo früher einmal das Reichenheim'sche Waisenhaus stand, oder dort, wo heute noch das Gebäude des Ahava-Waisenhauses in Berlin-Mitte steht. Am Kleinkinderheim in Berlin-Niederschönhausen erinnert eine steinerne Plakette an der Fassade an die ermordeten Kinder. Gedenkzeichen gibt es ebenfalls am früheren jüdischen Pankower Waisenhaus und am Kappelner'schen Kinderheim in Berlin-Zehlendorf. Jüdisches Leben bleibt ausgelöscht; in keinem der Gebäude ist eine spezifisch jüdische Institution untergebracht. Aber zumindest wird jüdischem Leben gedacht. Nur haben all die Tafeln nicht dazu beitragen können, den Hass, der Jüdinnen und Juden in Deutschland immer wieder entgegenschlägt, zu verringern.

Nicht alle ehemaligen Zöglinge hatten eine so positive Erinnerung an das Auerbach'sche Waisenhaus wie Walter Frankenstein. Manche von ihnen dachten als erstes an den preußischen Drill, die akkurat zu bauenden Betten, die streng geregelten Ausgehzeiten und an die vielen kleinen Aufgaben, die die Kinder dort schon früh erledigen mussten. Walter Frankenstein war dagegen immer sehr einverstanden mit dem, was er in seiner Kindheit dort gelernt hat. „Auerbach hat mir sehr viel gegeben", sagt er im Herbst 2022, mittlerweile 98 Jahre alt. „Ich möchte ein bisschen davon zurückgeben. Dass nicht alles in Vergessenheit gerät." Deshalb war er es auch, der den Anstoß zu diesem Buch gegeben hat. Gab es etwas wie Lebensprinzipien, die er dort gelernt hat? „Ja, ich glaube schon. Rücksicht auf andere zu nehmen. Helfen können."

Anmerkungen

1 Interview mit Walter Frankenstein in Stockholm, 27. und 28.10.2022.

2 Archiv Jüdisches Museum Berlin: Schenkung Walter Frankenstein 2010/265.

3 Arolsen Archives: https://collections.arolsen-archives.org/de/document/67073326, https://collections.arolsen-archives.org/de/document/67073323, https://collections.arolsen-archives.org/de/document/67073327.

4 Hillenbrand: Nicht mit uns, a. a. O., S. 154 ff.

5 Amtsgericht Berlin Mitte: Grundbuch Schönhauser Allee 162.

6 Diese und die folgenden Ausführungen folgen dem Grundstückskaufvertrag des Flurstücks 5066 Berlin Prenzlauer Berg, in: Grundbuch, a. a. O.

7 Claims Conference: About Us, https://www.claimscon.org/about/.

8 Lediglich 187 Quadratmeter des ehemaligen Vorgartens, die 1934 zur Verbreiterung der Schönhauser Allee vom Grundstück abgetrennt und entzogen wurden, wurden in dem Verfahren nicht restituiert.

9 Zit. nach: Der Regierende Bürgermeister von Berlin – Senatskanzlei – Kulturelle Angelegenheiten (Hg.): Nichtoffener Gestaltungswettbewerb. Gedenken an die Baruch Auerbach'schen-Waisen-Erziehungsanstalten für jüdische Knaben und Mädchen. Auslobung. Berlin 2013, S. 29.

10 Hillenbrand, Klaus: „Ein Elternhaus für ein Waisenkind", in: taz. die tageszeitung, 26.06.2014, https://taz.de/Ein-Elternhaus-fuer-die-Waisen/!334436/.

11 Stadt Berlin: Nichtoffener Gestaltungswettbewerb „Gedenken an die Baruch-Auerbach'schen-Waisen-Erziehungsanstalten für jüdische Knaben und Mädchen", https://www.berlin.de/sen/kultur/_assets/foerderung/kunst-im-stadtraum-am-bau/protokoll_auw.pdf.

Literaturverzeichnis

Albrecht, Peter-Alexis, Leslie Baruch Brent und Inge Lammel (Hg.): Verstörte Kindheiten. Das Jüdische Waisenhaus in Pankow als Ort der Zuflucht, Geborgenheit und Vertreibung. Berlin 2008.

Alperowitz, Blanka: Die letzten Tage des deutschen Judentums (Berlin, Ende 1942), hg. von Klaus Hillenbrand. Berlin 2017.

Angress, Werner T.: Generation zwischen Furcht und Hoffnung. Jüdische Jugend im Dritten Reich. Hamburg 1985.

Auerbach, Baruch: Psalmen zum Dankesfeste für die Befreiung Berlins von der Cholera; gefeiert in der Jüdischen Gemeindeschule von den Zöglingen derselben. Berlin 1832.

Ders: Die jüdische Gemeindeschule Talmud-Tora in Berlin, in ihrer ferneren Entwicklung. Berlin 1833.

Ders.: Gebet für Se. Majestät den König Friedrich Wilhelm III. zum Besten der Waisen hiesiger jüdischen Gemeinde. Berlin 1833.

Ders: Gesänge zur Jahresfeier der Eröffnung des Waisen-Erziehungs-Instituts. Berlin 1834.

Ders.: Zu den öffentlichen Prüfungen der Zöglinge der jüdischen Gemeindeschule zu Berlin (Rosenstraße Nr. 12) ladet die hohen Behörden so wie alle Gönner und Freunde der Anstalt ehererbietigst ein. Berlin, 1836.

Ders.: Gesänge und Gebete zur Todtenfeier, wie sie von den Zöglingen der jüdischen Gemeindeschule zu Berlin begangen wird. Berlin 1838.

Ders.: Gebet und Festgesang für Seine Majestät den König Friedrich Wilhelm IV. und für Ihre Majestät die Königin Elisabeth Luise. Zum Gebrauch für die Zöglinge der jüdischen Gemeinde-Knabenschule und des jüdischen Waisen-Erziehungs-Instituts zu Berlin. Berlin 1840.

Ders.: Gebet und Festgesang für Seine Majestät Friedrich Wilhelm IV. und für Ihre Majestät die Königin Elisabeth Luise. Berlin 1846.

Ders.: Geschichte des Baruch Auerbach'schen Waisenhauses für jüdische Knaben vom Tage der Stiftung bis zu seinem 25jährigen Jubiläum, ein ewig redendes

Zeugnis von dem wunderbaren Walten Gottes über Waisen. Berlin 1855.
Ders.: Gebet und Festgesang für Seine Majestät den König Wilhelm und für Ihre Majestät die Königin Marie Luise Augusta. Zum Gebrauch für die Baruch Auerbach'schen Waisen-Erziehungs-Anstalten für jüdische Knaben und Mädchen zu Berlin. Berlin 1861 (9. ganz neue bearbeitete Auflage).
Ders. und Jean Benda: Jahresbericht für die Bekleidung der Zöglinge der jüdischen Gemeinde-Knabenschule. Berlin, Nr. 4 (1840) und 11 (1847).
Baruch-Auerbach'sche Waisen-Erziehungs-Anstalten für jüdische Knaben [und Mädchen, teilweise abweichende Titel, unterschiedliche Autoren]: Jahresberichte 1 (1834), 2 (1835), 3 (1836), 4 (1837), 5 (1838), 6 (1839), 7 (1840), 8 (1841), 9 (1842), 10 (1843), 11 (1844), 12 (1845), 14 (1847), 15/16 (1849), 17 (1850), 18 (1851), 19 (1852), 21 (1854), 22 (1855), 23 (1856), 24 (1857), 25 (1858), 26 (1859), 27 (1860), 28 (1861), 29 (1862), 30 (1863), 31 (1864), 32 (1865), 33 (1866), 34 (1867), 35 (1868), 36 (1869), 37 (1870), 38 (1871), 39 (1872), 40 (1873), 41 (1874), 42 (1875), 43 (1876), 44 (1877), 45 (1878), 46 (1879), 47 (1880), 48 (1881), 49 (1882), 50 (1883), 51 (1884), 52 (1885), 53 (1886), 54 (1887), 56 (1889), 58 (1891), 59 (1892), 60 (1893), 61 (1894), 62 (1895), 63 (1896), 64 (1897), 65 (1898), 67 (1900), 68 (1901), 69 (1902), 70 (1903), 71 (1904), 72 (1905), 73 (1906), 74 (1907), 75 (1908), 76 (1909), 77 (1910), 78 (1911), 80 (1913), 81 (1914).
Baruch-Auerbach'sche Waisen-Erziehungs-Anstalt für jüdische Mädchen [unterschiedliche Autoren, teils abweichende Titel]: Jahresberichte 1 (1844), 2 (1845), 3 (1846), 4 (1847), 5/6 (1849), 7 (1850), 8 (1851), 9 (1852), 10 (1853), 11 (1854), 12 (1855), 13 (1856), 15 (1858), 16 (1859), 17 (1860), 18 (1861), 19 (1862), 20 (1863), 21 (1864), 22 (1865), 31 (1874), 32 (1875), 33 (1876), 34 (1877), 35 (1878), 36 (1879), 37 (1880), 38 (1881), 39 (1882), 40 (1883), 42 (1885), 43 (1886).
Statuten des von Baruch Auerbach gegründeten jüdischen Waisen-Erziehung-Instituts zu Berlin. Berlin 1839.
Statuten des von Baruch Auerbach gegründeten jüdischen Waisen-Erziehungs-Instituts für Mädchen zu Berlin, Berlin 1843.
Revidiertes Statut der Baruch Auerbach'schen Waisen-Erziehungs-Anstalten für jüdische Knaben und Mädchen zu Berlin. Berlin 1887.
Barkow, Ben, Raphael Gross und Michael Lenarz (Hg.): Novemberpogrom 1938. Die

Augenzeugenberichte der Wiener Library, London. Frankfurt am Main 2008.

Beckedorff, Rudolph: Die jüdische Gemeinde-Schule in Berlin; in: Jahrbücher des Preußischen Volks-Schul-Wesens, Bd. 8. Berlin 1827, S. 14–37.

Bendt, Vera und Nicola Galliner (Hg.): „Öffne Deine Hand für die Stummen." Die Geschichte der Israelitischen Taubstummen-Anstalt Berlin-Weißensee 1873 bis 1942. Berlin 1993.

Boehlich, Walter (Hg.): Der Berliner Antisemitismusstreit. Frankfurt am Main 1965.

Bothe, Alina: „... wird gegen Sie ein Aufenthaltsverbot für das Reichsgebiet erlassen". Die Deportation von Jüdinnen und Juden polnischer Staatsangehörigkeit aus Berlin im Oktober 1938; in: Freilegungen. Wege, Orte und Räume der NS-Verfolgung, hg. von Henning Borggräfe, Göttingen 2016, S. 83–105.

Brenner, Michael, Stefi Jersch-Wenzel und Michael A. Meyer: Deutsch-Jüdische Geschichte der Neuzeit, Bd. 2: 1780–1871. München 1996.

Brent, Leslie Baruch: Ein Sonntagskind? Vom jüdischen Waisenhaus zum weltbekannten Immunologen, Berlin 2009.

Buch der Erinnerung. Die ins Baltikum deportierten deutschen, österreichischen und tschechoslowakischen Juden. Bd. 1, hg. vom Volksbund Deutsche Kriegsgräberfürsorge u. a., bearbeitet von Wolfgang Scheffler und Diana Schulle. München 2003.

Bundesarchiv (Hg.): Gedenkbuch. Opfer der Verfolgung der Juden unter der nationalsozialistischen Gewaltherrschaft in Deutschland 1933–1945. Koblenz 2006 (4 Bd.).

Dämmig, Larissa: Die Liberale Synagoge Norden; in: Leben mit der Erinnerung. Jüdische Geschichte in Prenzlauer Berg, hg. vom Kulturamt Prenzlauer Berg, Prenzlauer Berg Museum für Heimatgeschichte und Stadtkultur. Berlin 1997, S. 277–296.

Die Moses Mendelssohn'sche Waisen-Erziehungs-Anstalt in der hiesigen jüdischen Gemeine [sic!]. Erste Nachricht. Berlin 1841.

Dietz, Edith: Den Nazis entronnen. Die Flucht eines jüdischen Mädchens in die Schweiz. Autobiographischer Bericht 1933–1942. Frankfurt am Main 1990.

Elkin, Rivka: Kinder zur Aufbewahrung im Jüdischen Krankenhaus zu Berlin in den Jahren 1943 – 1945; in: Tel Aviver Jahrbuch für Deutsche Geschichte, hg. vom

Institut für Deutsche Geschichte der Universität Tel Aviv, 1994. Nationalsozialismus aus deutscher Sicht. Tel Aviv 1994, S. 247–274.

Fehrs, Jörg H.: Von der Heidereutergasse zum Roseneck. Jüdische Schulen in Berlin 1712–1942. Berlin 1993.

Fiedler, Ruth und Herbert: Hachschara. Vorbereitung auf Palästina. Schicksalswege. Berlin 2004.

Franken, Inge: Gegen das Vergessen. Erinnerungen an das Jüdische Kinderheim Fehrbelliner Straße 92, Berlin-Prenzlauer Berg. Berlin 2010.

Freie Universität Berlin, Zentralinstitut für sozialwissenschaftliche Forschung (Hg.): Gedenkbuch Berlin der jüdischen Opfer des Nationalsozialismus. Berlin 1995.

Frühauf, Matthias: Ein Elternhaus für Waisen. Die Geschichte der Baruch-Auerbach'schen Waisenerziehungsanstalten von 1832 bis 1942; in: Leben mit der Erinnerung. Jüdische Geschichte in Prenzlauer Berg, hg. vom Kulturamt Prenzlauer Berg, Prenzlauer Berg Museum für Heimatgeschichte und Stadtkultur. Berlin 1997, S. 236–277.

Ders.: Das Zweite Waisenhaus der Jüdischen Gemeinde zu Berlin; in: Jüdisches Leben in Pankow, hg. vom Bund der Antifaschisten. Redaktion Inge Lammel, Berlin, S. 238–256.

Galliner, Nicola: Wegweiser durch das jüdische Berlin, Geschichte und Gegenwart. Berlin 1987.

Geiger, Ludwig: Geschichte der Juden in Berlin. Berlin 1871.

Glaß, Peter: Die Israelitische Taubstummenanstalt für Deutschland Jedide Ilmim 1873–1942; in: Juden in Weißensee, hg. vom Kulturamt Weißensee und Stadtgeschichtliches Museum. Berlin 1994, S. 106–140.

Gottwaldt, Alfred B. und Diana Schulle (Hg.): Die „Judendeportationen" aus dem Deutschen Reich 1941–1945. Wiesbaden 2005.

Gruner, Wolf: Judenverfolgung in Berlin 1933–1945. Eine Chronologie der Behördenmaßnahmen in der Reichshauptstadt. Berlin 2009.

Gutmann, J: Festschrift zur Feier des hundertjährigen Bestehens der Knabenschule der Jüdischen Gemeinde in Berlin, Berlin 1926.

Hájkova, Anna: The Last Ghetto. An Everyday History of Theresienstadt. Oxford 2020.

Hazan, Katy: Le sauvetage des enfants juifs pendant l'Occupation: dans le maisons de l'OSE 1938-1945. Paris 2009.

Heim, Gabriel: Diesseits der Grenze. Lebensgeschichten aus den Akten der Fremdenpolizei. Basel 2019.

Henschel, Hildegard: Aus der Arbeit der Jüdischen Gemeinde Berlin während der Jahre 1941–1943. Gemeindearbeit und Evakuierung von Berlin 16. Oktober 1941 – 16. Juni 1943; in: Gottwaldt, Alfred: Mahnort Güterbahnhof Moabit. Die Deportation von Juden aus Berlin, Berlin 2015, S. 65–99.

Herzberg, Lillian Belinfante: The Past Is Always Present. Bloomington 2015.

Heydt, Maria von der: Geltungsjuden und jüdische Gemeinde in Berlin 1930–1945; in: Zeitgeschichte, Jg. 43 (September/Oktober 2016), Heft 5 – Zwischen Kategorien der NS-Rassenpolitik. Jüdische Mischlinge im Spannungsfeld von Verfolgung und Anpassung, S. 308–323.

Hilberg, Raul: Die Vernichtung der europäischen Juden, Frankfurt am Main 2023.

Hillenbrand, Klaus: Nicht mit uns. Das Leben von Leonie und Walter Frankenstein. Frankfurt am Main 2008.

Ders.: Das Amulett und das Mädchen. Spurensuche zwischen Frankfurt am Main, Minsk und Sobibor. Berlin/Leipzig 2019.

Holzer, Willi: Jüdische Schulen in Berlin. Am Beispiel der privaten Volksschule der jüdischen Gemeinde Rykestraße. Berlin 1992.

Horwitz, A.: Bericht über die Jüdische Gemeinde-Knabenschule womit zu der öffentlichen Prüfung der Schüler am Dienstag den 31. März ehrerbitiegst einladet. Berlin 1857.

Hugues, Pascale: Ruhige Straße in guter Wohnlage: Die Geschichte meiner Nachbarn. Berlin 2013.

Introsinski, M.: Die Waisenpflege in der Berliner jüdischen Gemeinde. Vortrag zum Besten des Stipendienfonds der Lehranstalt von der Wissenschaft des Judenthums. Berlin 1887.

Jah, Akim: Die Deportation der Juden aus Berlin. Die nationalsozialistische Vernichtungspolitik und das Sammellager Große Hamburger Straße. Berlin 2013.

Ders.: Letzte Spuren. Die „Reichsvereinigungs-Kartei" im Archiv des ITS; in: Freilegungen. Überlebende – Erinnerungen – Transformationen, hg. von Rebecca

Boehling, Susanne Urban und René Bienert. Göttingen 2012, S. 17–28.

Jason, Philip K. und Iris Posner (Hg.): Don't Wave Goodbye. The Children's Flight from Nazi Persecution to American Freedom. Connecticut 2004.

Jung, Ulla: „Ich werde mich wehren." Werner Jacobowitz, ein Überlebender des Auerbach'schen Waisenhauses, Schönhauser Allee 162; in: Leben mit der Erinnerung. Jüdische Geschichte in Prenzlauer Berg, hg. vom Kulturamt Prenzlauer Berg, Prenzlauer Berg Museum für Heimatgeschichte und Stadtkultur. Berlin 1997, S. 49–55.

Kirchhöfer, Birgit: „Ein Gefühl der Geborgenheit." Die jüdische Schule in der Rykestraße 53; in: Leben mit der Erinnerung. Jüdische Geschichte in Prenzlauer Berg, hg. vom Kulturamt Prenzlauer Berg, Prenzlauer Berg Museum für Heimatgeschichte und Stadtkultur. Berlin 1997, S. 296–316.

Klemperer, Victor: Ich will Zeugnis ablegen bis zu letzten. Tagebücher 1933–1945. Berlin 1995 (2 Bd.).

Köhler, Rosemarie und Ulrich Kratz-Whan: Der Jüdische Friedhof Schönhauser Allee. Berlin 1992.

Laqueur, Walter: Geboren in Deutschland. Der Exodus der jüdischen Jugend nach 1933. Berlin/München 2000.

Lammel, Inge: Das Jüdische Waisenhaus in Pankow. Seine Geschichte in Bildern und Dokumenten, Berlin 2001.

Littmann-Hotopp, Ingrid: Bei Dir findet das verlassene Kind Erbarmen. Zur Geschichte des ersten jüdischen Säuglings- und Kleinkinderheims in Deutschland (1907–1942). Berlin 1996.

Lowenstein, Steven M., Paul Mendes-Flohr, Peter Pulzer und Monika Richarz: Deutsch-Jüdische Geschichte der Neuzeit Bd. 3: 1871–1918. München 1997.

Meierhof, Gudrun: Selbstbehauptung im Chaos. Frauen in der jüdischen Selbsthilfe 1933–1943. Frankfurt am Main/New York 2002.

Meumann, Markus: Findelkinder, Waisenhäuser, Kindsmord in der Frühen Neuzeit, München 1995.

Meyer, Beate und Hermann Simon (Hg.): Juden in Berlin 1938–1945. Berlin 2000.

Meyer, Beate: Tödliche Gratwanderung. Die Reichsvereinigung der Juden in Deutschland zwischen Hoffnung, Zwang, Selbstbehauptung und Verstrickung

(1939–1945). Berlin 2011.
Müller, Joel: Fest- und Gedenkreden: gehalten in dem Betsaale der Auerbach'schen Waisen-Erziehungsanstalten in Berlin, Berlin 1893.
Ottenheimer, Hilde: Baruch Auerbach und sein Werk; in: Monatsschrift für Geschichte und Wissenschaft des Judentums, Jg. 78 (N. F. 42), Heft 5 (September/Oktober 1934), S. 481–488.
Palästina-Amt der Jewish Agency for Palestine (Hg.): Alijah. Informationen für Palästina-Auswanderer. Berlin 1936 (8. Aufl.).
Parkin, Simon: Die Insel der außergewöhnlichen Gefangenen. Deutsche Künstler in Churchills Lagern. Berlin 2023
Pawliczek, Aleksandra: Zwischen Anerkennung und Ressentiment – Der jüdische Mediävist Harry Bresslau (1848–1926); in: Jahrbuch des Simon-Dubnow-Instituts VI (2007), S.389–409.
Pilarczyk, Ulrike, Ofer Ashkenazi und Arne Homann (Hg.): Hachschara und Jugend-Alija. Wege jüdischer Jugend nach Palästina 1918–1941, Gifhorn 2020.
Philo-Atlas. Handbuch für die jüdische Auswanderung. Reprint der Ausgabe von 1938. Bodenheim bei Mainz, o. J.
Plaut, Jonas: Aus der Frühzeit des Baruch Auerbach'schen Waisenhauses, in: Die Gemeinschaft. Hefte für die religiöse Erneuerung des Judentums, hg. von der Liberalen Synagoge Norden in Berlin, Jg. 1925, Nr. 1., 2 und Jg. 1926, Nr. 4.
Ders.: Ein Heim für die Kinder; in: Jüdisches Gemeindeblatt für Berlin, Nr. 12, 20.3.1938.
Plaut, W. Gunther: Unfinished Business. An Autobiography. o. O., 1981.
Rebschläger, Sabine und Lammel, Inge: Säuglings- und Kleinkinderheim in Niederschönhausen; in: Lammel, Inge: Jüdische Lebenswege. Ein kulturhistorischer Streifzug durch Pankow und Niederschönhausen. Teetz/Berlin 2007, S. 337–344.
Der Regierende Bürgermeister von Berlin. Senatskanzlei – Kulturelle Angelegenheiten (Hg.): Ergebnis. Nichtoffener Gestaltungswettbewerb „Gedenken an die Baruch-Auerbachschen Waisen-Erziehungsanstalten für jüdische Knaben und Mädchen". Berlin 2013.
Ders.: Realisierung. Nichtoffener Gestaltungswettbewerb „Gedenken an die Baruch-Auerbachschen Waisen-Erziehungsanstalten für jüdische Knaben und

Mädchen". Berlin 2013.

Rentrop, Petra: Tatorte der „Endlösung". Das Ghetto Minsk und die Vernichtungsstätte Maly Trostinez. Berlin 2011.

Rosenthal, Hans: Zwei Leben in Deutschland. Bergisch Gladbach 1982.

Ruppin, Arthur: Soziologie der Juden. 2 Bd., Berlin 1931.

Rürup, Reinhard (Hg.): Topographie des Terrors. Berlin 1987.

Saure, Werner: Familie David; in: „An Möhne, Röhr und Ruhr", hg. vom Heimatbund Neheim-Hüsten, Heft 59 (2015), S. 116.

Scheer, Regina: Ahava, das vergessene Haus. Spurensuche im jüdischen Berlin. Berlin 2020.

Schlör, Joachim: Im Herzen immer ein Berliner. Jüdische Emigranten im Dialog mit ihrer Heimatstadt. Berlin 2021.

Steinitz, Regina und Regina Scheer: Zerstörte Kindheit und Jugend. Mein Leben und Überleben in Berlin. Hg. von Leonore Martin und Uwe Neumärker. Berlin 2014.

Sträter, Udo und Joseph N. Neumann: Waisenkinder in der Frühen Neuzeit. Tübingen 2003.

Tausendfreund, Doris: Erzwungener Verrat. Jüdische „Greifer" im Dienst der Gestapo 1943–1945, Berlin 2006.

Veltmann, Claus und Jochen Birkenmeier: Kinder, Krätze, Karitas. Waisenhäuser in der Neuzeit. Halle/Saale 2009.

Walk, Joseph (Hg.): Das Sonderrecht für die Juden im NS-Staat. Heidelberg 1996.

Wolbe, Eugen: Geschichte der Juden in Berlin und in der Mark Brandenburg. Berlin 1937.

Zentralwohlfahrtsstelle der deutschen Juden (Hg.): Führer durch die jüdische Gemeindeverwaltung und Wohlfahrtspflege. Berlin 1933.

Ziehe, Theresia: Jüdische Perspektiven in der Fotografie der NS-Zeit. Aus den Beständen des Jüdischen Museums Berlin; in: Michael Wildt und Sybille Steinbacher (Hg.): Fotos im Nationalsozialismus. Neue Forschungen zu einer besonderen Quelle, Dachauer Symposien zur Zeitgeschichte, Dachau 2022, S. 94–114.

Archivalien

Amtsgericht Berlin-Mitte, Grundbuchamt
Grundbücher Schönhauser Allee 162

Bibliothek für Bildungsgeschichtliche Forschung – Archiv, Berlin
Dr. Altmann, Gustav, GUT LEHRER 171395
Timendorfer, Margarete, GUT LEHRER 2620 + GUT 220
Preuss, Hugo, GUT LEHRER 20918
Ollendorff, Charlotte, GUT LEHRER 157578

Brandenburgisches Landeshauptarchiv, Potsdam
3B II Pers 1573
Akten des Oberfinanzpräsidenten Berlin-Brandenburg
Bestand 36A (II), Nr. 1108, 5218, 6713, 7071, 9242, 9413, 9501, 10486, 12616, 16003, 16239, 17333, 17498, 17497, 17794, 26458, 29881, 29885, 29883, 16003, 31705, 32430, 33196, 36781, 37458, 37701, 38077, 38314, 38319, 38459, 40484, 247, 994, 1002, 1013, 4044, 1220, 1233, 1225, 1436, 1708, 1635, 1639, 2099, 2677, 3243, 3866, 3110, 3431, 3464, 3691, 3693, 4056, 4450, 5406, 5770, 5984, 6839, 7240, 7388, 17544, 8124, 8437, 8535, 10824, 11698, 13055, 13133, 16154, 16239, 17373, 17497, 17794, 19901, 19893, 20761, 25578, 23551, 24186, 24384, 24416, 25010, 27152, 29085, 30386, 31483, 31956, 31966, 32628, 35124, 34861, 34866, 35195, 37565, 38033, 38314, 38321, 40249, 41295

Bauamt Berlin-Pankow, Archiv
Bauakte Schönhauser Allee 162 (2 Bd.)

Bundesarchiv (BArch), Berlin
Bestand R 8150,
R 8150/3 (Reichsvereinigung)
R 8150/23 (Reichsvereinigung)
R 8150/46 (Reichsvereinigung)

R 8150/116 (Reichsvereinigung, Verkauf von Grundstücken und Gebäuden)
R 8150/112 (Reichsvereinigung, Verkauf von Grundstücken und Gebäuden)
R 8150/115 (Reichsvereinigung, Verwertung des Inventars jüdischer Schulen etc.)
R 8150 /62 (Reichsvereinigung, Angestellte der Reichsvereinigung, A-K)
R 8150/63 (Reichsvereinigung: Angestellte der Reichsvereinigung, L-Z)
R 8150/764 (Reichsvereinigung)
R 8150/119 (Reichsvereinigung)

Centrum Judaicum, Berlin
CJA, 5 C Nr. 9
CJA, 1 A Be 2, Nr. 92, #322
CJA, 1 A Be 2, Nr. 19, #348

Geheimes Staatsarchiv Preußischer Kulturbesitz (GstA), Berlin
PK. I HA Rep. 76 Kultusministerium VII neu Sekt. 14 A Teil IV Nr 12 Bd. 1–5 (Auerbach'sches Waisenhaus ... für jüdische Knaben und Mädchen, 1833–1919)
PK. I HA Rep. 76 Kultusministerium VII neu Sekt. 14 A Teil IV Nr 13 Bd. 1–2 (Auerbach'sches Waisenhaus ... für Mädchen, 1843–1886)
PK. I HA Rep. 77 B Nr. 26 (Übersicht über die Waisen-Erziehungsanstalten in den Regierungsbezirken vom 6.4.1923)

Grundbucharchiv Berlin
Grundbuch Schönhauser Allee 162

Jüdisches Museum Berlin
2008/311/0/1.001-82.001 Walter Frankenstein: Fotoalben
2008/339 Sammlung Walter Frankenstein
2010/265 Sammlung Walter Frankenstein

Landesamt für Bürger- und Ordnungsangelegenheiten Berlin (LABO), Entschädigungsbehörde Berlin
3.307 Birn, Bruno
71.273 Timendorfer, Margarete
151.373 Crohn, Susanne
258.753 Blatt, Günther
259.519 Cossmann, Erwin
303.235 Herrmann, Anneliese
315.264 Nagler, Leopold
359.983 Moratz, Ralph
360.849 Plaut, Selma
266.857 Kriz, Gerald
62.950 Münzer, Wolfgang
78.346 Panthauer, Erwin
171.805 Perry, Günther
221.425 Raffalzcyk, Peter
268.511 Kanter, Margot
57.735 Berlowitz, Peter
152.868 Brockmann, Peter
55.899 Brotzen, Dieter
50.126 Engel, Adolf
355.322 Felsenfeld, Ismael
401.321 Goldmann, Peter
259.803 Grajonza, Wolfgang
68.981 Herzig, Walter
57.955 Frankenstein, Walter

Landesarchiv Berlin
A Pr.Br.Rep. 030 – 21884 (Waisen-Erziehungsinstitut ..., 1836–1862)
A Pr.Br.Rep. 030 – 21896 (Waisen-Erziehungsinstitut ..., 1899–1926)
A Rep. 001-02 – 1825 (Nekrolog auf Baruch Auerbach und Dankschreiben von Leonhard Auerbach, 1864)

A Rep. 010-02 – 4846 (Bauakte Oranienburger Str. 38)
A Rep. 013-04-05 – 2 (Versorgung Auerbach'sches Waisenhaus, 1918)
A Rep. 020-01 – 2086 (Jüdische Gemeindeschule, 1826–1832)
A Rep. 020-01 - 2087 (Jüdische Gemeindeschule 1833–1836)
A Rep. 020-01 – 2088 (Jüdische Gemeindeschule, 1836–1846)
A Rep. 020-01 – 2089 (Jüdische Gemeindeschule, 1846–1855)
A Rep. 020-01 – 2090 (Jüdische Gemeindeschule, 1855–1872)
A Rep. 020-01 – 2091 (Jüdische Gemeindeschule, 1873–1885)
A Rep. 020-01 – 2092 (Organisation des Schulwesens, 1850–1855)
A Rep. 020-01 – 2122 (Auerbach'sches Waisenhaus, 1875–1881)
A Rep. 020-01 – 2124 (Auerbach'sches Waisenhaus, 1867–1873)
A Rep. 020-01 – 2123 (Auerbach'sches Waisenhaus, 1854–1867)
A Rep. 020-01 – 2122 (Auerbach'sches Waisenhaus, 1834–1854)
A Rep. 020-01 – 2126 (Auerbach'sches Waisenhaus, 1905–1911)
A Rep. 020-01 – 2127 (Auerbach'sches Waisenhaus für Mädchen, 1843–1862)
A Rep. 020-01 – 2128 (Auerbach'sches Waisenhaus für Mädchen, 1863–1880)
A Rep. 020-01 – 2129 (Auerbach'sches Waisenhaus für Mädchen, 1881–1894)
A Pr.Br.Rep. 030 – 8638 (Auskunftserteilung Leopold Auerbach, 1883–1884)
A Rep. 358-02 – 80989, MF-Nr 2899 (Crohn, Kurt)
A Rep. 020-01 – 5179 (Bauakte Rosenstr. 12)
A Rep. 010-02 – 5583 (Bauakte Schwedter Str. 20–22 mit Schönhauser Allee 162, 1855–1888)
A Rep. 010-02 – 5534 (Bauakte Schönhauser Allee 162, 1842–1856)
B Rep. 025-03 Nr. 748/55
B Rep. 025-02 Nr. 1046/57
B Rep. 025-04 – JRSO/2223 (Verfahren JRSO, 1950)
B Rep. 025-05 – JRSO/125/51 (Verfahren JRSO, 1951)
B Rep. 025-05 – JRSO/1393 (Verfahren JRSO, 1950)
B Rep. 025-04 Nr. 16560/59
B Rep. 025/05 Nr. 16246/59
B Rep. 025/06 Nr. 14019/59
B Rep. 025-07, Nr. 29/63

B Rep. 025-07, Nr. 1012/65

Leo Baeck Institute, Jerusalem (LBI)

Nr. 427 (Bericht über die Verhältnisse der Juden in Berlin 1933–31)

Leo Baeck Institute, New York (LBI)

AR 3899 (W. Gunter Plaut Collection, 1748–1972)

AR 25384 (Plaut, Jonas: Das Auerbach'sche Waisenhaus. Fotoalbum. Berlin, nach 1933)

AR 25475 (Alexander-Turney-Collection, Baruch-Auerbach orphanage)

AR 25827 (Ralph Moaratz Collection)

ME 503 (Plaut, Jonas: Geschichte der Baruch Auerbachschen Waisen Erziehungs-Anstalten für jüdische Knaben und Mädchen in Berlin. Berlin, ca. 1933. Mit einem Nachwort von Alfred Lipschitz. Manuskript)

MF 1036 (Joshua Eli Plaut Family Collection, 1930–1999)

Schweizerisches Bundesarchiv, Bern

E4264#1985/196#2513* (Brockmann, Peter)

USC Shoah Foundation, Los Angeles

Interview mit Joe Adamson, 2020

Interview mit Dave Brotzen, 1996

Interview mit Ernst Conrad, 1996

Interview mit Henry Glaser, 1998

Interview mit Stephan Lewy, 1997

Interview mit Gunter Perry, 1995

Interview mit Gunther Plaut, 1995

Interview mit Ralph Moratz, 1995

Interview mit Hurst Sommer, 1997

United States Holocaust Memorial Museum (USHMM), Washington DC

2013.440.1 Stephan H. Lewy papers

Zentral- und Landesbibliothek Berlin, Berlin-Sammlungen
Nachlass Baruch Auerbach

Privatbesitz Walter Frankenstein
Listen ehemaliger Erzieher und Kinder aus dem Auerbach'schen Waisenhaus, Stockholm ca. 1992 (Typoskript)
Channuka 1934 bei Auerbach. Programm (Matrizenabzug)

Interviews

Renate Bechar, Tel Aviv/Israel (2010)
Leonie und Walter Frankenstein, Stockholm/Schweden (2005, 2006, 2007)
Walter Frankenstein, Stockholm/Schweden (2022, 2023)
Ilse Löwenstern, Darmstadt (2007)

Archive und Datenbanken im Internet

Arolsen Archives, Bad Arolsen: https://collections.arolsen-archives.org/
Brandenburgisches Landeshauptarchiv: https://blha-recherche.brandenburg.de/resultatliste.aspx
Bundesarchiv: Opfer der Verfolgung der Juden unter der nationalsozialistischen Gewaltherrschaft in Deutschland 1933 – 1945: https://www.bundesarchiv.de/gedenkbuch/
Mapping the Lives – A Central Memorial for the Persecuted Jews in Europe 1933-1945: https://www.mappingthelives.org
United States Holocaust Memorial Museum: Database of Holocaust Survivors and Victims Names: https://www.ushmm.org/remember/resources-holocaust-survivors-victims/database-of-holocaust-survivor-and-victim-names
Yad Vashem: The Central Database of Shoah Victims Names: https://yvng.yadvashem.org/

Dank an

Walter Frankenstein, Stockholm
Leonie Frankenstein sel. A.

Martina Voigt, Berlin | Renate Bechar sel. A. | Simona Celiberti, Ferramonti di Tarsia | Anita Ganzenmüller, Weimar/Buchenwald | Devorah Haberfeld, Tel Aviv | Anna Hajkova, Warwick | Ute Hoffmann, Bernburg | Risto Hurskainen, Stockholm | Martyna Kilsheimer, Washington DC | Michael Kuhn, Lörrach | Astrid Ley, Oranienburg | Ilse Löwenstern sel. A. | Simon Lütgemeyer, Berlin | Selina Mitchell, Singen | Anke Münster, Bad Arolsen | Richard Oppenheimer, Florida/USA | Andrea Pahlke, Berlin | Nora Pester, Leipzig | Simon Raulf, Lektorat | Werner Saure, Neheim-Hüsten | Barbara Schieb (†) | Matthias Schirmer, Berlin | Horst Seferens, Oranienburg | Anja Siegemund, Berlin | Connie Springer, USA | Martin Stern, Jerusalem | Eleanor Thom, Schottland | Ulrich Tromm, Lörrach | Johannes Tuchel, Berlin | Thomas Ulbrich, Potsdam | Barbara Welker, Berlin | Valeska Wolfgram, Berlin | Theresia Ziehe, Berlin

Gedenkstätte Deutscher Widerstand, Berlin
Jüdisches Museum Berlin

Amtsgericht Berlin-Mitte, Grundbuchamt | Arolsen Archives | Leo Baeck Institute, New York | Leo Baeck Institute, Jerusalem | Bauaktenarchiv Pankow, Berlin | Brandenburgisches Landeshauptarchiv, Potsdam | Gedenkstätte Buchenwald | Bundesarchiv, Berlin | The Central Archives for the History of the Jewish People, Jerusalem | Central Zionist Archives, Jerusalem | Stiftung Neue Synagoge Berlin – Centrum Judaicum, Archiv | Landesamt für Bürger- und Ordnungsangelegenheiten Berlin (LABO), Entschädigungsbehörde | Museo della Memoria di Ferramonti di Tarsia | Geheimes Staatsarchiv Preußischer Kulturbesitz, Berlin | Grundbucharchiv Berlin | Freie Universität Berlin | Leibniz-Institut für Bildungsforschung und Bildungsinformation, Bibliothek für Bildungsgeschichtliche Forschung, Berlin | Bibliothek

Germania Judaica, Köln | Irgun Olej Merkaz Europa, Tel Aviv | Jüdische Gemeinde zu Berlin, Bibliothek | Verlag Hentrich & Hentrich, Leipzig/Berlin | Landesarchiv Berlin | Gedenkstätte und Museum Sachsenhausen, Oranienburg | Schweizerisches Bundesarchiv, Bern | Shoah Visual History Archives, Los Angeles/Berlin | Staatsbibliothek Preußischer Kulturbesitz, Berlin | Stadtarchiv Singen | Stiftung Brandenburgische Gedenkstätten, Oranienburg | taz, die tageszeitung, Berlin | Topographie des Terrors, Bibliothek, Berlin | United States Holocaust Memorial Museum, Washington DC | Buchhandlung Ludwig Wilde, Berlin | Yad Vashem, Jerusalem | Zentral- und Landesbibliothek Berlin, Berlin-Sammlungen

Personenindex

Über den Autor

Klaus Hillenbrand

arbeitet in Berlin als Journalist und Autor. Er hat eine Reihe Bücher zum Nationalsozialismus und der Judenverfolgung verfasst. Bei Hentrich & Hentrich sind von ihm erschienen: *Die letzten Tage des deutschen Judentums* (Berlin Ende 1942) (ISBN 978-3-95565-192-3) und *Das Amulett und das Mädchen. Lebensspuren zwischen Frankfurt am Main, Minsk und Sobibór* (ISBN 978-3-95565-305-7).

BARUCH - AUERBACH'SCHE
WAISEN
ERZIEHUNGS
ANSTALTEN
ZU
BERLIN